編集代表 **鈴木伸一**
Shin-ichi Suzuki

編　集 **田中恒彦・小林清香**
Tsunehiko Tanaka &
Sayaka Kobayashi

Clinical Practices on Public
Health and Integrative
Medical Care: A Guide for
Training A Licensed
Psychologist

公認心理師養成のための保健・医療系実習ガイドブック

北大路書房

はじめに

　2017年9月に公認心理法が施行され，2018年4月より，大学における公認心理師教育が本格的にスタートした。心のケアの専門家への国民のニーズは，かなり以前から高まっていたが，資格制度については長い混乱の時代を経てようやく心理関係者の悲願の末に公認心理師制度が創設された。制度の詳細については詳しく述べないが，大学学部4年間における心理学の基礎教育と，大学院2年間の実践教育（または省令で定める施設における実務経験）から構成されている。実践教育の中核を成す心理実践実習（現場実習）は，公認心理師業務が想定される保健医療，福祉，教育，司法・犯罪，産業・労働の5分野（少なくとも3分野）で行うこととされており，中でも保健医療分野での実習は必須とされ，公認心理師の実践教育における基盤と位置づけられている。

　それでは，公認心理師の基盤となる知識・技能として，保健医療分野の実習でどのような経験をしてもらい，何を学んでもらう必要があるだろうか。それは，「基本的態度」「職責」「専門性」「連携」という4つの観点から考える必要があるだろう。まず，「基本的態度」についていえば（細々とした点については本書第1部参照），チーム医療の一員として「いのちや人生の最前線」で働くとはどういうことかを学ぶことである。医療機関を訪れる患者の病気や病状はさまざまであるが，その患者はいずれも痛みや苦痛，健康への不安や生活上の悩み，時には死への恐怖や人生への絶望などを抱えている。そのような方たちと向き合うにあたって，どのような配慮や態度が必要であるか，またその背景となる知識や技能，さらにはプロ意識や人間性とはどのようなものかについて深く考えてもらいたい。

　次に「職責」についてであるが，総じていえば医療専門職としての強い責任感を学んでほしい。保健医療機関で行われる業務は，患者（支援対象者）の治療や健康の維持増進を目的として行われるのは当然であるが，一方で，その業務を行うにあたり，患者（支援対象者）の心身への侵襲やプライバシー情報の漏洩，さらには不慮のミスや医療事故などのリスクがある業務である。また，「いのちや人生の最前線」とは，一刻の猶予も許されない真剣勝負の場所であるということでもあり，常に最良の支援を行う責任がある。したがって，医療安全，職業倫理，リスクマネジメント，自己研鑽などについて，高いレベルでの意識と努力が義務づけられているということを理解してほしい。

　「専門性」については，公認心理師としての専門性と，働く職場の役割と機能に応じた専門性の両方を高めていく必要がある。公認心理師は6年間の教育で養成さ

れるが，5分野にわたる横断的資格であり，その教育内容は，公認心理師業務に必要な基礎的かつ汎用的知識・技能および主要5分野における一般的な展開方法に限定されている。したがって，保健医療分野の実習においては，実習を行っている医療機関や所属部門が担う役割と機能を理解した上で，対象となる患者の疾病や病状の特徴を把握するとともに，その患者への治療方針の中で，どのような心理社会的問題に対してどのような支援を心理師が行い，その結果としてチーム医療にどのように貢献しているのかを整理しながら学んでいくことが重要である。

さらに「連携」については，チーム医療という言葉がまず浮かぶかもしれないが，治療目標をともにするチームにとどまらず，病院内（機関内）連携，さらには公的機関や地域の施設との連携など，患者（支援対象者）が利用可能なあらゆる医療的・社会的資源との連携を想定し，プランニングや提案ができるようになってほしい。医療機関におけるこれまでの心理師の活動においては，「患者の心理的問題に限局しすぎている」「他職種との連携ができない」「難解な心理用語ばかり言い連ねる」などの批判を受けることも少なくなかった。しかし，心理師の業務は，今や公認心理師という国家資格の業務となり，その使命は国民のニーズに応えうる専門的支援を他職種との連携のもとに実現しなければならないということが明確に示されるようになった。さらにいえば，そもそも心理学は，人間の「いとなみ」の基盤となる生活行動科学として発展してきた学問である。これらのことを今一度しっかりと認識して，国民一人ひとりの健康の維持増進，病気の予防や治療，社会復帰や生きがいの醸成，穏やかなエンド・オブ・ライフや看取りの支援という，まさに人間の「いとなみ」の橋渡し役として，連携のプロフェッショナルに成長していくことを期待したい。

本書は，上記のような経験や学びの手がかりになることを意図して企画された。公認心理師養成においては，実習は，「事前学習（指導）」，「現場実習」，「事後学習（指導）」から構成される。本書も基本的にはこれに対応するように章立てを工夫した。第Ⅰ部では，実習に出る前に理解しておくべき必須事項として，保健医療制度，関連法規，基本的態度や心構え，心理学の基礎知識について第1章から第3章に解説されている。保健医療分野での実習配置が決まったら，実習が開始される前に精読するとともに，関連書籍や引用文献などを含めて事前学習をしっかり行ってほしい。

第Ⅱ部は，その前半では現場実習で必要とされる各実習課題（予診，陪席，アセスメント，面接，報告書の書き方）のポイントが解説されている。事前学習として精読しておくことが望ましいが，前半部分は，現場実習中に経験した業務内容を振り返り，業務の進め方や今後の課題を整理するために繰り返し参照するガイドブッ

クとして活用するとよいだろう。また，第Ⅲ部では，より実践的な業務としての心理的アプローチの概要や各種心理療法，さらには各種専門領域での公認心理師業務の実際が紹介されている。各種心理療法や各種専門領域の活動については，実習中に実習生自身がそれらの業務に携わることは少ないと思われるが，実習の成果をまとめる事後学習の際や，入職後の実践的な業務に向けた準備の際のテキストブックとして活用することもできるであろう。

なお，本書の各章・各節をご担当いただいた執筆者の方々は，そのほとんどが各種医療機関で心理師業務を精力的に行っており，実習生を受け入れ，日頃から実習生への指導を行っている先生方である。まさに保健医療の最前線において実習生や初学者が身につけるべきポイントが凝縮された1冊といえるだろう。

保健医療分野における公認心理師への期待は，今後ますます高まっていくであろう。しかしその反面，「公認心理師に何ができるのか？」を厳しい目で見られるということも忘れてはならない。公認心理師への期待に応えうる「しっかりとした実力」を身につけるための一助となるガイドブックとして本書が広く活用されることを強く願っている。

最後ではあるが，本書を出版するにあたり，その企画の段階から編集に至るまで多大なるご理解とご支援をいただいた北大路書房の薄木敏之氏ならびに若森乾也氏に心より感謝申し上げます。

2018年4月　新緑の穏やかな風を感じて

編者を代表して
鈴木　伸一

目次

はじめに *i*

第I部　基礎篇

第1章　保健・医療の制度と仕組み　*2*
1節　保健・医療の諸機関の機能と役割　*2*
　　1. はじめに／2. 行政／3. 障害福祉サービス事業所等／4. 医療機関
2節　保健・医療の制度と関連法規　*9*
　　1. 保健に関する制度と関連法規／2. 医療に関する制度と関連法規
3節　保健・医療機関で働く専門職種の役割とチーム医療　*13*
　　1. チーム医療と公認心理師／2. チーム医療における多職種連携／3. さまざまな専門職

第2章　保健・医療領域の特徴と公認心理師の役割　*20*
1節　保健医療で公認心理師に何が求められているか　*20*
　　1. 保健医療サービスの目的という観点／2. 健康問題の質という観点／3. 保健医療サービスの対象者という観点
2節　チーム医療に求められる公認心理師の専門性　*22*
3節　保健医療現場に臨むために必要な基本姿勢と心構え　*25*
　　1. 医療安全の考え方／2. 感染症対策／3. 情報共有と相互連携の原則
4節　保健医療分野での実践に関連した職業倫理　*27*

第3章　実習・実践に出る前に確認しておきたい心理学の基礎知識　*29*
1節　感覚，知覚，認知のはたらき　*29*
　　1. はじめに／2. 感覚・知覚／3. 認知
2節　学習のメカニズムとその障害　*36*
　　1. はじめに／2. 古典的条件づけによる学習／3. オペラント条件づけによる学習／4. 言語や認知を介した学習／5. 心理行動的問題と学習／6. まとめ
3節　知能，認知機能，感情，社会性の発達とその障害　*44*
　　1. 知能の発達／2. 認知機能の発達／3. 感情の発達／4. 社会性の発達／5. 知的能力障害群および他の神経発達症群
4節　対人関係や社会集団における意識や行動の理解　*51*
　　1. 社会心理学とは／2. 現場で活かす社会心理学／3. おわりに
5節　ストレスの諸理論と健康の保持増進　*58*
　　1. ストレスの心理学的理解／2. 健康の保持・増進のためのアプローチ／3.

　　　　ストレスマネジメントの実践的展開
6節　**主要な精神疾患の特徴と操作的診断分類および向精神薬**　66
　　　1．はじめに／2．操作的診断基準（DSM）／3．診断の手順／4．DSM-5
　　　による診断分類／5．向精神薬／6．全人的な医療／7．おわりに
7節　**脳神経系の神経心理学的理解と認知機能の障害**　79
　　　1．はじめに／2．神経心理学的理解を行う上で必要な神経科学の知識／3．
　　　神経心理学的理解を行う上で必要な神経心理学の鍵概念／4．神経心理学的
　　　検査／5．精神・神経疾患の神経心理学的理解
8節　**身体疾患患者の心理社会的問題とそのケア**　86
　　　1．はじめに／2．身体疾患罹患によって患者が経験する心理的負荷／3．
　　　精神疾患の併存／4．包括的アセスメント／5．身体疾患患者に対する心理
　　　的ケアの特徴／6．まとめ

第Ⅱ部　実践篇

第4章　保健・医療分野における実習の主要な要素　98
1節　**医療で仕事をするための基本**　98
　　　1．日本の医療の現状と、患者を支える仕組みを知る／2．衛生管理・感染
　　　対策／3．医療安全／4．情報管理
2節　**実習を通して学ぶこと**　103
　　　1．実習の前に／2．さまざまな実習を通して学ぶこと
3節　**スーパービジョンの活用の仕方**　110
　　　1．スーパービジョンとは／2．精神科実習でのスーパービジョン／3．スー
　　　パービジョンの活用の仕方
4節　**医療記録・ケースレポートの書き方**　114
　　　1．医療記録とは（診療録，カルテについて，守秘義務）／2．SOAPにつ
　　　いて／3．ケースレポートの書き方
5節　**実習の事後学習（振り返り）**　120
　　　1．実習施設の機能と役割／2．主要な対象者の特徴／3．実習での活動の
　　　総括／4．保健医療に関連する専門知識／5．疑問点や課題点の整理と今後
　　　の学習計画

第5章　心理アセスメントの実際　123
1節　**インテーク面接と基本情報の収集**　123
　　　1．はじめに／2．インテーク面接について／3．インテーク面接の手続き
　　　／4．インテーク面接を行う／5．聞きにくいことについて確認する／6．
　　　面接の終了／7．おわりに
2節　**各種心理検査**　134
　　　1．心理アセスメントとは／2．知能検査／3．神経心理学検査・認知機能
　　　検査／4．認知機能検査の代表的な検査／5．心理評定尺度／6．臨床現場
　　　で使用される尺度／7．パーソナリティ検査／8．行動観察／9．心理検査

における他職種との連携
- 3節 **ケースの見立てと介入計画の立案** *149*
  1. 操作的診断基準の活用法／2. 機能的アセスメント／3. 心理検査の活用の仕方／4. 介入ターゲットの同定と介入プランの立案／5. 心理教育とセラピーへの動機づけ／6. おわりに

第6章 臨床的介入の各種アプローチ *161*

- 1節 **心理療法（個人療法と集団療法）** *161*
  1. 心理療法とは／2. 医療における心理療法の位置づけ／3. 個人を対象として行うアプローチの実際／4. 集団療法を通して行うアプローチ
- 2節 **家族への支援** *166*
  1. 患者の家族への心理的支援の必要性／2. 家族への支援と家族の包括的なアセスメント／3. さまざまな場面での家族支援／4. さまざまな場面での家族支援の可能性
- 3節 **心理教育的アプローチ** *171*
  1. はじめに／2. 心理教育とは／3. 心理教育プログラムの効果／4. 心理教育プログラムの実践例／5. 心理教育のバリエーション／6. 心理教育を実践する上での留意点
- 4節 **コンサルテーションを通したスタッフ支援** *175*
  1. はじめに／2. コンサルテーションの構造／3. コンサルテーションを行う上で大切なこと／4. コンサルテーションを通してスタッフの患者への関わり方に助言した例／5. おわりに
- 5節 **ケースマネジメントと他機関との連携** *180*
  1. はじめに／2. ケースマネジメントと公認心理師／3. ケースマネジメントにおいて求められる能力と役割／4. 地域連携における公認心理師の役割と今後の展望
- 6節 **スタッフのメンタルヘルス支援** *184*
  1. スタッフに対するメンタルヘルス支援の主要な業務／2. 必要となる専門性／3. 施設内での連携

第7章 主要な介入技法 *189*

- 1節 **介入技法としての動機づけ面接** *189*
  1. セレンディピティから生まれたカウンセリング／2. MIスピリットの意義／3. 共感の技／4. 是認の技／5. チェンジトークと維持トークというキーワード／6. チェンジトークを引き出す質問／7. おわりに
- 2節 **認知行動療法** *194*
  1. 認知行動療法とは何か／2. CBTの主な治療技法
- 3節 **問題解決療法** *200*
  1. 問題解決療法とは何か／2. 社会的問題解決／3. 問題解決療法の取り組み
- 4節 **行動活性化療法** *206*

1. はじめに／2. 行動活性化療法の歴史／3. 行動活性化療法の実際／4. おわりに
- 5節 **応用行動分析** *210*
    1. はじめに／2. 応用行動分析の考え方／3. 不適応的な行動を減らす介入／4. 適応的な行動を増やす介入
- 6節 **マインドフルネス** *215*
    1. マインドフルネスとは／2. マインドフルネスと臨床心理学／3. マインドフルネス系認知行動療法の方法論／4. まとめ
- 7節 **リラクセーション** *220*
    1. リラクセーションの作用機序／2. 呼吸法／3. 漸進的筋弛緩法／4. 自律訓練法／5. まとめ
- 8節 **支持的精神療法** *225*
    1. はじめに／2. 支持的精神療法とは／3. 支持的精神療法の介入技法
- 9節 **ソーシャルスキルトレーニング** *229*
    1. ソーシャルスキルトレーニングとは／2. ソーシャルスキルとは／3. SSTの実施方法／4. SSTを実施する意味

第Ⅲ部　展開篇

第8章　保健・医療分野における実践　*236*
- 1節 **精神科クリニックでの公認心理師の仕事**　*236*
    1. はじめに／2. 初回と継続の面接枠／3. 予約システムの構築／4. 医師との協働／5. 症例検討会の利用／6. クリニカル・リサーチ・コーディネータ／7. 心理療法ができること
- 2節 **精神科デイケアでの公認心理師の仕事**　*241*
    1. はじめに／2. 多機能型精神科診療所の特徴／3. デイケア利用者の特徴／4. デイケアで求められる心理師の役割／5. 他機関との連携／6. おわりに
- 3節 **精神科病院での公認心理師の仕事**　*246*
    1. 精神科病院とは／2. 精神科病院での前提／3. 精神科病院で提供される心理的アプローチの概要／4. 地域連携の取り組み──今後の展開に向けて
- 4節 **認知症疾患医療センターおよび物忘れ外来での公認心理師の仕事**　*250*
    1. 認知症疾患医療センターおよび物忘れ外来の特徴／2. 対象者が抱える主な心理社会的問題の特徴／3. 提供される心理的アプローチの概要／4. おわりに
- 5節 **リワークプログラムでの公認心理師の仕事**　*256*
    1. 労働者のメンタルヘルスの現状／2. リワークプログラムとは／3. リワークプログラムにおける心理師の役割／4. リワークプログラムにおける集団認知行動療法の実践／5. まとめ
- 6節 **総合病院におけるコンサルテーション・リエゾン**　*260*

1．はじめに／2．医療における位置づけ／3．リエゾンチームの実際の動き／4．多職種による協働と役割分担
- 7節　がん患者の緩和ケア・サイコオンコロジー　*263*
  1．がん専門病院における精神科コンサルテーション・リエゾンの特徴／2．がん患者とその家族が抱える心理的問題
- 8節　小児科医療における子どもと家族の心理的支援　*268*
  1．小児医療の特徴／2．小児医療における心理社会的問題／3．小児医療で働く公認心理師に求められること
- 9節　地域保健における疾病予防教育　*273*
  1．地域保健とは／2．地域保健における心理的援助ニーズ／3．地域における生活習慣の差異から生じるメンタルヘルス問題／4．メンタルヘルス問題への心理的援助
- 10節　生活習慣病への行動医学的アプローチ　*278*
  1．糖尿病療養におけるアドヒアランス／2．糖尿病チーム医療における臨床心理士の役割／3．個人心理療法／4．集団心理療法／5．チーム医療における専門性と互換性
- 11節　職場のメンタルヘルス　*283*
  1．職場のメンタルヘルスに関係する法令／2．職場のメンタルヘルスにおける心理社会的問題の特徴／3．提供される心理的アプローチの概要／4．職場のメンタルヘルスに関わる専門職との連携

第9章　保健・医療分野における公認心理師の展望　*289*
- 1節　保健・医療分野で働く公認心理師の成長のプロセス　*289*
- 2節　専門性に特化した公認心理師のキャリア・パスと上位資格の必要性　*290*
- 3節　おわりに　*291*

文献　*293*
索引　*313*

第Ⅰ部

基礎篇

第1章
保健・医療の制度と仕組み

1節　保健・医療の諸機関の機能と役割

1. はじめに

　保健・医療の諸機関の機能と役割およびその根拠となる制度や関連法規は，保健に関する領域や医療機関で活動するとき，他職種との共通言語となるものであり，最低限の知識はもっておきたい。

　医療法に基づき，都道府県は医療圏の設定を含む医療計画を策定し，5年に1度見直しを行う。医療圏とは医療機関の適正な配置や医療資源の効率的な活用，病院の機能分化などを目的とした地域の区分であり，日常生活に密着した保健医療を提供する一次医療圏（基本的に市町村単位），健康増進・疾病予防から入院治療まで一般的な保健医療を提供する二次医療圏（複数の市町村），先進的で高度な医療に対応する三次医療圏（基本的に都道府県単位）の3つのレイヤーが想定されている。

　2018年4月から始まった第7次医療計画においては，精神障害にも対応できる地域包括ケアシステムの構築や多様な精神疾患等に対応できる医療連携体制の構築が謳われている。地域包括ケアシステムでは精神科病院や総合病院精神科，精神科クリニックのような医療機関が障害福祉や介護保険の各事業所と密に連携することが想定されている。また，医療連携体制については医療機関の機能分化を強調しており，精神医療圏の内外で複数の機能の異なる医療機関が協力することで一般的な精神疾患に加えて，認知症，精神科救急，自殺対策，依存症，高次脳機能障害，身体合併症をもつ精神障害など多様な病態に対応することを目指している（図1-1-1）。

　これらの仕組みに関わる諸機関や関連法規は数多い。全体像を俯瞰するには紙幅が限られているため，本章では保健・医療に領域で働く公認心理師にとって必要であろうと思われるごく基本的な事項に絞って取り上げる。

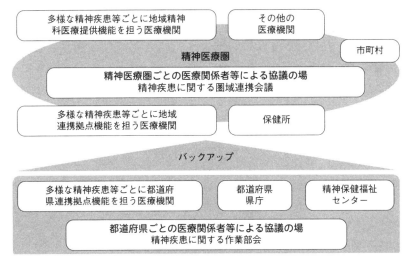

図 1-1-1　多様な精神疾患等に対応できる医療連携体制の構築
(厚生労働省, 2017a)

2. 行政

　精神保健に関わる自治体の支援機関は大まかに市町村, 保健所, 精神保健福祉センターに分類され, それぞれが独自の精神保健福祉関連業務の運営要領をもって活動を行ってきた。

　2013年に「良質かつ適切な精神障害者に対する医療の提供を確保するための指針」(厚生労働省, 2013)で市町村が基本的な精神保健福祉相談等を, 保健所がより専門的な相談を, 精神保健福祉センターが複雑困難で広域的専門的支援を要する事例への対応を行う, との方向性が示されたことで, 役割分担と連携による重層的・効果的な支援体制の構築を目指し, 現在も模索が続いている (野口ら, 2017)。

　市町村の実施する支援は次節の障害者総合支援法に関する記述を参照されたい。

(1) 保健所

　地域保健法に基づき, 都道府県, 政令指定都市, 中核市等に設置される保健所は戦後まもなくより駐在保健婦制度(高知県)や精神保健相談(宮城県)などで精神保健活動の一翼を担ってきた(後藤ら, 2015)。現在も特に医療機関が実施しづらい「未治療者」への対応は市町村とともに保健所の役割とされている。近年は2011年から2014年にかけて実施された「精神障害者アウトリーチ推進事業」への主要支援機関としての関わりや「精神科重症患者早期集中支援管理料」[◆1]の新設を経て, 地域生活のサポートを目的としたアウトリーチ支援のプラットフォームとし

て期待されている（医療機関が同管理料を算定するためには保健所や精神保健福祉センターとの月1回以上の会議の実施が必要）。また精神障害をもつスタッフ（ピアサポーター）を雇用し，受療中断や未治療，ひきこもり状態にある在宅精神障害者を対象にピアサポーターと保健師がチームでアウトリーチ支援を実施するなど，保健所独自の事業も展開されつつある（柳，2017）。

(2) 精神保健福祉センター

精神保健福祉法に基づき，都道府県および政令指定都市に精神保健および精神障害者の福祉の増進，普及と，複雑かつ困難なものに対する指導，相談を行う機関として設置されている（精神保健福祉研究会，2016）。業務としては精神保健福祉に関する知識の普及，調査研究，複雑困難な相談指導，市町村への援助のほか，精神医療審査会の事務局，精神障害者保健福祉手帳の交付，通院医療費の公費負担の判定を担当している。また運営要領によれば診療機能やデイケア，総合支援法で規定される障害福祉サービス等のリハビリテーション機能をもつことが望ましいとされており，他の行政機関と比べて精神科医の関与が大きい点が特徴といえる。各センターは地域の状況に応じ，児童・思春期のメンタルヘルス対策や依存症対策，災害時の心のケア，事件・事故に対する危機援助，アウトリーチ事業，自殺対策など幅広い事業を展開している（精神保健福祉白書編集委員会，2012）。

3. 障害福祉サービス事業所等[◆2]
(1) サービスのアレンジ
1) 相談支援事業所

医療から障害福祉サービス全般にわたって，ワンストップでケアマネジメントを行う。たとえば「病院から退院したが家にずっといても気づまりなので地域に居場所がほしい。それからいずれ働きたいけれど，今すぐは無理なのでまずは働く準備をしたい」という当事者のニーズがあったとき，相談支援専門員が当事者と二人三脚で計画を立て，調整を行うことで当事者が複数の手続きや制度の隙間に落ちこまず，スムーズにサービスが受けられるように支援する。現在の運用では，何らかの障害福祉サービスを利用したい場合，基本的には最初に相談支援事業所での個別支援計画作成が必要になる（つまり，就労支援を受けたいと当事者が希望しても，い

◆1 「精神科重症患者早期集中支援管理料」は2018年4月の診療報酬改定で廃止され，算定要件が緩和された上で「精神科在宅患者支援管理料」として新設された。
◆2 品川ら，2012

きなり就労支援系の事業所に申し込むことはできず，まずは同市町村の相談支援事業所で相談することが求められる）点に注意が必要である。

(2) 生活支援系事業所
1) 地域活動支援センター
　デイケアなど医療機関におけるリハビリテーションはそろそろ卒業だが，会社や学校のような自然な社会的環境にすぐにはなじまないだろうと思われる利用者に見守りのある環境下での他者との交流や，地域生活を営む上での困りごとに関する相談などを提供している。事業所によって利用者の年齢層や提供されるサービスに違いがあるため，当事者の照会先となり得る事業所の特色については押さえておきたい。

2) 生活訓練事業所
　総合支援法の訓練等給付に分類される「自立支援」の中でも知的および精神障害をもつ人に提供されるのが「生活訓練事業」である。入浴や排せつ，食事など手段的日常生活動作（Instrumental Activities of Daily Living: IADL）に関する訓練や生活等に関する相談・助言を行う事業で日中活動を支援する「通所型＋訪問」と「宿泊型」に分類される。精神科に長期に入院後，地域に退院した人の地域生活支援等に活用される。原則，利用期限は2年とされている。

(3) 就労支援系
1) 就労移行支援事業所
　一般就労等を希望し，知識・能力の向上，実習，職場探し等を通じ，適性に合った職場への就労等が見込まれる65歳未満の者に就労支援（職場探し，求職活動に必要なスキルのトレーニング，職場定着のための支援等）を行う。標準利用期間は2年間だが，引き続きサービスを提供することによる改善効果が具体的に見込まれる場合に限り，最大1年間の更新（原則1回）をすることができる。

2) 就労継続支援事業所
　就労継続支援事業所にはA型とB型がある。A型は正式な雇用契約に基づき最低賃金が保証される中で，一般求人に基づく雇用に比べて保護的環境で働くことができる。近年，株式会社を設置母体としたA型が増加しつつある。B型はかつて授産施設や小規模作業所と呼ばれた支援機関が自立支援法の成立にともない移行したものである。A型と異なり雇用契約もなく最低賃金の保証はないが，生活支援を含め包括的な支援を受ける中で工賃を受け取ることができる。

3）障害者就業・生活支援センター

地域の支援機関と連携し当事者の身近な地域において就業面および生活面における一体的な支援を行うことを目的とする支援機関である（佐藤, 2016）。同じ厚生労働省内でも障害保健福祉部が所掌する総合支援法下の支援機関と異なり，職業安定局と障害保健福祉部の連携事業である「障害者就業・生活支援センター事業」により 2002 年に創設された。このためハローワークとの連携や実習のアレンジ，ジョブコーチの提供などに強みをもっている。

4．医療機関
（1）精神科病院／総合病院精神科

「入院中心から地域中心へ」の方針が打ち出された 2004 年の「精神保健医療福祉の改革ビジョン」以降今日まで，わが国の実態にあった新たなシステムを求め，精神科医療は変革のさなかにある。改革ビジョン以降，2005 年から 2014 年までの統合失調症，気分障害，神経症性障害，ストレス関連障害および身体表現性障害（以下，神経症性障害等）の入院および外来患者の推移を図 1-1-2 に示す。統合失調症は依然として入院患者の多数を占めるがその割合は漸減しており，呼応するように外来患者が増加している。また気分障害の外来患者の増加にともない，少しずつ治療構造に変化が現れていることがうかがわれる（厚生労働省・国立精神神経医療研究センター, 2009, 2014）。

また一般病院の中の標ぼう科の1つとして精神科や心療内科を扱う医療機関（こ

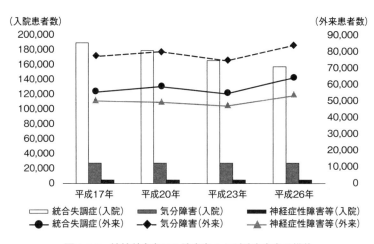

図 1-1-2　精神科疾患の入院患者および外来患者の推移
（厚生労働省・国立精神神経医療研究センター, 2009, 2014）

こに総合病院精神科が含まれる）について，2016年時点で一般病院7,380施設のうち，精神科を標ぼうしているのは1,724施設，心療内科を標ぼうしているのは629施設（重複あり）で，2008年以降一貫して漸増の傾向にある。これも上記の統合失調症圏および気分障害圏の外来患者の増加に対応したものと考えられる（厚生労働省，2017）。近年では，児童精神科や発達障害の専門外来，身体疾患における心理的なケアなど多様なニーズへの対応が求められている。

医療機関で活動する場合に不可欠な知識として診療報酬制度が挙げられる。わが国の保険医療機関はすべて健康保険法等に基づき，あらかじめ定められた診療報酬点数表から報酬を算定している（診療報酬点数表は2年に一度改訂される）。たとえば2014年4月の診療報酬改定で大うつ病性障害に対する「認知療法・認知行動療法」が精神科専門療法として新設されたことは記憶に新しい。このような特定の医療行為に対して点数がつく場合もあれば，一定の要件を満たした入院病棟に対してついている点数もある。精神科で算定されることが多いものとしては「精神科救急入院料」「精神科急性期治療病棟入院料」「精神療養病棟入院料」などがあり，一般科で心理職に関連するものとしては「緩和ケア病棟入院料」などが挙げられる。これらの診療報酬は職員配置や入院患者の臨床像などによって得られる点数や入院可能な期間が異なっており，自分が担当する入院患者や病棟がどの項目を算定しているのか知っておくことは多職種協働の観点からも重要である。なお，これらの診療報酬名と病院が独自に設定している病棟の機能（たとえば「救急病棟」「急性期病棟」「回復期／リハビリテーション病棟」など）は必ずしも一致しない点に注意が必要である。

(2) 精神科クリニック（診療所）

診療所は医療法で定められた医療機関の一形態であり，病床の有無によって有床診療所（19床まで，20床以上は「病院」となる）と無床診療所に区別される。現状ではわが国の精神科クリニックのほとんどは無床診療所である。病院と異なり，管理者たる医師1名の他には他職種の設置基準がないため，医師1名のみで運営される非常に小規模なものから，多くのスタッフを擁し複数の精神科デイケア（後述）を運営するものまで規模や診療内容に幅がある。平成27年の精神保健福祉資料をみると全国4,017か所の精神科クリニックに常勤・非常勤を合わせて4,133名の心理職が在籍しており，医師以外の職種別でみると看護師に次いで多い人数となっている。これは神経症圏（ICD-10におけるF3圏）の患者層が通院患者の約3割を占めており，カウンセリングや心理査定の需要があるためと考えられる（厚生労働省・国立精神神経医療研究センター，2015）。

(3) 精神科デイケア

精神科デイケアは「精神疾患を有するものの社会生活機能の回復を目的として個々の患者に応じたプログラムに従ってグループごとに治療するもの」と定義されており，診療報酬上は精神科デイケア（1日6時間の利用，以下同じ），精神科ナイトケア（午後4時以降4時間），精神科デイ・ナイトケア（1日10時間），精神科ショートケア（1日3時間）で算定される（社会保険研究所，2016）。このうちナイトケアとデイ・ナイトケアは1980年代後半から2000年代にかけて制度化されたものである。当時は地域生活支援のための資源が限られており，退院後に当事者が気軽に立ち寄れる居場所として活用されていた。しかし総合支援法下で障害福祉サービスも充実しつつある現在では，デイケア（つまり医療機関）に利用者を長く留めておくのではなく，短時間・短期間の利用によって，より本人のニーズにあった自然な社会的環境に送り出す，という考え方から，短い利用時間でも算定可能なショートケアが積極的に利用されるようになっている。2015年時点の調査によれば，全国に1,583施設ある精神科病院のうち，精神科デイケアを算定するのは1,499施設，ショートケアを算定するのは1,194施設となっており（重複あり），精神科医療において非常にポピュラーな活動領域であることがわかる（厚生労働省・国立精神神経医療研究センター，2017）。

(4) 訪問看護ステーション

これまで繰り返し述べたように，地域ケアを重視する方向性からアウトリーチ支援は保健や福祉の領域だけでなく，精神科医療においても重点課題となっている。現在の診療報酬制度下で業務としてアウトリーチ支援が可能なのが訪問看護ステーションである。2017年8月現在，全国で訪問看護ステーションは9,735か所活動しているが（全国訪問看護事業協会，2017），このうち特に精神科訪問看護に特化しているステーションは540か所あまりとされている（萱間ら，2017）。その運営方針はさまざまで，特に制度の黎明期には通院が困難であったり，医療中断の恐れのある当事者宅に病状の見守りや服薬管理を目的とする訪問が多かった。近年ではリカバリー支援に対する意識の高まりから，生活支援に関する事柄にも対応するステーションが増えている。ただ訪問「看護」ステーションである以上，スタッフは看護職が大半であることから，包括的地域生活支援（Assertive Community Treatment: ACT）を展開するチームなど多職種協働によるアウトリーチ支援を志向する支援者からは「精神科訪問看護基本料療養費」の使いにくさも指摘されている（たとえば同療養費を用いた訪問看護ステーションからの訪問では精神保健福祉士の訪問は算定されない。精神科病院等の地域支援部門から訪問はこの限りではない；

社会保険研究所，2016)。今後は多職種でのアウトリーチ支援を前提とした「精神科在宅患者支援管理料」の一層の活用，普及が期待される。

2節　保健・医療の制度と関連法規

1．保健に関する制度と関連法規
(1) 健康な人のサポートを想定した制度や法規
公認心理師が保健領域で活動する際に参画を求められるキャンペーンや制度の多くは根拠となる法律や法令がある。たとえば「健康日本 21」は健康増進法，「ストレスチェック」は労働安全衛生法，「ゲートキーパー」は自殺対策基本法などの法律が規定または関連している。

これらの取り組みに共通するのは「予防」を目的とした活動である，という点である。保健に関わる対人援助職（医師，保健師等）の共通言語であり「予防」と関連の深い学術領域である疫学に関する知識も身につけておきたい。詳細は成書（たとえば，中村，2013 等）をあたってほしい。

(2) 疾患や障害をもつ人の支援を想定した制度や法規
1）障害者基本法
1993 年，心身障害者基本法の一部改正を経て制定された法律である。障害者の社会・経済・文化に対する参加機会を促進し障害を理由として差別されないという理念を掲げた本法について，メンタルヘルスの視座から特に重要なのは，それまで「病気」としてしか扱われてこなかった精神疾患の「障害」としての側面を認め，身体障害，知的障害と同様に福祉の対象とした点である（板山，1996）。厚生労働省が所掌する精神障害の関連法規は大まかにいうと本法の理念のもとに後述の障害者総合支援法がサービス給付を定め，その下で精神保健福祉法が制度運用を定める形で体系化されている（図 1-2-1）。

図 1-2-1　精神障害関連法規の体系

2）障害者総合支援法と障害福祉サービス[◆3]

それまで別々に運用されてきた3障害（身体障害，知的障害，精神障害）の支援制度を1つに統合し，2005年に制定された障害者自立支援法（以下，自立支援法）は応能負担から応益負担への方針転換などから当事者と国との間で訴訟となった。その後，政権交代を経て和解が成立したのち，自立支援法のもつ課題を改めた形で2013年に制定された新法が障害者総合支援法である。

本法で給付が規定される障害福祉サービスは3障害にわたるため非常に膨大であるが，このうち公認心理師も業務上，ぜひ知っておきたいのが「訓練等給付」「自立支援医療」および「地域生活支援事業」に分類される支援群である。

「訓練等給付」には「自立訓練（機能訓練・生活訓練）」「就労移行支援」「就労継続支援」が含まれ，特に多職種で地域生活支援を実施する場合，上記の支援を実施する事業所と協働で行うことが非常に多い。

「自立支援医療」は精神疾患のために医療を受ける必要がある場合に医療費の自己負担を軽減する制度である。2005年以前は後述の精神保健福祉法において「通院医療費公費負担制度」として位置づけられていたが，自立支援法の成立とともに現在の運用となった。

「地域生活支援事業」のうち「相談支援」はさらに2つに大別される。1つは「特定相談支援」で，本法で規定されるさまざまな障害福祉サービスの利用についてワンストップで計画を立てること（＝「計画相談」の実施）を目的としている。もう1つは「一般相談支援」で，この枠組みで「地域移行・地域定着支援」が実施される。この支援は精神科の医療中断者，未受診者，ひきこもり，1年以上の長期入院経験者などを対象としており，主に統合失調症など重度の精神障害をもつ人が入院することなく安定して地域生活が送れるようサポートすることが目的である。

「地域活動支援」では市町村から委託を受けた社会福祉法人などが「地域活動支援センター」を開設し，障害をもつ人が地域で気軽に集える居場所を提供している。

システム全体の概略を図1-2-2に示す。

2. 医療に関する制度と関連法規
（1）精神保健福祉法と各種制度

精神保健福祉法は精神障害者の社会復帰の促進や自立，社会経済活動への参加の促進のために必要な援助や障害発生の予防等に関する制度の運用について定めてい

◆3　精神保健福祉白書編集委員会，2012

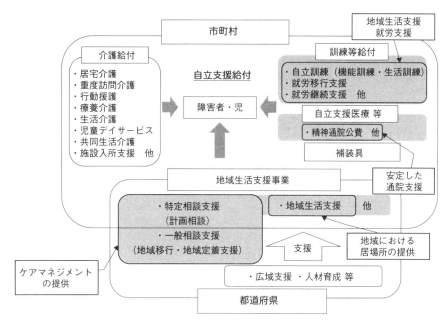

図 1-2-2　障害者総合支援法における統合的な自立支援システム
(精神保健福祉白書編集委員会，2012 より作成)
図のグレーの部分は公認心理師が意識しておく支援を示す。

る法律である（精神保健福祉研究会，2016）。本法における精神障害者は「統合失調症，精神作用物質による急性中毒又はその依存症，知的障害，精神病質そのほかの精神疾患を有する者」と非常に広範な疾病・障害群を包括する定義となっていることに留意が必要である。本項では特に「医療」に関連する部分について記述する。

1）入院形態

精神科医療が一般医療と大きく異なる点の1つが非同意入院の存在である。患者の意思に基づかない入院は人権擁護の観点から特に注意が必要であるため，その実施要件は本法によって詳細に定められている。以下に入院形態の種別を示す。

・任意入院：本人の同意に基づく入院。
・医療保護入院：精神保健指定医（後述；以下，指定医）が「医療および保護のために入院が必要である」と判断したが，病状等によって患者の同意が得られない場合に家族等や市町村長の同意によって行われる入院。
・措置入院：自傷他害の恐れがある精神障害者に対して，2名の指定医によって入院が必要と判断された場合に都道府県知事または指定都市市長の権限で行わ

れる入院。
- 緊急措置入院：措置入院と同様の案件であるが，その手続きがとれない場合に，1名の指定医の診察で72時間まで実施できる入院。
- 応急入院：患者本人，保護者，市町村長の同意が得られない状況で，指定医が直ちに入院させなければならないと判断した場合の入院。応急入院は緊急性を要する比較的まれな入院形態であり，応急入院指定病院のみで実施可能。

なお，いったん決定した医療保護入院の必要性や任意入院以外の形態で入院した患者から退院請求等を受けた場合の入院継続の必要性の是非，処遇の適切さについて審査するため精神医療審査会が各都道府県に設置されている。

2）精神保健指定医

本法によって規定される医師の国家資格である。前項に挙げた非同意入院や病棟における行動制限のような患者の人権を制限せざるを得ない医療行為に関して唯一判定できる資格であり，学会等が認定する専門医等とは根本的に異なる重い社会的責任を課されている（三村，2017）。

3）精神障害者保健福祉手帳

1995年の本法改正時に規定された制度である。精神疾患のために日常生活・社会生活に継続的な障害があり，精神科初診日から6か月以上経過している人が居住地の市町村を通じて都道府県に申請することによって取得可能である。手帳が交付されることによって優遇措置が受けられる。身体障害や知的障害における同様の制度と異なり2年間の有効期限がある。これは精神障害が他の障害と異なり状態に変化が起こる可能性が高いためである。ちなみに本稿執筆時においては発達障害をもつ人も知的障害が認定されない場合（知能検査等の結果によって判断される），療育手帳（知的障害者に交付される）ではなく本手帳を申請することとなる。

（2）心神喪失者等医療観察制度（医療観察法制度）

本制度は心神喪失または心神耗弱の状態で重大な他害行為を行った人に対して，適切な医療を提供し，社会復帰を促進することを目的としている（菊池，2010）。制度の大枠は英国の Care Programme Approach（CPA）と呼ばれる多職種・多機関連携，医療と福祉を包括的・体系的に網羅したサービス計画立案と実施などを特徴としたケアマネジメントの一形態を参考にしている（平林，2005）。

本制度の中で公認心理師が知っておきたいのは以下の仕組みである。

1）指定入院医療機関／指定通院医療機関

指定入院医療機関は医療観察法の入院による医療の決定を受けた人が入院する病

棟を有する医療機関である。入院中は多職種チーム（Multi-Disciplinary Team: MDT）によって作成される個別計画に沿った治療や社会復帰調整官（後述）による退院後の生活環境の調整が実施される。治療の目安は急性期3か月、回復期9か月、社会復帰期6か月の約18か月程度とされており、病棟は非常に厳重なセキュリティが敷かれ入院初期の外出が制限される一方で、病棟内には各種セラピールームなどが設置されアメニティに配慮されている。

対象者が医療観察法の通院による医療の決定を受けると処遇実施計画に基づき原則として3年間は地域において指定通院医療機関での医療を受けることになる。本機関は一定の基準を満たす病院、診療所、薬局、訪問看護ステーションが指定される。

2）社会復帰調整官

法務省が設置する保護観察所に所属する国家公務員であり、医療観察法の対象者について生活環境調査、入院中・退院後の環境調整、通院治療にあたっての処遇実施計画の作成、通院治療中の生活状況等の見守り、ケア会議の実施など関係機関との連携、裁判所に対し処遇の終了、通院期間の延長、（再）入院の申し立てなどを行う（鶴見，2008）。CPAにおける「キーパーソン」の役割を担うスタッフであり、わが国では精神保健福祉士や作業療法士の資格をもつ職員が担当することが多い。

3節　保健・医療機関で働く専門職種の役割とチーム医療

1．チーム医療と公認心理師

近年、医療現場のあらゆる領域でチーム医療が行われている。厚生労働省（2010）は、「チーム医療の推進について」という報告書を提出しており、その中でチーム医療を「我が国の医療を変え得るキーワード」と表現している。

日本臨床心理士会が医療領域に勤務する臨床心理士を対象に行ったWeb調査（日本臨床心理士会，2016）では、ほぼ6割が何らかの医療チームに関わっていることが示された。医療領域で働く公認心理師においては、心理師としての基本的なスキルはもちろん、チーム医療の中で多職種と適切なコミュニケーションを図り、それぞれの職種の役割を理解した上で協働関係を築いていくスキルは必須になっているといえる。

また2012年度の診療報酬改定により精神科リエゾンチーム加算が新設されたことの影響もあり、身体科領域に勤務する心理職も増えている。身体科領域では心理師や精神科に関する知識がほとんどない職種とも連携をとる必要があり、その場合、

他職種の業務を知るのみならず,心理師自身が「自分の仕事は何か」「患者に何ができるのか」といったことを,心理師についてほとんど知識のないスタッフに適切に説明する必要がある。その際にも,施設内でどういう職種が何をやっているかを理解することで,他職種の業務との相対的な位置づけの中で心理師の仕事を説明でき,他職種が心理師の仕事を理解しやすくなる場合もある(たとえば「精神科医は患者の不安に対して薬物療法を行うことで不安そのものを低減しようとするが,心理師は不安の背景を丁寧に聞いていくことで,不安の意味を理解し,不安に取り組めることを目指す」など)。

そこで,本節ではチーム医療における多職種連携について述べるとともに,医療現場での業務において心理師と関わりが深いと思われる職種について,その特徴と関わる際に留意しておく点について私見を述べる。

2. チーム医療における多職種連携

Edmondson(2012)は,チーミングという用語を用い,チームを機能させるためのさまざまなポイントについて指摘しているが,その中で「多くの人が自分の側にある知識を当たり前のものと思い,境界線の向こうにいる人たちとのコミュニケーションを図るのを難しくしてしまっている」と述べ,それぞれの専門職のもっている「当たり前」に自覚的になる必要性を訴えている。ここで言うところの「当たり前」というのは,それぞれの職種の価値観や文化,規範とも言い換えられる。

病棟の中で,心理師は自分の関わる患者との関係性や患者自身の成長などを重視するのが当たり前であるが,看護師はその患者のみならず,同じ病棟に入院する他の患者の安全面も考えることが当たり前である。心理師は「この患者さんの成長のためには,ある程度の行動化は大目に見る必要がある」と考え,看護師は「他の患者への影響を考えると,この患者さんの行動化は問題である」と考える,というように1人の患者の対応を巡ってですら,そういった当たり前の違いによって職種間におけるコミュニケーションにずれが生じることがある。そういった状況を防ぐためには,他職種と積極的にコミュニケーションを図り,それぞれの職種の「当たり前」を知った上で,自分自身の当たり前を相対化して業務に取り組んでいかなければならない。

またDrucker(1974)は,専門職の課題として「自らのアウトプットが他の者のインプットにならない限り,成果は上がらない」と述べている。それぞれの職種が,それぞれの専門用語で話している限り,それは他職種のインプットになることはない。多職種とコミュニケーションを行う上では,自分の職種の専門用語を他の職種にわかりやすく伝えていく必要があり,それぞれの専門性が他職種のインプットに

なり得るように，また他職種のアウトプットをどのように自らのインプットにしていくかを考えていくことが，とても重要なことである。そのようにして，それぞれのアウトプットが，それぞれのインプットになったとき，チーム医療における発展的な相互作用が活性化され，チームで関わることの意味が生まれてくると考えられる。

しかしながら野中・野中ケアマネジメント研究会（2014）が「それぞれの専門職は，自分たちの価値観と専門用語をもっていて，なかなか相手のことを認めません。自分たちが犠牲者で，問題は相手の職種にあるという認識から離れにくいのです」と述べているように，チーム医療には欠点も存在する。たとえば同じ患者に多職種が関わる中で，「患者がよくなったのは自分の関わりのおかげではないか」「よくならないのは他職種の関わりのせいではないか」と自分の専門性を過大視してしまい，他職種との連携がうまくとれなくなることも起こり得る。経験が浅かったり自信がなかったりするときほどその傾向は強くなることがあるので注意が必要である。自分の専門性をアピールすることと，自分の成果をアピールすることとは異なる。チーム医療における成果は，常に多職種で関わったことの結果であることを認識しておかねばならない。

実際にチーム医療を行う上では，上記にあるような利点と欠点とを理解し，意識して活用していくことが必要であると思われる。

3．さまざまな専門職
(1) 精神科医

チーム医療の中で，心理師との関わりが最も多い職種は精神科医であろう。臨床の上では，心理師はあくまで精神科医の診療をサポートする立場で，医師の考え方や治療方針に沿って動き，時には助言をしていくことが望ましいと思われる。それはどちらかの職種が優れていて，どちらかが劣っているという問題ではない。医療という場では，法律的にも構造的にも，医師が唯一，患者に対して全責任を負う立場であり，心理師がその責任を引き受けることはできないのである。その立場を越えて心理師が動いてしまうことは，チームのみならず医療現場全体の動きを乱すことにもなり得る。時にそういった心理師の動きの背景には，医師に対する劣等感，医師に対する憧れが隠れていることもあるので，心理師はそういった自分自身の心情に対しても開かれていることが望ましい。

精神科医と協働して治療にあたる際は，精神科医の治療方針を理解した上で，自分なりのアセスメントや関わり方について精神科医と相談し，お互いが何をしているのかがわかる関係を築いていくことが必要であろう。

(2) 医師（精神科以外）

　身体科の医師の仕事は疾患の治療，症状の改善・緩和であり，患者の精神的な面における介入は最優先事項ではない。身体科医師から心理師への依頼があった場合も，あくまで「患者・家族がよりよい精神状態を維持し，効果的な入院治療を受けられることを目標に，心理学的なアプローチを行っていくこと」（小石川ら，2013）であり，身体面での治療の妨げにならないよう，身体科の考える治療の方向性に留意しながら介入を続けていく必要がある。

　公認心理師法には，「公認心理師は，その業務を行うに当たって心理に関する支援を要するものに当該支援に係わる主治の医師があるときは，その指示を受けなければならない（法第42条第2項）」と記載があるが，「医師の指示」の捉え方について関係者の中でさまざまな意見が交わされたことを受けて，2018年1月31日，「医師の指示」に関する運用基準について厚生労働省から通知が出された（厚生労働省，2018）。

　この運用基準についても意見はさまざまであろうが，こういった「医師の指示」に関する文言が示されたことによって，法律の上において心理師の業務が臨床での支援システムに組み込まれたと理解できる。これまで医療現場において法律的な裏づけのない業務を行ってきた心理師にとっては，これは大きな意味をもっているといえる。

　医事法制上，医療行為を自身の判断で行えるのは，いくつかの例外はあるものの基本的には医師に限定されている。したがって「医師の指示」がなければ医療は成り立たないのであり，医療現場においては心理師の支援活動も「医師の指示」を受けて行われている。ただ，ここで言われる「医師の指示を受ける」という表現は，医師の指示のままに活動を行うということではなく，医師と緊密なやりとりを行いながら，医師と方向性や歩調を合わせて，より援助的な介入ができることを目的にしていると考えたほうがよいであろう。

　実際の業務の中では，法令遵守のためにも，心理師として介入の仕方を検討するためにも，医師の指示の内容は必ず患者のカルテに記載をしてもらい，心理師が介入を行うに至った経緯や目的について，客観的に示せるようにしておく必要がある。筆者の勤務する医療機関においても，たとえば電話や口頭で医師からの指示があった場合は，必ず電子カルテ上に「医師の指示」を記載してもらうことをお願いしている。

(3) 看護師

　看護師は，入院中の患者の食行動，排泄，歩行能力など病棟生活の細かい部分や，

治療の経過を最も把握しており，患者の変化を身近で感じられる職種である。したがって入院中の患者の様子を把握するには，何はともあれ看護師から話を聞くことが必要である。

　看護師は，患者に対する療養上，診療上の業務をこなしつつ，個々の患者の細かい記録を行わなければならない。病棟のナースステーションに行ってみればわかるが，看護師は常に忙しく動いており，心理師とは時間の流れが大きく異なっていると感じられることも多い。その雰囲気に圧倒されて，話しかけにくさを感じる心理師も少なくない。その感じを上野・久田（2008）は「圧倒的なアウェー感」と表現している。このアウェー感に取り込まれることなく，看護師の所属する病棟などのやり方・文化を把握しつつ，慎重かつ積極的に，時間をかけて看護師と関係をつくっていくことが必要であろう。

(4) ソーシャルワーカー

　患者の生活全般の支援が主な業務であり，地域の施設，病院，デイケアなど社会資源についての情報，介護保険や生活保護など社会福祉サービスの制度に詳しい。その性質上，行政や司法とやりとりを行うことも多い職種である。その中でも精神保健福祉士（PSW）は，精神保健福祉領域の専門資格をもつソーシャルワーカーのことであり，精神科における入院や退院，退院後のフォローも含めて，精神科臨床には必須の存在であり，心理師との関わりも多い職種である。

　環境への働きかけや，家族間の力動の理解など，心理師の考え方や業務と重なるところも多くあるが，院内のみならず積極的に外に出てサポートのネットワークを創設する点など，方法論において心理師と異なる面もある。

　心理師はともすれば，心理面にこだわって，金銭的な面や患者の住む地域のことなど，患者の生活者としての側面を見失ってしまうことがある。ソーシャルワーカーは常に患者を生活者の視点からとらえており，心理師が見習う点も多くあると思われる。実際のケースでは，心理師が行う個人の側面におけるアセスメントと，ソーシャルワーカーが行う環境・生活面のアセスメントとがうまく噛み合うことで統合的なアセスメントが可能になり，患者にとってよりよい関わり方が見いだせることが多いように思われる。

(5) リハビリテーションスタッフ

　リハビリテーションスタッフには主に，理学療法士，作業療法士，言語聴覚士が含まれる。

　理学療法士は英語表記である"Physical Therapist"の頭文字をとって，PTと呼ば

れることが多い。外科的な疾患や障害によって運動機能が低下した患者に対する運動機能改善のみならず，高齢者の廃用予防（病院のベッドに寝たきりで歩けなくなることを防ぐ），心疾患をもつ患者の心臓機能の増強（心臓リハビリテーション）など，さまざまな領域で活動を行っている。

作業療法士も同じように，英語表記である"Occupational Therapist"の頭文字をとって，OTと呼ばれることが多い。理学療法が主に運動や訓練を活用して身体機能の改善を目標とするのに対して，OTは食事，料理，トイレといった具体的な動作・作業を活用して，その動作の獲得を目指している。実際の作業を素材にすることで，患者が自信や達成感，また日常生活でのイメージが得られやすいのも作業療法の特徴ではないかと思われる。

言語聴覚士は，英語表記である"Speech-Language-Hearing Therapist"の頭文字をとってSTと呼ばれることが多い。主に，嚥下障害（さまざまな疾患や咽喉部の手術の影響などで上手に噛めない，飲み込めない状態），言語障害（脳障害などの影響でうまく話せない，理解できない状態），音声障害（さまざまな疾患の影響で声を出しにくい状態）に対して，訓練・指導・助言を行う職種である。近年では，発達障害のコミュニケーショントレーニングを中心に行うSTも多く存在している。

リハビリテーションスタッフは，どの職種も国家資格であり，その教育課程で，医学関連の科目が多くある。同じメディカルスタッフでも心理師に比べると医学的な知識は豊富であり，リハビリテーションスタッフのカルテ記録が，患者の現在の身体的状態を確認するのに，かなり参考になることが多い。

(6) 薬剤師

現代は薬の進歩がめざましく，またジェネリック医薬品の導入などが進んでいることもあり，医療現場で使用される薬剤の種類は常に変化している。そのため医療現場での薬剤師の役割は年々重要になってきている。近年では病棟専属の薬剤師がいる病院も珍しくない。

医療現場でカウンセリングを行っていると，患者から薬の飲み方や副作用についての疑問を聞くことは少なくない。薬剤師との連携があると，医師には聞けないような細かい疑問（「スポーツドリンクで薬を飲んでよいのか？」「朝の薬を飲み忘れたら，昼にまとめて飲んだほうがよいのか？」など）についても確認できるなど，薬の知識の少ない心理師にとってはさまざまな面で助けられることが多い。

医療現場には，上記に挙げた以外にも，医事課などの事務系の職員，栄養士，検査技師，ME（Medial Engineer：臨床工学技士），チャプレン（宗教士）など，さま

ざまな職種が業務を行っている。自分が関わる職場にどのような職種の人が働いているのか，どのような価値観や文化をもっているのか，心理師とどのような関係性をもっているのか，などについて確認し，その上で心理師としてのアイデンティティを保ちつつ，それぞれの職場で求められる心理師の役割をオーダーメイドで構築できる柔軟性が，チーム医療の中で働く公認心理師には求められるであろう。

第2章
保健・医療分野の特徴と公認心理師の役割

1節　保健医療で公認心理師に何が求められているか

　人は誰しも，いつまでも健康でいたいと望んでいる。しかし，健康は突然，あるいは加齢とともに損なわれ，いずれ死を迎える。これは避けることのできないプロセスとはいえ，健康が損なわれていく時間の経過の中で，誰しも不安や恐怖，戸惑いや混乱，怒りや落胆，絶望などを経験する。保健医療領域における心理師の役割とは，このような健康を取り巻くさまざまな心理社会的問題へ支援することと言ってよいだろう。健康を取り巻く心理社会的問題は非常に多岐にわたるので，本節では以下のいくつかの観点から概観することにする。

1．保健医療サービスの目的という観点

　保健医療サービスの目的は，大きく①疾病の予防，②治療，③リハビリテーションおよび社会復帰支援の3つに大別することができる。予防の段階においてまず挙げられるのは，ストレス社会において深刻化するメンタルヘルスの問題である。職場や学校，子育てや介護といったさまざまな生活場面におけるストレスをきっかけとして，メンタルヘルスの問題を引き起こす人が増加しており，ストレスマネジメントの啓発・促進が求められている。
　また，糖尿病や心筋梗塞，脳卒中などの生活習慣病は増加の一途をたどっており，国民の健康保持や医療費の削減の観点から，生活習慣病の予防は国の重要施策の1つとなっている。これら生活習慣病の予防のためには，食習慣や運動習慣の改善や，禁煙や節酒が重要であり，生活習慣の改善のために認知行動的アプローチが大変注目されている。これらは地域保健における健康増進プログラムとして取り組まれており，今後さらに発展していくだろう。これら予防の観点はいずれも，日常生活におけるセルフ・コントロール能力の向上を目指すものであり，心理的アプローチが支援の中核に位置づけられている。

次に，治療の段階においては，患者の心理状態の把握や，不安や抑うつなどの心理的症状の緩和，さらには適応促進のための社会的スキルや対処能力の向上などが期待されている。近年，生活上のストレスから精神疾患やストレス関連疾患などを発症するケースが増加しており，精神科クリニックなどでは，薬物療法に加えて，認知行動療法などの心理療法や，集団療法が導入されることが増えてきている。今後，精神医療における公認心理師の役割がさらに重要となっていくであろう。

また，メンタルケアへのニーズは，精神医療だけでなく，がんや心疾患などの重症疾患や，糖尿病や腎疾患などの慢性疾患，さらには，さまざまな難病を抱える患者においても重要視されるようになった。身体疾患患者におけるうつ病などの精神疾患の発症率は，一般人に比べて高いことが知られており，身体的な治療だけでなく，病状への不安や治療のストレス，療養生活の長期化にともなううつ状態などに対して，心理的ケアの必要性が指摘されるようになった。総合病院においては，精神科リエゾンチームに公認心理師が加わり，身体科の病棟の患者のメンタルケアに貢献するようになっている。

さらに，リハビリテーションおよび社会復帰の段階においては，病気やその治療によって低下してしまった生活の質の向上のための支援が主たるテーマとなる。それには，病気やケガを抱えながらの生活に必要となる新たな生活技能の獲得のための支援もあれば，職場や学校への復帰に向けて関係部署と連絡をとりながらスムーズな復帰につなげていく社会的支援もあるだろう。さらには，病気をしたことで一時は見失ってしまったやる気や生きがい，今後の人生への前向きな態度などを再び向上させるような心理的支援なども重要になってくる。

2. 健康問題の質という観点

健康に関わる心理社会的問題と一口に言っても，実は，どのような病気のどのような状態にあるのかによって，心理社会的問題の質は大きく異なる。たとえば，職場のストレスを契機に発症したうつ病であれば，職場の人間関係や過剰労働の問題，職場復帰の不安などが挙げられるであろう。また，認知症であれば，本人の不安や混乱とともに，介護をする家族の不安やストレスも重要な問題となる。さらに身体疾患でいえば，がん患者においては，告知の衝撃，治療の苦悩，再発不安やターミナルケアなど，トータルでのメンタルサポートが求められている。心疾患では，発作の不安にともなう生活障害や，人工心臓やペースメーカー等の体内植え込み，心臓移植など，高度先進医療にともなう強いストレスなどへのケアが求められている。一方，糖尿病などの生活習慣病においては，食事や運動についてのセルフケア行動の維持・管理のための行動医学的支援が重要であるし，厳しい生活制限によって生

じるストレスや抑うつ感の緩和なども必要であろう。

このように，病気や病状に対応した患者の心理状態の理解とそれに応じた専門的対応が求められている。主要な疾患患者が抱える心理社会的問題の特徴やその改善のための心理的アプローチについては，鈴木（2008, 2016）に詳しく述べられている。

3. 保健医療サービスの対象者という観点

保健医療サービスの一義的な対象者は，健康問題を抱えた患者であることは言うまでもないが，それだけではない。たとえば，当事者を支える家族は，当事者を支えるキーパーソンであると同時に，「大切な家族が病気になってしまった」という衝撃を受け，今後の治療や予後に不安を抱えている「当事者」でもある。患者本人に心配をかけないように，いたって平静を装っているかもしれないが，患者にどう接したらよいか，今後の治療費をどう工面するか，家に残された他の家族の世話はどうするか，などさまざまな混乱や悩みを抱えていることが少なくない。このような家族の支援も公認心理師の重要な役割であるし，家族のメンタルヘルスを良好に保つことによって，患者本人へのサポートが充実することにつながる。

さらに，公認心理師は，チーム医療の一員として他職種のサポートをすることも重要である。医療者－患者間のコミュニケーションの改善や，患者の心理状態の把握，さらには患者への対応方法についてのアドバイスなど，心理学的観点から他職種に助言を行うことで，医療チーム全体の機能向上と連携促進が図られるのである。

2節　チーム医療に求められる公認心理師の専門性

公認心理師法によれば，公認心理師が行う業務としては，表2-2-1にある4つが規定されている。すなわち，①心理的な援助を必要としている当事者の心理状態の把握や分析，②心理状態の改善のための相談援助，③関係者への相談援助，および④心の健康増進や普及啓発を促進するための教育や情報提供である。この条文で重要な点は，公認心理師の業務では，心理状態の把握と相談援助に加えて，予防的な

表2-2-1　公認心理師法第2条における公認心理師が業として行う行為

1. 心理に関する支援を要する者の心理状態を観察し，その結果を分析すること。
2. 心理に関する支援を要する者に対し，その心理に関する相談に応じ，助言，指導その他の援助を行うこと。
3. 心理に関する支援を要する者の関係者に対し，その相談に応じ，助言，指導その他の援助を行うこと。
4. 心の健康に関する知識の普及を図るための教育及び情報の提供を行うこと。

観点を念頭に入れた地域保健活動を行うことが定められている点である。

また，公認心理師法では，保健医療分野で実習を行う施設として，表 2-2-2 に示される施設が挙げられている。これはすなわち，公認心理師業務は，精神医療のみならず，身体医療を行う各種医療機関においても重要な役割を果たすことが想定されているということである。さらには，地域の保健行政を担う施設や介護関連施設でも想定されている。

さらに，公認心理師カリキュラム等検討会の最終答申によれば，公認心理師業務を行う上で公認心理師に必要とされる知識や技術として，表 2-2-3 にあるような内容が示されている。これをみると，領域横断的な知識や技術としては，職責の自覚や職業倫理の順守，コミュニケーション力，心理療法ならびに心理学および医学に関する専門性，自己研鑽，災害・緊急支援を含む地域貢献，医師等関連専門職との連携などが挙げられている。

表 2-2-2　保健医療分野の実習を行う施設

- 医療法（昭和 23 年法律第 205 号）に規定する病院及び診療所
- 介護保険法（平成 9 年法律第 123 号）に規定する介護療養型医療施設
- 地域保健法（昭和 22 年法律第 101 号）に規定する保健所又は市町村保健センター
- 精神保健及び精神障害者福祉に関する法律（昭和 25 年法律第 123 号）に規定する精神保健福祉センター
- 介護保険法に規定する介護老人保健施設等

表 2-2-3　公認心理師に求められる役割，知識および技術

＜活動する分野を問わず求められるもの＞
- 国民の心の健康の保持増進に寄与する公認心理師としての職責を自覚すること。
- 守秘義務等の義務及び倫理を遵守すること。また，心理に関する支援が必要な者に対し支援を行う関係者の間で，当該支援に必要な情報共有を行うこと。
- 心理に関する支援が必要な者等との良好な人間関係を築くためのコミュニケーションを行うこと。また，対象者の心理に関する課題を理解し，本人や周囲に対して，有益なフィードバックを行うこと。そのために，さまざまな心理療法の理論と技法についてバランスよく学び，実施のための基本的な態度を身につけていること。
- 心理学，医学等の知識及び心理に関する技術を身につけ，さまざまな職種と協働しながら支援等を主体的に実践すること。
- 公認心理師の資格取得後も自ら研鑽を継続して積むことができること。
- 心理状態の観察・分析等の内容について，適切に記録ができること及び必要に応じて関係者に説明ができること。
- 地域社会の動向を踏まえ，公認心理師が社会から求められる役割を自覚して，業務を行うこと。
- 災害や事件・事故等緊急時にも公認心理師としての役割を果たすことができること。
- 身体疾患や精神疾患，又はその双方が疑われる者について，必要に応じて医師への紹介等の対応ができること。

＜保健医療分野において求められるもの＞
- 医療分野においては，心理検査や心理療法（集団療法，認知行動療法等を含む）等，心理職の立場からの技術提供が求められる。また，職種間でのコミュニケーションのためにも一定程度の医学知識が必要である。
- 保健分野においては，乳幼児健診等の母子保健事業における母性や乳幼児への心理に関する援助，認知症が疑われる高齢者への支援等，幅広い技能が求められる。

また，保健医療分野に特化した知識や技術としては，心理職の立場からの技術提供および職種間でのコミュニケーションのための医学知識，さらには母子保健や高齢者支援に関わる内容が挙げられている。これらの答申が意図しているのは，公認心理師が保健医療分野において業務を行う際は，心理の専門職である以前に保健医療サービスを提供するチームの一員であるという自覚を強くもち，保健医療者としてもつべき基本的な態度や知識を備えてなければならないということである。

　後でも詳しく述べるが，保健医療サービスにおいて，それに携わる者は，患者（対象者）の生命に直接的に関与するという自覚をもち，医療の質の向上と安全への万全の配慮をしなければならい。また，質の高い医療は一職種の専門性によってのみなされるものではなく，多職種連携によるチーム医療によってなされるものであるという認識をもたなければならない。チームの構成員が相互に理解可能な共通言語と価値観を共有し，相互に補完し合いながら患者の健康の回復・維持・増進のために力を注いでいくのがチーム医療である。すなわち，心理学の知識や概念，あるいはそれらの専門用語を並べたてて説明をするだけでは，チーム医療に貢献する公認心理師にはなれないということだ。したがって公認心理師は，患者や家族さらには他職種にもわかりやすい言葉で丁寧にコミュニケーションができるように日ごろから心がけなければならない。

　さらに，鈴木（2008）によれば，チーム医療における公認心理師の役割として，以下の3つを挙げている。第1に，公認心理師が有している心理学の専門性を発揮してチームに貢献するという「心理専門職としての役割」であり，第2に，患者と医療者との関係においてコミュニケーションの改善・促進や，相互理解を深めるような役割を果たす「媒介者としての役割」，そして第3に，医療スタッフが日常的に遭遇するさまざまな問題に関して，公認心理師が客観的な視点から状況を見極め，心理行動科学や臨床心理学の観点からスタッフ間の役割分担や対応方法をアドバイスしていく「コンサルタントとしての役割」である。このように公認心理師は，単に自らが患者の前面に出て公認心理師業務を行うだけでなく，裏方役や相談役となり，臨機応変に対応しながら医療の質の向上および患者の安心感や満足度の醸成のために貢献していかなければならない。

　さらに，先にも述べたように，公認心理師に求められる支援の内容は，業務を行う対象者の状態像によって多岐にわたる。したがって，自分の働く場の専門性に対応した知識や技術を想定しながら，自分の技量を高めていく自己研鑽が必要となるであろう。

3節　保健医療現場に臨むために必要な基本姿勢と心構え

　保健医療分野で働く公認心理師は，心理学の専門家である以前に，保健医療サービスを提供するチームの一員であるという強い自覚をもたなければならない。それはすなわち，保健医療サービスは患者（対象者）の生命に直接関わる仕事をするということであり，1つのミスが取り返しのつかない事故につながることもあり得るのである。したがって，業務を行うにあたって，高い倫理観の保持と医療安全の確保のために不断の努力が必要である。また，保健医療サービスは，医療保険制度や，医療法，地域保健法など各種関連法規などを根拠として行われている。また，病院や診療所，保健所や各種相談機関など，保健医療サービスを提供する施設にもそれぞれ異なる役割と機能がある。したがって，保健医療サービスに携わる公認心理師は，これらの制度や枠組みについてしっかりと理解しておく必要があることは言うまでもない。

　本節では，公認心理師の実習・実践において，最も基本となる必須事項についてまとめることにする。

1．医療安全の考え方

　医療の安全を確保するために，「医療ミスは起こり得るもの」という前提に立ち，さまざまな観点から医療ミスを未然に防ぐための対策をとらなければならない。すべてのスタッフが共通認識のもと，相互に確認や注意喚起を日常的に行うことが徹底されている。和田（2016a）は，医療安全に必要な観点として，以下のようなものを挙げている。

①患者確認：患者の取り違えが生じないよう，医療処置を行う際には，氏名や生年月日など本人確認のルールを徹底する。
②インシデント・アクシデントの報告：「ヒヤリ・ハッ」とした出来事（インシデント）や，実際に何らかのミスが発生した事例（アクシデント）をスタッフ間で共有することで，インシデントに早めに気づくとともに，何らかのミスが発生した際にも適切な処理が行えるように話し合っておく。
③危険予知トレーニング：薬剤の取り違えや，患者の転倒・転落の防止など，生じる可能性のある事故の誘因になり得る項目（物品整理の仕方，廊下の障害物，スタッフ間の連絡の不備など）をリストアップして，あらかじめ対応策や改善策を話し合う取り組み。

いずれも，保健医療チームの各専門職が医療安全を共通の問題ととらえ，他人任せにせず，各自が緊張感をもって業務にあたることが重要である。

2. 感染症対策

保健医療の現場には，さまざまなウイルスや細菌等が存在し，常に感染のリスクにさらされている。患者の血液や身体への接触といった医療処置を直接的に行う医師や看護師に限らず，患者と接する公認心理師においても，このリスクは同等のものであるという認識をもち，自分自身を感染から守るだけでなく，患者を感染から守るという意識で日々の業務を行わなければならない。和田（2016b）は，標準予防策（スタンダード・プリコーション）として，以下のようなものが必要であるとしている。

①患者の病名や病状にかかわらず，患者の血液，体液（汗以外），排泄物，分泌物はすべて感染性があるものとして扱うこと。
②傷がなくても患者に接触する際には，その前後に手洗い（手指衛生：詳しくは第4章を参照）をする。
③必要に応じて，マスク，手袋，エプロン，ガウンなどを用いること。

また，患者に直接接していないときでも，病院内のドアノブやエレベーターの押しボタン等，患者が触れる可能性のある各所にも潜在的な感染リスクがあることを前提に，手洗いを励行することが重要である。さらに，公認心理師自身に，咳が出る，熱がある，体調不良であるといった自覚症状がある場合には，マスクを着用する，あるいは病休を取るなど，感染の加害者にならないための慎重な行動をする必要がある。

3. 情報共有と相互連携の原則

これまで述べてきたように保健医療分野で働く公認心理師は，保健医療サービスを提供するチームの一員である。このチームは，チームを構成する各専門職が日ごろから情報を共有しながら相互連携することで，初めて質の高い医療を実現することができる。

公認心理師の業務は，患者の内面や成育歴，家族関係や周囲との人間関係など，その患者のプライバシーに接する機会が多いので，これらの個人的な情報の取り扱いに関してどのレベルまでチームで共有するかに迷うことがある。もちろん患者から得た情報をすべてこと細かく報告する必要はないとしても，治療上必要と考える

情報は積極的に共有するべきである。たとえば，患者の成育歴や家族関係に関する情報が他の専門職にもある程度共有されていることで，医師が医療情報の説明をする際や，看護師が退院後の生活指導を行う際に，そのことを考慮して患者本人や家族に丁寧な対応を行うことができることもある。あるいは，患者から，最近イライラして落ち着かないという訴えがあったことをチームで共有したことろ，最近変更した薬剤の副作用である可能性が指摘されることもある。さらには，公認心理師は患者の活動低下を心理的問題だととらえていたが，医師に報告したところ，せん妄の可能性があると指摘されたケースも少なくない。このように，得た情報を心理学的な観点からのみ解釈するのではなく，各種専門職の立場から複眼的に見ることで正しい判断と最良の治療方針が定まっていく。したがって，公認心理師（特に実習生や公認心理師となって間もない頃）は，常に連絡・報告・相談をこまめに取りながら，情報共有と相互連携の原則を忘れないようにしてほしい。

　ところで，情報共有の重要な手段の1つとして，診療録がある。診療録（カルテ：最近は電子化された施設内ネットワーク上に共有化された電子カルテとして運用されることが多い）は，特定の患者に関わるすべての医療者が情報を共有し相互連携を行うために重要な書類であり，法律上も記録・保管することが義務づけられているものである。

　診療録には慣例的にPOS「問題解決型システム」という方式に従った構造的な記録様式が採用されており，公認心理師も診療録を記入する際にはこの手順に従って情報をまとめて記述しなければならない（詳細については第4章を参照）。なお，記録を行う際には，必要項目を簡潔にまとめ，いずれの他職種が見た際にも正しい情報が伝わるような共通言語（心理学の専門用語は基本的に使わない）を用いて記述する。

　なお，診療録はあくまでも必要最低限の情報共有のツールであるので，心理面接等で得られた詳細な情報に関しては，別途，面接記録として作成することが望ましい。

4節　保健医療分野での実践に関連した職業倫理

　職業倫理は，公認心理師が業務の質の向上や，患者（対象者）の生命・安全を確保する上でなくてはならないものである。倫理に関する指針には，職業観や理念を示したものから，特定の資格を有する者の専門性に依拠した倫理綱領，さらには遺伝子組み換えや臓器移植などの特定の医療行為に関連した倫理指針など，さまざま

表 2-3-1　公認心理師の職業倫理（一般社団法人日本心理研修センター，2018を参考に改編）

第一原則	相手を傷つけない，傷つけるような恐れのあることをしない
第二原則	十分な教育・訓練によって身につけた専門的な行動の範囲内で相手の健康と福祉に寄与する
第三原則	相手を利己的に利用しない
第四原則	一人ひとりを人間として尊重する
第五原則	秘密を守る
第六原則	インフォームド・コンセントを得るとともに，相手の決定権を尊重する
第七原則	すべての人を公平に扱い，社会的な正義と公正・平等の精神を具現する

なレベルのものがある。公認心理師は，その専門業務に応じた参照するべき倫理綱領や倫理指針を精読し，常にそれを遵守する必要がある。各種倫理綱領や倫理指針についての詳細はここでは割愛するが，心理師における職業倫理の骨格は，表2-3-1のようにまとめることができる。

さらに，保健医療分野における倫理の基本原則は以下の4つが示されている（Beauchamp & Childress, 2001）。

①自律尊重の原則：自律的な人の意見を尊重するべきであるという考え方であり，インフォームドコンセントや，真実を語ることの重要性，プライバシーの尊重，守秘義務の順守などがこの枠組みに含まれる。
②善行の原則：他人の利益のために行為すべきであるという道徳的責務のこと。患者にとって適切で利益が多い行為を選択するべきであるという考え方のことである。
③無危害の原則：医療行為を行うにあたって，患者にできるだけ痛みや苦痛を与えないように配慮することや，合併症や副作用を可能な限り避けるように配慮するべきであるという考え方のことである。
④正義の原則：医療的資源はすべての者に公正に配分しなければならないという考え方のことである。

以上のように，本章では，保健医療分野で実習，あるいは実践を行う上で必要とされる基本的な態度や考え方を紹介した。いずれも保健医療の場で活動するためには欠かすことができない必須事項である。公認心理師として「役に立つ」ことを考える前に，「無作法がゆえに患者やスタッフ迷惑をかけることがないようにする」ことが何よりも重要である。保健医療の最前線で業務を行うという緊張感をもって，実習や実践に臨んでいただきたい。

第3章
実習・実践に出る前に確認しておきたい心理学の基礎知識

1節　感覚，知覚，認知のはたらき

1．はじめに
　われわれは，生活を送る上で，環境に適応していくために，自分を取り巻く周囲の環境の情報や自分の体内環境の情報を知り，行動を調整している。環境からの情報をさまざまな感覚器官（眼，耳，鼻，舌，皮膚など）を通して知るプロセスが感覚である。しかし，われわれは感覚器官のはたらきだけで環境の状況を認識できるわけではなく，感覚器官から入ってきた情報を処理し，解釈する心理的なはたらきが必要である。このプロセスを知覚と呼ぶ。両者のプロセスは明確に区別することが難しく，研究者間でも見解が異なる。本節では，感覚・知覚をまとめて解説する。また，われわれは環境からの情報をただ単に受容するだけでなく，情報に注意を向けて，その一部を選択的に取り込んだり，自分の記憶をもとに情報を再構成するなどして適応的な行動を実現している。このようなより高次の心理的プロセスを認知と呼ぶ。本節の後半では，認知を構成する多くの心理的プロセスの中でも特に注意と記憶について解説する。

2．感覚・知覚
(1) 感覚の種類
　人間には複数の感覚が備わっている。古くから感覚の種類は5つに分けられ五感（視覚・聴覚・嗅覚・味覚・触覚）と呼ばれてきた。現在の心理学では，視覚，聴覚，嗅覚，味覚，皮膚感覚（触覚，痛覚，温覚，冷覚），自己受容感覚（位置覚，運動覚，力覚），平衡感覚，内臓感覚に分類されることが多い。感覚の種類とその経験内容を感覚モダリティと呼ぶ。それぞれの感覚モダリティに対応して，感覚受容器や大脳皮質などを含む感覚神経系が局在している。それぞれの感覚受容器は，環境の物理的エネルギーや化学物質を検出するはたらきをしており，最も効率よく応答する

適刺激がある（たとえば，視覚における光や聴覚における音など）。

(2) 感覚の閾値と感度

　感覚が生じるのに必要な最小の刺激量を刺激閾あるいは絶対閾と呼ぶ。また，2つの刺激間の違いがわかる最小の刺激量の差異を弁別閾と呼ぶ。感覚の感度は，一般的に閾値の逆数で表される。つまり，刺激閾や弁別閾が小さいほど感覚の感度が高いといえる。

　臨床現場における援助場面では，感覚の感度には個人差があることを十分に理解しておく必要がある。とりわけ年齢による個人差は大きく，多くの感覚モダリティにおいて加齢による感度の低下がみられる。高齢者自身も，日常において視覚（たとえば明るさに対する感度）や聴覚（たとえば高周波数音に対する感度）の低下を自覚しており，見えにくい，聞こえにくいなどの生活上の困難を感じている（Kosnik et al., 1988, Slawinski et al., 1993）。

(3) 視覚系のはたらき

　われわれは，環境からさまざまな情報を得ているが，多くの状況で視覚情報に頼るところが大きい。本節では，感覚・知覚のはたらきを理解するにあたり視覚モダリティを取り上げる。

　環境の情報を視覚的にとらえる機構を視覚系と呼ぶ。視覚における適刺激である光は角膜を通って眼球内に入り，水晶体によって焦点調節され，硝子体を通り，光受容器のある網膜へ投影される。網膜上には錐体と桿体の2種類の光受容細胞がある。錐体は網膜の中心部（中心窩）に集まっており，色を感じるはたらきを担っているが，光に対する感度が低いため明るいところで機能する。暗いところで色が見えないのは錐体が反応しないためである。網膜内には分光吸収特性が異なる3種類の錐体がある（L錐体，M錐体，S錐体，それぞれ長波長，中波長，短波長の光に反応する）。網膜内における錐体の構成により色覚には個人差が生じる。それらは大きく3つに類型化されており，3色型色覚，2色型色覚，1色型色覚と呼ばれている。色覚の個人差を表す際に，以前は色覚異常といった用語が用いられていたが，色覚の多様性という観点からは「異常」の用語を用いないことが望ましい。一方で，桿体は，網膜の周辺部に多く分布しており，色の識別機能はないが光に対する感度が高いことから暗所において明るさを感じるはたらきをもっている。

　錐体と桿体において光は電気的な活動に変換され，視神経，視交差，視床の外側膝状体を経て，脳の後頭葉にある一次視覚皮質に投射される。さらに，情報は脳の中で2つの経路に分かれて処理され視知覚が生じる（Kandel et al., 2012）。1つは，

一次視覚野から側頭連合野へ至る腹側視覚経路である。この視覚経路は，視覚対象の色や形，それが何であるかという情報が処理されていることから「what（何）経路」と呼ばれている。腹側視覚経路では顔の認識に関わる細胞も見つかっている。もう一方は，一次視覚野から頭頂連合野へ至る背側視覚経路である。この視覚経路では，視覚対象の位置，動きなど空間情報に関わる処理が行われており「where（どこ）経路」と呼ばれている。

(4) 視覚に関連した障害

　緑内障，白内障，糖尿病網膜症などの眼疾患，脳梗塞，脳腫瘍などの脳疾患，あるいは交通事故などによる脳損傷によって視覚の機能に障害をきたすことがある。視覚障害は，障害の程度によって視覚的な情報をまったく得られないか，あるいはほとんど得られない盲と，視力は保有しているが眼鏡などで矯正しきれない視覚機能の低下があるロービジョンに大きく分けられる。盲であっても光覚があり明暗の区別はつく人や，目の前の指の本数であればわかる人など程度はさまざまである。しかし，日常生活に困難をともなうことには変わりはない。視覚障害者などの感覚障害者に対する援助場面では，環境の感覚情報が得られないことにより被援助者にどのような問題が起こっているのかを常に考えながら支援を行うことが必要になってくる。たとえば，視覚障害者の場合，会ったときには，あいさつだけではなく必ず名前を名乗る，食事のときには，食器を置いている位置や食事内容をできるだけ具体的に説明する，被援助者本人が置いた物を勝手に動かさないなど，視覚情報が得られないことに配慮したさまざまな対応が考えられる。

　また，上述した視覚経路の障害により，相貌失認などの視覚失認が生じることがある。what経路である腹側視覚経路にある紡錘状回（側頭葉の下部）は，視覚対象の色や顔の認識に関わる脳領域である。相貌失認は家族や友人など親しい人の顔を見ても誰かわからないといった症状が生じるが，責任病巣として紡錘状回の関与が指摘されている（Takahashi & Kawamura, 2002）。

　ここでは，視覚モダリティについてみてきたが，他の感覚モダリティにおいても，感覚受容器や大脳皮質などから構成される感覚神経系のはたらきによりそれぞれの感覚・知覚が成り立っている。したがって，感覚神経系のいずれかに損傷が生じた場合にさまざまな障害が生じることとなる。医療機関の現場では，感覚・知覚の問題を抱えた被援助者に接する機会が多いことから，各感覚モダリティの特徴や感覚神経系の仕組みについてよく理解した上で対人援助に臨むことが必要となる。

3. 認知
(1) 注意のはたらき

われわれは，日常生活において，環境から膨大な量の情報を感覚器官を通して入力している。しかし，脳が一度に処理できる情報の量には限りがあるため，情報の一部に集中したり，情報を選択することが必要になる。このように効率的に情報を取り入れるはたらきを注意と呼ぶ。注意ははたらきの違いによって，いくつかの下位コンポーネントに分類される。ここでは神経心理学領域の臨床知見に基づいて分類された集中的注意，持続的注意，選択的注意，分割的注意，注意の切り替えの5コンポーネントを取り上げる（Sohlberg & Mateer, 2001）。

集中的注意は，特定の対象や作業に注意を集中するはたらきである。集中的注意が阻害され，注意が散漫になることをディストラクションという。また，持続的注意は，長時間にわたり注意を一定レベルに維持するはたらきである。たとえば，自動車の運転には集中的注意や持続的注意が必要であるが，何かに気をとられてディストラクションが生じると思わぬ事故につながる。

選択的注意は，複数の情報の中から必要な対象を選び出し注意を向けるはたらきである。大勢の人が同時に会話しているパーティの中で興味ある会話が聞き取れるといったカクテル・パーティ効果は選択的注意のはたらきによる。

分割的注意は，複数の対象や作業に同時に注意を配分するはたらきである。注意を心的資源ととらえると，利用できる注意資源の量には個人差があり，配分できる量には限界があると考えられる。分割的注意のはたらきにより，音楽を聴きながら勉強をするといったように複数の作業を並行して行えるが，難しい作業や慣れない作業を行う場合に注意資源量の限界を超えると，注意の配分がうまく行われず，作業のパフォーマンスが低下することとなる。

注意の切り替えは，注意を向ける対象を1つの対象から他の対象へ切り替えるはたらきである。また，自動車の運転時に，車内のエアコンの温度変更操作をしてまた運転操作に戻るといったように異なる認知処理が必要な複数の作業を切り替えながら行う際にも，注意の切り替えのはたらきが用いられる。

(2) 注意と有効視野

われわれが環境の視覚情報をはっきりと見ることができる視野の範囲は網膜の中心窩の大きさに依存して視角にして2度程度である。人は視覚対象に注意を向けてよく見ようとする場合には，この視野の範囲内に視覚対象が入るように視点（注視点）を移動させる。しかし，自動車の運転中に道路の端から飛び出した子どもにとっさに気づくことがあるように，注視点から離れた視野の範囲であっても注意を払う

 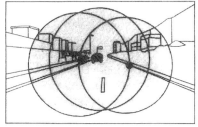

　　　混雑度の大きい場合　　　　　　　混雑度の小さい場合

図 3-1-1　情報処理量と有効視野の広さ（三浦，1996）

ことは可能である。ある瞬間に視点を移動させることなく情報処理が可能な視野の範囲を有効視野という。有効視野の広さは一定ではなくさまざまな要因によって変化する。図 3-1-1 は，交通環境の混雑度と有効視野の広さの関係を示したものである（三浦，1996）。混雑度の大きい道路では処理すべき情報量が多いため，注意の配分量に余裕がなく有効視野が狭くなり，視点移動を頻繁に行う必要がある。一方，混雑度の小さい場合には，情報処理量が少ないため，利用可能な注意資源に余裕があり広い有効視野が確保できる。

　有効視野の広さは，その他にも加齢，状況に対する習熟度，覚醒水準，疲労，感情状態などによって変化する。つまり，誰でも，いつでも同じように周りの環境に注意を払えているわけではないといえる。このことを踏まえると，加齢，疲労，感情状態などが日常生活における注意のはたらきに影響を与えていることに留意して援助を行うことが重要になってくる。

(3) 注意に関連した障害

　脳梗塞や交通事故などによる脳損傷によって，注意のはたらきが損なわれることがある。選択的注意に関わる障害の1つに半側空間無視がある。半側空間無視では，損傷を受けた大脳半球と対側の空間にある対象に気づかなかったり，損傷と対側の空間に向けて行動することが障害される。これは空間情報に関わる選択的注意のはたらきが障害され，損傷と対側の空間にある対象に注意を向けることができないためと考えられる。臨床的には，左半球損傷による右半側空間無視と比べて，右半球損傷による左半側空間無視が圧倒的に多い。図 3-1-2 のように，左半側空間無視患者では，左側の空間を認識するはたらきが障害される。生活上では左側の物や人にぶつかる，左側にある食事を食べ残すなどの問題が生じる。半側空間無視の責任病巣としては where 経路である背側視覚経路の頭頂葉の一部や前頭葉（Corbetta et

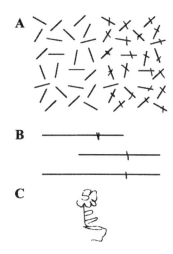

図 3-1-2　代表的な臨床検査における左半側空間無視患者の障害の例(Driver & Vuilleumier, 2001)
　A．線分抹消試験：すべての線分に印をつける検査
　B．線分二等分試験：水平線分の中心点に印をつける検査
　C．模写試験：花などの図形を見ながら模写する検査

al., 2005) などが知られている。

(4) 記憶のはたらき

　記憶は，過去の経験を覚え，それを後まで保持し，必要に応じて想起して利用するはたらきのことをいう。本を読んだり，学校へ行ったり，物思いにふけったりと日常生活のさまざまな行為は記憶のはたらきに負うところが大きい。ここでは，記憶のプロセスを記憶のマルチストアモデル (Atkinson & Shiffrin, 1968) の情報の流れに沿って説明する（図 3-1-3）。環境の情報は，まず感覚器官を通して感覚登録器に入る。感覚モダリティによって感覚登録器に保持される時間は異なり，視覚情報で 1 秒程度，聴覚情報で 5 秒程度である。

　感覚登録器に入った情報の中で，選択的注意によって注意を向けられた情報のみが次の短期貯蔵庫に送られ一時的に保持され短期記憶となる。短期記憶は容量に制限があり，保持時間は 15 〜 30 秒程度である。短期記憶の情報は反復することにより長期貯蔵庫へと転送され長期記憶となる。会話，読書，暗算などのさまざまな認知作業を行う場合，一時的に保持された記憶内容を利用して情報の変換や復唱などの処理が行われる。短期記憶の中でも情報の保持と処理の 2 つのはたらきをもつ記憶プロセスは特にワーキングメモリと呼ばれる。

　長期記憶は，情報の内容によって宣言的記憶と手続き的記憶に分けられる。宣言

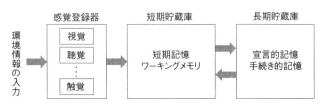

図 3-1-3　情報の流れと記憶の種類（Atkinson & Shiffrin, 1971 を改変）

的記憶は言語的な表現が可能な記憶であり，さらにエピソード記憶と意味記憶に分けることができる。エピソード記憶は，個人的な経験に関する記憶で，いつ，どこでといった日時や場所の文脈情報が含まれる。意味記憶は，言葉，概念，事実などに関する一般的知識の記憶である。一方で，手続き的記憶は，自転車の乗り方などの運動技能や，計算課題の演算手順などの認知技能に関わる記憶で，習得には長時間の反復練習を必要とすることが多い。

(5) 記憶と気分一致効果

楽しい気分のときにはポジティブな内容の記憶が想起されやすく，悲しい気分のときにはネガティブな内容の記憶が想起されやすくなる。そのときの気分に影響を受けて，記憶の中の情報が選択的に思い出されることを気分一致効果という。この効果を説明する感情ネットワークモデル（Bower, 1981）では，長期記憶の構成要素（1つ1つの記憶）はネットワークの形で結合し合っており，それらが「楽しい」「悲しい」などの感情要素とも結びついていると仮定している。ある感情状態（気分）のときには，その感情要素が活性化され，ネットワークを介して拡散していき，その感情と結びついている記憶内容へのアクセシビリティが高まり想起されやすくなるとされる。感情ネットワークモデルは，抑うつ処理活性仮説（Teasdale, 1988）など抑うつの認知の理解にも応用されている。

(6) 記憶に関連した障害

記憶障害は，脳損傷や心的外傷などさまざまな原因で生じる。感覚・知覚，注意，言語機能などは高く保たれているにもかかわらず記憶のみが選択的に障害された病態を健忘症と呼ぶ。健忘症は，発症後に新たに経験したことが記憶できなくなる前向性健忘と，発症前に経験して記憶していたことが思い出せなくなる逆向性健忘に分けられる。健忘症の責任病巣として側頭葉内側部，間脳，前頭葉が挙げられる（Kopelman, 2002）。

医療機関における臨床現場では，注意障害や記憶障害をもつ被援助者に接する機

会も多く，注意や記憶のはたらきとその障害に関して理解を深めておくことが必要である。また，注意障害，記憶障害をもたない被援助者においても，日常生活における考え方や行動の傾向が注意や記憶などの認知のはたらきから説明できることも多い。さまざまな臨床場面において被援助者に対する理解に活かすことができるよう認知に関わる基礎知識をしっかり習得してほしい。

2節　学習のメカニズムとその障害

1. はじめに

われわれ人間は，さまざまな体験をすることで，自らの振る舞いや考え方，注意の向け方，態度などが変化していく。心理学では，こうした「経験によって生ずる比較的永続的な行動の変化」を学習と呼び，さまざまな研究が展開されてきた。心理的な支援の対象となるような問題も，不適応的な行動を学習してしまった結果（誤学習）として，あるいは，適応的な行動をまだ学習していない結果（未学習）として，それらが生起し維持していると理解することができる。そのため，心理的な支援を行うにあたっては，こうした学習のメカニズムを理解し，対応していくことが必要となる。そこで，この節では，心理的な支援を行う際に知っておくべき学習のメカニズムを概説し，心理行動的問題とそれらの関連を解説していく。

2. 古典的条件づけによる学習
(1) 古典的条件づけ

古典的条件づけは，ロシアの生理学者 Pavlov, I. P. によって研究の対象とされ，その後の膨大な実験によって明らかにされてきた学習のメカニズムである。たとえば，レモンを見ただけでも唾液がでる，以前事故にあった現場に行くと心臓がドキドキするなど，事前の環境変化によって誘発される行動と関係する（条件づけられるこのような反応の性質に着目して「レスポンデント条件づけ」と呼ばれることもある）。

図 3-2-1 は，古典的条件づけを示したモデル図である。古典的条件づけとは，もともとは中性的な刺激であった条件刺激（Conditioned Stimulus: CS）が，生得的に無条件反応（Unconditioned Response: UR）を誘発する無条件刺激（Unconditioned Stimulus: US）と対提示されることで，CS のみで条件反応（Conditioned Response: CR）を誘発するようになる現象である（図 3-2-1 の左側）。CS と US を対提示する手続きそのものも古典的条件づけ（あるいは，強化）といい，その時間的配置によ

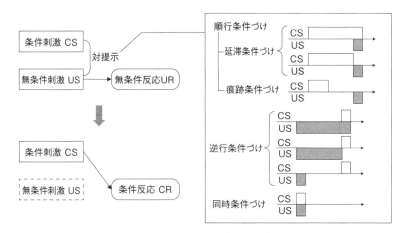

図 3-2-1　古典的条件づけのモデル図

り順行条件づけ（延滞条件づけ・痕跡条件づけ），同時条件づけ，逆行条件づけなどに分類される（図 3-2-1 の右側）。CR の形成に最も適しているのは順行条件づけ，次に適しているのは同時条件づけとされ，一般的に CS と US が時間的に接近しているほど CR は獲得されやすい。

(2) 古典的条件づけの諸現象

　CR の獲得後に，CS のみを単独で提示し続けると，やがて CR が減弱していく。この現象と手続きは消去と呼ばれており，古典的条件づけにおいて重要なメカニズムである。ただ，消去後しばらくしてから CS を提示すると CR が部分的に復活する（自発的回復），消去後に CS と同時，もしくは少し前に新奇刺激を提示すると CR が復活する（脱制止），消去後に再び CS と US の対提示をすると CR の再獲得が急速であるなどの現象が生じる。そのため，消去によって条件づけ前の状態に戻るというわけではなく，新たな学習が成立していると考えられている。その他に，CS と物理的特徴が類似している刺激に対しても CR が生じる刺激般化，特定の CS は強化し，別の CS は強化しないという手続きを繰り返すことで，特定の CS のみに CR が生じるようになる分化，CS が複合刺激の場合に起こる隠蔽や阻止なども，古典的条件づけに特徴的な現象である。

(3) 古典的条件づけの理論

　これらの古典的条件づけのメカニズムに関して，Pavlov は興奮と制止という概念を用いて説明を行った。その後，数多くの実験研究を経て，CS と US の生起と非

生起の随伴関係からメカニズムを説明する随伴性理論，CS と US の連合強度によって CR を予測する Rescorla-Wagner モデルなどが提唱され，現在でも古典的条件づけ理論は発展している。これらの詳細については，今田・中島（2003）などを参照されたい。

3. オペラント条件づけによる学習
(1) オペラント条件づけ

オペラント条件づけは行動の後の環境変化によって生起頻度が変化する行動の学習メカニズムである。たとえば，人に挨拶をする，スマートフォンを操作する，横断歩道を渡るなど，われわれが行う多くの自発的，随意的な行動と関係する。

図 3-2-2 は，オペラント条件づけを示したモデル図である。オペラント条件づけは，特定の刺激のもとで自発される行動の結果を操作することによって，その行動のその後の生起頻度を変化させる手続きである。対象となる行動（behavior）を中心として，時間的に前に起こる刺激変化としての先行事象（antecedent），後に起こる刺激変化としての結果（consequence）の 3 つの随伴関係（三項随伴性）によって分析がなされる（図 3-2-2 の上側）。このうち，行動の変化に特に重要な役割を果たすものは結果であり，結果の刺激変化のパターンと行動の将来の生起頻度の変化との関係が行動随伴性として整理されている（図 3-2-2 の下側）。

(2) 結果による行動の制御（行動随伴性）

行動随伴性には，その行動の将来の生起頻度を増加させる"強化"と減少させる"弱化"がある。さらに，行動の直後に随伴する結果のパターンによって，それぞれ 2 種類に細分化される。行動の直後に刺激が出現（あるいは，刺激の強度が増加）する場合，"正の"という修飾語がつく。一方，行動の直後に刺激が消失（あるいは，刺激の強度が減少）する場合，"負の"という修飾語がつく。この組み合わせにより，

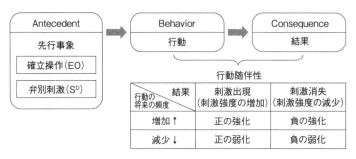

図 3-2-2　オペラント条件づけのモデル図

行動随伴性には正の強化，負の強化，正の弱化，負の弱化が存在する。

　正の強化と負の強化は，将来の行動の頻度が増加することから，どちらも対象にとって好ましい環境変化（結果）が随伴していると解釈できる。正の強化の場合は好ましい刺激が出現（増加）するのに対して，負の強化の場合は好ましくない刺激（嫌悪刺激）が消失（減少）する。一方，正の弱化と負の弱化は，将来の行動の生起頻度が減少することから，どちらも対象にとっては好ましくない環境変化が随伴していると解釈できる。正の弱化の場合は好ましくない刺激（嫌悪刺激）が出現（増加）するのに対して，負の弱化の場合は好ましい刺激が消失（減少）している。

　ここで，"好ましい"環境変化や"好ましくない"環境変化という表現には注意が必要である。行動随伴性の特定は，あくまでその行動の将来の生起頻度の変化と，随伴する結果の刺激変化のパターンからなされる。そのため，結果がその対象にとって"好ましい"のか"好ましくない"のかは後づけの解釈にすぎず，分析者の主観的な評価でなされるものではない。

（3）先行事象による行動の制御

　強化はその行動の将来の生起頻度を増加させるものであるのに対して，先行事象はそのときの行動の生起（喚起）に影響を与えるものである。オペラント条件づけでは，確立操作と弁別刺激という2つの先行事象が行動に影響を与える。

　行動の将来の生起頻度を増加させる行動随伴性は強化であるが，そのときに随伴する出来事（結果）は強化子と呼ばれる。ただし，強化子の有効性はいつでも一定というわけではない。たとえば，食べ物は生命の維持に必要なものであり無条件性強化子と呼ばれるが，長時間食べ物を口にしていない（遮断）という条件と大量に食べた後（飽和）という条件では，食べ物の強化子としての有効性は変化し，食べるという行動の生起にも影響を与える。このような先行条件の違いは，行動の生起（喚起）に影響を与える。ある刺激の強化子としてのそのときの有効性を増加させ，強化されてきたすべての行動のそのときの頻度を増加させる先行事象を確立操作（Establishing Operation: EO）と呼ぶ。ただし，確立操作（EO）がなされていたとしても，それは強化子を獲得できる可能性を変化させるわけではない。

　一方，先行事象の中には，強化子を獲得できる可能性を示す合図のように機能し，行動を引き起こすものもある。たとえば，ある刺激が存在するとき特定の行動をすると強化が随伴し，その刺激が存在しないときは強化が随伴しないという経験を繰り返すと，その刺激のもとではその行動が生起しやすくなる。このような状態を刺激性制御とよび，その刺激を弁別刺激（S^D）と呼ぶ。つまり，弁別刺激（S^D）は，過去の強化による学習歴によって行動を引き起こす弁別機能（喚起機能）を有する

ようになった先行事象であり、そのときの行動に影響を与えることになる。

(4) 消去

強化によって獲得、維持されている行動に対して、強化の随伴性を止めると、その行動の生起頻度は減少していき、強化の随伴性を導入する以前の状態まで減少する。この現象と手続きは消去と呼ばれている。ただ、消去手続きを行えば、すぐに行動が減少するというわけではない。消去手続きを導入した直後、その行動の生起頻度や強度が一時的に増大する消去バーストという現象が起こる。また、行動が一定水準まで減少した後に、再びその行動が現れる自発的回復という現象も報告されている。

(5) オペラント条件づけの理論

オペラント条件づけに関する研究は、アメリカの心理学者 Skinner, B. F. を中心に展開し、行動分析学として体系化されている。行動分析学では、動作や振る舞いといった外顕的な行動だけではなく、言語や思考なども同じ行動として分析されている。Skinner は、話し手としての言語行動をその制御変数によって機能的に分類した言語行動理論を展開した。さらに、聞き手としての行動は、行動随伴性を記述した言語刺激（ルール）によって行動が制御されると説明し、随伴性のみによって制御される随伴性形成行動と分けて、ルール支配行動として理論を展開させた。一方で、聞き手として言語をどのように理解するかは、Sidman, M. らによって刺激等価性として理論的説明が展開されている。詳細については、小野（2016）やCooper ら（2007）などを参照されたい。なお、言語に関する行動分析的研究は発展が続いており、刺激等価性やルール支配行動は後述する関係フレーム理論として展開している。

4. 言語や認知を介した学習

ここまで述べてきた古典的条件づけやオペラント条件づけによる学習では、学習者の直接的な経験（条件づけ）が重視されている。一方で、日常の中ではこうした直接的な経験がなく、刺激般化などでも説明が困難な心理行動面の変化が生じる場合がある。たとえば、他者の振る舞いを見て自分の行動を変化させる、一度も怖い思いをしていない対象（人や場所）を避け続けるなどである。こうした行動の学習には、言語や認知といった個人の内的なプロセスが影響しているとされている。

(1) 観察学習

日本には「人のふり見て我がふり直せ」ということわざがある。これは，他者の行動やその結果を見ること（代理経験）によって行動が変化する観察学習をさす。Bandura, A. は，このような観察学習では，学習者の認知過程が行動の変化に影響を及ぼすと指摘している。そして，注意の過程，保持の過程，運動再生産の過程，誘因と動機づけの過程という，4つの認知過程に整理した。さらに，実際の行動の生起には，特に誘因と動機づけの過程が重要であると考え，期待といった認知的変数が行動に影響を及ぼすと主張した。

(2) 関係フレームづけによる学習

行動分析学の領域では，人間の「言語」や「認知」と呼ばれる高次な行動やそれがもたらすさまざまな心理行動上の変化に対しても，オペラント条件づけの枠組みで研究が進められてきた。その結果，関係フレームづけ（より専門的には「恣意的に適用可能な関係反応（Arbitrarily Applicable Relational Responding: AARR）」という）と呼ばれる人間特有の行動が，直接的な経験をともなわないさまざまな心理行動上の変化に関わっていることがわかってきた。なお，関係フレームづけそのものはオペラント条件づけにより獲得される行動であるが，前述したオペラント条件づけとは異なる特有の現象を含むものであるため，本節では分けて説明することとする。

図 3-2-3 は，パニック症の患者における乗り物に関する関係フレームづけを示し

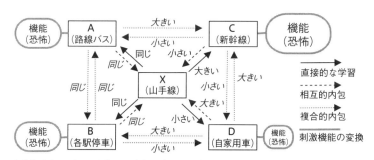

山手線（X）に対して路線バス（A）と各駅停車（B）のすぐに降りられない度合いは「同じ」くらいで，新幹線（C）はより「大きく」，自家用車（D）はより「小さい」と関係づける（直接的な学習）と，図中の破線の派生的刺激関係が成立する。ここで，路線バスに乗車中にパニック発作を経験し恐怖（機能）が確立する（直接的な学習）と，派生的刺激関係を通じて，各駅停車には同じくらいの恐怖が，新幹線にはより大きな恐怖が，自家用車にはより小さな恐怖が成立する（刺激機能の変換）。

図 3-2-3　関係フレームづけのモデル図

たモデル図である．関係フレームづけとは，複数の刺激や出来事を，相互的内包，複合的内包，刺激機能の変換という3つの現象をともないながら，関係づける行動である．たとえば，「XはAと同じ（X＝A）」ということを直接的に学習すると，その逆のAはXと同じ（$A＝X$）であることが直接的な学習をせず派性的に成立する（派性的な関係を斜字で示す）．このように一方向の関係を学習した場合に，その反対方向の関係が派生することを相互的内包と呼ぶ．さらに，X＝Bという直接的な学習を追加すると，$A＝B$と$B＝A$が派生的に成立する．これを複合的内包と呼ぶ．相互的内包や複合的内包により生じる関係は派生的刺激関係と呼ばれ，"同じ"という等位の関係以外にも，図のCやDのような"大きい"や"小さい"といった比較の関係でも成立する．一方，刺激機能の変換は，派生的刺激関係が成立している刺激の中のどれかが，心理行動面に影響を与えるような特定の機能を有しているとき，他の刺激にもその機能が派生的刺激関係に応じて確立される現象である．たとえば，Aが古典的条件づけによってCSとなり恐怖（CR）を誘発する機能が確立された場合，$A＝B$によってBも同じ機能を有するようになる．さらに，Cに直接的な学習（古典的条件づけ）がなくとも，$A＜C$という派生的刺激関係から，CはAよりも強い（大きい）恐怖を誘発するようになる．

関係フレームづけは，等位や反対，比較の関係，さらには空間的関係，時間的関係，因果的関係，階層的関係，視点の関係など，さまざまなタイプでなされるとされている．このように，われわれ人間には，関係フレームづけによって複雑な刺激関係が派生的に構築され，心理行動面の変化が生じる．関係フレームづけに関する研究知見は，関係フレーム理論（Relational Frame Theory: RFT）として体系化されており，詳細については，Törneke（2009 武藤・熊野監訳 2013）などを参照されたい．

5．心理行動的問題と学習

保健・医療分野で心理的な支援の対象となる問題は幅広い．たとえば，うつや不安といったさまざまなメンタルヘルス上の問題の他にも，治療に関するセルフケアの問題，喫煙や不規則な食事，運動不足などの生活習慣上の問題など，多くの心理行動的問題が対象となる．これらの心理行動的問題を学習の観点からとらえると，不適応的な行動を「誤学習」した状態，あるいは，適応的な行動が「未学習」である状態と理解することが可能である．また，これらは，不適応的な行動の「過剰」と適応的な行動の「不足」と理解することもできる．ただし，心理的な支援を実施する際には，問題をそのどちらか一方から理解するのではなく，両方の側面から理解していく必要がある．たとえば，人前で強い不安を感じ（過剰），人と関わるこ

とができない(不足)場合,不安に対して適切に対応することができておらず(不足),自室に閉じこもる(過剰)という生活をしている状態でもある。このように,「誤学習」と「未学習」あるいは「過剰」と「不足」という観点は,問題が維持している文脈においては,表裏一体の関係ともいえる。そして,それらの問題は,古典的条件づけやオペラント条件づけ,観察学習,関係フレームづけといった学習のメカニズムが,相互に複雑に絡み合いながら形成され,維持している。

　たとえば,生活習慣の改善は,保健・医療分野での身体疾患の治療に関わる重要な問題である。そこでは,新たな適応的な行動(たとえば,運動や適量の食事など)の形成と維持が求められるため,オペラント条件づけが密接に関わってくる。そのため,対象となる行動の先行事象や結果の分析と理解,そして対応が必要となる。ただ,この場合でも不安やうつなどの問題が関わることもあり,総合的な理解が必要となる。また,メンタルヘルス上の問題は,さまざまな学習のメカニズムが相互に関連する。たとえば,不安や恐怖などの情動的な問題の多くは,古典的条件づけを通して確立する。そして,それらの情動反応や関連する刺激や状況からの回避行動が,オペラント条件づけを通して形成され,維持していく。さらに,関係フレームづけを介して,さまざまな刺激や状況に情動反応や回避行動は拡大し,生活の質が低下していく。また,回避行動は,レスポンデント消去(古典的条件づけの消去)の機会を奪うことにもなり,問題を維持する重要な要因ともなる。このように,心理的な支援の対象となる心理行動的問題は,複数の学習のメカニズムが相互に関連しながら形成され,維持していくことになる。

6. まとめ

　これまで述べてきたように,学習はわれわれ人間の心理行動面の変化の重要なメカニズムであり,時には,心理的な支援が必要な問題の形成と維持をもたらす。そのため,心理的アセスメントにおいては,学習という観点から問題を理解し,見立てを行うことが重要である。一方で,その問題の解決に向けての取り組みも,対象者がその問題に対応するための新たな行動を学習していくプロセスとなる。そのため,介入においては,対象者の適応的な学習を促すために,適切な介入技法を選択し,運用していくことが必要となる。このように,心理的な支援は,アセスメントの側面でも介入の側面でも,学習のメカニズムと密接に関連している。

3節　知能，認知機能，感情，社会性の発達とその障害

1．知能の発達

　Spearman（1904）は，さまざまな年代の子どもを対象として，英語や数学などのテストを行った結果から，テストの結果に共通する，一般的な知的能力が存在するとして，「一般知能因子（g因子）」と名づけた。さらに，一般知能因子だけでは説明がつかない能力を「特殊因子（s因子）」と名づけた。これらの2つの因子によって，さまざまなテストの成績が決定されると考え，さらに知能が，この2つの因子によって構成されているという「Spearmanの2因子説」を提唱した。これに基づいて，知能はすべての知的作業に共通する一般知能因子と，さまざまな知的作業に専門的に機能する複数の特殊因子によって構成されていると考えられる。

　Spearmanの提唱した一般知能因子を，Cattell（1963）は流動性知能（fluid intelligence: Gf）と結晶性知能（crystallized intelligence: Gc）の2つに分解した。一方Horn（1965）は，一般知能因子は2つ以上の因子をもつと考え，視覚的知能（visual intelligence: Gv），短期の習得と検索（short-term acquisition and retrieval: Gsm），長期の貯蔵と検索（long-term storage and retrieval: Glr），認知的処理速度（cognitive processing speed: Gs）の4つの能力因子を加えた。さらに，反応時間／決定速度（correct decision speed: CDSまたはGt），量的知識（quantitative knowledge: Gq），読み書き能力（reading and writing skills: Grw），聴覚的知能（auditory intelligence: Ga）なども加えた。そしてCarroll（1993）は，知能構造に関する先行研究を対象としたメタ分析を行った結果から，知能が3つの階層構造によって構成されていることを提唱し，知能の3層理論を発展させた。この一連の理論を，Cattell, Horn, Carrollの名をとり，CHC理論（Cattell-Horn-Carroll theory）と呼んでいる。この理論は，K-ABCなどの知能検査にも影響を与えている。

　また，Thorndike（1927）もHorn同様，知能には一般知能因子というものはなく，多くの特殊因子の集合体であるという立場をとり，「Thorndikeの多因子説」を提唱した。さらに，知能を具体的知能，抽象的知能，社会的知能の3つに分類している。具体的知能とは，視覚や触覚などの感覚を介して経験から身につく知能であり，物や道具を使ったり，運動したりする際の身体の使い方を考えたりする際に用いられる。抽象的知能とは，聞く，話す，読む，書くなどといった言語を媒介として発揮される知能であり，頭の中で考えたり想像したりする際などに用いられる。社会的知能とは，他者との相互作用の中で身につく知能であり，心理的な変化や社会的に望ましい行動を理解したり，対人関係上の問題を解決したりする際などに用いら

れる。

　これらを踏まえつつ，Thurston（1938）は，知能検査に用いられる下位検査を複数実施し，その結果を集約することで，7つの特殊因子を抽出している。この7つの特殊因子は，①N因子（数の操作），②W因子（言葉の使用），③V因子（文章理解），④M因子（記憶），⑤R因子（推理思考），⑥S因子（図形や立体，空間の認知），⑦P因子（知覚，判断の速さ）であり，「基本的精神能力（primary mental abilities）」と名づけている。この研究によって，知能は，もともと一般知能因子的なものであり，この一般知能因子的なものが，経験や学習を通して，いくつかの特殊因子に分化していくものであると考えられている。

　このような知能を指標として用いている概念として知能指数（Intelligence Quotient: IQ）がある。知能指数を算出する方法として代表的なものが知能検査であり，日本で使用されている知能検査としては，Wechsler式知能検査や田中ビネー知能検査，K-ABC心理・教育アセスメントバッテリーなどが代表的である。ただし，知能検査そのものの目的は，必ずしもIQを算出することではなく，認知発達の水準を評価し，対象児者の得意・不得意を理解することによって，発達支援や学習指導の方針を検討することに重きが置かれる。肥田野（1970）によると，知能検査の結果を年齢別に比較した場合，おおよそ16歳から20歳の間に頂点に達し，それから低下する曲線が描かれるとされている。その中でも，知覚の速さや空間的判断力は早く頂点に達し，言語能力は20歳後半に頂点に達するが，低下の速度も緩やかであるといわれている。

2．認知機能の発達

　Piaget, J. は，一連の研究（Piaget, 1936; 1945; Piaget & Inhelder, 1966）から，論理的思考の発達を，個人と環境との相互作用によるものとし，環境に対する関わり方の質的な構造の変化を理解する考え方として発生的認識論を提唱した。個人，特に子どもが，環境との相互作用の中から，何らかの法則性を見つけ，自分なりの認知的な枠組みを形成することをシェマ（schema：スキーマ）と呼んだ。さらに，このシェマを基準として，他の対象に対して影響を与えつつ，他の対象をすでに保持している自分のシェマに合うように変化させて理解する「同化」を行ったり，対象に合わせて自分のシェマを変化さる「調節」を行ったりすることを示した。また，このシェマをさらに安定した構造へと発展させる「均衡化」が，認知機能の発達であると考えた。このような認知機能の発達には，感覚運動期，前操作期，具体的操作期，形式的操作期の4つがある。

　誕生からおおよそ2歳前後までの感覚運動期は，五感を中心とした感覚や，身体

を動かす運動によって，環境との相互作用を通して，さまざまな情報を収集する時期である。新生児は，主に生得的な反射によって，環境との相互作用が生起するが，次第に感覚や運動機能が発達し，自発的な行動を生起させて，環境に関する知識を習得していく。

2歳前後から6歳前後までを前操作期という。理論的な，整合性のとれた思考ができる時期である操作期に対する，その前段階として前操作期は位置づけられている。言語的な発達が顕著にもなるこの時期は，自分の主張を言葉で伝えられるようになる一方で，具体的操作期のような理論的な思考には至らないことが多い。そのため，第一次反抗期と呼ばれるように，自分の欲求や意思と，行動や言動の整合性がつかずに，養育者からみると，単に反抗しているように感じられることが多い。ただし，実際には子どもに反抗しようとする意図はなく，自身の中でも整合性がつかずにいるのが前操作期であるといえる。このような状態も，我慢をしたり，他者との折り合いをつけたりする方法を身につけるという点で，重要な発達課題になっている。

6歳前後から11歳前後までを具体的操作期という。具体的なことに関しては理論的に考えることができる一方で，イメージや言葉のみの提示による抽象的な概念の理解などは困難な時期である。次節で紹介する，「感情」なども，具体的に目に見えるものではないので，表現することや，他者と共有することが困難な場合が少なくない。具体的な思考が可能になると，仲間関係などにおいて体験の共有などが可能になる一方で，仲間外れが起きたり，悩みやストレスを感じ始めたりする時期にもなり得る。

12歳以降を形式的操作期といい，大人と同様の思考の仕方ができるようになる時期である。たとえ話を聞いてイメージすることや，仮定の話も理解できるような，抽象的思考が可能になる。自己の概念も形成されるために，他者と比較して思い悩んだり，葛藤したりすることでストレスを感じやすくなるような，第二次反抗期もこの時期に重なる。

3．感情の発達

主に新生児から乳児を対象として観察され，子どもが特有の刺激に反応して示す中枢神経系由来の反射行動を原始反射という。たとえば，人間に限らず，ほぼすべての哺乳類において観察され，生まれた直後から存在するものとして吸啜（きゅうてつ）反射がある。吸啜反射によって子どもは，本能的に口の縁に触れたものを何でも吸い，これによって母乳や哺乳瓶から栄養を得るやり方を模倣する。感情表現に関しては，モロー反射（驚愕反射）が代表的である。モロー反射も生まれた直後

から存在し，生後1か月前後がもっとも顕著で，生後2か月頃から消失し始める。突然の大きな音や，体位の急な変化などによって驚愕することで生じ，手足を大きくびくつかせ，何かに抱きつこうとするような様子を見せる。このように，感情の初期段階は，非常に単純な反応であるが，神経系の発達および環境との相互作用を通して刺激を受け，反応することを学習することで，高度な感情が徐々に形成されていく。

生後間もない新生児も，養育者が見つめると見返すなどの反応が認められ，生後2週間ほどで微笑む様子が観察できる。生後12週ほどで，養育者からの関わりに対して声を立てて笑うような様子も観察できる。一方，新生児の泣くという行動は，空腹などの不快感や寂しさを伝える手段として理解できる。

Bridges（1932）は，感情の分化系樹形図を提唱した（図3-3-1）。Bridges は，感情の原点が新生児期における興奮にあると考えた。そこから3か月ごろに，快や不快の感情に分化し，さらに快感情であれば愛情や得意に，不快感情であれば，怒りや嫌悪，恐れなどに分化していくとしている。

また，Lewis（1995）は原初的感情と呼ばれる，喜び，怒り，悲しみ，恐れ，驚きといった感情を，人間は生まれつきもっており，生後6か月頃までに出そろうと

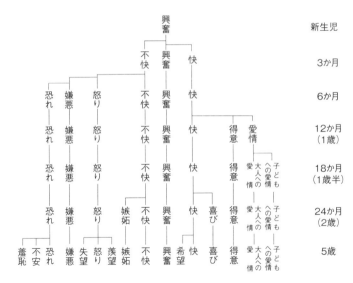

図3-3-1　Bridges による情緒の分化（谷田貝，2005）

Bridges は，乳児の観察をもとに，図のように感情が分化していくと考えた。たとえば，不快（苦痛）から，不快への敵対反応である怒りが分化し，次に不快を回避しようとする嫌悪が分化する。さらに，不快が回避できない経験を通して恐れが分化していくと考えられる。

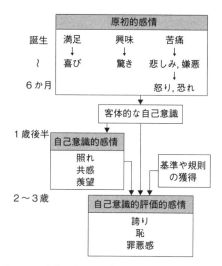

図3-3-2　生後3年間の感情の発達（坂上ら，2014）

している（図3-3-2）。一方，誇りや恥，罪悪感などの感情は，自分が他者にどのように評価されているかを意識して初めて生じる感情であり，このような自己意識的感情が生じるには客体的自己意識が獲得されている必要があるとしている。

これらのような感情は，他者との関わりの中で，経験を通して形成されていくものであるとされている。

4. 社会性の発達

社会性とは，「個人が自己を確立しつつ，社会の中で適応的に生きていく上で必要な諸特性」と定義され，狭義の意味合いでは「対人関係能力」と定義されている。対人関係能力は，道徳性や向社会的行動としてとらえられ，Piaget（1930）やKohlberg（1969）によって，その発達理論が提唱されてきた。

Piaget（1930）は，道徳性を道徳的判断という認知的側面からとらえ，4歳頃から9歳頃にかけてみられる「他律的（拘束的）道徳性」から，10歳以降にみられる「自律的（協同的）道徳性」の段階へと発達すると考えた。他律的道徳性は，大人に対する一方的尊敬や権威に対する服従などの特徴がある。このように，特に4歳以降の，前操作期にあたる子どもは，他者の立場で物事を理解することが困難なため，自分で自分を律することが困難であるために，大人のような服従対象から律せられることによる道徳性が身についていると考えられている。それに対して自律的道徳性には，相互的尊敬や協同的行為といった特徴があり，他者の視点で物事を

判断できるようになることで，道徳性が身についているとされている。

　このようなPiagetの理論を発展させたものが，Kohlberg（1969）の道徳的判断の発達段階である。Kohlbergは，道徳的行為や知識の内容ではなく，道徳的判断の背景にある，普遍的な認知的構造に焦点を当てた。Kohlbergは，「病気の妻のために，やむなくクスリを盗んだハインツ氏の行動をどのように判断するか」という「ハインツのジレンマ」と呼ばれる葛藤状況に対して，どのような理由づけをするのかを整理し，道徳的判断の発達段階を提唱した。この発達段階には，前習慣的水準，慣習的水準，脱習慣的水準の3つの水準がある。前習慣水準には，罰と服従への志向性と，報酬と取引への志向性の2つの段階があり，前者は罰を避け，力のあるものに服従することに対する価値づけ，後者は自分や他者の欲求を満たすことへの価値づけにそれぞれ重きが置かれるのが特徴である。習慣水準には，対人的同調への志向性と，法と秩序への志向性の2つの段階があり，前者は他者から肯定されることに対する価値づけ，後者は法や秩序を守ることへの価値づけにそれぞれ重きが置かれるのが特徴である。脱習慣水準には，社会的契約への志向性と，普遍的倫理への志向性の2つの段階があり，前者は個人の権利や社会的な公平さに対する価値づけ，後者は人としての尊厳の尊重への価値づけにそれぞれ重きが置かれるのが特徴である。

5. 知的能力障害群および他の神経発達症群

　知的能力障害（intellectual disabilities）は，発達期に発症する障害であり，概念的，社会的，実用的な領域における知的機能と適応機能の，両面での欠陥を含む障害であるとされている（American Psychiatric Association, 2013）。知的能力障害の診断には，①論理的思考，問題解決，計画，抽象的思考，判断，学校での学習，および経験からの学習などの知的機能の欠陥が，臨床的評価と知能検査によって確認されること，②個人の自立や社会的責任の観点から，発達的あるいは社会の一般的な水準を満たすことができなくなるという適応上の問題があり，家庭や学校，職場，地域社会などの多岐にわたる環境において，コミュニケーションや社会参加，自立した生活などの複数の日常生活活動における課題を抱えていること，③知的および適応の問題は，発達期の間に発症すること，という3つの基準を満たすことが，知的能力障害の診断基準として，DSM-5（American Psychiatric Association, 2013）によって示されている。

　知的能力障害の重症度は「軽度」「中等度」「重度」「最重度」に分けられている。DSM-5では，必要とされる支援のレベルを決めるのは適応機能であるという観点から，重症度のレベルはIQの値ではなく，適応機能に基づいて定義されるという

立場をとっている。一方，日本においては，厚生労働省が「知的障害」として「知的機能の障害が発達期（おおむね18歳まで）に現れ，日常生活に支障が生じているため，何らかの特別の援助を必要とする状態にあるもの」と定義している（厚生労働省，2011）。また，知能検査によって測定されたIQがおおむね70までであり，かつ，自立機能，運動機能，意思交換，探索操作，移動，生活文化，職業といった日常生活能力の到達水準を別途判断し，総合的に評価するものとしている（厚生労働省，2011）。具体的には，おおよそ，図3-3-3のようになっている。この表に基づけば，仮にIQが20未満だった場合でも，日常生活能力が高ければ，障害の程度は「重度」となる。

　知的能力障害のある者，もしくは知的能力障害が疑われる者に対しては，支援者の指示やその意図が，明確に伝わっていることを確認することや，知的能力障害のある者の感情や認知を理解するための方略を講じることが求められる。たとえば，知的能力障害のある者や知的能力障害が疑われる者の場合，「心理的ストレス」としては共通する要素をもちつつも異なる要素である「不安」や「イライラ」，「無気力」などを，正しく分化できなかったり，心理的ストレスの変化を理解できなかったりする可能性がある。それは，感情や認知が，抽象的な概念であり，視覚的に確認することや再認することが困難であるためである。そのような場合には，視覚的に理解可能で，再認することが可能な刺激を用いて，共通理解を図ることが求められる。たとえば，図3-3-4のような刺激を用いつつ，「今どれに近い状態ですか？」と尋ねたり，図3-3-5のような刺激を用いて，面接の前後における感情の変化に気づかせたりすることも有効である。

　知的能力障害の他に，神経発達症群には言語症（言語障害）や小児期発症流暢症（吃音）などのコミュニケーション症，自閉スペクトラム症，注意欠如・多動症，限局性学習症，発達性協調運動症やチック症などの運動症などが含まれる。これら

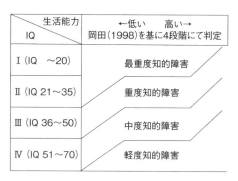

図3-3-3　厚生労働省基準による知的障害の程度別判定の導き方（厚生労働省，2011より作成）

図 3-3-4　イラストを用いた感情認知の例

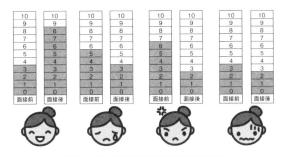

図 3-3-5　面接前後の感情評定の例

の障害に対しても，知的能力障害同様，理解の促進と共有を目的とした手続きを踏まえつつ，支援を行うことが求められる。

4節　対人関係や社会集団における意識や行動の理解

1. 社会心理学とは

　後述するように，社会心理学は個人内過程から文化まで扱う幅広い学問領域であり一言で定義するのは非常に難しいが，安藤（1995）を参考に，あえて一言で言うと，社会心理学とは「人間が日常生活の中で互いに影響を与えあって生きている，その人と人との相互作用のあり方を研究する学問領域」となる。そのカバーする範囲は広く，個人内過程，対人関係，集団・組織，集合現象，文化の5つの領域に分けることができる。

　①個人内過程：人と人との相互作用のあり方を社会心理学では研究しているが，

その際に個人に焦点を当てて研究することができる。つまり，人は社会的場面で自己や他者・状況についての情報を集め統合的に理解し，理解した内容に沿って行動するが，この個人内で行われる社会的情報の処理やそれが行動に及ぼす影響を研究する。たとえば，人は相互作用する相手の外見やその人がなぜある行動をしたのかに関する推測（行動の原因帰属）の影響を受ける。また，その人の所属集団に関する情報から，その集団に対してもつイメージをその人自身にもあてはめて考える（ステレオタイプ的認知）。他にも個人内過程としては，自己・パーソナリティ・自己概念，態度・信念，感情・動機などがテーマとなっている。

②対人関係：社会心理学では，社会的な文脈での相互作用や人間関係についても研究する。たとえば，人同士が協力し合ったり（協同），人を助けたり（援助）するためには，どのような要因（個人および状況の要因）が関係しているかを研究する。また，身近な人間関係の成立，発展，維持や崩壊の過程についても実証的に検討している。他にも対人関係に関する研究として，ソーシャルサポートやソーシャルスキル，対人ストレス，攻撃なども扱っている。

③集団：人の行動は，1人でいるときと，周囲に複数の人がいるときで異なる場合があるが，それは集団の影響を受けているからである。たとえば，集団で仕事をすると，1人で仕事をするときよりも仕事がはかどったり（社会的促進），手を抜いたりすることがある（社会的手抜き）。また，周囲の人の意見が割れている場合は自分の意見を表明することは比較的たやすいのに，周囲の意見が一致している場合にはそれと異なる自分の意見は表明しづらく，周囲の意見に賛同しやすくなる（同調）。このように，集団との関係における個人の行動に注目して，相互作用のあり方を研究することもできる。

④集合現象：人から受ける影響は，特定の人や集団からの直接的なものだけに限らない。たとえば，人は誰が流したかわからない噂に影響されたり，流行に左右されて商品を買ったりする。そして，こういった行動が他の人に影響を与え，さらに噂や流行を広めることになる。このようにお互いに面識がない集まりの中でも，人々が互いに刺激を与え合って，ある方向に全体的な行動が向かうことがある。集合現象としては他にも，インターネットやマスメディアの影響，消費行動や政治行動なども研究の対象となる。

⑤文化：最後に，人は社会や文化の影響を受けて行動している。これは，人はある社会の中で，人によって育てられ，生活していく以上，避けられないことである。このような文化や社会の影響についても社会心理学で研究している。また，犯罪・非行，高齢化社会といった社会問題についても，社会心理学で研究

している。

　このように社会心理学は，日常生活のほぼすべての場面を研究対象とするが，内容および歴史から大きく2つに分けられる。すなわち，「心理学的社会心理学」と呼ばれる，心理学的な視点から個人に焦点を当ててアプローチする立場（前記の①〜③をおもな研究領域とする）と，「社会学的社会心理学」と呼ばれる，社会学的な視点から社会全体にアプローチする立場（前記の④と⑤をおもな研究領域とする）である。一般に心理学領域で社会心理学という場合，前者を指すことが多いので，本節でも前者に絞って論を進めていくことにする。

2. 現場で活かす社会心理学

　社会心理学は健常者をおもな対象者として相互作用を研究する。一方，保健・医療の現場で公認心理師が扱う問題は，精神疾患などの精神的な不適応であり，これらはほぼ間違いなく相互作用の結果生じたものである。したがって，研究対象の適応の程度に違いはあるものの，社会心理学的な知識をもっていることは，公認心理師の活躍する現場で役に立つ。以下に具体例を挙げて説明する。なお，臨床実践と関わる社会心理学としては「臨床社会心理学」という領域が提唱されており，関連する専門書（たとえば，Kowalsky & Leary, 1999; 坂本ら，2007; 田中・上野，2003）が出版されているので参照されたい。

(1) 認知行動療法と社会心理学

　個人を対象として行う代表的な臨床心理学的援助（精神分析療法，分析心理学，来談者中心療法，認知行動療法など）のうち，認知行動療法は社会心理学ととりわけ相性がよい（認知行動療法については，第7章2節を参照）。認知行動療法では，パデスキー＝ムーニー・モデル（Padesky & Mooney, 1990）に代表されるように，クライエントの訴える問題や症状には，「認知」「感情」「身体」「行動」の4側面があり，それらが互いに影響を及ぼし合っている（すなわち相互作用している）と考えている。そして，「環境（状況・他者）」と「個人」との相互作用（個人間相互作用）がうまくいかない場合および，個人内の「認知」「感情」「身体」「行動」の間での相互作用（個人内相互作用）がうまくいかない場合，問題が発生すると考える（図3-4-1）。

　一方，社会心理学は主に健常者を対象とし，個人間および個人内の相互作用を長年研究してきた。認知行動療法と社会心理学は相互作用を扱っているという点で基盤となる考え方が類似しており，社会心理学における知見（健常者を対象とした相

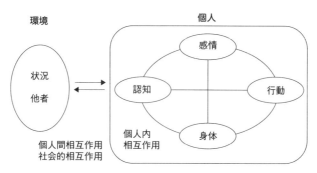

図 3-4-1　認知行動療法における相互作用の取り扱い（伊藤，2007 より作成）

互作用に関する知見）をもとにクライエントを考察し，認知行動療法的な介入に活かすことができる。社会心理学からみると，不適応は，人に備わっている認知行動的機能が，何らかの要因でネガティブに機能している状態と理解できる。不適応を，健常とは質的に異なるものとして記述していくと，不適応の特異性に目を奪われてしまい，健常者との比較という，より幅広い視点を見失ってしまう。健常者の心理過程を十分理解し，不適応を本来適応的に働く心理過程の機能不全ととらえることで，不適応に関する仮説を立て，介入することが可能となるだろう（杉山，2007）。言い換えれば，セラピストは，クライエントの諸問題を解決するための方略として悪循環している相互作用の修正を試みるが，この際，健常者にみられる順調に機能している相互作用は介入の目標となる。伊藤（2007）はこれを「規範モデル」（クライエントが問題をどのように扱い，対処したらよいかに示唆を与えるモデル）と呼んでいる。そして，社会心理学は「規範モデル」の具体的な想定に示唆を与える（伊藤，2007）。

　他にも，健常（適応）と不適応を質的に異なるものでなく，個人内／個人間相互作用が機能的に働く程度として連続的にとらえることで，不適応の心理が理解されやすくなり，不適応に対する偏見を軽減することにも役立つ（丹野・坂本，2001）。以下（2）と（3）で，抑うつと不安にみられる相互作用についてそれぞれ説明する。

（2）抑うつにみられる相互作用の例

　職場でミスをして抑うつ状態になった人を例にして考えてみよう。この人は，「頼まれた仕事はミスなく実行すべきで，周囲に迷惑をかけてはいけない」という〔信念＝認知〕（Beck 流に言うと抑うつスキーマ）をもっており，仕事上のミスを犯し上司から叱責されたという〔他者・状況〕に接し，「ミスをしたばかりか迷惑をかけてしまった，もうダメだ」と考え〔認知，Beck 流に言うと自動思考〕，抑うつ〔感

情〕を経験した。抑うつは，人に会いたくないという〔行動〕や不眠という〔身体〕の変化としても現れるが，このような〔状況〕（例：1人眠れずいる状況）において，自らの落ち込んだ気分やその状態にある自分自身について考えること（自己注目〔認知〕）は，以下のような過程を経て抑うつ気分による悪影響をさらに強めることになる（坂本，1997, 2009）。

　たとえば，抑うつ気分になると自分の過去の失敗が自動的に意識されやすくなるが，これは気分一致効果のためである。気分一致効果とは，特定の気分が生起すると，その気分のもつ評価的性質（ポジティブ対ネガティブ）に一致する記憶や判断，ひいては行動が促進される現象のことをいう。感情にまつわるエピソード記憶は，その感情とネットワークを形成して貯蔵されているため（感情ネットワーク理論；Bower, 1981），感情が強く意識されるとその感情とネットワークでつながっている記憶や概念が意識されやすくなる。そのため，抑うつ気分下で自己注目すると，抑うつと関連する過去の自分の記憶が意識に上る可能性が高まる。

　また，抑うつ気分下では，意識されているネガティブな自己概念と一致する内容の自己関連情報を他者から積極的に受け入れたり，逆に自分をポジティブに評価する他者を避けたりすることがあり，抑うつからの回復を遅らせる。これは自己確証（Swann, 1983; Swann et al., 1992）のためである。自己確証とは，日頃から思っている自己概念を確証，確認してくれるような社会的現実を求め，実際の社会的環境と自分の心の中にそれをつくり出すように行動したり解釈したりすることである。人にとって自己概念は安定していたほうが生活する上で都合がよいので，自己確証の動機が働くという。

　失敗したとき，なぜそういうことになったのか理解しようとして，自己注目することは多い（Sakamoto, 2000）。確かに，自分や自分を取り巻く状況を理解するために自己に情報を求める（自己注目する）ことは妥当であるが，それは通常の気分状態のときである。抑うつ気分が強くなると，上記のように自己注目がネガティブな結果をもたらすことが多く，注意が必要である。

　他にも，抑うつ気分のときには，悲観的な予想を立て積極的な行動を無意識的に差し控えることにより，予想した通りの望ましくない結果を得てしまい，さらに抑うつ気分が強まることがある。これは自己成就的予言という現象である（自己成就的予言とは，人がこのようなことが本当にあるだろう予期すると，無意識のうちに予期に合う行動をとってしまい，結果として予期された状況をつくり出してしまう過程のことを指す）。抑うつ気分が強いと，「どうせ人に相談しても話を聞いてもらえないだろう」とネガティブな期待をもつことが多く，援助要請しにくくなり，それが自己成就し，結果として援助を得にくくなる。通常の気分状態のときから，抑

うつになったときに援助してもらえる先をリストアップし，悲観的な期待を打ち消すようにすることが重要になるだろう。

(3) 対人不安にみられる相互作用の例

　自己にとって脅威となる状況に接すると不安〔感情〕を経験する。不安は，脅威となる状況の回避〔行動〕や，心悸亢進・息苦しさ・発汗などの一時的な〔身体〕反応として現れるが，これは生体防御システムによる緊急反応である。問題なのは，相互作用によって不安の状態が持続することである。たとえば，身体症状へのとらわれ〔認知〕がある。対人不安が強い人は，不安による身体の変化を認知し，「不安のあまり赤面している」「顔が赤くなっていることをまわりの人も知っている」と考えすぎ〔認知〕，さらに恥ずかしくなり不安になってしまう。しかし，この「自分は不安になって赤面している」という認知は，本人が考えるほど他者には伝わっていない。これは「透明性の錯覚」として理解できる。

　透明性の錯覚とは，自分の感情や思考などの内面が露わなものとして他者に伝わったと，実際以上にその程度を過度に推測することである（Gilovich et al., 1998）。透明性の錯覚がなぜ生じるか，以下のように説明される。

①一般に，他者が自己をどのように認知するのかを考える際，自己の思考や感情を強く意識すると，そこから離れて考えることが難しい。
②他者が自分をどう認知するのかを推測する際には，自分の内的状態から初期値を設定し，それを係留点として推測を開始する。
③他者の考えは自分とは違うと考え，その違いを調整しようとするがその調整は一般に不十分になりやすい。
④結果として，自己の考えが他者の思考に反映する。

　たとえば，他者からどのくらい自分が緊張していると思われているか推測する際，自分の感じる緊張状態を参考に考える。自分が行う推測は他者からの実際の推測とは違うことを念頭に置き調整するが，この調整は十分でないので，結局自分の感じた緊張状態が，他者からの推測に反映してしまう。このようなメカニズムが働いていることを知っていると，不安患者が感じる不安が思い過ごしであることを説明しやすくなるだろう。また，まわりの人は，不安患者が考えるほど，不安患者に意識を向けていないことを説明するのも大切だろう。実際はそれほどでもないのに，自分の特徴や行動が他者にとって目立つと考えやすい傾向はスポットライト効果（Gilovich et al., 2000）と呼ばれており，上述の認知もこれにあたる。

不安患者は，不安〔感情〕を鎮めるために，不安や不安にさせる刺激について考えないように〔認知〕的に努力するかもしれない。しかし，考えまいとするとかえって不安が高まったり不安にさせる刺激のイメージが思い浮かんだりする。これは特定の事象を意図的に考えないようにするという思考抑制（Wegner, 1994）のために，かえって抑制対象のことが意識に上ってしまったのである。このような場合，不安はよりよく生きることの裏返しであるという森田療法の視点を示すなどして，不安を抑制対象とさせないことも重要だろう。

(4) 自己認知・他者認知とカウンセリング

次に臨床実践の場を考えてみよう。面接場面は，セラピストがクライエントを認知する場と考えることができる。すなわち，クライエントが発話し，セラピストはその話に傾聴しながら（注意），クライエントから発せられた情報を記憶に留める（対人記憶）。セラピストは言語的な情報のみならず，クライエントのしぐさ，表情，外見といった非言語的な情報にも注意を払う。これらの言語的・非言語的情報から，クライエントがどんな人だろうかと考えその属性を推測し（帰属，特性推論），クライエントに対する印象を形成する（印象形成）。もちろん心理テストの結果などの情報を参考にすることもある。このような対人認知過程では，訓練を受けた者でも対人認知の誤りや偏りが入り込む余地がある（詳しくは，坂本，2007を参照されたい）。

たとえば投影（自分の考えや体験にそって，クライエントからの言語的・非言語的情報を解釈する）がある。セラピストとクライエントの相互作用を模式的に示したのが図3-4-2であるが，図の「S1 → O1 → O2」は，セラピスト（S1）がクライエントの内面（O1 → O2）を，面接時に得られた情報から推測する過程を指す。「S1 → O1 → O2」のうち，「S1 → O1」の部分は視点の移動を意味し，「O1 → O2」の部分は，相手の内面を想像して感情移入することを意味している。この「O1 → O2」の部分は，「S1 → S2」を平行移動したものであるが，これは「O1 → O2」を推測するにあたり，「S1 → S2」というセラピスト自身の自己認知が投影する可能性を示唆している。つまり，相手の内面を推測することは，自分の過去の経験から似ているものを検索し，これに基づいて相手の感情を推測することといえる。このように，他者理解には自己認知が影響を与える可能性があり，セラピストの訓練に際しても教育分析のような自己理解を促すプログラムが組まれていることが多い。もっとも，臨床的に用いられる「参照枠」も対人認知における認知の枠組みであり，クライエントの発する情報のうちある面を取り上げ，ある面を無視するという点で偏りといえる。要は，対人認知の偏りに自覚的になり，それをうまく活用することである。

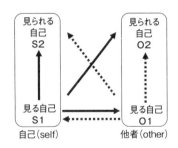

図3-4-2　2人の人間関係の中で生じる対人認知（山本，1962より作成）
実線はS1の自己・他者認知，点線はO1の自己・他者認知を表す。S1からするとこの点線部分は，推測となる。この図によると，共感は「S1→O1→O2」と表される。このうち，「S1→O1」は視点の移動（相手の視点からものを見る），「O1→O2」はS1→S2（自己認知）の平行移動となる。つまり，相手の内面の推測には，自己認知の影響を与える。

3．おわりに

　社会心理学は個人内および個人間の相互作用を研究してきた。認知行動療法の考え方に端的に表れているように，不適応は個人内・個人間の相互作用により発生する。ならば，社会心理学を学ぶことは，不適応の理解に役立つはずだ。本節では紙幅が限られているため，具体的な適用例は他書に譲る（伊藤ら，2011；坂本ら，2010）。もちろん社会心理学で見いだされた知見が，目の前のクライエントに100％あてはまるわけではないが，クライエントを，セラピストだけでなくクライエント自身が理解するための枠組みの1つとして使える。クライエントが自分自身を納得して理解できる枠組みがあれば，症状の軽減や再発予防にも利用できるだろう。

5節　ストレスの諸理論と健康の保持増進

　ストレス社会といわれる現代において，ストレスの予防や対策の重要性が認識されている。公認心理師カリキュラムにおいても，心の健康に関わる履修科目が含まれているように，人々の健康を支援する専門的学問として心理学に向けた期待は極めて大きい。特に保健・医療領域における臨床実践では，ストレス関連疾患に関わる支援を提供する機会は少なくないため，ストレスの概念やメカニズムについて理解することは，効果的な対人支援や臨床実践につながると考えられる。そこで，本節では，ストレスの一般的な理解に基づいた健康増進のあり方を概観することによって，実習や実践において有効活用するための一助とする。

1. ストレスの心理学的理解
(1) ストレスが健康に影響を及ぼすメカニズム

　一般的に，ストレスとは，「ストレッサー」と「ストレス反応」の2つに大別することができる。ストレッサーとは，内外部から生体に及ぼす出来事や刺激のことであり，ストレス反応とはストレッサーによって非特異的に引き起こされる心身の変化を示す。具体的に，ストレッサーには，①物理的ストレッサー（気温や騒音など），②化学的ストレッサー（薬物や公害物質など），③心理社会的ストレッサー（人間関係や仕事，家庭での問題）などがある。さらに，ストレス反応には，①心理・情動的側面（不安や抑うつ，イライラなど），②認知・行動的側面（飲酒や喫煙量の増加，集中力の欠如など），③身体的側面（頭痛や肩こりなど）からとらえることができる。そして，ストレッサーに曝され，ストレス反応が慢性化・重篤化した状態になると，精神疾患（うつ病や不安症など）や身体疾患（心筋梗塞，気管支喘息，アトピー性皮膚炎など）への罹患の危険性が高まるなど健康状態が悪化したり，結果として，不登校や欠勤の増加といったように社会生活にまで影響をもたらすことが知られている（野添，1997）。

　このように，ストレスが精神・身体疾患の発症と経過に関連している（図3-5-1）ことは，実験的研究をはじめ臨床的研究，疫学的研究などによって，多くの根拠か

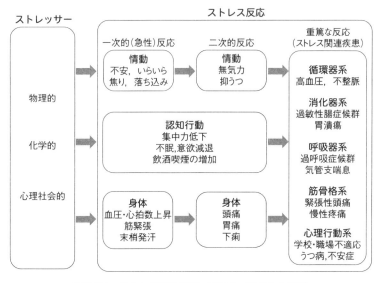

図 3-5-1　ストレス関連疾患（嶋田ら，2004 より作成）

ら広く知られているが，そのメカニズムについてはさまざまな経路が想定されている。たとえば，ストレッサー自体はコルチゾールなどのストレスホルモンの分泌を促進することによって，交感神経が刺激され，血糖や血圧の上昇といった身体面に直接的に悪影響を及ぼす。また，ストレス反応を緩和するために飲酒や過食といった健康に望ましくない行動が増加したり，セルフケアなどのアドヒアランスが低下するような行動的要因を媒介して健康状態が悪化する経路もある。さらに，疾患に直面したときの情動反応やその表出過程が健康状態に影響を及ぼすような経路もある。たとえば，フラストレーションに対する反応として怒りを習慣的に表出するような個人（タイプA行動パターン）は，不整脈や心筋梗塞といった冠動脈心疾患のリスクが高くなるが，怒りを習慣的に抑圧するような個人（タイプC行動パターン）は，がんの罹患性が高くなることが知られている。このような個人の行動特徴を含めたパーソナリティ特性と疾患の関連についての検討は古くから行われており，几帳面で完全主義的傾向がうつ病の病前性格として提唱されたり，Big Fiveにおけるパーソナリティ特性の1つである神経症傾向はストレス関連疾患のリスクを高めるとされている。一方で，ストレス状況下においても健康を保つパーソナリティ特性として，ハーディネスやレジリエンスといった概念も提唱されている。このようにパーソナリティ特性やそこから生じる疾患に対する情動反応や表出過程は，健康状態に影響を及ぼす要因の1つであることが知られている。以上のように，疾患や健康悪化の原因がすべてストレス関連要因だけに集約されるわけではないが，疾患の発症と経過にストレスが少なからず関与していることにはコンセンサスが得られており，ストレスに対する理解は疾患予防や対策に役立てることが可能である。

(2) 心理学的ストレスモデルの理解

臨床実践においては，まず，対象者のストレッサーとストレス反応の両者を区別してとらえた上で，ストレッサーを軽減することでストレス反応を緩和させる発想をもつことができる。この場合，家族との死別や犯罪被害などの人生上の出来事（ライフイベント；Holmes & Rahe, 1967）のみならず，仕事，家事，人間関係といった日常の中に繰り返し経験する出来事である苛立ちごと（Lazarus & Folkman, 1984）に対しても注意を払う必要がある。ライフイベントは，人生の中でごく稀にしか経験することはないが，多くの人に共通して大きなインパクトを生じさせる出来事であり，苛立ちごとは出来事そのものの影響性はライフイベントと比較すればそれほど大きなものではないといえる。ただし，ライフイベントと健康状態とは必ずしも深い関連がみられないことや日常的苛立ちごとは精神症状との関係が深いこと，適応や健康の予測に優れていることなどが報告されているように，健康を考慮する上

5節 ストレスの諸理論と健康の保持増進

で重要な概念であると考えられているためである。

このように，ストレッサーの経験がストレス反応の表出につながるという理解に基づけば，ストレスの予防や対策としてストレッサーそのものの除去や軽減が有効であるが，ストレッサーの経験が必ずしもストレス反応に直接的に影響しないこともある。つまり，たとえ同じ心理社会的ストレッサーを経験したとしても，個人によってストレス反応の表出には差異が生じることが多く，ストレッサーからストレス反応の表出の過程においては個人差が存在する。このようなストレスの個人差を説明するために提唱されたのが，現在においても，ストレスの生じるメカニズムを心理学的に説明する最も影響力のあるモデルとされる「トランスアクショナルモデル」（Lazarus & Folkman, 1984）である。このモデルでは，ストレッサーにさらされると，ストレス状況の認知的評価とストレス対処方略（コーピング）の過程を経て，ストレス反応の表出に至るとされる。つまり，ストレッサーを知覚したときに，まずはその問題の重要性や脅威性の評価がなされる。そして，その問題が個人にとって重要かつ脅威であると評価された場合には，その脅威性をコントロールできるかどうかといった統制可能性の評価がなされ，さらには，その問題に対してどのような対処を行うかが選択される。この認知的評価や対処方略は個人差があり，ストレス反応の表出に影響をもたらすという考え方である（図3-5-2）。

このモデルに基づいたストレスの考え方は，従来，ストレッサーがストレス反応を引き起こすという一方向的なモデルに対して，刺激と生体の双方向的なモデルであることが大きなインパクトをもたらし，ストレスのマネジメント方法にも大きな影響を及ぼしている。つまり，認知的評価や対処行動といった個人差要因を変化させることで，たとえストレッサーを経験したとしても，ストレス反応を緩和することができると考えられるようになった。対人支援場面においては,現実的にストレッサーそのものの軽減は困難である場合も少なくないが，このように柔軟で多様な物

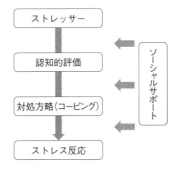

図3-5-2 心理学ストレスモデル（嶋田ら，2004より作成）

事のとらえ方や対処方略を獲得することで,ストレスの緩和につながるという発想をもつことが有用である。
　そして,あるストレスに対する対処方略が有効か否かは,そのストレス対処方略のもつ性質や効果のみならず,環境によっても影響を受けるという適合性仮説(Conway & Terry, 1992)が提案されているように,ストレスの改善のためのアプローチ方法は,状況や文脈によって変化するのが一般的である。したがって,環境調整などを行い,ストレッサーを除去することが有効なこともあれば,リラクセーションを行うことでストレス反応そのものを緩和する方法が有効な場合もある。つまり,ストレスを緩和させる方法はいくつか存在するが,どのような対象者に対しても,いつも効果的であるとは限らない。そのため,個人の置かれている状況や状態像に合わせて,どのようにアプローチするかを検討し,選択することが必要である。このように,心身の問題を「ストレス」という視点からとらえ,理解することのメリットは,ストレスをいくつかの段階からなるプロセスとして理解する枠組みを提供するとともに,どのプロセスに対してどのようにアプローチすればよいかを具体的に検討,立案できる点にあるといえ,これらの諸理論を理解しておくことは対人援助の際に有用である。

2. 健康の保持・増進のためのアプローチ
(1) ストレスマネジメントの役割
　心身の健康を保持・増進していくためには,心の問題を抱えた方に対する支援を充実させていくこととあわせて,心の問題を早期に発見し対処するといった予防的観点をもつことが重要である。そのような観点から有用と考えられるプログラムが「ストレスマネジメント」である。ストレスマネジメントとは,心理学ストレスモデルに基づいて,個人の内外に体系的に働きかけるようなアプローチの総称とされており,ストレス反応を低減させたり,ストレス反応に対する抵抗力を高めたりするために,ストレスを自覚し,それらと上手に付き合うことで健康を保持するために用いられる(嶋田ら,2004)。つまり,ストレスに対するセルフ・コントロール能力の獲得を狙いとして開発されたものであり,すでに心の問題を抱えた個人だけでなく,健康づくりや健康管理を推進していく上で重要な役割を担うと考えられる。下記に,先ほど述べた心理学的ストレスモデルの各フレーズにそれぞれアプローチする技法を簡潔に紹介する。

(2) ストレスマネジメントの構成要素
　以下,ストレスマネジメントの構成要素について図を用いて説明する(図3-5-3)。

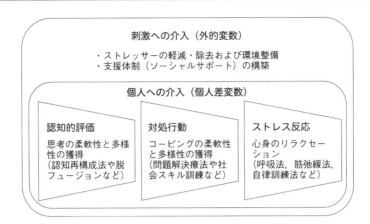

図3-5-3 ストレスマネジメントの構想要素 (嶋田ら, 2004より作成)

1) ストレッサーの軽減・除去や環境整備

ストレッサーの除去や環境整備では,個人の置かれている環境内にある,ストレッサーとなり得るものや,人的要素を軽減あるいは除去することでストレス反応を緩和させる。たとえば,入院時の病室における人間関係がストレッサーとなっている場合には,病室の変更を行うことや,病室の管理者と相談して,集団の中に存在するストレッサーを軽減することである。しかし,ストレスが生じている場面や組織の状況によっては,このような配慮や環境への介入が困難なケースも少なくない。そのため,ストレッサーそのものを除去するという発想と,ソーシャルサポートの体制を整備することも重視される。たとえば,何かストレッサーを経験したとしても,周囲に頼れる人がいる場合は,話を聞いてもらうことで気持ちが落ち着いたり,具体的なアドバイスを得ることで問題解決できることも少なくない。このように,ソーシャルサポートは,ストレスフルな状況に対する適応的な認知的評価と対処行動を促すことで,ストレス低減につながることが知られており,特に,対象者自身が必要に応じて援助が得られるという認知を扱う,知覚されたサポート (Barrera, 1986) の重要性が指摘されている。つまり,実際に実行される物理的なサポートを増やすだけではなく,そのような認識をもてるように支援することが重要であると考えられている。

2) 個人差要因 (認知や対処方略) への介入

実際のストレスマネジメントの実践においては,個人差要因への介入を主体としたものが比較的多い。具体的には,個人の対処能力を向上させるために,内的(個人)変数である認知的評価や対処方略(コーピング)に着目する方法がとられる。

前者は，経験した出来事や自己に対する否定的な評価や不合理な信念といった不快な気分を増悪させるような非機能的認知に対して行われるアプローチであり，代表的な技法に，認知再構成法がある。これは，思考と気分のセルフモニタリングを用いて，自分の考え方の特徴と気分の関連を理解するとともに，その場に即した多様で柔軟な考え方を案出する練習を行う。そして非機能的な認知とは異なる新たなとらえ方を実践した際の気分の変化を観察することによって，対象者自身が柔軟で多様な考え方が獲得できるように支援する。また近年では，思考内容があたかも現実で生じているかのようにとらえられる現象である認知的フュージョンを取り上げ，思考内容と現実で生じている事柄を混同しないように働きかけることで，たとえ非機能的思考が浮かんだとしても，その影響性を軽減するようなアプローチ方法も活用されている。

そして，後者のコーピングとは，「ストレッサーの除去やストレス反応の緩和を目的としてなされる認知的・行動的努力」であり，問題解決のためのコーピングや不快な情動反応を緩和するためのコーピング，あるいは人間関係を調整するようなコーピングなど，ストレス場面において必要とされるさまざまな対処方法を学ぶためのアプローチである。特に，これらのコーピングを獲得するだけではなく，獲得したコーピングを適切に運用することができるようにリハーサルを行ったり，どのような状況でどの程度の効果をもつかといった文脈理解に応じた柔軟なコーピング選択が行えるように支援していく。代表的な技法には，問題解決療法，社会スキル訓練，ストレス免疫訓練法などがある。

3) ストレス反応への介入

上述したアプローチにあわせて実施されるのが，リラクセーションであり，これは心身のストレス反応を対象者自身で緩和するための方法を身につけることに重点が置かれる。一般的に，比較的容易に実施される呼吸法や筋弛緩法などが適用されることが多く，その他にも自律訓練法などがある。

3. ストレスマネジメントの実践的展開
(1) 医療領域における心身症に対するアプローチの実際

医療領域において，ストレスマネジメントが幅広く適用されているが，盛んに実施されているのがストレスと密接に関連した心身症に対するアプローチである。心身症とは，身体疾患の中で，その発症や経過に心理社会的因子が密接に関与し，器質的ないし機能障害が認められる病態と定義されている（日本心身医学会教育研修委員，1991）。たとえば，心筋梗塞，潰瘍性大腸炎，緊張性頭痛などが挙げられ，器質的身体疾患や機能的身体疾患にかかわらず，発症や経過にストレス要因が関与

している身体疾患である。ストレッサーが身体疾患の発症や維持につながるメカニズムとしては，①ストレッサーによる自律神経や内分泌系，免疫系の変調，②生活習慣の変化，③抑うつ，不安反応の増悪，といった要因が考えられていることから，心身症患者に対しては，どのような要因によって心身症が維持されているのかをアセスメントし，ケースフォーミュレーションに応じたアプローチが有効である。

特に，心身症の場合，精神疾患と比較すると，①自律神経や内分泌系，免疫系の変調の要因が関与している場合が多いことから，リラクセーションが用いられることが比較的多い。一方，②生活習慣の変化といった要因の影響が強い場合には，不適切な行動を減らし，適切な行動を増やすような行動変容を目的とした行動療法が有効である。また，心身症患者の中には，そもそもストレス要因が身体疾患に関与していることに気づいておらず，適切な対処法が獲得されていないために，治療が長期化したり，再発を繰り返したりすることも少なくない。そのため，身体疾患そのものの治療とともに，ストレス反応に対する受け止め方や対処法への心理的アプローチが有効である。具体的には，早期に自身のストレスに気づき，心身症を引き起こすようなトリガーを見つけたり，否定的な感情に対する対処法を身につけることが有効である。そのため，患者の症状に関連する心理社会的問題についての理解を促し，心身相関に気づかせ，ストレス反応に対するセルフ・コントロールができるような，心理教育的な視点が必要である。そして，近年では，心身症に対する正しい知識と適切な対処法の獲得だけでなく，心身症の前段階となるストレス反応のサインに気づくために，身体や感情，思考などから距離をおいて，注意を広げた気づきを向けるマインドフルネス技法も活用されつつある。このように，心身症患者に対するストレスマネジメントは，状況に応じて自己管理できるセルフ・コントロール力を身につけ，具体的な対応ができるようになることを目標とするが，行動をセルフ・コントロールするための思考や行動選択の際の価値といった認知的要因に対するアプローチも積極的に行われる。さらに，認知的アプローチは，抑うつや不安といった不快な情動を緩和するために有効であることも明らかにされているため，③抑うつ，不安反応の増悪といった要因が大きい場合にも，これらを含めた認知行動療法の介入技法が適用される。

(2) ストレス対処から予防，健康増進へ

医療領域においては，上述したような心身症に対するアプローチのみならず，その他の精神疾患や身体疾患を有する患者に対して，疾患にともなうストレスや疾患を維持・増悪させている要因に対する認知行動療法的アプローチや，災害被災者や事件の被害者などのトラウマ体験にともなう重篤なストレス反応を緩和させるため

の取り組みなどが行われており，疾患予防，治療あるいは再発予防のアプローチとしてストレスマネジメントが応用されている。そして，近年では，ストレスが心と身体，生活に及ぼす影響が理解されるようになったことや医療費の増大といった社会的要請もあり，心理学の適用範囲は，特定の疾病の改善から，健康な人々を対象とした健康心理学的応用へと拡大する方向にある。このことから，疾病予防を念頭においたストレス反応の予防や改善のみならず，健康増進のあり方を検討することが求められており，ストレスマネジメントが応用されている。実際に，ストレスマネジメントの適用範囲は，子どもから一般成人，高齢者の不安症状，ストレス諸症状，怒り感情，頭痛，疼痛，高血圧，アルコール依存といった幅広い対象者が想定されており，臨床現場だけでなく，職場や学校などのさまざまな領域で実施され，汎用性も高い。現在では，産業領域において，精神疾患による休職者の増加などの影響を受け，メンタルヘルスに対する予防的アプローチとして実施されたり，地域住民をねらいとした健康の維持増進を積極的に意識したストレスマネジメントなども積極的に実施されている。

　このように，近年では，ストレスの対処と予防，そして健康増進に向けたアプローチが求められている。これは疾病の改善や予防にとどまらず，健康増進を目指す考え方はポジティブ心理学にもみられる側面の1つである。特に医療保健領域においては，対象者の病理や弱みをいかに低減するかに焦点が当てられる傾向にあるが，対象者のもつ強みやリソースに着目し，それらをいかに増大させていくかという視点をもつことは，臨床実践を行う上で必要な観点となり得る。ストレスマネジメントは，目的や対象者に応じて，どの技法を用いたパッケージを構成し，展開していくかを検討することで，多様な目的と介入対象者に対して実施することが可能である。そのため，上述した視点を含めた対象者に対する多面的なアセスメントに基づいて介入方略を検討することによって，健康増進に向けた一層効果的なアプローチとなることが期待されている。

6節　主要な精神疾患の特徴と操作的診断分類および向精神薬

1．はじめに

　本節は，心理師の臨床実習を始めるにあたって知識と実践の橋渡しとなるポイントを整理することを目的としている。実践という面では，精神科臨床の現場である診療所や病院では精神疾患に罹患した患者を診察することになる。そこで，本節では精神疾患の診断分類とその特徴を学ぶことで，実習の現場での理解を深めると同

時に，医師や看護師，心理師による議論についていけることが当面の目標となろう。また，臨床実習では学問的な知識だけではわからない現場の雰囲気や医療者の姿勢，診療の流れも肌で感じてほしい。こうした経験を積み重ねることで情報を収集するアンテナの感度が上がり，治療に直結するアセスメントと治療計画が理解できるようになっていくことを期待したい。

臨床はセンスだといわれることがある。センスは元来もっている側面と，つくられるものという側面がある。トレーニングにより臨床的感覚が身につき確実に成長していくことから，心理師を目指す読者は研鑽を積んでいただきたい。

なお，臨床実習においては医療者もよく観察してほしい。「いいな」と思う対応や言動が見つかり，大いに参考になるはずである。

2. 操作的診断基準（DSM）
(1) DSMの歴史

1980年に米国精神医学会（American Psychiatric Association: APA）が，精神疾患の診断・統計マニュアル第3版（Diagnostic and Statistical Manual of Mental Disorders; 3rd ed: DSM-III）を示した。それは精神医学の歴史において大きな出来事であったのだが，その背景には診断基準が統一されていないことから，診断の範囲に違いが生じ，共通した疾患理解が難しいことがあった。信頼性や妥当性を確かなものに近づけるべくDSM-IIIが刊行された。DSMでは操作的診断基準や多軸診断システム（表3-6-1）が採用された。操作的診断基準とは症状によって操作的にカテゴリー分けする診断方法である。多軸診断システムとはDSM-IVまで採用された評価方法であり，表に記載されている通り，I軸からV軸までの複数の視点から患者を総合的に診断，評価，理解するために採用された。現在臨床ではDSM-5が使用されているが，DSM-IVまでの多軸診断システムを理解しておくことで，臨床評価の幅が広がると思われる。

最新版のDSMは2013年に公開されたDSM-5（APA, 2013）である。DSM-5における変更点は多軸診断システムが廃止されたことである。その背景には，精神疾患の重複の問題が存在する。DSM-5から患者を「多元的に」理解するという考えが示された。具体的な一例では，統合失調症と強迫性障害との重複障害が可能となっ

表3-6-1　DSM-IVにおける多軸評定システム（APA, 2000）

軸	内容
I軸	臨床診断
II軸	パーソナリティ障害，精神遅滞
III軸	精神に影響する一般身体疾患
IV軸	心理社会的および環境的問題
V軸	機能の全体的評定（Global Assessment of Functioning: GAF）

3. 診断の手順

　診断分類を学習する前提として診療に至る流れを示す。①最初に判定すべきは意識障害の有無である。意識障害があれば原因検索と治療を行う。意識障害がなければ，②診察により得られた所見や病歴を精神医学用語の症状（抑うつ気分や意欲低下，幻聴など）に置き換える。カルテ記載する際には，知り合いの声で「ダメだなお前」と罵られる幻聴といったように，用語の根拠となる所見をあわせて詳細に記載するとよい。このようにして症状が挙げられていくのだが，③診察によって得られた症状を状態像（たとえば幻覚妄想状態，抑うつ状態など）に変換していく。そして，最後に④状態像を一元的に説明できる精神疾患を見つける作業を行うことになる。

4. DSM-5 による診断分類

　DSM-5 における診断分類と下位分類を表 3-6-2 に示す。他節で取り上げている神経発達症群，神経認知障害群を除いた主要な診断分類について，精神科で多く診る統合失調症や双極性障害，うつ病，不安症（障害）を中心に解説する。精神科で臨床活動を行うにあたり，得られた所見を精神医学の症状として理解するために，心理学用語だけでなく，精神医学用語を学ぶ必要がある。

(1) 統合失調症

　統合失調症スペクトラム障害を理解するには，まず統合失調症を学ぶところから始まる。ドイツの精神科医であった Kraepelin, E. が症例を詳細に記載することで症候学の視点から精神疾患を分類し，教科書を出版した。その中で Kraepelin は「早発性痴呆（現在の統合失調症）」と「躁うつ病（双極性障害）」を提唱した。早発性痴呆とは，思春期や青年期に発症し，進行性に認知症と同様な精神の鈍麻や荒廃が目立つことから命名された。Kraepelin はこの進行性に悪化する統合失調症を生物学的な病気であると考え，その概念は現代の DSM まで受け継がれている。現在の統合失調症概念は複数の疾患の集合であり，症候群であるだろうと考えられている。

　統合失調症の成因については未だ解明されていないのが現状であるが，有力な仮説の1つを紹介する。遺伝や養育環境により神経発達の異常が生じ，こうした脆弱性に環境的・心理的な負荷（心理社会的ストレス）がかかり，さらに脳の形態，機能異常が重なることで思春期以降に発症するというものである。統合失調症は20代前半に発症のピークがあり，生涯有病率は0.4%とされている（Saha et al., 2005）。

　統合失調症の症状はDSM-5では表3-6-3のようになっている。統合失調症の診

表 3-6-2　DSM-5 における主な診断分類と下位分類

神経発達症群／神経発達障害群	
統合失調症スペクトラム障害および他の精神病性障害群	統合失調症 統合失調感情障害 妄想性障害 短期精神病性障害 統合失調症様障害
双極性障害および関連障害群	双極Ⅰ型障害 双極Ⅱ型障害
抑うつ障害群	うつ病 持続性抑うつ障害 月経前不快気分障害
不安症群／不安障害群	社交不安症／社交不安障害 パニック症／パニック障害 広場恐怖症 全般不安症／全般性不安障害
強迫症および関連症群／強迫性障害および関連障害群	強迫症／強迫性障害 醜形恐怖症／身体醜形障害 ため込み症
心的外傷およびストレス因関連障害群	心的外傷後ストレス障害 急性ストレス障害
解離症群／解離性障害群	解離性同一症／解離性同一性障害 解離性健忘 離人感・現実感消失症／離人感・現実感消失障害
身体症状症および関連症群	身体症状症 変換症／転換性障害 作為症／虚偽性障害
食行動障害および摂食障害群	
睡眠−覚醒障害群	不眠障害 過眠障害 ナルコレプシー 呼吸関連睡眠障害群 睡眠時随伴症群
性機能不全群	
性別違和	
秩序破壊的・衝動制御・素行症群	
物質関連障害および嗜好性障害群	物質関連障害群 非物質関連障害群
神経認知障害群	
パーソナリティ障害群	A群パーソナリティ障害 B群パーソナリティ障害 C群パーソナリティ障害
パラフィリア障害群	

断にはこれらの症状が活動期として1か月存在しつつ，障害の徴候が6か月以上持続していることが求められる。幻覚や妄想に代表される症状を陽性症状，感情鈍麻や意欲の欠如，思考の緩慢，貧困な会話などの症状を陰性症状という。また，DSMにおける統合失調症診断基準の基礎になったSchneider, K.の一級症状と簡単な解説を表3-6-4に示す。ただし，一級症状は統合失調症に限ったものではない点や，すべての症状が出現するわけではない点，病状の変化にともない一級症状を認めないときもある点に留意すべきである。

一般的な統合失調症の経過は，思春期から青年期に顕著な陽性症状で発症し，徐々に陰性症状や認知機能障害が主体の病状になっていく。

抗精神病薬によるドパミン遮断が治療に有効であったことからドパミン仮説が提唱されたが，近年，線条体のドパミン過剰放出により精神病症状が生じることがわかってきている。また，ドパミンの異常だけでは統合失調症全体を説明することは

表3-6-3 DSM-5における統合失調症の症状と解説

妄想	妄想とは心理学的に了解不能な内容であり，本人が確信し訂正できない。幻聴など他の症状から被害関係妄想が出現しやすい。
幻覚	Esquirolの「対象なき知覚」の体験である。実際に存在しない知覚であり，幻聴や幻視，幻臭，幻味，幻触などを含む。
まとまりのない発語	会話の流れから脱線したり，滅裂で一貫性のない発言となる。
ひどくまとまりのない，または緊張病性の行動	緊張病性とは刺激に対して拒絶し，反応なく無言となり，とらされた姿勢を保持し続けるように精神運動による活動がなくなる状態（昏迷）。反復する常同行為や他者の言葉を真似する反響言語や動作を真似する反響動作が出現することもある。
陰性症状	感情鈍麻（感情の豊かさの欠如），意欲欠如，自発性の欠如（自発的に行動しない），思考の貧困（臨機応変で豊かな思考ができない）などの症状を認める。

表3-6-4 Schneiderの一級症状

考想化声	自身の考えが幻聴となって聞こえてくる体験。
問答形式の幻聴	話しかけとそれに応答する幻聴。
自己の行動に口出しする形式の幻聴	自身の行動への評価や批判などの内容となる幻聴。
身体への被影響体験	「体に電流が流されている」といった具合に，身体の異常感覚が他者によるものだという体験。
思考奪取	考えが他人に抜き取られてしまうような体験。
考想伝播	自分の考えが他人にテレパシーのような形で伝わっている体験。
妄想知覚	通常ある刺激を知覚したことで妄想の意味づけをすること。たとえばチャイムが鳴ったことを聞いた（知覚した）ことで神の怒りを買った，となる体験。
作為・影響体験	自分の考えや行動が他人に操られているという体験。

できず，NMDA 受容体仮説など，さまざまな仮説が提唱され研究されている。治療においては，進行性で良好な予後が期待できないといわれていたが，現在では，早期発見・早期治療により，予後の改善が期待できるようになった。

(2) 妄想性障害

単一もしくはそれに関連した，体系化した妄想が出現して持続する。統合失調症とは異なり妄想以外の症状は出現しない。すなわち，行動は奇異であったり奇妙ではない。被愛型（自分に恋愛感情をもっている），誇大型（豊かな才能をもっている），嫉妬型（配偶者や恋人が不貞を働いている），被害型（だまされる，狙われる，はめられるといった妄想），身体型（身体機能や感覚に関わる妄想）など複数のサブタイプが存在する。明らかな成因は判明していない。有病率は 0.03％ と低い。

(3) 双極性障害（躁うつ病）

Kraepelin が躁うつ病を提唱し，時代の変遷とともに躁うつ病の概念が固まっていった。躁うつ病には気分が異常に高揚する躁病相（躁病・軽躁病エピソード；表3-6-5）と，気分の落ち込みや興味・関心の喪失などが生じるうつ病相（抑うつエピソード）という 2 つの極性（双極性）が存在する。DSM においては躁病相の重症度によって，躁病エピソードが出現する双極 I 型障害，軽躁病エピソードが出現する双極 II 型障害に分類された。それぞれの診断基準を表 3-6-5 に示す。躁病，軽躁病エピソードの判断は異常かつ持続的に気分が高揚していること，さらに，普段の行動とは明らかに異なるという質的異常が必要であり，通常の気分や行動とは一線を画していることによりなされる。

双極性障害の生涯有病率はいずれも 1％ 前後と考えられている。双極性障害の成因については，双極 I 型障害において遺伝的素因が関係しているとわかっているが，他の精神疾患と同様に未だ解明されていない。

Judd ら（2002, 2003）によると各病相が占める割合は，12.8 年間の追跡調査で双極 I 型障害は全期間中，抑うつエピソードが 31.9％，躁病・軽躁病エピソードが 8.9％，両者の混合した状態（混合状態）が 5.9％ であった。一方，13.4 年間の追跡調査で双極 II 型障害は全期間中，抑うつエピソードが 50.3％，軽躁病エピソードが 1.3％，両者の混合した状態（混合状態）が 2.3％ であった。両疾患を比べると，抑うつエピソードが双極 I 型障害の 31.9％ と比べて双極 II 型障害は 50.3％ と長い。しかし，躁・軽躁，混合状態は双極 II 型障害が 3.6％ であるのに対して，双極 I 型障害は 14.8％ と長いことがわかり，両者の特徴を表している。

双極性障害の治療は炭酸リチウムやバルプロ酸，ラモトリギンをはじめとする気

表 3-6-5　DSM-5 における躁病・軽躁病エピソードの要約

躁病エピソード	軽躁病エピソード
気分の異常な高揚（開放的または易怒的）や，異常に亢進した活動が1日中，最低1週間持続する。	気分の異常な高揚（開放的または易怒的）や，異常に亢進した活動が1日中，最低4日間持続する。
以下のうち3つ（上記気分が易怒的な場合4つ）の質の異なる症状を認める。 ・自尊心の肥大（気が大きくなる） ・睡眠欲求の減少（普段より少ない睡眠で十分な休息がとれたと感じる）／睡眠欲求の減少（普段より少ない睡眠で十分な休息がとれたと感じる） ・多弁 ・観念奔逸（考えがわき起こってくる体験） ・注意散漫（容易に注意が転導する） ・目標指向性の活動の増加（社会的，職業，性的，学校内など），または精神運動焦燥（無意味な行動） ・結果不利益を生じる可能性の高い活動への熱中（買い漁り，性的無分別，ばかげた投資など）	以下のうち3つ（上記気分が易怒的な場合4つ）の質の異なる症状を認める。 ・自尊心の肥大（気が大きくなる） ・多弁 ・観念奔逸（考えがわき起こってくる体験） ・注意散漫（容易に注意が転導する） ・目標指向性の活動の増加（社会的，職業，性的，学校内など），または精神運動焦燥（無意味な行動） ・結果不利益を生じる可能性の高い活動への熱中（買い漁り，性的無分別，ばかげた投資など）
	エピソード中は本来の状態から機能変化している。気分や機能変化は他者が観察できる。
社会的，職業的に著しい障害が生じている。入院が必要なほど重篤である。	社会的，職業的に著しい障害が起こるほどや入院が必要なほど重篤ではない。
物質や他の医学的疾患によらない。	物質や他の医学的疾患によらない。

分安定薬，そして，エビデンスが蓄積されてきたオランザピンやクエチアピン，アリピプラゾールなどの抗精神病薬が主体となる。

（4）うつ病

　精神医学では伝統的に病気の成因（原因論）から診断を分類していた。この分類は従来診断とも呼ばれており，発生因から理解していくために患者の病態をとらえやすいという特徴があった。うつ病では，脳機能の異常が原因となる内因性と，ストレスなどから抑うつが発生するという心因性（神経症性），身体疾患により抑うつが発生する身体因性に分類された。実際の臨床では，内因性であっても，ストレスや葛藤が重なってうつ病を発症することはよく経験することであり，一方，心因性であっても内因性の素因が背景にあることも経験する。すなわち，内因性，心因性をどちらか一方に区別することは困難であり，評価者による力量やどの症状を重視するのかによっても解釈が異なってしまうため，診断の混乱を招くこともあった。この問題に対してDSMは成因ではなく，症状と持続期間，機能障害によって操作的に診断する手法を用いた。

　DSM-5でのうつ病は抑うつエピソードの存在と，抑うつエピソード自体が苦痛や社会，職業における機能障害を引き起こしていることで診断される。表3-6-6に

DSM-5における抑うつエピソードを示す。9つある症状のうち5つ以上の症状がほとんど毎日，2週間持続し，病前と比べて機能変化を起こしていること，さらに，5つの症状のうち1つは抑うつ気分もしくは興味または喜びの著しい減退であるという条件を満たすことで抑うつエピソードと判断される。また，抑うつ気分と興味または喜びの著しい減退に関しては，ほとんど一日中存在しなければならない。厳密に診断基準を適用することで，過剰診断にはなりにくいことがわかる。なお，双極性障害における抑うつエピソードとの違いはない。

うつ病と双極性障害の鑑別は時に難しい課題である。双極性障害と診断された患者の3分の1以上が診断確定されるまでに10年以上かかった報告がある（Hirschfeld et al., 2000）。原因としては問診により病歴を聴取する際に患者および家族が躁病・軽躁病エピソードを過小評価して伝えない場合，そして，診察時点では抑うつエピソードのみを認め，後に躁病・軽躁病エピソードが出現する「潜在性」の双極性障害であると考えられる。

表 3-6-6　DSM-5における抑うつエピソード

抑うつ気分	気分の落ち込みや，憂うつ，物悲しさ，絶望などを感じる。表情が暗く豊かさに欠け，自然と涙を流すこともある。
興味または喜びの著しい減退	病前の趣味や楽しいと感じていたもの（テレビやスポーツなど）に興味がわかず，楽しい，充実したなどの感情がもてなくなること。
体重の変化または食欲の変化（増加，減少のいずれか）	食欲が低下することで食事量が減り，結果として体重が減少する。食べる作業をしているだけのこともあれば，味がしなくなって砂を噛んでいるようだと感じることもある。一方，食欲が亢進して体重増加することもある。
不眠または過眠	寝つきが悪くなり（入眠困難），途中で起きてしまい，その後なかなか寝つけなくなり（中途覚醒），普段より起床時間が早くなる（早朝覚醒）。そのため，熟睡感はなく，浅い睡眠がダラダラと続く。一方，昼夜を問わず寝続ける過眠になることもある。
精神運動焦燥または制止	動作と精神の両方に制止が生じる。制止により動作が緩慢になり思考が遅くなる。そのため，応答にかかる時間が精神，運動の両面で延長する。焦燥は制止の対局にあり，気持ちが落ち着かずじっとしていられなくなる。
疲労感または気力の減退	何もしなくても疲れやすく，気力がないために何かやりたいと思っても行動に移せない。
無価値感または罪責感	自我が萎縮することで自信を喪失し，自身の価値を過小評価するようになる。また，些細なことや根拠のないことでも自分の責任と関連づけてしまう。罪責感が悪化すると，たとえば罪を犯して逮捕され刑罰を受けるというような罪業妄想へ発展する。
思考力や集中力の減退または決断困難	集中力や思考力が低下して，読書中に字面は追えても内容が頭に入らないようになる。思考力や集中力の低下は記憶力にも影響する。その結果，決断できずくよくよするようになる。
自殺念慮・企図・計画	自我の萎縮，罪責感，焦燥，抑うつ気分などが合わさることで，死にたい気持ち（希死念慮）が生じてくる。うつ病の患者は自ら死にたいと打ち明けないことが多い。

日本のDSM-IVによるうつ病の生涯有病率は6.16％とされている。厚生労働省の患者調査によると，うつ病患者は2011年には72.9万人であり，内訳では外来患者が増加し続けていた。操作的診断基準が浸透したこともその一因であると考えられている。

うつ病の治療は抗うつ薬と精神療法，環境調整による治療が基本である。エビデンスが確立されてきている認知行動療法については他の章を参照いただきたい。

(5) 不安症（障害）

社交不安症とは注目を浴びたり，人と関わりをもつようなあらゆる場面で著しい不安や恐怖が生じる。恥をかいたりすることで否定的な評価を受けることを恐れ，恐怖からそうした場面を回避する。仮にその場面にいられても強烈な不安に襲われたり，苦痛を感じる。診断されるには，他の疾患と同様にその持続性（6か月以上）と苦痛や社会，職業における機能障害を引き起こしていることが求められる。思春期の頃に発症し，疾患に気づかないことが多い。DSM-IVにおける12か月有病率は0.2〜7.7％，生涯有病率も3〜10％前後と一定せず，うつ病など他の疾患との合併が多い。治療は抗うつ薬や認知行動療法が標準的である。

パニック症では呼吸苦や動悸を主体とした予期できないパニック発作が繰り返される。パニック発作は突然やってきて，激しい恐怖や強烈な不快感がすぐにピークに達する。死の恐怖もみられ救急外来を受診することもある。持続時間は概ね30分以内である。次にいつ起こるのかと不安（予期不安）になり，単独になる外出や交通機関の利用ができなくなる（広場恐怖）。パニック発作の生涯有病率は28.3％と高率であるが，パニック症の生涯有病率は2〜5％である。女性に多く，うつ病など他の疾患との合併も多い。治療は抗うつ薬や認知行動療法が標準的である。

全般性不安症は過剰でコントロール不能な不安や心配が持続した6か月以上状態である。不安の対象はあらゆる出来事，活動であり，Freudの提唱した漠然とした特定の対象のない浮動性不安に近い疾患概念である。全般性不安症の成因は解明されていない。わが国の調査では生涯有病率は1.8％であった。女性に多く，うつ病やアルコール依存症，他の不安症などとの合併も多い。全般性不安症の診断は診断基準のあいまいさから過剰・過小診断となる可能性を秘めている。診断基準にある「過剰な」不安の定義と，やはり苦痛や社会，職業における機能障害を引き起こしていることが求められる。治療は抗うつ薬や認知行動療法が標準的である。

(6) 強迫症

強迫症は強迫観念（反復して生じる思考）と，それを解消しようとして行う強迫行為が主な症状であり，強い苦痛と不安が発生する。強迫観念や強迫行為はコント

ロールできずに時間を浪費し，結果として苦痛や社会，職業における機能障害を引き起こす。典型的には，手にバイ菌がついていると手が荒れていても手洗いを繰り返す不潔恐怖から洗浄強迫行為を繰り返す例や，鍵の施錠や火の元の確認を繰り返す例などあるが，症状には個人差が大きい。DSM-5 ではそれまで不安症のカテゴリーから独立して強迫症および関連症群へ移行した。同じカテゴリーにはため込み症，醜形恐怖症，抜毛症などがある。強迫症の診断基準は DSM-5 から変更になり概念が一部拡大した。不合理性の理解は必須のクライテリアではなくなり，特定項目として，病識の程度を 3 段階で評価することになった。病識の点で，強迫症患者の多くは自身の強迫観念や強迫行為が不合理なものであると認識していることは覚えておくとよい。一方，妄想的な信念をともなって病識が欠如していることもある。強迫症が他の精神疾患と重複することもあり，実情に配慮したものになった反面，統合失調症や自閉症スペクトラム障害との合併や鑑別など詳細なアセスメントが求められるようになったと理解できる。

　強迫症の生涯有病率は 2% 前後といわれているが，DSM-5 による改訂では多少増加することが予想される。自然に回復することは少なく，慢性の経過をたどることが多い。

　治療は認知行動療法や抗うつ薬を中心とした薬物療法が標準的である。重症化する以前の早期治療が有効である。

(7) 心的外傷後ストレス障害（PTSD）

　死や重傷の危機的な出来事や性的暴力を経験，目撃などした後に出現する。フラッシュバックや苦痛な記憶・悪夢などの再体験症状，発生場所を回避し，感情が麻痺したように感じる症状，不眠，怒りなどの過覚醒症状が出現する。生涯有病率は 7.8% ともいわれており，女性は男性の 2 倍である。治療は薬物療法と精神療法が推奨されている。自然回復することもあれば，3 分の 1 が治療を行っても寛解しないとされている。

(8) 身体症状症および関連症群

　身体症状症はその身体症状（たとえば痛みや疲労感など）によって強い苦痛をともない，日常生活は混乱を示す。身体症状について考えが固着し，強い不安の存在，さらには払拭することへの過度の努力によって診断される。なお，診断には身体症状の原因については言及していない。

　有病率は概ね 5 ～ 7% とされ，女性に高い傾向がある。治療は薬物療法や精神療法である。

転換性障害はヒステリーの一部と考えられている。通常ストレスがかかることで，運動症状（麻痺や脱力，失声など），感覚症状（複視，失語，幻覚など），けいれん（けいれんや意識消失発作など）が生じる。意図的ではないところで詐病と区別される。詐病と虚偽性障害の区別については，詐病は外的な動機（たとえば刑が軽くなる，兵役を逃れるなど）が存在し，虚偽性障害は疾病の役割を演じること以外に実利を求めない点で異なる。

(9) 摂食障害

神経性無食欲症とは，自身の体型に対して歪んだ認知があり，低体重であっても体重が増えることや肥満への恐怖を示す。そのため，自己誘発性嘔吐をしたり，下剤や利尿剤を使用するなど，徹底して体重が増えないように行動する。食事摂取を過剰に制限する摂食制限型と過食と前記排出が反復する過食・排出型がある。病識は著しく乏しい。若年女性の1％前後の有病率である。

(10) パーソナリティ障害

パーソナリティ障害では認知（自己，他者，出来事を知覚して解釈する仕方）や感情性（情動反応の範囲，強さ，不安定さ，適切さ），対人関係機能，衝動の制御が通常より著しく偏っている。この偏りは人格が形成される青年期や成人期早期から始まる。DSM-5におけるパーソナリティ障害は，認知，感情性，対人関係機能，衝動制御のうち2つ以上が柔軟性なく固着し，幅広い場面で長期間変動がなく持続することで診断される。パーソナリティ障害の診断基準を満たした後には，詳細な記述による類似性を認めたA～C群のサブタイプを評価することになる。猜疑性，シゾイド，統合失調症型パーソナリティ障害はA群に属し，反社会性，境界性，演技性，自己愛性パーソナリティ障害はB群に属す。C群には回避性，依存性，強迫性パーソナリティ障害が含まれる。それぞれの特徴を一言ずつ表3-6-7に示す。

5. 向精神薬

向精神薬とは，中枢神経系に作用する薬剤の総称である。広義には表3-6-8のように，その範囲は幅広い。わが国の麻薬及び向精神薬取締法により，医療上の有益性と乱用・依存の危険性から第一種から第三種まで等級分けされている。すなわち，薬学という学問における定義と法律における定義が異なることを理解しておくとよい。本節では精神医療で使用する頻度の高い薬剤を解説する。なお，臨床実習にあたっては診断と薬剤の種類で十分である。臨床現場に入っていく中で評価，治療を行う段階になったところで薬剤の知識が必要になる。

表 3-6-7　DSM-5 におけるパーソナリティ障害（以下パーソナリティ障害の表記を略す）

A群	猜疑性	他人が悪意をもっていると解釈する疑い深さをもつ。
	シゾイド	他人に無関心で親密さはなく1人を好み冷淡で平板な感情をもつ。
	統合失調症型	知覚や認知の歪曲があり風変わりな行動を示す。疑い深さがあり，良好な対人関係が構築されない。
B群	反社会性	他人の権利を無視して侵害する。虚偽性，衝動性，攻撃性，無責任という特徴がある。
	境界性	不安定な自己像から生じる感情や対人関係の不安定さ（理想化とこき下ろし）と強い衝動性（自傷行為，怒りのコントロール不良）を示す。
	演技性	過度な情動性から外見や態度で他人の注意を引こうとする。実際以上に対人関係を親密に思う。
	自己愛性	自分が特別な存在であり過度に賞賛されたいという欲求がある。共感が欠如し他人の気持ちは汲まず，嫉妬する。傲慢な行動，態度を示す。
C群	回避性	他人より劣っていると思い，批判や拒絶に敏感で恐怖を感じて活動を避ける。
	依存性	自身で意思決定できず他人に責任を委ねる。面倒をみてもらいたいという過剰な欲求のために，従属的で他人にしがみつくような分離不安を示す。
	強迫性	完璧主義でルールを徹底するために柔軟性や開放性，効率性が犠牲になる。

表 3-6-8　主要な向精神薬

抗うつ薬	抗精神病薬
気分安定薬	精神刺激薬
抗不安薬	睡眠薬
抗てんかん薬	パーキンソン病治療薬
脳機能改善薬	抗酒薬

(1) 抗うつ薬

　うつ病の仮説の1つであるモノアミン仮説（セロトニン，ノルアドレナリン，ドパミンなどのモノアミンが低活性になり抑うつ症状が出現する）に則り，抗うつ薬は作用機序の違いはあれどシナプス間のモノアミンを増加させる方向に働く薬剤である。近年は副作用と効果のバランスのよい選択的セロトニン再取り込み阻害薬（SSRI）やセロトニン・ノルアドレナリン再取り込み阻害薬（SNRI），ノルアドレナリン作動性・特異的セロトニン作動性抗うつ薬（NaSSA）などが第一選択薬となる。ただし，薬物療法は効果と副作用が表裏一体であり，いずれもその程度には個人差がある。よって，杓子定規に処方せずさじ加減をすることが求められる。うつ病が中等症，重症であれば薬物療法は必須であるが，日本うつ病学会によるガイドラインでは，軽症うつ病では患者背景や病態の理解に努め，支持的精神療法と心理教育を行い，必要に応じた抗うつ薬の投与が推奨されている。

(2) 抗精神病薬

　統合失調症の仮説の1つにドパミン仮説がある。1952年にクロルプロマジンの

精神病に対する効果が確認され、以後、ドパミン2受容体遮断薬が開発されていった。ところが、錐体外路症状などの急性の副作用、遅発性ジスキネジアなどの慢性の副作用を引き起こすことがわかった。また、その時代の定型抗精神病薬は陰性症状や認知機能障害には効果が乏しかった。わが国では1996年にリスペリドンが市販され、以後、錐体外路症状の少ない非定型抗精神病薬が主流となった。非定型抗精神病薬は統合失調症ガイドラインにおける第一選択薬である。陽性症状の改善に加え、陰性症状や認知機能障害への効果が期待されている。近年は双極性障害における治療薬として効果が認められ、実臨床で使われている。

(3) 気分安定薬

双極性障害の治療薬であり、リチウムやバルプロ酸、カルバマゼピン、ラモトリギンが代表的な気分安定薬である。バルプロ酸やカルバマゼピンは抗躁効果がある。リチウムは抗躁効果だけでなく、抗うつ効果や再発予防効果もある。ラモトリギンも抑うつの予防効果がある。ただし、その効果は抗うつ薬よりも個人差が大きく、最適な気分安定薬を見つけることが双極性障害の薬物療法における最も重要な役割である。

(4) 精神刺激薬

注意欠陥・多動症（ADHD）やナルコレプシーなどの睡眠障害の治療薬である。中枢神経系の興奮・覚醒効果がある。ドパミンやノルアドレナリンの放出促進や再取り込み阻害により薬効が得られる。依存性の問題からメチルフェニデートは処方に登録が必要である。

(5) 抗不安薬・睡眠薬

抗不安薬と睡眠薬はγアミノ酪酸（γ-Amino Butyric Acid: GABA）受容体のベンゾジアゼピン（BZP）結合部位に作用する薬剤である。GABA受容体は抑制性のニューロンであり大脳皮質や海馬、扁桃体などに広く分布しており、不安を軽減させたり、睡眠を惹起させる効果がある。BZP系薬剤は作用の強さ、作用が発現するまでの時間、作用の持続時間により分類することができる。即効性があるため、好んで服用されやすいのだが、過鎮静やふらつき、耐性、依存性といった問題があるため、漫然と投与することは避けるべき薬剤である。

6. 全人的な医療

これまで記載した診断の歴史的変遷を理解し、たとえばDSM-IVにある多軸評

価のような多面的な評価軸を身につけることが推奨される。そうした中で診断や心理評価だけを見て患者本人を診ないことは避けなければいけない。治療をするには元来の性格や発達歴，生活歴，人間関係の特徴に加えて，さらには平日や休日の過ごし方，仕事，趣味，そして，本人を取り巻く環境といった視点からも正しく理解することが求められる。患者の心の中に希望や期待が自然とわいてくることで精神疾患の治療は一層はかどることになる。コモンセンスを基礎とした全人的な医療を提供できることを目指していただきたい。

7. おわりに

本節ではDSMによる操作的診断分類を基本に主要な精神疾患の特徴，および向精神薬について述べた。鋭い読者はお気づきと思われるが，DSMを表面的に使用した診断には治療的意味は乏しい。臨床においては診断の後に必ず治療がある。病状が改善すること，そして回復することがアウトカムとなる。われわれはDSMのよさを利用しながら，原因論の視点も交えて患者を多元的に理解していくことが求められている。しかしながら，座学では実感が難しい面もあるため，実習や臨床を経験してから再び本節の一部を確認し，臨床で得た自身の感覚と学問的知識とをすり合わせることをお勧めする。

7節　脳神経系の神経心理学的理解と認知機能の障害◆1

1. はじめに

神経心理学とは，脳の損傷によって生じた高次機能の障害の様相を，①さまざまな検査や実験的手法を通じて正確に把握して患者の治療に役立てること，②損傷部位との関係から言語や認知，意図的行為，記憶などの高次機能の神経機構を解明することを目指した学問分野である（河内，2013）。前者は脳損傷患者の高次脳機能障害のアセスメントを主目的としており，臨床神経心理学と呼ばれ，後者は実験神経心理学と呼ばれる（利島，2006）。このように，神経心理学は，脳損傷のアセスメントと理解を中心に発展してきているが，健常者を含めた脳と高次機能との関連が検討されており，脳損傷疾患ではない精神・神経疾患のアセスメントにおいても活用される。

◆1　本節はJSPS科研費JP16H05957の助成を受けたものである。

神経心理学においては，神経心理学的検査などを用いた神経心理学的アセスメントが行われる。Hebben & Milberg（2009）によると，神経心理学的アセスメントを用いる理由としては，以下の7点が挙げられる。

①クライエントの強みと弱みを記述し，心理学的機能における変化や機能不全を特定する。
②神経心理学的検査結果の生物学的関連（神経解剖学的もしくは生理的な関連）を特定する。
③変化もしくは機能不全が，神経疾患，精神疾患，発達障害，それ以外のものと関連するか特定する。
④時間による変化を査定し，予測する。
⑤リハビリ，職業的もしくは教育的計画のための指針を提案する。
⑥家族や養育者に指針や教育を提供する。
⑦治療の実施計画を作成する。

このように，神経心理学的アセスメントでは，高次脳機能の障害をアセスメントした上でより適切なケアにつなげることが行われる。また，療育手帳や精神保健福祉手帳の交付に関連した障害の程度の把握，発達障害者支援法に関連する能力判定の補助的資料のためにも神経心理学的アセスメントは活用される（小海，2015）。

2. 神経心理学的理解を行う上で必要な神経科学の知識

神経心理学的理解には，神経心理学的検査の実施・解釈法だけでなく，脳についての知識も必要となる。たとえば，神経心理学的アセスメントを行う場合，脳画像検査の結果などから，生物学的関連を検討する必要がある。心理師は，脳画像を評価することはできないが，脳画像検査結果から得られる情報を理解できるだけの基本的な知識を有している必要がある。しかし，心理学を専門とする者にとって，脳の名称はとっつきにくい面もあるかもしれない。そこで，①脳部位の読み方，②脳画像検査の断面，③脳部位を表す方向の3点を理解するとよい。まず，脳部位の名前は基本的に解剖学に由来するので，音読みをする。たとえば，下前頭回とあれば，カゼントウカイと読む。次に，脳画像検査結果や書籍・論文における脳の図は，何らかの断面で示されることが多い。断面には，水平断，冠状断，矢状断の3つがある。水平断は，直立して正面を向いた際に地面と水平に脳を輪切りにしたときの断面になる。冠状断は，直立した人が真上を向いた際に地面と水平に脳を輪切りにしたときの断面である。冠とあるので，通常の冠をかぶった断面を想像すると水平断

と混同することがある。矢状断は，前から飛んできた矢によって脳が左右に真っ2つに切られたときの断面になる。矢ではイメージできない場合は，前から刀で脳を真っ2つにされるイメージでもよい。最後に，脳の特定の領域を示す場合に，前後左右上下の情報があるとわかりやすい。そこで，脳部位の方向の指定には，前・後，上・下，左・右，内側・外側（矢状断における脳の内側と外側），吻側・尾側（四つん這いになって前を向いたときの前と後ろ），背側・腹側（四つん這いになって前を向いたときの上と下）などが使われる。

脳の構造は，下方から延髄，橋，中脳，間脳があり，その上に大脳が乗っかっている（図3-7-1左）。小脳は，大脳の下側の橋や延髄の背側にある。図3-7-1の右にあるように，大脳には，脳溝という溝があり，中心溝と外側溝という大きな溝が特徴的になる。また，脳溝と脳溝との間の隆起した部分は脳回と呼ぶ。

脳の部位とその機能との関係については，まだ研究途中な部分もあるが，大まかな機能については明らかになってきている。延髄，橋，中脳は，大脳・小脳と脊髄とを中継しており，生命維持や覚醒に関わる。小脳は，運動や姿勢制御，平衡機能などに関わる。間脳には，視床，視床下部などが含まれる。視床は，嗅覚以外の視覚・聴覚・体性感覚などの入力を大脳皮質に中継する。視床の下の視床下部は，自律神経系や内分泌を制御し，闘争，逃避，食欲，性行動を制御する。大脳皮質下の帯状回，海馬，扁桃体，乳頭体，脳弓からなる部位を大脳辺縁系と呼び，特に海馬は記憶，扁桃体は情動に関わる。大脳基底核は大脳皮質下にある神経核になり，尾状核と被殻からなる線条体，淡蒼球を含む。大脳基底核は，運動の制御，認知機能，感情，学習に関わる。大脳は，中心溝と外側溝から，4つに区分できる（図3-7-1右）。そして，中心溝の前側が前頭葉，後ろ側が頭頂葉になる。中心溝を境に前が運動野，後ろが体性感覚野になる。運動野は運動の出力，体性感覚野は体の感覚の受容に関わり，どちらも身体と脳では上下と左右が逆になって入出力される。大脳において

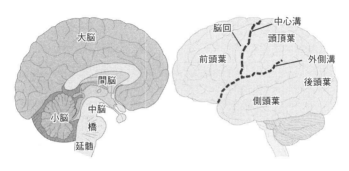

図3-7-1　脳の構造

横に突き出している部分が側頭葉になり，側頭葉と頭頂葉の後ろのほうが後頭葉になる。視覚情報は間脳を経由して，後頭葉に入り，そこから順次視覚情報が処理されていく。後頭葉から側頭葉に向けては，対象の形や色の処理を行い（腹側経路），後頭葉から頭頂葉に向けては，空間的位置と運動の知覚に関する処理を行う（背側経路）。このように脳の基本的な構造と機能局在について理解を深めておくことが脳の損傷部位を考慮した神経心理学的検査の解釈において有用である。

3. 神経心理学的理解を行う上で必要な神経心理学の鍵概念

　神経心理学おいては，神経心理学的症状と脳の損傷との対応づけを行う。心理的機能との関連を検討する上で，1つの症状と特定の脳損傷部位との対応関係を検討するのは実際のところ難しい。そこで，神経心理学においては，複数の症状によって構成される症候群という考え方を採用し，症候群と脳との対応づけを行ってきた。心理的機能と脳との対応づけをする方法には，大きく分けて局在論，等能論，相互作用論の3つがある（Beaumont, 2008）。

　局在論は，特定の心理的機能を特定の脳部位に割り当てる。たとえば，下前頭回に損傷を受けた患者が発語の流暢性に障害を受けた場合，下前頭回が発語に関わる脳部位とみなす。しかし，この情報だけでは，下前頭回に限らず，脳の損傷を受けると最初に発語が障害されるだけの可能性もある。そこで，Teuber の二重解離という考えがある（Teuber, 1955）。二重解離とは，脳部位 A を損傷した場合に症状 a が生じるが症状 b は生じず，一方，脳部位 B を損傷した場合に症状 a は生じないが症状 b は生じる場合に，特定の脳部位と特定の心理的機能との関連が明らかになるという考えである。特定の脳部位の損傷と現れた症状との関係から，安易にその脳部位と心理的機能との関連を想定するのには注意が必要である。

　等能論では，特定の感覚入力と脳部位との対応関係はあるかもしれないが，知覚より高次の心理的機能は脳全体と関連すると考える。この場合，脳の損傷と心理的機能障害は，損傷部位よりも損傷した範囲に依存する。このように局在論と等能論は，対立する理論になるが，現在は相互作用論のような両者を含めた理論が採用されることが多い。相互作用論は，高次の心理的機能は多くの基本的な要素から構成されていると考える。相互作用論では，基本的な要素については局在しているが，高次の心理的機能は基本的な要素の組み合わせによって実現されるので，特定の脳部位にその機能が局在しているとはしない。つまり，相互作用論では，特定の脳部位と心理的機能との対応ではなく，複数の脳部位間が相互作用するプロセスが重要視される。たとえば，脳の損傷による影響は，自動的側面と意図的側面で乖離することがあり，Jackson, J. H. は，高次の神経系は不安定で意図的なものであり，低次

の神経系は安定で自動的なものとし，脳の損傷においては高次の神経系に障害が生じ意図的側面に障害が生じると考えている（山鳥，1985）。また，離断症候群という概念では，それぞれ独立した出力と入力をもつ2つ正常な心理的機能があるが，それらの相互連絡に障害が生じることで症状が生じると考える。たとえば，発語や語の理解には大きな障害がないにもかかわらず，復唱ができない伝導失語は2つの系の相互連絡の障害といえる。このように神経心理学的アセスメントにおいては，対象としている症状が，特定の脳部位の機能低下なのか，全体的な脳の機能低下なのか，複数の脳部位の相互連絡や特定の階層の機能低下なのかを考慮しつつなされる必要があり，上記の3つの観点に自覚的である重要がある。

4．神経心理学的検査

主な神経心理学的検査について，表3-7-1にまとめた。それぞれの検査の詳細については，小海（2015）に事例も含めて詳しく記載されている。小海（2015）は，神経心理学的検査を行う上での一般的な留意事項として，以下の5点を挙げている。

①事前に患者の脳画像検査などについて医師から必要な情報を得る。
②患者とラポールを形成し，意識や意欲や症状などを把握した上でテストバッテリーを組む。
③検査実施にあたり，検査目的や検査の概要について説明する。
④視力を含む感覚・知覚機能の低下が認められる場合は配慮する。
⑤無理のない励ましをしつつ，検査中の注意の払われ方にも留意し，個人に合った教示方法を実施する。

神経心理学的検査は，神経科学や神経心理学の基本的事項を踏まえた上で実施するのが望ましい。また，神経心理学的検査の実施・解釈において，個人中心アプローチと心理測定アプローチがあることを意識しておくとよい（Beaumont, 2008）。個人中心アプローチは，ロシアの神経心理学者のLuria, A. R.の影響を受けており，Luriaの脳の機能異常のモデルを用いる。個人中心アプローチは，患者の障害の定量的な測定よりも，患者の問題の質的分析と記述を重視する。そのため，用いる検査は患者に合わせたものを使い，標準化された検査を必ずしも用いない。一方で，心理測定アプローチは，アメリカを中心に，より厳密な心理測定を重視する。そのため，検査は患者の機能を包括的に網羅するように行い，標準化されたテストバッテリーを用いる。2つのアプローチのどちらかに限定する必要はなく，標準化された検査は用いるが，検討が不要な機能については，測定しないようにバッテリーを

表 3-7-1 主な神経心理学的検査

カテゴリー	検査名	作成者	概要
全般的知的機能	Wechsler Intelligence Scale for Children-Fourth Edition (WISC-IV)	Wechsler, D.	5歳から16歳11か月の全般的知的機能を評価する検査。言語理解指標，知覚推理指標，ワーキングメモリ指標，処理速度指標などの4つの群指標と全検査IQを評価できる。
	Wechsler Adult Intelligence Scale-Third Edition (WAIS-III)	Wechsler, D.	16歳から89歳の全般的知的機能を評価する検査。言語性IQ，動作性IQ，全検査IQのほかに，言語理解，知覚統合，作業記憶，処理速度の4つの群指数を評価できる。
	長谷川式簡易知能評価スケール	長谷川和夫	認知症のスクリーニング検査。
記憶	改訂版Wechsler記憶検査 (Wechsler Memory Scale-Revised: WMS-R)	Wechsler, D.	16歳から74歳の記憶を評価する検査。言語性記憶，視覚性記憶，一般的記憶，注意/集中，遅延再生の5つを評価できる。
	Rey-Osterrieth複雑図形 (Rey-Osterrieth Complex Figure)	Rey, A. & Osterrieth, P. A.	Reyが作成した複雑図形を模写した上で遅延再生させることで，視空間認知や視覚記憶を評価する検査。
	リバーミード行動記憶検査 (The Rivermead Behavioral Memory Test:RBMT)	Wilson, B. A. et al.	日常生活における記憶を評価する検査。展望記憶の評価ができるのが特徴。
注意	標準注意検査法 (Clinical Assessment for Attention: CAT)	日本高次脳機能障害学会	注意機能を評価する検査。異なる注意機能について7つの下位検査から評価できる。
	行動性無視検査 (Behavioral Inattention Test)	Wilson, B. A. et al.	半側空間無視を評価する検査。15の下位検査からなり，日常生活における半側空間無視の影響を評価できる。
遂行機能	日本語版BADS遂行機能障害症候群の行動評価 (Behavioural Assessment of the Dysexecutive Syndrome: BADS)	Wilson, B. A. et al.	遂行機能を評価する検査。6つの下位検査からなり，日常生活上の遂行機能を測定することができる。本人と家族用の質問票も用意されている。
	慶応版ウィスコンシンカード分類検査	鹿島ら	4枚のカードを特定のルールによって分類することで，注意や状況に即した切り替えの柔軟さなどを評価する検査。

組んだり，検査結果以外の検査中の様子なども含むなどして，両アプローチを統合して用いることが重要になる。

5. 精神・神経疾患の神経心理学的理解

最後に，精神・神経疾患の神経心理学的理解として，高次脳能機能障害，アルツハイマー型認知症，統合失調症，うつ病の神経心理学的特徴について述べる。

(1) 高次脳機能障害の神経心理学的理解

厚生労働省が定めた診断基準ガイドラインによると，高次脳機能障害は，①脳の器質的病変の原因となる事故による受傷や疾病の発症の事実が確認される，②現在，日常生活または社会生活に制約があり，その主たる原因が記憶障害，注意障害，遂行機能障害，社会的行動障害などの認知障害であることが特徴とされる（厚生労働省，2008）。厚生労働省（2008）によると，高次脳機能障害では，Wechsler 記憶検査や Rey-Osterrieth 複雑図形で評価される前向健忘（受傷や発症後の記憶の障害）や自伝的記憶の再生などで評価される逆向健忘（受傷や発症前の記憶の障害）などが認められる。また，右半球に脳損傷がある場合は，線分抹消課題などで評価される左側の半側空間無視が生じたり，Continuous Performance Test で評価される持続的注意に障害が生じる。日本語版 BADS で評価される遂行機能においても障害が生じ，目的に合わせて自分の行動をモニタリングして制御することが難しくなる。さらに，社会的行動障害も生じ，①意欲・発動性の低下，②情動コントロールの障害，③対人関係の障害，④依存的行動，⑤固執などが生じる。

(2) 認知症の神経心理学的理解

認知症は，①1つ以上の認知領域において，以前の行為水準から有意な認知の低下がある，②毎日の活動において，認知欠損が自立を阻害する，を特徴とする（American Psychiatric Association, 2013）。認知症の原因やタイプによって，アルツハイマー病，前頭側頭葉変性症，レビー小体病などがある。ここでは，認知症の中でも有病率の高いアルツハイマー病による認知症に関する神経心理学的理解について説明する。アルツハイマー病は，明確な症状が現れる前に徐々に認知機能に変化が生じる（Morris & Worsley, 2008）。アルツハイマー病の主要な認知機能障害は記憶障害である。発症の前段階から物忘れなどの軽度の記憶障害が始まり，意味記憶やエピソード記憶の障害が徐々に進み，徐々に日常的な出来事も覚えておくことが難しくなり，重度の健忘や失見当に至る。このような記憶障害のため，言語面にも障害が生じる。発症が明らかとなる前から，単語がなかなか出てこないなどの，軽度の障害が生じる。なかなか単語が出てこないことから，回りくどい話し方になり，だんだんと言語理解が難しくなる。さらに進行すると，単純な単語や意味のない単語が発せられるようになり，最後には無言になる。その他には，注意の分割や選択注意の低下，ウィスコンシンカード分類テストや言語流暢性テストなどで測定される遂行機能の障害も生じる（Morris & Worsley, 2008）。

(3) 精神疾患の神経心理学的理解

統合失調症は，①妄想，②幻覚，③まとまりのない発語，④ひどくまとまりのない，または緊張病性の行動，⑤陰性症状（情動表出の減少，意欲低下）などの症状を示し，それによって仕事，対人関係，自己管理などにおいて著しい水準の低下を示した状態を指す（American Psychiatric Association, 2013）。精神疾患の中でも，統合失調症は神経心理学的研究が多くなされてきており，記憶，注意，作業記憶，問題解決，処理速度，社会認知において認知障害が指摘されている（松岡，2011）。これらの認知障害については，以前は発症の影響と考えられていたが，発症の前から存在するとされ，脆弱因子と考えられるようになってきている（松岡，2011）。統合失調症の認知障害に対しては，認知機能の改善を目指した認知矯正療法も提案されている（Medalia, 2017）。

うつ病は，①ほとんど一日中，ほとんど毎日の抑うつ気分，②ほとんど一日中，ほとんど毎日の，すべて，またはほとんどすべての活動における興味または喜びの著しい減退，③体重減少，④不眠，⑤精神運動焦燥または制止，⑥疲労感，気力の減退，⑦無価値感，⑧思考力や集中力の減退，⑨死についての反復思考などを特徴とし，本人に苦痛，社会的，職業的，または他の重要な領域における機能の障害を引き起こした状態を指す（American Psychiatric Association, 2013）。うつ病もこれまで神経心理学的研究が行われてきており，注意，精神運動速度，実行機能，記憶において認知障害が指摘されている（Langenecker et al., 2009）。このように統合失調症やうつ病などの精神疾患の神経・行動的特徴を検討する研究が行われてきているが，同一疾患内の異質性が高いこともあり，実際の臨床における活用においては，さらなる検討が必要とされる。

8節　身体疾患患者の心理社会的問題とそのケア

1. はじめに

身体疾患の診断を受けて治療を受けることで，患者は日常生活の大きな変化や心理的負荷とともに生活する。医療現場で身体疾患患者の支援に取り組むためには，患者にどのような変化や心理社会的問題が生じるのか，また，それらによって患者はどのような影響を受けるのかなどについて理解しておくことが必要である。身体疾患患者に対するアセスメントや心理的ケアを行う際の特徴なども踏まえながら概観する。

2. 身体疾患罹患によって患者が経験する心理的負荷

　身体疾患患者は身体疾患の罹患によって，具体的にどのような心理的負荷を経験するのだろうか。

(1) 身体疾患患者の不安

　重要な身体疾患に罹患した場合，その多くの人が不安を抱く。その内容は，疾患の治療や予後についての不安から，日常生活や人間関係に関することまで，さまざまな領域にわたる（春木，2004；表3-8-1）。これらは，疾患が発症したときから，治療中，慢性の時期，終末期に至るまでどの時期においても生じ得るものであり，また，反復的に経験される内容であると考えられる。

(2) 身体疾患患者における対象喪失とその適応過程

　身体疾患患者はさまざまな変化を余儀なくされ，その変化を受け入れて日常生活を送らねばならない。たとえば，外傷や急性発症の病気によって身体の機能が障害された状態で生活していくことや，症状コントロールのために通院や薬物療法の継続が必要になり，それらが経済的負担を生むことも多い。さらに，食事制限や飲酒・喫煙など，嗜好に制限が生じる場面も少なくない。これらはすべて，これまで患者が送ってきた生活を大きく変更させるものとなる。また，われわれは普段，自らの将来の生活において身体疾患に罹患することを予測してはいない。したがって，身体疾患は現在の生活だけではなく，描いていた未来像の変更や修正を余儀なくさせる場合もある。たとえば，身体疾患のために目指していた職業を選択できなくなったり，現状の就労の維持が難しくなる場合もある。また，それらによって家族において担っていた役割が変更されることや，結婚や出産なども含めた将来的な家族像

表 3-8-1　身体疾患患者の不安（春木，2004）

1. 治療についての不安
2. 病気の予後についての不安
3. 合併症，医療事故，医療過誤などについての不安
4. 薬の副作用，残る障害，後遺症についての不安
5. 肉体的能力，体力についての不安
6. 経済的，家庭的，社会的な不安
7. 仕事（役割）についての不安
8. 人間関係についての不安
9. 孤立化，見捨てられる不安
10. 自尊心（自負心）の低下，身体像の悪化についての不安
11. 実存的な不安——将来設計・計画の挫折
12. なじみのない場所（病院）での生活に伴う不安
13. 情報不足による不安——パターナリズム
14. 生死についての不安

に変更を迫る局面も生じる。

　すなわち，重要な身体疾患に罹患することは，それまでの身体的な健康やそれによって支えられていた生活，そして予測していた将来や自分に対する自信を失うことにつながり，患者にとって重大な対象喪失となる（堀川，2011）。患者が身体疾患に対して抑うつや怒りなどの否定的感情を抱くことは当然であるといえるだろう。患者が疾患の経験に与える意味は，病気とその治療についての考えはもちろん，自分や他者，世界に対しての考え方の影響を受けることから，この喪失の体験は，患者の数だけ多様性がある。

　そして，患者は個人にとって重要なものを「喪う」という体験から，適応への道となる心理過程である「喪の作業」のいくつかの段階を経て少しずつ適応に進んでいく。図 3-8-1 にその主な過程を示した。この過程では，対処法がわからなくて混

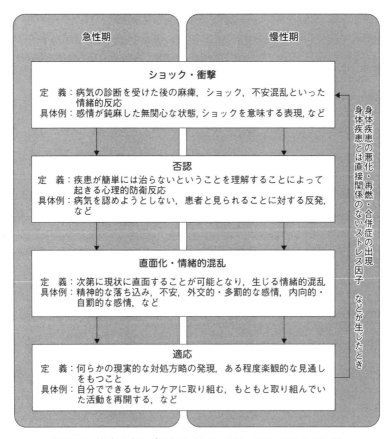

図 3-8-1　疾病受容のプロセス（今尾，2004；堀川，2011 より作成）

乱したり，現状に直面できなくて回避する場面もある。疾患に患者が適応できるようになるまでの過程において，あるいは，病気のために健康や社会的立場などを喪失してしまったことへの一時的な反応として問題行動が生じることもあるが，抑うつ感情や怒りを経験しながら，少しずつ現実的な対処方略を見いだしていく患者が多い。もちろん，すべての患者がを必ずこの過程で適応に向かうわけではなく多様な過程が生じ得る。これらは，ある程度一般的なプロセスとして理解しておくことが，身体疾患患者の心理的背景の理解を助けるだろう。

(3) 身体疾患のタイプや治療時期によって生じ得るさまざまな心理的負荷

　重症な身体症状が突発した急性期は急性発症あるいは劇的発症であり，極端に強い恐怖・驚愕体験を経験することがある。たとえば，重症な外傷や熱傷，急性心筋梗塞，急性呼吸不全などの身体症状，または，交通事故や労災事故，DVなどの被害に遭ったなどの状況，ICUへの入院や麻酔中の覚醒などの治療に関係した環境など，差し迫った生命の危機を現実のものとして体験した場合などが挙げられる。これらは，急性ストレス障害とPTSDの診断基準の必須項目としての「危うく死ぬ，重傷を負う，事故や犯罪・虐待による被害などの出来事への曝露」として経験される場合もあり，その場合は非常に強いストレス因となる。これらに対する反応として侵入症状や回避症状，覚醒症状などの強い恐怖・驚愕反応がともなうこともあり，ストレス因関連障害群の予防や対応が必要となる。

　一方，近年の著しい医療技術の革新により薬物療法や治療技術が発展し，慢性期として治療しながら生活を継続する患者も増加した。たとえば，糖尿病や末期腎不全に対する透析療法は慢性疾患の代表である。糖尿病治療では食事療法，運動療法，薬物療法，自己血糖測定など，透析治療では高頻度の通院・食事療法・水分管理などが疾患の重症化や合併症の発生，生命予後において重要であり，患者本人が担う責任の範囲が非常に大きい。さらに，慢性疾患は完治がないため，この自己管理の取り組みを絶えず維持し続けることに困難や負担が生じやすい（五十嵐・中村，2016）。そして，慢性疾患においては，一度適応に達しても，身体疾患の悪化や再燃，合併症の出現などのような疾患や治療と関連する出来事が起こったり，疾患とは直接関係ない日常生活上のストレスイベントが生じることもある。こうした新たなストレス因子が加わったときに，それまで維持されてきた疾患への適応が破たんし，衝撃と，強い疾病に対する回避的感情が再現することは稀ではない（堀川，2011）。したがって，慢性期の患者は対象喪失と疾病受容のプロセスにおいて反復的・循環的心理反応を示す（図3-8-1）。こうした葛藤と適応を繰り返すことが求められる治療環境に身を置きながら日常生活を送ること自体が大変な心理的負荷を抱えている

と理解される。

　また，身体疾患の結果，疾患によってさまざまな経過をたどり，終末期を迎えることもある。身体機能の悪化は死や治療困難に関する思考を促し，非常に強い苦痛をともなう。死への恐怖や不安は誰もが抱くもので，当然の反応である。Deeken（2011）は，死への恐怖にはさまざまな形があるとし，苦痛への恐怖，孤独への恐怖，家族や社会の負担になることの恐れ，死という未知なるものを前にしての不安，人生を不完全なまま終えることへの不安，自己の消滅への不安などに類型している。死への恐怖を完全に取り除くことは難しく，また，取り除くことは不可能であるものの，直面している患者の恐怖の内容を理解し共有させてもらうこと，恐怖や孤独を緩和するためのケアを工夫する態度が必要である。

　また，身体疾患は，疾患によってさまざまな経過をたどるものの，医療者ではない患者や家族はその経過や死へのプロセスについての知識やイメージをもち合わせていない場合が多い。疾患や死への過程についての何らかの知識をもっていたとしても，それは患者家族がそれまでに出会った周囲の人々の身体疾患や死の経験から形成されたものがほとんどで，患者が罹患している身体疾患がたどる経過と一致するとは限らない。したがって，適宜，今後の見通しについてどのような考えや理解をもっているかを教えてもらいながら，実際との相違がないかを確認していくことが重要である。場合によっては，他の診療科の医師やスタッフなどと患者や家族が抱いている理解を共有し，情報提供や相談が必要かどうかを検討することも必要である。

(4) 家族への影響

　これまでに概観してきたような身体疾患の罹患による対象喪失や心理的負荷は，患者をケアする家族にも大きな影響を与える。家族は患者の受容過程を支えたり生活の変化をサポートすることが求められる一方で，家族にとってもまた，それぞれが家族の中での役割が変化したり，日常生活の大きな変化を経験することとなる。患者の両親，配偶者，子どもなど，それぞれの家族員にとって身体疾患の罹患と治療がどのような体験となっているかを推察しながら病気を抱える家族全体を支援する，という視点をもつことが大切である。

3．精神疾患の併存

　身体疾患患者の心理社会的問題とそのケアを考える際にあたっては，精神疾患の併存についての視点をもつことが必須である。身体疾患と精神疾患の併存を考える上では，精神医学で仮定される精神症状の3つの要因について考慮する必要がある。

精神症状は，器質因（脳・神経機能の要因），内因（遺伝・体質的な要因），心因（心理・社会的な要因）によって生じ，それぞれが急性・慢性脳障害，気分障害や統合失調症，心身症や神経症といった臨床症状につながると考えられてきた（山下，2010）。

(1) 身体疾患に起因する精神障害

身体疾患患者は身体疾患によって，脳血管障害や脳外傷などによる脳機能障害，臓器不全による代謝障害，内分泌の異常，発熱や貧血などの特定の状態像や薬剤の継続的な使用など，さまざまな状態変化が身体に起きている。したがって，上記の器質因，内因，心因のうち，器質因として含まれ得る要因が非常に多く，かつ多様になり得る状態である。実際，これらの身体症状の悪化や状況自体がせん妄やもうろう状態などの意識障害を惹起したり，幻覚・妄想状態や躁状態，抑うつ症状などの精神症状を悪化させることがある。そして，薬剤の副作用として生じている例もあり，上記の症状などに加えて，不眠，不安・焦燥，多幸感など，さまざまな症状および状態像を呈し得る。こうした身体疾患に起因する精神障害の治療においては，原因と考えられる身体疾患や状態と精神症状の変化との間の時間的相関関係に注目する。そして，身体疾患に起因する問題であるとわかれば，治療の原則はまず原因となる身体疾患の治療や状況の除去を行うことになる（高畑，2008）。したがって，どのような身体疾患でも重症化して全身状態が悪化すれば，身体疾患に起因する精神症状を呈する可能性があることを認識し，精神症状のアセスメントにおいてはまずは器質因の除外を考慮して検討することが必要である。すなわち，身体疾患患者の呈する精神症状のアセスメントにおいては，精神科医との綿密な協働を心がけたい。

(2) 身体疾患に起因しない精神障害

健康な成人と比較して，慢性疾患患者のうつ病の発症はほぼ3倍であったことが報告されているように（Egede, 2007），身体疾患患者においてうつ病は発症しやすい。さらに，複数の身体疾患を併存している患者では，より頻繁にうつ病が生じやすいことが示唆されている（Kang et al., 2015）。

また，身体疾患治療の経過の中で，うつ病と同様に不安症を併発する頻度も高いことが指摘されている（Roy-Byrne et al., 2008）。堀川ら（2009）は，身体疾患患者に特徴的な不安症として，前述した急性期に頻度が高くなるストレス因関連障害や，通常の生活では問題にならないような限局性恐怖症を挙げている。たとえば，糖尿病患者には低血糖恐怖，注射恐怖などの特定の恐怖症（DSM-IV）などの不安症が

特徴として報告されているように（Grigsby et al., 2002），身体疾患による症状や治療上の行為などに対して特定の恐怖を示す場合がある。

また，もともと何らかの精神症状を呈している患者が身体疾患を併存した場合は，精神疾患の治療が継続されることが非常に重要である。気分障害，発達障害，知的障害，人格障害，依存など，さまざまな精神症状の悪化は身体疾患治療の妨げになり得るので，適切な治療が維持されるよう配慮することが必要である。

4．包括的アセスメント

これまで概観してきたように，身体疾患患者の心理・社会的問題はさまざまな要素を含んでいる。そこで，身体疾患患者のアセスメントの方法として，包括的なアセスメントが推奨されている。包括的アセスメントでは，①身体症状（疼痛，倦怠感など），②精神症状（精神医学的問題：せん妄，うつ病，認知症など），③社会・経済的問題（経済的問題，介護問題，就労の問題など），④心理的問題（疾病への取り組み方，家族・医療者とのコミュニケーションなど），⑤実存的問題（生き方に関わる問題）の評価をこの順番に行っていくものである（平井，2016）。この順番で行うことによって，身体疾患患者に生じている問題について網羅的に考えることが促され，最も重要な医学的対応が必要なものを見落とすリスクが最小限となる利点がある。具体的にはそれぞれの領域を担当する専門家が重点的アセスメントを行い，情報を共有してチームで全体的なアセスメントが形作られることが推奨されている。

5．身体疾患患者に対する心理的ケアの特徴

身体疾患患者に対して構造化した心理療法が行われる場合の指針は，他の心理臨床実践現場におけるものと基本的には同様であり，具体的方法は第6章で概説される。ここでは，身体疾患患者のケアにおいて，他の領域とは異なる，特に留意すべきことをまとめた。

（1）多職種協働とその方法

身体疾患患者に対する心理的ケアにおいては，患者自身の心理師に会う動機づけが低い場合（医療者の問題意識による依頼）や，心理師に会うこと自体に抵抗感がある患者に出会う場面も多い。このような介入への障害を感じることも決して稀ではない。こうした点からも，心理師が単独で患者や家族と関わることは少ない。この点に重要な特色があり，身体疾患の治療とケアに日々取り組んでいる他の診療科の医師や看護師との協働は欠かすことができない。

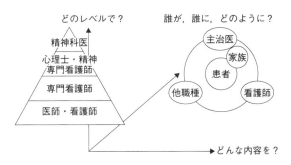

図 3-8-2　身体疾患患者の心理・社会的問題のケアに関する 3 つの視点（鈴木ら, 2014）

　鈴木ら（2014）は, 身体疾患の心理的ケアには 3 つの視点からのアセスメントが必要とまとめている（図 3-8-2）。まず, ①身体疾患治療の中で何が問題で何に取り組むかを検討する。たとえば, 治療選択の意思決定の問題なのか, 生活習慣の改善が問題なのか, 疾患に対する感情が問題なのかなど, 取り組む課題を明らかにすることがこの視点に含まれる。そして, ②その問題が患者や家族, 医療者などの周りの人たちとの関係の中でどのように生じていて, 誰に働きかけることが必要なのかを明確にする。患者と患者を取り巻く人々との間にはさまざまな力動が働いている。それを読み取り, どこにどのように働きかけるかの判断が必要とされる。そして最後に, ③その問題に対するケアをどのレベルの医療者が提供すべきかを検討することが推奨されている。たとえば, 他の診療科で頻繁に起こり得る問題で, なおかつ精神医学的・心理学的複雑さが低い場合には, 問題の見方や関わり方に関する助言を行うことが中心になるなど, 心理師が濃密に関わるべき問題とそうではない問題を見極めることが, 心理師の職能の資源としての有効活用と組織に貢献する意義をもつための工夫につながる（小林, 2016）。

（2）身体疾患の治療が心理面接に与える影響とそれに応じた工夫

　特に, 入院患者は身体疾患に起因するさまざまな身体症状（疼痛, 倦怠感, 嘔気, 呼吸困難感など）を呈していたり, 他の身体治療や身体の日常的なケアの予定があり, 心理面接の実践自体において制限が生じやすい。さらに, 患者と話し合ったり内省を促したりすることに足る十分な持久力や認知能力に乏しい状況であることもある（鈴木ら, 2014）。すなわち, 継続的に一定の時間を要する構造化された心理療法を行うことは現実的ではない場合もある。

　そこで, 患者と直接話し合うことで現状に対する考え方やとらえ方を変えようとする方略だけではなく, さまざまな柔軟な方法で対応していくことが必要となる

(五十嵐，2016）。たとえば，問題の理解を家族や他の診療科のスタッフと共有して環境調整を図ることや，身体・認知機能の低下があっても機能しやすい刺激の検討（視覚的・聴覚的手がかり），日常的なケアの中で尊厳を保つ工夫など，さまざまな工夫を通して患者の心理的苦痛や負荷の緩和に取り組んでいく。

この点においても（1）に挙げた多職種協働が重要な素地となり，たとえば多職種によるケアがそのまま心理的ケアとしても機能していることをできるだけ明確に言語化したり，家族や医療スタッフの関わりを保証していく働きかけも大切である。

(3) 元来難しい課題に取り組み続けるための工夫

身体疾患治療にともない，患者は医療機関から離れても，薬物療法や通院，食事療法を続けるなどといった自らで取り組む必要がある治療のためのセルフケア行動を求められる。こうした行動は自覚症状が少ない現状維持が続くこと（その行動に取り組んだ結果，変化がないこと）を目指す場合もある。行動した結果つらい症状が和らぐ（たとえば，鎮痛薬）等，取り組んだことによってよい変化が直後にわかりやすい行動は維持されやすい一方で，結果に変化が生じない行動は継続が難しいことが行動科学的視点から理解される。つまり，もともと患者はそうした行動を維持したり促進することが難しい文脈に身を置いていることを理解したい（五十嵐・中村，2016）。

また，では患者はなぜセルフケア行動を続けられるのだろうか。それは，その行動の積み重ねの先にある長期的な視点による"価値"を患者がとらえているためである。たとえば，患者が取り組みを継続するのは，長く元気に働いていくことや，時には友達と外食を楽しむためであり，医療者が従来"目標"とする血液データの正常化などの何らかの数値は患者が"価値"に沿って生きるための"手段"でしかないことが多い。セルフケアに取り組むことが患者本人の生活のどんな"よいこと"につながっていくのか，医療者が患者家族の"価値"をとらえてよく相談することが行動維持の動機づけを高める上でも役に立つ（五十嵐，2014）。

6. まとめ

身体疾患の罹患とその治療の継続において患者がどのような体験をするのかについて概説し，生じ得る心理・社会的問題とそのケアにおける工夫点についてまとめた。身体疾患は患者と家族の人生において，突然やってくる大きなストレスイベントとなる。ある1つの「病気」をとっても，身体疾患に罹患する前の人生が病気のとらえ方や対処法に影響を与え，人によってその意味は大きく異なる。病前の性格傾向や適応状態，生活歴や患者やその家族における身体疾患の体験を伺うことは，

患者が疾患や治療をどのようにとらえて対処しているかを理解する上で非常に役に立つ。もともとどのような生活を送ってきたどんな人がこの体験をしているのかという，患者を縦断的に理解する視点をもち，多職種と協働しながらケアにあたることが重要である。

第Ⅱ部
実践篇

第4章
保健・医療分野における実習の主要な要素

1節　医療で仕事をするための基本

　公認心理師が医療で仕事をするためには知っておくべき前提が多数存在する。精神科領域を中心に業務を行う心理師と、総合病院でさまざまな身体疾患の方々に対応する心理師では大きな差があることが考えられるが、「医療」という場で働く前に知っておくべきこと、という大きな枠組みでとらえ説明をしていく。

1. 日本の医療の現状と，患者を支える仕組みを知る
(1) 医療機関が抱える困難と地域包括ケアシステム
　現在の日本の医療の現状として，へき地などにおける医療従事者の偏在が挙げられる。「お客様意識」の高まりからモンスターペイシェントによる訴訟のリスクも医療機関を悩ませている。また，高齢者や認知症の増加によって，本来医療を提供することに注意を払っていればよかった医療機関が，「より安全な医療」を提供する，という使命を負うことになっている。そして，その一方で，「地域包括ケアシステム」の推進と「より地域医療へ，在宅へ」という厚生労働省の指針があるため，長期の入院は難しくなり，それぞれの医療機関が，役割機能を分化しその患者の今の状態に適した医療を提供する形に変化しようとしている。そういった中で心理師が働く場合には，特に急性期医療ではゆっくり関わる支援というよりは，短い期間の関わりにどうゴールを設定するか，他の医療従事者や患者本人が望んでいる未来はどこか，を考えて関わる必要がある。そして，患者が退院後，地域で生活していくにあたり，心理的支援をどう継続していけばよいのか，地域の社会資源についても知っておく必要がある。

(2) 保険医療制度と公認心理師
　日本では、国民のヘルスケアに関する支援として，保健・福祉は主に税で、医療・

介護は保険制度で運用されている。そして国民皆保険（1961〜）であることが特徴である。1点10円と定められた点数が，医療行為や処置，検査などの項目ごとに定められており，患者は自分が受けた医療に応じた点数に従って支払いを行う。保険の種類によって負担額も変わり，特定疾患をもつ場合や，自立支援医療などを併用する場合に応じて支払額が変化していく。心理検査についても，検査ごとに点数が定められているが，臨床心理技術者に関する記載はなく，「医師が結果を分析した場合にのみ算定」（厚生労働省，2016）と記載されていることから，心理検査結果の記録には，検査を行った心理師だけでなく，主治医名を記載するなどの工夫が必要と考えられる。主要な心理検査がすべて点数化されているかというと，必ずしもそうではないので，注意が必要である。さらに言えば，これらは2年ごとの改定で替わっていくので，そのことも医療で働く公認心理師は注意して見守らなければならない。

2. 衛生管理・感染対策

医療従事者は，自らを感染から守るだけでなく感染の媒体とならないよう注意を払う必要がある。スタンダード・プリコーション（標準予防策）は，すべての場合に実施すべきと考えられる感染予防策である。あらゆる人の血液，体液，分泌物，排泄物，創傷のある皮膚，粘膜には感染性があると考えて取り扱う，とするものである。

感染対策の基本は，まずは手洗い（流水＋石鹸またはアルコール消毒液）である。心理師が患者の体液，血液などに触れることがあったら直ちに流水で洗い流し，看護師や医師に報告相談して指示を仰ぐ。目に見える傷などがなくとも，患者に触れる前後も手洗いを行うべきである（図4-1-1）。アルコールによる手指消毒を病室入室前後に行えるよう，消毒液が設置されている場合や，ミニボトルを勤務者が携帯して感染管理を行うことを推奨している医療機関もある。目に見える汚れがある場合は流水＋石鹸による手洗いが必要であり，これが十分に行われることが求められるが，アルコールによる手指消毒はボトルを携帯していればどこでも行うことができ即乾性もあるため，場面や必要に応じて使い分ける。

手指衛生のタイミングとしては，世界保健機関（WHO）が5つの場面で実施するよう推奨している（図4-1-2）。

①患者に触れる前：手指を介して伝播する病原微生物から患者を守るため
②清潔／無菌操作の前：患者の体内に微生物が侵入することを防ぐため
③体液に曝露された可能性のある場合：患者の病原微生物から自分自身と医療環

境を守るため
④患者に触れたあと：患者の病原微生物から自分自身と医療環境を守るため
⑤患者周辺の物品に触れたあと：患者の病原微生物から自分自身と医療環境を守るため

感染経路に触れることでの接触感染，咳やくしゃみなどによって飛沫が飛び散ることにより起こる飛沫感染，空気感染がある。感染を防ぐために手袋，マスクやエプロン，ガウンなどの着用を必要に応じて行う。

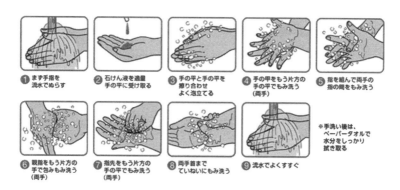

図 4-1-1　手洗いの手順
（株式会社サラヤ http://shop.saraya.com/hygiene/category/hand_hygiene.html より）

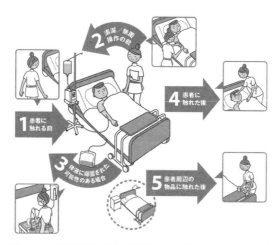

図 4-1-2　世界保健機構が推奨する手指衛生のタイミング
（株式会社サラヤ https://med.saraya.com/who/fivemoments.html より）

個室には，単に一人部屋がよいという患者や家族の希望ではなく，隔離を目的として入院している場合もある。入院患者に対して心理師が関わるときには患者に対する感染対策の必要性の有無を確認してから病室に入室するといったことが求められる。

また，心理師自身が感染を拡大しないよう，咳や，くしゃみなどの症状があるときにエチケットとしてマスクを着用すること，体調不良のときには感染症によるものではないかの確認として医療機関を受診し，感染が確認されたらその旨を所属先に告げて勤務や実習を休むことなども大変重要である。自分が感染するリスクを下げるためにワクチン接種なども定期的に心がけ，またＢ型肝炎や麻疹などの抗体が自分にあるのか，きちんと知っておく必要もあるだろう。

また，職業感染防止として「誤って使用済みの注射針触れてしまい自分の指などを刺してしまった」などのときも，感染の危険性があるため，早急に上司などに申し出，指示を仰ぎ検査などを行う。長い髪は結ぶ，清潔な衣服を身につける，爪は短く切る，アクセサリーをつけない，といった身だしなみも，感染予防の観点から重要である。

3. 医療安全

人間が行っている以上，間違いがどこかで起こることは仕方ないが，医療においては，ほんの少しのミスが患者の命を危うくすることがある。それを防ぐために，医療安全の対策は，心理師も心得ておくべきである。

「患者取り違えで手術を行ってしまった」「この患者に投与すべき薬剤が違うものだった」といった内容に心理師が関わることはなくても，「心理検査を行った患者が，該当患者ではなかった」「一緒に歩いていた患者がつまづいて転んだ」などのことは想定される。

患者確認を行うにあたっては，患者に「〜さんですね」と聞いて「はい」と答えたからといっても万全ではない。難聴の場合や，認知機能が低下している場合など何にでも「はい」と答えてしまう患者も少なからず存在する。自ら名前を名乗ってもらう，生年月日を言ってもらう，などの対応で，患者確認を行うが，それぞれの医療機関によってルールがある場合もあるので，確認するとよいだろう。

万が一，事故が確認された場合は，速やかに報告し，インシデント・アクシデントレポートを提出する。インシデントはミスがあったものの事故には至らなかったもの，アクシデントは直接患者に影響が出たミスのことを指す。このレポートは，事故に遭遇した医療者を罰するものではなく，今後同様の事故が起こらないよう対策するためのものである。

転倒・転落防止については，たとえば患者を心理検査に連れ出す場合，ADL（日常生活動作）はどの程度で，自立歩行が可能なのか，車いすでの移動なのかといったことを確認する必要がある。それを怠って連れ出すと，患者が転倒し，障害を負う，極端な場合は死亡するということも起こり得る。常に，担当医師や看護師と連携して対応にあたることが重要である。

障害物の除去や，整理整頓，清掃活動なども医療安全上重要な活動であり，常に心理師としても気をつけ，また環境整備はチームで行う必要がある。

4. 情報管理

診療に関する情報の一番大きなものは診療記録（カルテ）であろう。医師が処置や診断について記録するだけでなく，看護師をはじめとする医療従事者が，何を行ったかが記録されているものである。診療記録は，経過をみるのに大変重要な情報であるので，医療訴訟などにも用いられる可能性が高い。そのため，心理師も単に患者とのやりとりを記載するだけでなく，何のために面接を行い，どのような働きかけを行って，その面接を通して何がわかり，結果患者がどうなったのかを記録する必要がある。心理検査の記録も，他の職種が見たときに，患者の理解が進むような記載を心がけなければならない。そして，診療記録は情報開示が求められており，患者本人が希望すれば参照できるのはもちろんのこと，地域のサービスとも連動して活用されることが求められてくる。

これら診療記録は，患者個人のプライバシーに関わる情報であることから，扱いには細心の注意を払い，紙のカルテならそのまま放置しないよう注意することや，電子カルテであればログインしたままでその場を離れることのないよう注意が必要である。もちろん，院外への勝手な持ち出しは禁止である。電子カルテからの情報が院外に勝手に持ち出されることのないよう，「電子カルテのコピーは院内での活用のみ可」「学会発表などに使用する場合は患者本人の許可をとる」など，医療機関内での個人情報の取り扱いについてルールが定められている場合がある。さらに，画像写真などと同じように心理検査のデータも患者のプライバシーに関わる情報である。心理検査のデータを保存する場合に，画像として電子カルテに取り込めないものについては，すぐに参照できるような，しかし安全が保たれる保管方法について取り決める必要がある。一般的な個人情報保護のルールと，医療情報をどう扱うかについての医療機関としてのルールをきちんと押さえておく必要がある。それらの取り決めがなされていない診療所などでも，個人情報保護法に則った医療情報の運用が期待される。

2節　実習を通して学ぶこと

　公認心理師の医療機関における実習に関しては，見学中心のもの，実践中心のものとさまざまな形態が考えられるが，それらの実習を通して学んで欲しいことについて述べる。

1．実習の前に

　これからみなさんが実習をする医療機関は，どのような地域にあり，どのようなタイプの施設なのかを知っておくことが大切である。たとえば，総合病院だとしても，大学病院と地域の中核病院とでは患者層も異なるし，地域において担う役割が違ってくる。そして，その中で，心理師がどのような立場に置かれていて，どのような活動をしているのかによっても実習で学ぶことができる内容は異なってくる。地域の総合病院であっても，その立地する地域によって雰囲気は異なってくる。たとえば同じ東京都内の病院であっても，ハイクラスな住民層の地域と，そうでない地域では，病院に求めるものや，心理支援に対する期待も違ってくる。子どもの多い地域か，高齢者世帯の多い地域かによっても違うだろう。地域に関する視点は以上に挙げたが，他にはどのようなポイントをみておくべきかについて以下に例を挙げる。

　①病院の場合：総合病院なのか，精神科専門病院なのか？　総合病院であるとしたら，精神科なのか，または小児科，緩和ケア科などの他の科なのか？　心理師の属する部門は独立部門なのか，そうでないとしたらどのような部門に設置されていて，責任者は誰なのか？　精神科医がいる施設なのか，いない施設なのか？　その病院で，心理師はどのような働き方を求められて活動しているのか？
　②診療所の場合：精神科のクリニックなのか，そうではないのか？　医師の専門分野は何で，どういったことに心理師を活用しようとしているのか？　少人数で運営するクリニックなのか，多数のスタッフを抱えるクリニックなのか？

　以上について，実習に入る前に自分で調べられるところは調べ，実情を指導担当の心理師に教わってから，実習に入るとよいだろう。
　また，その医療機関における心理師の主な業務や実習として入らせていただく場がどのような内容かを知った上で，事前に学んでおくべきことがある。その機関で

多く出会う疾患はどのようなものか，関わりの場が予診であればその手順，集団精神療法であればその内容やスタッフの役割分担など，ある程度事前に学習する必要がある。参考となる文献などを教員に相談して読んでおくだけでも違うであろうし，実習であれば，前年度にその機関で実習を行った先輩に全体の雰囲気，気をつけるべきことなどを聞いておくとよい。実習生として入るときに白衣が必要なのか否かも事前に聞いておくべきであろう。

　身だしなみも重要である。感染管理の項でも触れたが，長い髪は結ぶ，髪色は明るすぎないようにする，爪は短くする，アクセサリーや華美な化粧は慎む，素足は禁止，ヒールのある靴は避け，ナースシューズやスニーカーなど動きやすい靴を心がけるといった面が挙げられる。患者に対する印象以外にも，アクセサリーなどについては感染源となる可能性や，引っ張られて事故となる危険がある石のついた指輪などは人を傷つける可能性がある。素足，サンダル型のシューズは針刺しなどの危険を防止しきれない，何かあったときに素早く動けるようにヒールのある靴は望ましくない，といった観点もあり，患者のみならず心理師自身を守るためにも身だしなみがいかに大切かということがわかるだろう。実習生であるという身分を明らかにするネームプレートをつける必要があるかなども，実習に入る前に確認しておく。

　医療者従事者は，患者から不快感，不信感を抱かれないよう常に努力しているので，実習生もそれに準じた振る舞い，服装が求められる。「医療機関に勤務するものがこのような格好だったら信用できないな」と思う服装や振る舞いはどんなものか，自ら考えて実行する必要がある。他の専門職を目指す学生，特に看護学生は実習前にそのような実習前教育は徹底して行われている。「他の職種の実習生に比べて心理の実習生は常識がない」と言われないよう，事前準備しておく必要がある。

　筆者は，実習開始前または開始時に同時期に入る実習生に対して「実習生の心得」を手渡し，病院全体の構造，スタッフ名，心理師が行っている業務，医師はじめ他の職種と連携して行っている業務などについて一通り説明し，実習生として守ってほしいこと，心がけるべきことなどについてレクチャーを1時間ほど行っている。

2. さまざまな実習を通して学ぶこと
(1) 心理師はその機関でどのような活動をしているか

　基本的なことであるが，「陪席」「予診」など，決められた実習内容の中で学ぶにとどまらず，指導担当の心理師がその職場でどういった仕事を任され，どのようなスケジュールで動き，どのように他の専門職と関わっているのかを観察する。同行して歩いているときに，他の専門職と出会って立ち話をしているときや，昼食時間

に他の専門職と談笑しているときなど，患者と向き合っているとき以外の心理師がどんな雰囲気でいるかを観察すると，その職場におけるその心理師の立ち位置が見えてくるだろうし，心理師の連携に対する姿勢や，その機関全体での多職種連携のありようなども学ぶことができる。

(2) 陪席実習において学ぶこと，注意すること

医師の診察場面，心理師の心理検査や，心理面接場面に陪席させてもらうタイプの実習がある。ここでは，まず，観察させていただくのだから，患者が抵抗を示したときには席をすぐに外すなどの配慮が必要である。患者が理解を示してくれたなら，本来いるべきではない場にいさせてもらう側として，邪魔にならないような位置での観察を心がける。患者の話を聞きながらメモをとる，移動して側に行くといった行動は控える。陪席しながら居眠りする実習生に遭遇したことがあるが，患者にも，指導者にも失礼になり，もってのほかである。コンディションが悪くて眠気が強く，このままこの場にいては患者に対して失礼だなと思えば，自ら席を外して別室に移るなどしたほうがよい。

陪席実習では，患者が退室してから，指導者がポイントなどを話してくれるであろうから，そのときに気になったことを質問できるとよいだろう。患者と医療者が話をして必要な情報を引き出すために，医療者はどのように話を進めていくのか，それを患者はどう受けとめているようであるのかを観察する。

たとえば患者が入室したときに，医療者はどのような位置で待ち，どのように声をかけたのか。入ってきた患者は，どんな雰囲気，佇まいなのか。質問にすらすらと答えていた患者が，急に押し黙ったのはどの場面か。なぜ黙ってしまったようなのか。そこで患者はどのような葛藤を感じているのだろうか。そこで医療者はどのような声かけをしたのか。また，あまり語らず，緊張していた様子の患者が少しリラックスした様子で話し始めたのは，どんな場面からか。医療者はどういう姿勢で患者の話を聞いていたか。話はスムーズに進んだのか。終了時に医療者はどのように話を締めくくったのか，などさまざまな観察ポイントがある。

(3) 直接関与するタイプの実習で学ぶこと，注意すること

1) 予診・インテーク面接など

ここでは，精神科の初診にやってきた患者の予診面接に実習生として入る，と仮定して話を進める。まずは，予診実習にあたる前に，その機関で使っている問診票などを見せてもらい，何を予診で聞こうとするのか，何分くらいで終わらせるのか，予診で求められることはどこまでかなどを指導者に尋ねる。予診前に全例自己記入

式の心理検査を行い，その得点を算出して予診結果に添える場合もあるし，予診の中で認知機能の検査を行うことが求められる場合もある。その機関における予診が，初診に入る前のどの程度の機能を担っているのか，そして，それを実習生が行う場合にはどこまで行ってよいのか，などを尋ねて予診実習に入る。できれば1人での予診に入る前に，指導者が予診を取るのを見せてもらうとよいだろう。はじめのうちは特に，問診票に患者が記入したものを指導者とともに眺め，何をポイントに予診を取ればよいか，尋ねてから始めたほうがよい。

　基本的には，問診票に書かれていることに沿って，情報を補完していくように，本人の言葉を引き出していく。「どうして病院にかかろうと思ったのか」について自由に語ってもらい，その中で聞き出せた情報で問診票に補足する情報を加えていく。抽象的な内容しか書かない患者もいるため，より，本人の言葉で，実際に何に困っているのかを聞いていく必要がある。その上で，不足した情報は最後に聞く。

　このように，問診票の記入内容から，考えられることはさまざまである。単に病状を探るというわけではなく，この相手には，予診として何を聞いていくべきなのかを考える。ある病気の可能性が高いと思われれば，その病気を裏づけるような質問をしながら聞いていく。書いてある内容や生活歴から，うつ病の可能性が示唆されれば，うつ病の可能性に沿って話を聞いていく。また，何も書いてないようであれば，「書けない」のはどういう状態だからなのかを想像し，それがどうしてなのかを聞き出して明らかにする。調子が悪くて書けないのか，それとも，書きたくないのか，自分の今の状況を客観的に記す能力が不足しているのか。すでに紹介状がある場合などは，病状確認は紹介状でできるため，どういうことで医療機関を移ることになったのかを聞くことが重要な場合がある。単に引っ越しなどで，今までと同じ処方がもらえればよしとするならばそれでもよいが1つの医療機関に落ち着くことができずに転々としていること自体，人とよい関係を継続できない患者の病理である可能性もあるからである。

　いずれにしても，患者が精神科という場所によい印象をもっていることは少ないので，勇気を出して精神科を訪れたことを労って，予診を行う。事務担当者を除けば，病院に来て初めて出会うのが予診担当者であることも多いので，医療機関に悪いイメージをもたずにスムーズに初診につないでいけるような，丁寧な予診を心がけたい。

　さらに，聞きすぎると，患者の病理や依存を引き出しすぎてしまう場合もある。聞き方の加減が難しい場合もあるので，そこも指導者と相談しながら予診実習に入るべきであろう。

　予診を行った後に，実際に初診の陪席をさせてもらえると，自分が取った予診が

どう活かされて初診の流れになったのか見ることができるので望ましいが，それが叶わない場合には，終了後に，どのような流れで初診の診察が終了してそのような結果になったのかを聞かせてもらう。後でカルテを読ませてもらうのもよいだろう。初診時に，画像検査や心理検査などがオーダーされる場合もあるので，自分の取った予診から診察上どういった流れになってどんな検査がオーダーされ，その検査結果も含めて，どのように治療が展開していくのかを，再診時，2週間後，1か月後，3か月後などの経過をあわせてみていくとよい。自分が予診のときに見立てた方向性が間違っていなかったかどうかを検証することができ，これがアセスメント，見立ての訓練になる。

予診は，「教育的側面」「情報提供的側面」「初回面接的側面」という3つの側面，および機能をもつとされ，「第1の教育的側面は，より多く，教育を受けるフレッシュマンや医学生のものであり，第2の情報提供は，より多く，短時間に有効な診察をすることを課せられた上級医師のものであり，第3の初回面接的側面は，病人とその家族のものである。できることなら，この3つの側面がないし機能のすべてが，程よく配分された上での予診でありたい」とされている（笠原，2007）。学習途上の心理師にとっても大変勉強になり，1回で，簡潔にどこまでの情報を得ることができるか，アセスメントができるかという訓練になり，大きな学びになる。

2）心理面接や心理検査を行う

指導者の指導のもとで，1対1の面接，心理検査を行うタイプの実習もあるだろう。その場合は，実習生であることを明らかにして，患者やその家族の同意をとって検査や面接に入ることが大前提である。しかし，患者からは専門家であると見なされ，また指導者が横についているわけではないことがほとんどだと思うので，患者の表情や態度などに気を配り，話しやすい雰囲気の中で検査や面接が行われているかどうかを常にモニタリングする。また1対1で，お互い相手からの影響を受けやすい環境にあるので，実習生は自分の感情が安定した状態で相手に向き合えているかどうか，苦手感を感じるとしたらどこか，など，自己モニタリングも必要となる。

検査や面接実施に関して必要な説明を行ってから始めているか，求められる内容が遂行できているかなどを指導者とともに振り返る。自身のノートなどに記録を行う場合には，個人情報に注意し，フルネームや詳しい病歴などを記載せず，自分が見てわかる程度のものにとどめる。その上で，自分がどういうところに躓きやすいか，どういうことを見落としやすいか，どういうタイプの患者を苦手とし，逆にどういう患者に思い入れを強くしてしまうのか，などを考えて，自分の面接における癖を知っていく。

なお記録の管理はその機関の指示に必ず従う。

3） グループ活動に参加する

集団精神療法やデイケアなどグループ活動に参加する場合，参加者やスタッフとともに楽しんで参加することが大切である。実習生が楽しむことのできない内容では患者も楽しむことはできない。

その中で，人と人が1対1以上の相互作用によってどう変わっていくのかを（短期間では変化をみることが難しいかもしれないが）みていけるとよいだろう。グループは守られた場であると同時に，社会の縮図でもある。グループの中でメンバーがどのように人間関係をつないでいくのかを直接みてその方を理解し，指導者や先輩心理師はどういう動きをしているのかをみて，参考にしたい働きかけがあれば取り入れるなどして，学んでいく。

グループの前後に，ミーティングを行う施設が多いと思うが，そこで患者の動向などを聞いたり，情報を共有したりする。前回参加時に気になったメンバーがその後どうなったか，などは，実習生も関心をもって，ミーティング時に指導者に尋ねていけるとよいだろう。そして，グループ活動に参加しているメンバーは，普段診察やカウンセリングではどのような話がなされていて，今テーマとなっている課題は何なのか，生活背景はどのようになっていて，普段どんな生活を送っている上で，現在このグループに来ているのか，心理検査はどういう結果だった人なのか，過去はどういう状態だったのか，などをミーティングで尋ねたり，過去の記録を読ませてもらうなどして，その患者を立体的に知るようにしていく。

グループ活動，特にデイケアなどは多職種協働の実践の場でもあることが多いので，他の職種がメンバーにどう関わり，心理師はそこにどう関わっているのかをみていくことが重要である。

その中で，実習生自身も自分の対人関係のもち方の癖に気がついたり，苦手な話題のジャンルなどに気がついて，自分を知っていくことは，心理師という職務に従事するにあたり大切であると考える。

(4) ケースカンファレンスに参加する

ケースカンファレンスに参加するタイプの実習では，ケースカンファレンスに陪席・見学させてもらう場合と，実習生が発言する機会を与えられている場合とがある。カンファレンスを見学させてもらうタイプの実習であれば，学ぶことや，注意することは (2) の，「見学実習」に準じる。その中で，他の職種がどういった発言をし，どのように職種としてのアセスメントや関わりを行っているのか，そして心理師はその場でどのような発言をして多職種と意見交換しているのか，といったポイントをみていく。

一方，実習生も発言が許されている場に参加させてもらうならば，その場で感じたことや疑問などを発言し，自分なりの理解をカンファレンスの場に投げかけて指導者はじめ他の参加メンバーから意見をもらえるとよいだろう。自分の意見を出してみることは勇気のいることであろうが，守られた場で，きちんとした指導者のもとで，特に心理師が集まってのミーティングの場であれば過剰に心配する必要はないであろう。「聞くは一時の恥，聞かぬは一生の恥」というが，経験年数を重ねると，周囲に聞きにくくなったり，自分でも「こんなことも知らないのかと思われると恥ずかしい」という思いが強くなるかもしれない。実習生や新人という，上級者に質問できる環境のときにわからないことは聞いて学んでおきたい。

(5) 職業人としての姿勢を学ぶ

　実習では，心理師の業務の実際をみるだけでなく，職業人として，心理師は，その職場でそのような立場におり，周囲とはどんな関係性をもち，どのように働いているのかも学べるとよい。業務を円滑に行うため，どんな工夫をしているか。筆者は，以下のようなことを実習生に伝えていけるよう努力している（花村，2015）。

　①チームとは何かを知ること。
　②アクセスしやすい専門職であること（そのためには，専門職の前に常識ある社会人であること）。
　③常にチーム全体を含むアセスメントをすること（チームで今何が必要なのかのニーズを知ること）。
　④患者（利用者），家族もチームの一員とみなし，必要な関連職種が集まってチームを組むこと。
　⑤他の専門職を知ること，相手を尊敬すること。
　⑥自分の役割と限界を知ること。
　⑦多職種協働だけでなく，同じ職種間での協働，連携，交流にも気を配ること。

　そして，職場でのさりげない気遣いが重要であること，連絡をもらったときや情報共有したいときは電話や電子カルテ上のやりとりだけでなく，直接会って話すことを心がけ，「話しかけやすい」「あの人に仕事を頼みたい」「あの心理師になら，患者さんの〇〇さんも心を開くのではないか」と思ってもらえること，インフォーマルな会合も活用していけるように，ということも伝えている。
　また，医師や看護師とどのように普段のコミュニケーションをとっているのか，ということにとどまらず，朝は何時に来て，どのように業務を開始しているのか，

普段何時ごろに業務終了となっているのか，事務的な手続きが必要なときにはどこにどう働きかけ，組織の中で心理師がどう動いて業務が成立しているのか，心理業務を支えるための作業も含めて，現場の心理師の動きを見てほしいと感じている。

　以上，たくさんのことを述べたが，心理師は組織の中で単独で働いているわけではないので，そこを含め，心理師が現場で働くとはどういうことなのかを実習の中で幅広く感じ，指導者と意見交換して学びを深めていってほしい。

3節　スーパービジョンの活用の仕方

1. スーパービジョンとは

　心理療法などの技法の習得は，まず書物や講義などで学ぶことになる。その後，臨床現場に出たときに，学習したことを実践するが，実際には想定外のことばかりが生じて，臨床現場ではマニュアル通りに運ばないことを実感する。また，心理療法は，セラピストとクライエントの出会いが基盤にあり，セラピスト自身の特性も関与して行われている。そのため，自己の心理療法の実践の経過を詳細に振り返り，先達に見てもらい，検討していくことが必要となる。そうした教育方法のことをスーパービジョン（supervision）と言い，対人援助職の一般的な方法となっている。成田（2004）は「心理療法の教育あるいは訓練には1対1のスーパービジョンが最も重要である」と述べている。スーパービジョンは，歴史的にはベルリン精神分析研究所で Eitingon, M. が1922年に精神分析の教育方法として Freud, S. から受けたといわれている。その後対人援助職のさまざまな分野に広がり，最も基本的な臨床教育法の1つとなった。具体的には，①個人スーパービジョン，②グループスーパービジョン，③ケースカンファレンスの3つの方法がある。その中心となるのは①1対1の個人スーパービジョンであり，スーパーバイザー（supervisor）とスーパーバイジー（supervisee）が，定期的に面接の設定を決めて継続して訓練を受けていくやり方をいう。スーパービジョンの目的は，クライエントの治療ではなく，スーパーバイジーのセラピストとしての教育である。熟練したスーパーバイザーに，クライエントとの詳細な面接内容をもっていき，そこで治療方針や技法やスーパーバイジーの逆転移についても検討し，スーパーバイジーが適切な認識や洞察を導けるように指導するものである。そしてスーパーバイジーは，スーパーバイザーに受け身的に教えてもらうという姿勢でなく，納得がいかないことは質問したり，意見を言うなどして主体的な姿勢で臨みたい。スーパービジョンの到達目標は，面接技法において自分のできていないところや欠点が理解できるようになることであろう。

学べば学ぶほど自分の至らなさが見えてくるものであり，どの段階であっても，スーパービジョンは面接技法の向上に有用である。②と③は，心理療法過程を集団で検討してもらい，技法の習得などを目的とするものである。その違いは，②グループスーパービジョンは定期的に固定したメンバーで行われることが多く，③ケースカンファレンスなどは，不特定多数のメンバーで，不定期に行うものをさしている。

2. 精神科実習でのスーパービジョン

　筆者の勤務する医療機関では，大学院生の精神科実習を半期ごと（毎週月曜日10回連続）に1名ずつ受け入れている。内容は図4-3-1に示したように，前半と後半に分かれており，前半の5回は精神科病棟に1日（9時〜15時半まで）入院体験を行い，後半の5回は白衣を着て心理実習生として動く。最初の4日の午前中は精神科医の診察に陪席させてもらい，午後は心理検査を実施して，心理検査レポートを作成する。そして最後の1日は，他職種へのインタビューを行ったり，リエゾンカンファレンスを見学したりして，他職種との連携や病院内で心理師がどのような役割を担っているかを理解してもらう。

(1) 病棟体験のスーパービジョン

　前半5回は，毎回15時半から16時まで，その日の体験や困ったことなどの振り返りをするスーパービジョンを行っている。そして，次週までに体験レポートを提出してもらっている。病棟体験とは，精神科患者になる体験であり，特にやるべき内容は何もなく，自由に病棟内で過ごす。この病棟体験の目的は大きく分けて2つある。1つには入院患者の気持ちの理解であり，患者目線で精神科病棟の入院生活を見ることができ，患者がスタッフをどのように見ているかを学ぶ体験ができる。そしてもう1つには，自分と向き合い，自分を知る体験ができると思っている。何もやらなくていい状況で，何の役割もない空間に置かれ，時間だけがあるときにとても心細い気持ちにさせられるものである。また，精神疾患の入院患者は，社会的な防衛がうまく機能していないため，こちらの言動に素直に反応してくれることも多く，そこから自分を知る体験になることがある。そのため，この病棟体験のスーパービジョンでは，そうした自分を知ることも目的となっている。ただし，5回限定であるのであまり深めすぎずに，本人が気づいて言語化してきたことを中心にスーパービジョンしている。これまでの学生の中には，最初はまったく動けず1人で固まる人や，積極的に患者の話を聴く人，一緒にトランプをする人，患者同士のけんかを止めた人など，さまざまであった。スーパービジョンでは，そういった行動について，なぜそういう行動をとりたくなったのかを問いかけている。それを数

心理実習生スケジュール

*〇〇　〇〇さん

回	日付	9 〜 12	13 〜 14	14 〜 15:30	16
1	X年10/16	※〜10時 オリエンテーション ／ 病棟		病棟	記録・質疑
2	10/23	病棟		病棟	
3	10/30	病棟		病棟	
4	11/6	病棟		病棟	
5	11/13	病棟	昼休憩	病棟	
6	11/27	※〜10時 後半オリエンテーション ／ 外来（シュライパー）		心理検査（知能）	
7	12/4	外来（シュライパー）		心理検査（知能），所見の書き方	
8	12/11	外来（シュライパー）	※〜14時 病棟カンファレンス	心理検査（人格）	
9	12/18	外来（シュライパー）		心理検査（人格），所見の書き方	
10	12/25	他職種のメンバーへのインタビュー		リエゾンカンファレンス 全体の質疑応答	

準備（10分前）

※備考

図4-3-1　心理実習生スケジュール

回繰り返す中で，自身の行動について「受け身的なところがある」「誰かのお世話をしたくなってしまう」「知らない間にスタッフ側になっていた」などの気づきが得られることがあった。このように，精神科の実習を通して少しでも自分を知ることの援助になればと考えている。

(2) 心理検査のスーパービジョン

　後半の4日で，入院患者に実習目的であることの同意を得た上で，知能検査（WAIS-III 成人知能検査）と人格検査（ロールシャッハテスト，バウムテスト）を単独で実施し，その後に心理検査のスーパービジョンを実施している。心理検査のスーパービジョンとは，患者の心理検査結果についてのスーパービジョンだけでなく，学生の態度や流れも含めた一連の行動をすべて指導している。流れとしては，検査道具を事前に検査室に準備し，患者を呼び入れ，心理検査を実施し，実施後に電子カルテに記載し，心理検査のレポートを電子カルテ上に記載し，データを保管，などをすべて体験してもらっている。実習前半に，私服で患者と接していたときと，白衣を着て検査者になったときとではかなり気持ちが異なるようである。学生に聞くと，「患者に申しわけない」気持ちになる人が多いようである。それは前半が患者同士という対等であろうとしたのが，白衣によって上下の関係になるためであろう。実際，検査者は検査場面をマネジメントする立場であり，対等ではない。前半の患者体験があるからこそ，白衣の意味や患者が抱くイメージをより感じるようである。白衣を着るということは，たとえ実習生であろうと専門家であることを意味している。後半は，そうした専門家に望ましい立ち振る舞いについてもスーパービジョンしている。心理検査の解釈やレポートの書き方のスーパービジョンについては，次の節に詳細に示す。

3. スーパービジョンの活用の仕方

　心理療法はもちろんのこと心理検査でも，心理師の言葉や態度のクライエントへの影響は大きい。そのため，自分の癖や自分の心の問題などをある程度自覚して，その影響はより減らすことが重要である。また，成田（2005）は，「治療者が自身のこころの井戸を深みまで見通すことができると患者のこころの井戸と通底する感情にまで至ることができる」と述べているように，相手の深い感情の理解には心理師自身の深い感情の自覚が必要である。そのため心理師の習熟には，心理療法のスーパービジョンなどの地道な繰り返しの作業が必要であると同時に，自分を深く知るという作業を並行して進めていきたいものである。そして，スーパービジョンによって自分がスーパーバイザーに依存したくなったり，反発したくなったりする体験をすることが，まさしくクライエントの気持ちの共感に役立ち，それを自覚することで心理師として成長すると思われる。ただ，スーパーバイザーの選択については，誰でもよいわけではなく，その選択の時点からすでに自分の心理師としての成長が始まっている部分もあるため，熟考して決めたい。また，幅広い経験を積むために，スーパーバイザーは1人に長く偏るのでなく，性別の異なる複数のスーパーバイ

ザーを経験したい。学生のうちは，大学などで指導教員などに無料でスーパービジョンを受けることが多いだろうが，有料のスーパービジョンを自分で探して定期的に受けることに意味がある。何を学ぶときにも，主体性や積極性が重要であり，心理療法においてもスーパービジョンを有料で受けることの意味は大きい。スーパーバイザーの選び方であるが，まずは書籍や論文などから自分の目指したいと思っている心理療法の学派などを選ぶが，学会や研修会などで実際に話している姿を見て選びたい。論文で読むのと実際に見聞きするのとでは，イメージがまったく異なることも多い。あまりよく調べずにスーパービジョンの契約をして，自分の思っていたのと異なっていたとしても，同業者であるためにすぐにはやめることができず，かなり辛い体験になることもある。しかし，理論的にはスーパービジョンの目的は心理療法の上達であるため，スーパーバイザーと合わない場合は早々に変更してもよいと思われる。そして自分が尊敬できる心理師，自分が目指したい心理師に複数スーパービジョンを受けられるのが望ましいだろう。

4節　医療記録・ケースレポートの書き方

1. 医療記録とは（診療録，カルテについて，守秘義務）

　医療記録には，医師が記入する「診療録」と医師以外が記入する「その他の診療に関する諸記録」があり，法的にはこの2つは別物として扱われ，「診療録」には医師法や医療法などにより，厳しい制約がある。そのため，心理師が記録するのは，「その他の診療に関する諸記録」になるが，医師の依頼文や心理師の記載した記録についての解釈やコメントが「診療録」の部分であり，医師が心理師の記録の責任を負う形となっている。ただ，一般的には「診療録」は，広義には「カルテ（ドイツ語に由来するKarte）」と言われ，上記の区別はついていないことが多い。そのため，これ以降の医療記録やケースレポートの書き方については現場の実情に即して「カルテ」と記載する。

　カルテの取り扱いについては，さまざまな法律と関係している。近年特に重要視されているのは，個人情報保護法である。医療記録に書かれた個人情報を外に漏らすことが規制されていることは周知の事実であるが，同時にその法律には開示の規定もあり，患者から開示請求があった場合には原則として，開示することが義務づけられている。そのため心理師も診療録の中に記載するときには，開示となったことを想定して，本人および第三者に公開されてもよい記録かどうかを吟味して記録したい。具体的には，言葉の使い方や内容的に載せてもよい内容かどうかには注意

し，心理師自身の気持ちなどはカルテ上には記載しないようにしたい。また，当然のことではあるが，カルテは公式文書であるため，記録ミスは許されない。紙のカルテのときには，必ず消えないようなボールペンなどで記載し，誤字があれば二重線で消し，印鑑を押していた。電子カルテでは，表示しないことはできるが，原則削除することはできないようになっている。そのため，特に患者の基本的な情報の名前や生年月日，年齢，性別などのケアレスミスは避けたい。筆者も心理検査レポートにそういったケアレスミスをして，インシデントとして病院内の医療安全対策室に報告したことがある。そういったカルテ上の簡単な記載ミスも，重大な医療ミスや医療事故の1つであるという認識が必要である。また，診療録の保存期間は医師法によって診療が完結してから5年間と定められており，診療に関わるその他の記録も3年と定められている。よって，心理面接の記録や心理検査などのデータもそれにあたり，最低3年間はきちんと保存したい。

2. SOAPについて

　現在，カルテはどの病院でも電子カルテ化が進んでおり，それにともないカルテ記録システム化が進んでいる。近年，チーム医療の重要性も注目されており，電子カルテを多職種が共有して機能するために，記載方法の統一が図られ，問題指向型医療記録（Problem Oriented Medical Record: POMR，または Problem Oriented System: POS）が有益な方法として採用されるようになった。この方法は，主観的データ（Subject）と，客観的データ（Object）の二者から問題点を収集・抽出し，その問題点を評価（Assessment）し，それに基づき治療方針（Plan）を立てるものであり，その4項目の頭文字をとり，SOAPと呼ばれている。そのため心理師もチーム医療に参画していくときには，このSOAPで記録することが望ましい。医師や看護師などのスタッフに共有したいことは，このSOAPで記載し，詳しい内容については別に電子カルテの中の心理師が記録するメモ欄のようなところに詳細は記録する。次に事例を用いて，記載方法を示す。

> ◆◆事例：Aさん50代男性◆◆
> 40度の高熱が3日間下がらず，かかりつけ医を受診したところ，大学病院を紹介され，即日入院となった。その翌日，急性骨髄性白血病の告知がされ，Aさんはパニック状態となり，主治医から心理師に心理サポート依頼がなされた。そのときの初回面接後の記載内容をSOAPでまとめたものを表4-4-1に示す。主治医や病棟スタッフに共有したい最低限のことを中心に，その日のうちに記録した。

表4-4-1 電子カルテ上のSOAPを用いた心理面接記録例

	記録する内容	事例：Aさん（告知後の初回面接内容）
S（Subject）	患者の訴え，病歴など	「頭が真っ白で，内容がよくわからなかった，テレビの中の出来事みたい」と話し，急な出来事で現実的に考えるのは難しい様子。そして，そのあと今までの生活や家族関係などのインテーク面接を行った。
O（Object）	診察所見，検査所見など	指先が震えており，表情も硬く，感情がフリーズしている様子。しかし，話しているうちに少し落ち着く様子もみられた。
A（Assessment）	上記2者の情報の評価，考察	死を予期させるショックな出来事により，一時的なパニック状態と思われた。しかし，等身大なものであり，元々は自分で考えられそうな人だが，家族のサポートが得られないため，本人の希望もあり心理的サポート面接も有用。
P（Plan）	問題解決のための計画	今後，継続した心理サポート面接を週に1回行う。次回は〇月〇日14時から病室で行う。

3．ケースレポートの書き方
(1) ケースレポート記載における留意点

　ケースレポートとは，心理検査結果のレポートや心理療法の報告書などをレポートにまとめたものである。それぞれ記載する目的は異なるが，記載時の留意点については共通することも多いため，以下に重要な3点にまとめて記述する。

　①依頼内容に応えること：何のための検査や面接であるか主治医からの依頼目的が必ずある。ケースレポートを作成するときには，必ず依頼目的を明確にすることが必要であり，依頼目的に応えるケースレポートでなければ意味がない。そのため依頼箋の内容だけでは依頼目的がわからない場合は，直接主治医に問い合わせて明確にしてから実施する。

　②簡潔にわかりやすい内容であること：読み手を意識したレポートを目指す。読み手が読みたい気持ちになるように，要点を押さえて簡潔にすること，図や表などを用いて読みやすい形式にすること，専門用語は使わず簡単な言葉を使うことが必要である。レポートを読む医師や看護師は日々の業務が忙しく，長い文章を読み込む時間はない。ロールシャッハテストや個別式知能検査などは検査から得られる情報量は多く，簡潔にすることが困難に思えるかもしれないが，依頼目的を意識すれば要点を押さえられるものである。レポートが検査者の自己満足にならないように気をつけたい。そして，検査や面接で得られた個人情報について，どこまで記載してよいのかを吟味して記載したい。また，読み手に伝わるようなものにするために，生き生きとした日常が浮かび上がるようなレポートを作成したい。それによって主治医やスタッフ，周囲の人が患者への関わり方にその知見を活かせるからである。

③提出日は守ること：締め切りを守ることは，社会人として当然のことである。どれだけ内容が優れていても，患者が結果を聴きに受診したときに結果が出ていなければ，主治医と患者関係の信頼を損なうことになる。そして，同時にその主治医との信頼関係も崩れ，それ以降依頼がなくなることもある。そのため，提出するタイミングはとても重要である。

　その他にも，レポートの書き方についての書物は増えているが，中から優れていると思われる図書を2つ紹介するので，参考にして欲しい。竹内（2009）はさまざまな事例のレポートが生き生きと描かれている。加藤・吉村（2016）はロールシャッハテストのレポートの書き方とタイトルになっているが，ロールシャッハテストに限らず，すべての心理検査のレポートに通じる重要な視点が描かれている。

(2) 心理検査のケースレポートの書き方

　筆者の勤務する医療機関では，複数の心理検査フォーマットを用いているが，どれもなるべく簡潔に読みやすくするために，すべてA4用紙1枚に収めるようにしている。そのフォーマットは①知能検査，②人格検査，③チーム医療で参画している心理査定のセットの3種類である。①知能検査に関しては，新版K式発達検査や，WISC-IV知能検査，WAIS-III成人知能検査が主である。知能検査は，表やプロフィール部分が重要であるため，そうした部分を表や図にして入れ，見やすくしている。そして，数字に表れない態度や言語なども重要と思われる部分は記載し，検査時の行動と数字を結びつけた解釈をするようにしている。②人格検査に関しては，どのテストバッテリーであったとしても，そのときの心理状態と，性格傾向，想定される自我の発達水準などを記載するようにしている。それらから導き出される，その人の日常が浮かび上がるような特徴を示し，今後の関わり方や心理療法の方針などを記載するようにしている。③チーム医療の中のセットとなっているものについて，(A) 認知症疾患センターの物忘れ検査，(B) 糖尿病教育入院の心理相談，(C) 生体腎移植の心理相談の3つのフォーマットを用いている。どれもいくつかのテストバッテリーを組み合わせて，目的に応じたレポートを作成するフォーマットになっている。こうしたフォーマットを作成したのは，どの心理師であっても同じ形にすることで，同じ水準のものを提供することができるためである。

　今回は，③チーム医療の中の (B) 糖尿病教育入院の心理相談のレポートを実例で紹介する。数年前に外部医療機関から糖尿病の教育目的の紹介入院を受けるシステムを立ち上げたときに，心理師にも参画するよう依頼があった。現在は2泊3日の教育入院の2日目に1時間心理相談を行い，3日目の退院時にすべての検査結果

を伝えるシステムとなっているため，翌日までに結果を提出している。退院後に療養指導をする他院の主治医やスタッフにも，他の検査結果とともに心理検査レポートも送っている。よって糖尿病の心理相談のレポートは，療養スタッフ向けを考慮し，最後に「心理面から見た治療のポイント」を記載した。また，全体に図などをも入れて，見やすく，わかりやすいレポートを意識して，糖尿病教育入院用のフォーマットを作成した。次に，事例を用いて糖尿病のケースレポートを紹介する。

> ◆◆事例：Bさん50代男性◆◆
> 6年前から糖尿病を指摘されて服薬はしていたが，特に食事療法や運動などもしておらず，今回指先のしびれで整形外科に受診し，そこで高血糖を指摘され，そこから紹介の教育入院となった。入院2日目に，EQS性格検査，バウムテスト，SCTとインタビューを実施し，翌日心理相談報告書（図4-4-1）を提出した。BさんはEQSでは自己対応が最も低く，対人対応や状況対応が高く，自分のことよりも他者や仕事などの状況を重視することがわかった。そして実際にも残業が多く，深夜に帰宅する生活が続いており，食生活が崩れていることが明確になった。そして，バウムテストでは自我発達の未熟さや主体性の問題がうかがわれた。SCTでは防衛的で記載が少なかった。しかし，その中でも「もし私が死ねば子どもの将来が心配だ」「私が思い出すのは子どものことだ」とあり，自分の身体は治療の動機づけになりにくいが，子どものことは治療の動機づけになることがわかった。そのため，面接の中で「お子さんのために体調に気を遣う」，もしくは「お子さんに時々体調について声かけしてもらう」などを本人に提案した。それについては，本人も同意したので，図4-4-1の臨床心理検査報告書の総合所見の最後に「心理面から見た治療のポイント」としてまとめた。

(3) 心理療法のケースレポートの書き方

心理療法のケースレポートについては，毎回の詳細な面接記録をカルテ上に提出する必要はない。しかし，主治医と共有しておいたほうがよい情報は記載する必要があり，毎回数行でよいので簡単な面接の記録（たとえば「今日は幼少期の思い出と最近の悪夢について話しました。先週よりも眠れないようでした」など）は必要である。しかし，他職種とケースカンファレンスを行うことになったり，事例検討会に事例を出すことになったりしたときに，詳細な面接経過をまとめたケースレポートを提出することになる。そのため，自分用の毎回の面接記録は必要となるだ

4節 医療記録・ケースレポートの書き方

<紹介医療機関用>

糖尿病教育入院　臨床心理検査報告書

平成　年　月　日

紹介医療機関名	○○大学病院
診療科	内分泌・代謝・糖尿病内科
医師名	○○　○○　先生

○○大学病院
〒xxx-xxxx
愛知県長久手市○○○1-1
TEL (XXX)XX-XXXX　FAX (XXX)XX-XXXX

医療連携センター（臨床心理相談室）
臨床心理士　　○○　○○

フリガナ		性別	生年月日	昭和　年　月　日
患者氏名	○○　○○　様	男		（○歳）
実施日	平成　年　月　日	検査種類	質問紙法・投影法	

<質問紙法（性格チェック）>

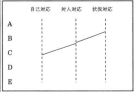

*評価基準
A：特に優れている
B：優れている
C：能力がある
D：少し高める必要がある
E：該当部分を高めることで可能性が広がる

* 「自己対応」：自分の感情や性格をよく理解し，生かす能力
* 「対人対応」：他者の感情を理解し，良好な人間関係を維持する能力
* 「状況対応」：その場の状況を把握し，適切に対処する能力

　自己対応は普通のレベルですが，対人対応や，状況対応は優れています。特にその場の状況を正しく判断して，機転をきかせて対応する能力は優れているようです。ただ，やや自分よりも周囲や，仕事を優先させるところがあるため，周りからみたらとてもいい人なのですが，本人は若干ストレスがたまりやすいところもあるように思われました。

<投影法（ストレスチェック）>

　現在，特にストレスとなることはない様でした。もともとの性格が若干繊細な，人に気を遣う方のようであり，周囲との和を大切にする人のようです。ただ現在，年齢的なこともあるのか，元々の性格もあるのか，やや心理的エネルギーがやや低下しているようであり，「将来には特に期待していない」「私の健康は特に気にしていない」など，仕事以外では受け身的であり，特に自分に関する関心が低い様でした。

<総合所見>

* **現在の心理状態**：やや人生に受け身的な印象を受けましたが，現在は特にストレスもそれ程高くない様であり，心理状態としては健康的な印象を受けました。
* **パーソナリティの特徴**：自分よりも，他人や周りの状況に合わせたりして，周囲に気を遣う人であり，集団における適応もよく，人をひっぱる力のある方と思われました。
* **心理面から見た治療のポイント**：仕事以外ではやや受け身的であり，どちらかというと仕事優先で，自分の体が後回しになる傾向がある様です。そのため家族や周囲が，気をつけて仕事にブレーキをかけたり，息子さんが大事のようですので，息子さんから体を大事にするように言ってもらうのも一つの方法かもしれません。

図4-4-1　糖尿病教育入院の事例：Bさんのケースレポート

ろう。各個人が保管する心理面接のケース記録を作成するのもよい。それは誰かに見られることはないため，患者の発言内容だけでなく，患者の様子や自分の印象や気持ちなども記録しておくができる。1回だけの記録だけでは見えないものが，経過をみることでクライエントとセラピストの関係がどのように変化しているのかが見えることもある。また，セラピストが患者に話した質問や，コメントなども記載しておきたい。クライエントはセラピストの言動にも，大きく左右されて動いている。時々患者の言動ばかり記載したケースレポートを発表する人もいるが，セラピストの発言や行動もあわせてレポートにしたい。ケースカンファレンスや事例検討会でのケースレポートの記載方法については，基本的な形式がある。まず，「事例の概要」を記載し，その中に主訴，来談経路，家族関係，現在の問題の発生と経過，生育歴などが必要である。そして心理検査結果があれば記載し，初期（2〜3回）に聞いたインテーク情報を合わせた，「見立てと方針」を記載する。その後に「面接の経過」を記載するが，毎回のダイジェストを記載する場合もあれば，面接の流れがつかめていれば，経過を期分けして期ごとに内容を記載する場合もある。それは，その事例の特徴や検討する目的にもよるだろうし，経過の長さにもよるだろう。検討してもらう相手に，ケースがより伝わる提示方法をその都度考えたい。

　また，自分が担当していた事例を，都合で他のセラピストに引き継ぎする場合は，それまでの経過のサマリー（summary）を作成して，カルテ上に残すこともある。その場合は，自分が担当した開始時の患者の様子から引き継ぐまでの様子の経過を簡潔にまとめて記載する。そして，どの部分がまだ課題として残っているかを記載したい。

　ケースレポートの書き方には，職場ごとに工夫したフォーマットや書き方があると思われる。それらを初期には先輩に聞きながら作成し，練習したい。そしてある程度経験を積み，自信がついたら，自主的に改善点を提案し合えるとよい。ただし，形は変わっても，ケースレポートの最も重要な目的は「クライエントの役に立つものであること」という点である。常に何のためのレポートかを意識して作成したいものである。

5節　実習の事後学習（振り返り）

　実習の事後学習の目的は，実習で得たことを確認するとともに，今後さらに学ぶべきことはどのようなことかを明確にすることである。実習指導の教員のサポートを得ながら，以下の手順で実習の振り返りを行うようにする。

1. 実習施設の機能と役割

　実習前に実習を行う施設の役割や機能について，関連資料などから整理したであろうが，実際にその施設で一定期間の実習を終えた上で，改めてその施設のもつ役割や機能について再整理を行う。具体的には，法制度上の位置づけや施設パンフレットなどの既存の情報に加えて，実際の実習を通して理解したことを基に，その施設が，その地域のどのような対象者のそのような支援のために，どのような活動を行い，その結果としてどのような貢献を成しているのかをまとめるとよいだろう。

2. 主要な対象者の特徴

　実習において，観察したさまざまな患者のうち，主要な対象者の特徴についてまとめる。病名や病状，年齢層や社会的背景，治療経過や予後など類型的に整理するとともに，分類や総括を行うことで，主要な問題に共通する特徴や傾向を理解することができるとともに，実習を行った施設の役割と機能の理解にもつながる。

3. 実習での活動の総括

　実習において経験したさまざまな公認心理師関連業務について，その活動ごとに，どのような活動を行い，それを通して何を得たかについてまとめることが重要である。日々の実習における活動内容や感想などは，実習の日報などに記述されていると思われるが，それらを総括する形で，業務ごと（たとえば，心理検査実習，インテーク面接，心理療法の陪席，グループ療法の補助者の経験など）にまとめる。その際に，実習前の段階で立てた自らの実習目標と照らし合わせながら，実習目標に沿った学びがなされていたかを確認してみることも重要である。さらに，実習前には想定していなかったが，経験を通して気づいたことや得たことなども詳細に振り返りながら，実習成果をまとめるようにする。

4. 保健医療に関連する専門知識

　実習を通して，保健医療サービスに関連した，病名，治療法や薬剤，各種専門職の役割，各種検査やその所見の見方，業務に関わる制度や法律など，実習前には知らなかった知識や技術が，実習を通してたくさん増えていることと思われる。実習が終了した時点ではそれらは新鮮な情報として保持されているが，時間的経過とともに，あいまいになり忘れてしまうことが多い。得られた新しい知識や技術を，新鮮なうちにノートなどにまとめて整理しておくことで，今後の実習を行う際や，勤務に就いた際にも有用なツールとして活用することができる。

5. 疑問点や課題点の整理と今後の学習計画

　実習を通して感じた疑問点や，自分の知識不足を痛感した事柄，あるいは現場実習の指導者から指摘された今後の課題や注意点などについて，具体的に箇条書きで整理する。これによって，実習を印象的に振り返るのではなく，今後どのような課題があるのかを明確にすることができる。

　さらに，今後の課題が明確になったら，それぞれの課題項目について，いつまでに，何を，どのような方法で学ぶのかについて計画を立てるようにする。この際，自分だけで考えていても方針が決まらないことが多いと思われるので，教員の指導を受けたり，実習生同士でディスカッションをすることも重要である。

　以上のように，実習の事後指導は大変重要であり，この振り返りの作業をきちんと行えるかどうかによって，今後の実習の成果や公認心理師としての力量に差が出てくることは言うまでもない。実習を単なる体験で終わらせないためにも，得られた知識と技術の整理を丁寧に行ってほしい。

第5章
心理アセスメントの実際

1節 インテーク面接と基本情報の収集

1. はじめに

インテーク面接はクライエント（患者）にとっても，心理師にとっても「初めて会う」という点で非常に重要である。クライエントにとって有益な心理学的援助が行われるためには，有益なインテーク面接が行われることが重要となる。

2. インテーク面接について
(1) インテーク面接とは

心理的支援を行う際のインテーク面接とは，援助を求める本人やその関係者から情報を系統的に収集し，分析し，見立てや今後の方針を定めるための初期の作業のことを指す。基本的にインテーク面接は初回面接を指すことが多いが，初回を含めた数回をインテークセッションと呼ぶこともある。

それとは別に，精神科や心療内科において，医師の診察前に情報収集や整理を行う作業として「予診」が行われることがある。これも広義にはインテーク面接であるが，こちらは20～30分程度で行われ，本診につなぐための作業として行われる。

(2) インテーク面接の構造

インテーク面接は，臨床過程の前提として位置づけられている。インテーク面接で確認するべき情報の例を表5-1-1に示す。インテーク面接では，自己紹介から始まり，本人や関係者との信頼関係を形成すること，見立て・介入に必要な情報を収集すること，収集した情報をクライエントにフィードバックした上で，さらにフィードバックを返してもらうことなどが行われる。クライエントが初めて相対した人に詳細に問題を語ることに不安感や抵抗感をもつことはなんら不思議なことではない。そういったとまどいがある中で面接者は面接を通しクライエントや関係者からの情

表5-1-1　インテーク面接で確認するべき情報の例

主訴	誰が困っているのか 何に困っているのか
現病歴	問題が生じた経緯 これまでの治療・相談歴 これまでの治療・相談経過 今回来談につながった理由
既往歴	これまであった大きな病気の有無 現在ある身体疾患の有無 現在の服薬状況
生育歴	出生時の問題の有無 兄弟姉妹の数と順番 教育歴 小児期・思春期の健康問題 病前性格
家族歴	家族構成 家族や親族の中で精神的問題があった人間の有無

報収集を進めることになる。そのような不安感・抵抗感を低減し，正確な情報を得るためにも，信頼関係を築いていくような関わりをもつことが大切となる。つまり初回面接においては，クライエントの情報収集を行いながら，並行してクライエントや関係者との信頼関係を形成し，問題解決に向けた協働関係を構築していくことが必要となる。

　初回面接の際には，クライエントの家族などの関係者が付き添ってくることがしばしばある。特に，小児や思春期・青年期の場合は必ずと言ってよいほど関係者が付き添ってくる。付き添いがいる場面でインテーク面接を行う際に，関係者を同席させるかどうかについては慎重に考える必要がある。関係者は本人からは得られない客観的な情報を提供してくれる可能性がある一方で，関係者の存在によってクライエントが発言を制限する可能性も考えられる。以上のように面接場面に関係者が同席することにはメリットもデメリットも存在する。関係者が同席することのメリットを大きくし，デメリットを小さくしていくためには，クライエントと関係者の関係性や，家族力動などを見極め，状況に応じた配慮を行うことが必要である。このため本人の来談主訴や問診票に記入をしたのは誰であったのか，待合室でのクライエントと関係者の様子などをよく観察し判断するようにする。筆者は，最初にクライエントを面接室に案内したときに付いて来られた方については一度面接室に入室していただき，セラピストが自己紹介をした後に名前と関係を名乗っていただくようにしている。その上でクライエント本人に対して関係者の同席を許可するかどうかを尋ねるようにしている。

(3) インテークを始める前に

　ここからは，具体的にインテーク面接を行う際の手続きや注意事項について確認していきたい。

1) 面接時の服装について

　医療場面においては，面接者は白衣などを着用することが一般的である。医療者が着用する白衣は，診察室などでの患者と医療者の役割関係をつくり出し，適切な診療を進めるのに役立つという考えがある。一方で，白衣が医療者の権威づけのような役割を果たすと考え，白衣を着ないことでクライエントとのフラットな関係をつくりやすくするという考えもある。どちらにしても重要なことは，初めて面接者と相対したときの印象というのはその後の面接に大きな影響を与えることになるし，クライエントに初見で悪印象をもたれないように面接者は自らの服装や身だしなみを考える必要があるということであろう。髪型や化粧だけでなく，カジュアルすぎる格好や汚らしい格好，体臭，香水の匂いなどもそれを見たクライエントの心理に影響を与えることとなる。もちろん，あなた自身に適切なクライエント－面接者関係を保つだけの臨床能力があれば問題はないであろう。しかし，セラピスト側の容姿がクライエントに与える影響というのは操作することが困難である。したがって，経験の少ない心理師にとっては，多くの人が不快に思わないような標準的な服装で面接に臨むことが無難であろう。

2) 面接における会話の仕方について

　面接を行うにあたって，どのような口調で会話をするのか，相手への呼称はどうするのか，などに意識を向けることも大切であろう。敬語で話をすることは，クライエントへの敬意を感じさせる効果があると考えられる一方で，クライエントと面接者の間に一定の緊張感をもたらすこともあり得る。逆にくだけた話し言葉で会話をすることは，クライエントをリラックスさせ，関係をよくしたり，自己開示を促すような効果があるかもしれない。しかし，クライエントに対する敬意が欠けているように感じられてしまう可能性がある。

　インテーク面接に限らず心理面接においてクライエントが自発的に語ることの重要性については論を待たないであろう。クライエントに面接に積極的に関与してもらうような構造をつくり出すために，まずはクライエント自身が自由に語ることができる環境をつくる必要がある。そのためにも，面接者がクライエントへの質問をオープンクエスチョンで行うことは重要である。面接者はできるだけクライエントが自由に回答できるような質問を行い，クライエントから出た答えに言語的・非言語的メッセージによって促しやフィードバックを与えていく。その際，クライエントの考えや意見に対してできるだけ批判的な回答や評価は控え，そういった考えや

判断に至った背景を丁寧に聞き出していくことが効果的である。ただし，いつでもオープンクエスチョンで質問をしていけばよいというわけではない。クライエントが話題について方向性がわからなくなってしまいセラピストによる軌道修正が必要な場合や，事実についてしっかりと確認をしておきたいときにはクローズドクエスチョンを使ってクライエントからの回答を得ることも必要となってくる。

特に初回面接においては，クライエントは面接者とどのように面接が進んでいくかについて明かなビジョンがあることは少ない。面接者はクライエントが積極的に語れるような環境を整えながら，話題を問題に絞り込んでいくことが必要となる。面接者はオープンクエスチョンとクローズドクエスチョンをバランスよく使いながら，面接を導いていくことが求められる。

3．インテーク面接の手続き
(1) インテーク面接前に手に入る情報
1）相談票，問診票

来談した時点で，施設や組織などが作成した相談票や問診票に記入を求める医療機関も多い。事前に記入された相談票からは，記入された文字情報だけでなく，誰が記入したか，どのような字で書かれているか，などの情報を得ることができる。先にも触れたところだが，関係者が記入している場合には，本人が問題を認識していなかったり，拒否的・懐疑的な態度である可能性について考えておく必要がある。また，文字のまとまりそのものが知的能力との間に関連が認められるという報告はないものの，書かれた文字や筆圧などは状態像を把握する際の情報になり得る。

2）待合室での様子

待合室での様子は重要な情報となる。可能ならば面接者が待合室まで行き，様子を観察しながら声をかけ本人を面談室に迎え入れるのが望ましいであろう。待合室での様子（穏やかに座っている，イライラした様子である，横になっているなど），付き添い者との距離（並んで待っているか，離れて座って待っているかなど），面接室に入る際の様子（どのような様子で入室してきたか，誰が最初に入ってきたか）なども観察しておくことを心がけておくとよいであろう。

4．インテーク面接を行う
(1) 話を聞く相手は誰か

クライエントを迎え入れたときに，クライエントと関係者が一緒に面接室に入ってくる場合がある。この場合，関係者同席で話を聞いてよいのか，それとも本人だけで話を聞いたほうがよいかについて必ず確認する。クライエントが関係者も同席

でよいという場合には，同席で面接を進めることになるが，その場合でもできるだけ意識してクライエントの話を中心に聞くようにする。関係者が積極的に話をしてくる場合には，折に触れてクライエントに確認を求めることもよいであろう。中には同伴している家族に気を遣って「同席でいい」と応えている場合もあるので，話題によって本人だけに聞いたほうがよいと判断される場合などは一度関係者に退席してもらうこともある。たとえば，「朝起きられない，イライラして暴力的になっている」などの主訴で病院を受診した10代の学生は，学校でいじめにあって苦しかったことを家族の前では面接者に伝えることができなかった。また，リストカットを繰り返していた20代女性は家族の前では恋人からDVを受けていたことを告白することができなかった。このように，クライエントが関係者の前では明かせない話題があることもあるし，面接が進んでいく中でクライエント本人だけに確認をとったほうがよい内容が出てくることもある。そのような場合には，たとえ関係者の同席があったとしても，一時退席をしてもらいクライエントとだけの面接時間をとることになる。特にクライエントがはっきりと「関係者のいないところで話をしたい」と意思表示をするようであれば，それに従い，関係者には「クライエントと話が終わった後で必要なことを説明する」ということを伝えた上で，一旦退室してもらうのがよいであろう。もちろん，関係者に情報を伝える場合には，何を伝えるかについてクライエントとの間で明確に同意を得ることが重要である。

しばしば家族など関係者が面接の前に「先に話をしたい」と希望することがある。本人が来談している場合には本人に関係者の希望を伝えた上で，先に聴取することを許可するかどうかを決めてもらうのがよいであろう。本人が拒否するのであれば，基本的には先には行わないようにし，後から関係者の話を聞くようにするのがよい。人員が割けるのならば並行して面接が行われることもある。その場合にははじめに全員の前で担当者が自己紹介を行い，並行面接を行う旨を伝える。面接者は自身の担当するクライエントが誰であるかをはっきりとさせることが大切である。症状を呈している者がいつもクライエントというわけではない。関係者が本人との関わりに問題を感じている場合には，その関係者自身がクライエントとなることもあり得るし，家族やグループがひとまとまりでクライエントとなる場合もある。面接者が自身の判断でクライエントを決めてしまうのではなく，状況を確認しながら援助を求めている人間を明確にしていくのがよいであろう。

(2) 協働関係をつくる

インテーク面接で最も大切なことは，患者またはその関係者が安心して面接に向き合えるような姿勢をつくることである。多くの場合，面接を始めるにあたってク

ライエントや関係者は面接に期待と不安を抱き緊張している。この緊張を和らげ，面接に希望を見いだしてもらうことが重要である。たとえば関係者が「先に話をしたい」と希望するのに応えて，本人より先に関係者から情報をとることは，本人を疑心暗鬼にさせることにつながるかもしれない。そういった状態から協働関係をつくるというのは困難であろう。逆に，面接初期の段階でクライエントとの間にある程度の信頼関係をつくることができたとしたら，関係者に対する情報収集のための質問への抵抗感も下がるであろうし，クライエントが今まで言えなかったことについても伝えてくれることにつながるかもしれない。相談の主体が誰であるかを忘れず，誰と協働関係を築くことを目標とするのか周囲に理解してもらえるように進める必要がある。

　クライエントとの協働的な関係を築くために有用な視点として，クライエントの「感情」に焦点を当てるという方法がある。クライエントが明確に感情について言及している場合には，そういった感情になったことをありのまま認め，なぜその感情が湧いてきたのかという本人の思考内容について聞き取る。本人が自身の感情について明言していない場合には，「そのような状況では絶望的な気分になると思います」などといったように，本人が感じているであろう感情を推察し言及してみる。感情は1つとは限らない。時には相反する感情が同時に出現していることもある（たとえば，他者への怒りと自分への自責感を同時に感じているなど）。そういったことが想定される場合には，本人が感じていると考えられる感情を複数挙げ，複雑な感情を抱いてしまって混乱しているであろうことに言及する。また，そういった感情が出現する背景としての相反する思考内容（両価性）について言及する。自身の感情を推察してもらえたとクライエントに感じてもらうことは，クライエントがその後の面接において正確な情報を話すことにつながる。

　クライエントの話した内容について，「良い」「悪い」などの評価を行うことは避けたほうがよい。たとえそういった評価がセラピストの価値に基づいた判断の一例であることを伝えていたとしても，クライエントは「自分は正しかった」「間違っていない」などと考えてしまう可能性がある。クライエントの話す内容や報告された感情が，自分の感情と違ったとしても，クライエントがそういった気持ちや考えをもつに至ったということを重要視する。

(3) 主訴・来談理由を明らかにする

　主訴とは，クライエントが述べる来談してきた理由のことである。主訴は問診票に書かれていたり，面接のはじめで「今日はどのようなこと（問題）で来談されたか，お話しいただけますか」などといった質問に対する答えから明らかになる。主

訴はクライエントが感じている最も重要な問題であることが多いので丁寧に聞き取りつつ,「なぜその問題が困りごととなっているのか」について確認をしていくことに留意するとよい。たとえば,「姑との関係に悩んでいる」などという訴えについても,その問題がどのように不快感や生活上の問題につながっているのかについて聞き取る。ある程度クライエントに自由に話してもらいながら,面接者がクライエントの生活の様子をありありと想像できるようになることを目指して情報を収集していくことを意識する。当たり前のことであるが面接において,面接者の認知活動は必ず影響する。面接者が自身の経験や先入観にしばられず,クライエントの語る言葉をもって面接を進めていくことは面接の基本であるとともに常に意識すべきことであろう。

　先ほど述べたことと矛盾するように感じるかもしれないが,クライエントがはじめに語った言葉が,支援を求めてきた真の理由を常に表しているとは限らない。自身の真の来談理由を自覚していないクライエントもいるし,面接者に真の理由を伝えることを恥ずかしいと考えている場合もあるし,面接者からどのように評価されるのかを恐れている場合もある。真の理由がすでに何かの形で明らかにされている(専門家からの情報提供書で書かれていたり,家族からの情報提供などがある)場合などはよいが,そのような情報が得られていない場合には面接者が自身の経験をもとにクライエントが表出していない真の理由を探っていくことになる。「身体が痛む」という訴えの背景に心理社会的要因が影響していることもあれば,「この先のことを考えると絶望的な気分になる」という訴えの背景に重度の身体疾患が関連していることもある。こういった場合には,先ほど述べたように「なぜその問題が困りごととなっているのか」をさらに尋ねていくことが有効である。また,最初の訴えについての聴取がひと段落ついた後に,「他にも困っている問題はありませんか?」などという質問をすることも,クライエントが最初に述べられなかった真の来談理由を話すことにつながる可能性を上げてくれる。しかし,面接者がクライエントが真の来談理由を出していないと感じられたとしても,必要以上に話を掘り下げることは慎まなければならない。クライエントにはまだ語る準備ができていないのかもしれないし,そもそも「真の問題」というのは面接者側の勝手な想像かもしれない。前者であるならば,クライエントの準備が整ったり,面接者とのラポールができたと感じることで,その問題を表に出してきてくれることになるであろうし,後者であるならば,いくらそれを探求したところで何も得られないであろう。いずれにせよ,主訴を確認する場合に,背景となる問題の存在を意識することは大切であるが,それを早急に明らかにすることは推奨されるものではない。まずは,クライエントが一番最初に語る問題に焦点を当て,その問題に向き合うことで(あるの

ならば）真の問題が明らかになってくる。

　クライエントが「何も問題はない」「〇〇に連れてこられたのだ」などと話してくることもある。このような回答が出現する理由はさまざまであるが，「何も問題はないはずなのに，受診をすることになった」ということを主訴として取り上げた上で，なぜこういった問題が起こったかについて確認をしていくことができる。当人に自由に訴えてもらいながら，当人の問題への洞察，知能，問題解決の方法などがアセスメントできる。インテーク面接だけでなく，心理的支援全体を通じてクライエントの抵抗はしばしばみられる。こういったクライエントの抵抗にどのように対処するかについては専門書籍などを参照されたい。

(4) 現病歴について聴く

　主要な問題が明らかになった段階で現病歴の聴取に進む。面接者はクライエントが来談するに至った問題の経緯をさらに詳細に聴取していく。具体的には症状の様子と特徴，出現した時期と経過，対人関係との関連，身体機能，ストレス因，現在この問題に対して他にどのような支援を受けているか，特に医療機関を受診しているとしたらその様子，これまでの相談歴の有無とその経験をどのように感じたかなどについての聴取を行い，得られた情報を整理していく。

　導入として，現在の症状・問題に焦点を当てることから始めることを推奨する。多くの場合，クライエントはまさにそれの解消・解決を目的に来談したと思っているし，その体験は本人にとって非常に鮮明かつリアルであり，取り組みへの動機も高い。もちろん，面接者はクライエントの訴えの中から具体的に症状を確認することが必要になる。そのためには，本書を含め，病気や症状について取り上げている教科書などに目を通しておくことを推奨する。医学領域では，メンタルヘルスの問題を考える際にDSMやICDなどの診断基準を参考にすることが多い。DSMやICDなどの診断基準はメンタルヘルスの問題に対する共通理解を促してくれるが，そこに記述されている症状がどのようなものであるかを正確に理解しておく必要がある。SCID (Structured Clinical Interview for DSM) などの半構造化面接には「うつ」や「不安」とはどのような症状であるかについてクライエントにも理解できるように平易な言葉で記述されているので熟読しておくと役に立つだろう。

　クライエントの症状に焦点があたったところで，それがいつ頃から出現したのか，どのように問題になっていったのかなど経過を確認していくようにする。特に同様の問題がこれまでも繰り返されて来たかどうかを確認することは重要である。以前問題があったとして，それが一度改善したことがあったとしたら，それがどのような経過で収まったかについて確認することをお勧めする。過去に効果的であった方

法は現在の問題にも効果がある可能性があるし，すでにそれを行ってうまくいっていないのだとしたら，なぜそれが以前のように効果を発揮できないのかを検証することで以前の問題と現在の問題の違いを明らかにできるかもしれない。

　また，メンタルヘルスの問題は，しばしば広範囲にわたりクライエントの対人関係に影響を及ぼす。クライエントの症状・問題が日常生活や対人関係にどのような影響を及ぼしているかについて確認することは大切である。両親や兄弟との関係はどうか，結婚や恋愛関係はあるのか，結婚や同棲などの問題はないかなどを確認する。また，同伴者がいる場合には，できればクライエントから同意を得た後に話を聞くようにする。同伴者から得られる情報は，クライエントの主観に影響されない貴重な情報である。また，クライエントが語った問題についての妥当性を確認する上でも大切である。

(5) 現在の身体疾患について聴く

　面接者は安易に心理－社会的な要因のみでクライエントを理解しようとすることは慎むべきであろう。さまざまな身体疾患が精神症状を引き起こすことはDSMなどでも取り上げられている。たとえば，慢性的な睡眠不足は抑うつ症状を誘発させることについてはよく知られているところである。甲状腺機能低下症やクッシング病などの内分泌疾患，糖尿病などの慢性疾患でも抑うつ症状や不安症状などの精神症状を呈することがある。女性の場合には，月経の問題はないかや貧血の有無などを確認することも大切である。

　身体疾患の治療薬が精神症状を引き起こすこともある。代表的なものにステロイドがあり，抑うつ気分や不安焦燥感が出現することが知られている。面接に協力的なクライエントであっても，こういった身体的な問題について本人が最初から情報を提供をしてくれることは少ない。クライエント自身が身体疾患を訴えなかったとしても，スクリーニングの意味からも積極的にセラピスト側から現病歴とともに身体的な問題や現在の治療薬などについて確認をするのがよいであろう。

(6) 生(成)育歴について聞く

　心理的支援を行うときに専門家が意識しなければならないのは，「われわれは症状の低減や問題解決にのみ焦点を当てるのではなく，問題を抱えてしまったその人を支援する」ということである。したがって，われわれはクライエントに問題が起きる前の状態と，問題が起きた後どう変化していったかについて知る必要がある。生(成)育歴を尋ねることはそのための重要な情報を提供してくれる。

　生(成)育歴では，まずはじめに生まれたときの状況から始まり，各発達段階にお

ける全般的な健康や環境的要因について聞き出す。教育歴，職歴，学校や職場などでの適応状況，病前性格，結婚歴，過去の診療歴，家族歴と遺伝的負因などを確認する。中でも家族歴の聴取において，近親者の自殺については注意が必要である。近親者の中に自殺者がいることは，クライエントの自殺のリスクとなることが明らかになっているからである。

家族歴についての質問を行うことはクライエントを戸惑わせ，不審感を抱かせることになる可能性もある。自身の問題と家族の問題の関連を感じていないクライエントにとっては，無用なプライバシーの詮索のようにとられてしまうことがあるからである。面接者の行う質問がネガティブな刺激とならないように，「言いにくいこともあるかもしれませんが，教えていただくことがとても大切なのです」「これらの質問はすべての方にお願いしているものです」「情報は守られます」などの説明を加えることも効果的であろう。

5. 聞きにくいことについて確認する
(1) 希死念慮について確認する

クライエントが自死（自殺）について考えてしまうことは決して稀なことではない。面接者は，目の前のクライエントが自死してしまう可能性について頭の中に入れておく必要がある。クライエントが自ら希死念慮に言及することは少ない。しかし，面接者の問いかけに対して応える形でならば，希死念慮について言及してくれることは比較的多い。その際，面接者はあまり深刻な表情になりすぎないことが重要である。「死にたいと思う気持ち」が出現していることを受け止めた上で，支援を表明したい旨を伝えていく。いくつかの研究からは，希死念慮は問題解決を望むクライエントの気持ちの現れであることが明らかになっている。すなわち，クライエントは現在抱えている問題が大きすぎると感じていたり，自分ではどうにもできないと考え未来に絶望していることから死にたいと考えているのである。クライエントが抱えている問題に対して希望を見いだせるのであれば，希死念慮は軽減する可能性がある。面接者はクライエントが希死念慮を訴えたときには，「クライエントは死ぬことで何を達成しようとしているのか」について推察しながら面接を進めていくとよいであろう。そうすることで，取り組むべき重要な問題を明らかにできるかもしれない。

ただし，これらの情報については，必ず主治医に伝える必要がある。たとえ本人から「他の人には黙っていてほしい」と言われたとしてもそれには応えられないことを伝え関係者と情報を共有する必要がある。

(2) アルコールや禁止薬物の乱用に関する情報について

　希死念慮と同じく，アルコールや物質の乱用についてはインテーク面接で触れておいたほうがよいであろう。しかし，このような触法行為については，質問したところで正確に答えてくれるかどうかはわからない。アルコールや禁止薬物の乱用について質問する場合には，できるだけ具体的に質問をすることがよいようである。たとえば，「ビールを1日1杯以上飲みますか？」や「これまでマリファナや覚せい剤などを使用したことがありますか？」などといったようにより具体的に質問をしていく。アルコールのように違法性のないものであれば，「このようなケースはしばしばあるのですが……」と先にノーマライズした上で飲酒量を確認するようにすると，正確な数字を答えてくれる傾向が強くなる。

　一方，禁止薬物については使用が明らかになった場合には注意が必要である。たとえば，不眠を主訴に来談したクライエントが初回面接で確認したところ禁止薬物の利用者であった場合，守秘義務を超えて警察に通報することも検討されるであろう。医療機関の場合は，主治医に速やかに報告した上で対応を考えることが望ましい。

6. 面接の終了

　ある程度情報を得ることができ，時間が経過したところでインテーク面接は終了となる。一般的にはインテーク面接にかかる時間は1時間程度であることが多いが，90分ほどかける場合もある。初回ですべての情報を確認することができるというわけではないので，クライエントの負担感にも配慮しつつ終了することとなる。アセスメントを1回ですべて終えなければならないわけではない。経過が長かったり，要因が複雑な場合などは2〜3回かけて整理することもある。

　インテーク面接が終わる際には，できれば，ただクライエントから得られた情報をまとめるだけではなく，共同で行った作業の疲れをねぎらい，これから始まる面接の準備ができるような配慮が必要であろう。よいインテーク面接が行われたとき，クライエントは面接者に対して希望や信頼感を寄せてくれるようになり，何らかの情報を伝えてもらうことを期待することがある。ここで，これまでの面接の中身を振り返り，問題や症状に関する面接者の見立てや方針を伝えることが必要となる。すなわち，これから先に取り組むべき作業についての指針を示すということである。伝えるべき内容は①面接の中で明らかになった点について要約する，②今回の面接では明らかにできなかったことについて述べる，③クライエントとともに介入計画を立てる，④将来についての希望あるメッセージを伝える，の4つに集約することができる。面接者側が示す指針は，あくまで提案でなければならない。たとえ明ら

かになった問題への支援方法について，高いエビデンスが確認されている支援方法があったとしても，決定権は面接者側だけにあるわけではない。クライエントに必要な情報を伝えた上で，クライエントが自主的に意思決定が行えるように支援することが重要である。

インテークの結果，面接者がその後の面接を担当することが適当ではないと判断される可能性もある。その場合は，適当なセラピストにリファーをすることになる。リファーが必要な場合には，クライエントに対してその旨を提案として伝え，リファー先を提案できるようにしておく。

7．おわりに

ここまで，インテーク面接にて行われるべき内容について概観してきた。インテーク面接とは，単に情報を収集するだけの作業ではなく，クライエントとの信頼関係をつくり，得られた情報を整理し，結果を報告するという作業が行われる。つまり，動機づけのための面接であり，アセスメントのための面接でもあるということである。インテークのもつ以上のような機能を常に意識して面接を行っていくことが求められる。

2節　各種心理検査

1．心理アセスメントとは

心理アセスメントとは，初回面接から終結時のアセスメントまで，心理師がクライエントや関係者への支援を効果的にするために，系統的に行う情報収集に関する手続きのことを指す。心理アセスメントは，心理査定とも呼ばれ，臨床判断において重要な影響を与える。公認心理師法第二条には，公認心理師の行う行為の一として，「心理に関する支援を要する者の心理状態を観察し，その結果を分析すること」が挙げられている。ここで想定されている技術が心理アセスメント・心理査定のことである。

アセスメントは初回時，あるいは面接開始初期だけでなく，継続して行われることが望ましい。継続したアセスメントは心理師にとってもクライエントにとってもこれまでの介入の成果を振り返り，今後について考える重要な情報となる。アセスメントの結果，よりよい状態に向かっていることが確認できることは介入への動機づけを高めることにつながるし，アセスメントで効果が確認できない場合には，見立てや介入方法の見直しを行うことにつながる。

心理アセスメントの技法として①面接法，②観察法（行動観察），③検査法の3つの方法が挙げられる。面接法は（半）構造化面接のように心理評定尺度に限りなく近いものから，自由に語ってもらうような方法まで幅広くあるが，共通点は面接を通して言語と非言語によって情報を得るということである。観察法(行動観察)は，広義には行動アセスメントとも呼ばれ，観察できる行動指標に注目してアセスメントを行う方法である。検査法（心理テスト）は定められた方法に従って実施され，採点から解釈まで一定の手続きで行われる査定法である。面接法や観察法は臨床家の才能や技術の影響を受けやすく，行う臨床家が異なれば結果も異なってくる恐れがある。検査法は手続きが定まっていることから，臨床家によって極端に結果が異なってしまうことは少ない。また，適切な心理テストであれば，マニュアルや手引きがつくられており，その方法がどのような被検者に適用できるか，テストがどの程度相手を正しく測定できるか，繰り返し使用しても安定した情報が得られるか，実施時間はどれくらいかなどが記載されており，検査者の違いが査定結果に及ぼす影響ができるだけ小さくなるような配慮がなされている。

本節では，代表的な心理検査について取り上げ，その特徴と実施法などについて紹介する。

2. 知能検査

知能（認知機能）の障害や偏りを推定する際に，知能検査は最も信頼に足る心理検査の1つである。臨床場面においても使用頻度が高く，現在まで厳密な標準化の手続きがとられ，最新の研究知見が反映された改訂が重ねられ，客観性が高められてきている。本節では，精神医療，臨床心理の現場で用いられることが多い個別知能検査を紹介する。

(1) Wechsler式知能検査

Wechsler式知能検査は心理検査の中で最も代表的で説明率が高い検査である。Wechsler式知能検査は米国のWechslerにより1955年に開発された個別式知能検査で，現在も改訂が続けられている。現在の最新版は，低年齢用としてWechsler Preschool and Primary Scale of Intelligence（WPPSI-III：2歳6か月〜7歳3か月），児童・思春期用としてWechsler Intelligence Scale for Children（WISC-IV：5歳0か月〜16歳11か月），成人用としてWechsler Adult Intelligence Scale（以下，WAIS-III：16歳〜89歳）の3つが作成されている。

1) 実施方法

Wechsler式知能検査における各検査の構成，下位検査の実施方法などの詳細につ

いては，検査キットの中にあるマニュアルに記されているので，ここでは主な点についてのみ述べることとする。

WPSSI-III は 14 種類（2 歳 6 か月〜 3 歳 11 か月までは 6 種類），WISC-IV は 15 種類，WAIS-III は 14 種類の下位検査から構成されている。検査の所要時間は 60 分から 80 分である。検査は共通してセットになっている検査用具一式の他，マニュアル，記録用紙，ストップウォッチ，鉛筆を用いて行われる。下位検査の順序は原則として決まっており，補助検査や下位検査の代替なども準備されているがすべてマニュアルに記されているルールに従って実施される。すべての検査についてどの問題から開始して，どの問題で中止するかが定まっているのでそれに従う。言語理解など一部の問題はリバース実施（開始問題とその次の問題で間違いがあった場合，それ以前の問題に遡って実施して下限を確かめる作業）が行われることになっている。一部の問題では，制限時間が設けられていたり，反応時間の測定が必要となっている。ここではストップウォッチを用いて正確に計測することが必要になる。

2) 結果の処理と解釈

採点はマニュアルに記されている採点基準に照らして行われる。まずはそれぞれの下位検査につき合計得点を算定する。マニュアルにある換算表を見て，以下の手順で採点処理を行う。

①各下位検査の粗点（合計得点）から，年齢に応じた評価点へ換算する。
②評価点合計を算出する。
③合成得点（指標得点，全検査 IQ）に換算する。

合成得点の平均値は 100，標準偏差は 15 となっている。また，下位検査の評価点は，平均値が 10，標準偏差は 3 となっている。合成得点，評価点から同年齢の平均との逸脱について評価することができるようになっている。合成得点に換算する際には，誤差の範囲を示す信頼区間も同時に求める必要がある。

④4 種類の指標得点間の差（ディスクレパンシー）を計算し，統計的有意差があるものを調べ，その標準出現率を求める。
⑤下位検査の評価間の差を求め，強い能力（S）と弱い能力（W）を判定する。
⑥下位検査内の得点のパターンを評価する（プロセス分析）。

検査結果の処理が終了したら，結果の解釈を行う。結果の解釈については，最も信頼性が高い全体的な指標から始め，指標得点，下位検査の評価点，最後にプロセ

ス分析という順序で解釈を進める。

(2) Binet 式知能検査

Binet 式知能検査は最も歴史がある知能検査の1つであり，現在でも Wechsler 式と並ぶ代表的な個別知能検査の1つである。Binet 式の特徴は，知能を個々別々の能力の寄せ集めではなく，1つの統一体としてとらえていることである。つまり，記憶力，推理力，弁別力などさまざまな能力の基礎となる精神機能が存在し，それが知能の本質であると考えられている。中村（2011）によると，Binet は知能の基礎となる精神機能として，方向性（到達すべき目標が何であるかを理解する能力：問題の理解），目的性（目標に向かって解決策を求め，試み続ける能力：遂行機能），自己批判性（目標に到達できたかどうかを判断する能力：判断能力）の3つを想定していたと思われる。これらの能力は，個々の課題（が示す認知機能）に共通して働くものであり，年齢によって振り分けられた課題をもとに，これらの能力を評価されることになる。

日本では現在，田中ビネー式知能検査Ⅴ（2歳～成人）と改訂版鈴木ビネー式知能検査（2歳0か月～18歳11か月）の2つが用いられている。Binet 式知能検査の特徴は「年齢尺度」が導入されていることである。Binet 式知能検査は1歳級から13歳級の問題（合計96問），成人の問題（17問）が難易度別に並んでいる。

1）実施方法

対象者は2歳から成人である。定型発達の対象者だけでなく，知的発達の遅れが想定されるものにも実施することができる。実施時間は対象者の年齢や発達の状態，特性により30～90分程度と幅が広くなっている。

詳しい実施方法は検査キットに同封されている実施マニュアルに詳述されているので参照されたい。ここでは，一般的な実施法を提示する。

・**生活年齢2歳～13歳11か月の対象者の場合**

対象者の生活年齢と等しい年齢の問題から開始する。1つでも問題が合格できなかった場合には，下の年齢級に下がり，全問題を合格する年齢級（基底年齢）まで行う。基定年齢が定まったら，生活年齢まで戻り，全問不合格となる年齢級まで問題を実施する。全問題が不合格となった年齢級を上限とし，検査を終了する。1歳～3歳級は各12問，4歳～13歳級は各6問，成人（13歳以上）級は17問が難易度別に並べられている。

・**生活年齢14歳0か月以上の対象者の場合**

原則として，成人級の問題を実施し，下の年齢級に下がることはしない。ただし，知的発達の障害が考えられる対象者に対して，基底年齢を明らかにするために下の

年齢級に下がることを妨げるものではない。

2) 結果の処理と解釈

Binet 検査では，数値的な評価として「精神年齢（Mental Age: MA）」と「知能指数（Intelligence Quotient: IQ）」が提示される。MA は実際の年齢とは別に，対象者の知的発達を年齢的な水準で表す指標である。一方，IQ は 13 歳以下については，MA／生活年齢× 100 で求めるようになっているが，14 歳以上は DIQ（Deviation Intelligence Quotient: 偏差知能指数）が算出できるようになっている。また，田中ビネーⅤでは，Wechsler 式と同様に全検査 IQ だけでなく，結晶性，流動性，記憶，論理推理の 4 分野の指標があり，それぞれの偏差 IQ を求めることができ，対象者の認知特性の偏りを明らかにすることができる。

3. 神経心理学検査・認知機能検査

神経心理学的検査は認知機能検査とも呼ばれる。神経心理学的検査は，本来は頭部外傷などにより起こった高次脳機能障害（認知機能障害）を評定することを目的として開発された検査である。高次脳機能障害とは，外傷や疾病などによる脳損傷によって生じた，知覚，注意，記憶，言語，運動，遂行機能などの障害のことを指す。高次脳機能や，高次脳機能障害という用語は現在，広く使われているが，"高次"とは何を意味するかについては，必ずしも明確ではない。山内・鹿島（2015）によると，高次とは「意味に関わること」であるとされ，言語の場合は発語や読解，運動の場合はパントマイムや道具を使うことなど，行為に意味情報が付随されるものが高次脳機能とされている。

神経心理学検査の主たる目的は，高次脳機能障害のスクリーニング，高次脳機能障害を明らかにすること，その障害の程度やプロフィールに関する詳細なアセスメントを行うことである。検査結果は，高次脳機能障害と統合失調症やうつ病などの他の精神疾患を鑑別し，患者の診断を確定する上での根拠資料として参照される。また，高次脳機能障害の程度やプロフィールについて精査することで，今後の治療計画を立てたり，治療効果を定量化したりする上でも役立てられる。

4. 認知機能検査の代表的な検査
(1) 知能検査

前述した知能検査も重要な高次脳機能検査の 1 つである。代表的な検査に，先述した WAIS-III や田中ビネーⅤなどがある。子どもの知能評価に特に注目した知能検査として Kaufman Assessment Battery for Children, Secound Edition（KABC-II）がある。KABC-II は Luria 理論から発展した Kaufman モデルと，Cattell, Horn,

Carroll の知能理論に基づく CHC モデルによって分析することが想定されている。

　また，認知症のスクリーニング目的で用いられる検査に長谷川式簡易知能評価スケール（HDS-R）や，Mini Mental State Examination（MMSE）がよく用いられる。認知症に特化した包括的な認知機能検査としては，Alzheimer's Disease Assessment Scale-cognitive subscale（ADAS-cog）がある。

(2) 記憶機能の評価

　「記憶」という機能が何を示すかについては，立場によって異なることが想定される。神経心理学の立場では，記銘（印象の刻印／符号化）から，想起（検索／再生／再認）までの保持（貯蔵）時間の長さに従って，即時記憶・近時記憶・遠隔記憶の3つに区分してきた。

　包括的に記憶能力を測定する検査として，Wechsler 記憶検査改訂版（WMS-R）がある。WMS-R は言語性および，視覚性の短期記憶を包括的に評価し，記憶機能の精査に用いられる。他の検査として，レイ聴覚言語学習検査（RAVLT）や，ベントン視覚記銘調査，三宅式記銘力検査などがある。

(3) 言語の評価

　言語機能は，話す，聴く，読む，書くの4つの基本要素に分類することができる。代表的な言語障害は失語症である。主たる症状には，構音障害，ジャーゴンの障害，失文法，聴覚的理解，復唱，読字，書字などの障害がある。

　言語機能障害の包括的評価の方法として，標準失語症検査（SLAT）や WAB 失語症検査などがある。SLAT は「聴く」「話す」「読む」「書く」といった言語の全様式をカバーする26項目の下位検査によって構成されている。「聴く」課題には，単語や短文の理解のような問題から，口頭命令に従わせるような行為を含む検査もある。「話す」についても同様に，物品の呼称や絵画情報の説明などの課題，仮名や漢字の音読なども評価ができる。SLAT はさまざまな下位検査の結果を用いたプロフィール分析により，失語症の重症度，タイプの判別だけでなく，リハビリテーションの指針も得られるようになっている。

(4) 行為の評価

　行為の検査とは，失行症の評価のために行われる検査である。失行症とは，麻痺や感覚障害などに起因せず，脳の限局病巣によって行為を正確に遂行できなくなる状態である。主たる失行の分類として，観念運動失行，構成失行，肢節運動失行，着衣失行などがある。

失行の症状を評価できる評価法として，標準高次動作検査（SPTA）がある。SPTAは，個々の患者における動作の臨床症状を，標準化された12の大項目からなる形式で評価することを目的として作成された検査法で，特徴として①検査成績から臨床像を客観的に把握できること，②要素的運動障害，認知症，全般的精神症状と失行症の相違を把握できること，③行為を完了するまでの動作過程の詳細な記述により，質的な分析が可能であること，などが挙げられる。

(5) 視覚・空間認知の評価

視覚・空間認知の評価は視覚失認や視空間失認の評価などに用いられる検査である。視覚失認とは，ものをつまんだり，障害物を避けることができるため，「見えている」と考えられるのだが，ものを見てもそれが何かわからないという状態である。視覚失認の患者は，視覚情報からはわからないものを触覚など他の感覚で理解することができ，使うこともできるようになる。視空間失認は，半側空間無視のように一部分の空間の無視や不注意が代表的な状態である。

視覚・空間認知の評価法として，標準高次視知覚検査（VPTA），BIT行動性無視検査，立方体模写検査，顔再認・社会的出来事再認検査，カテゴリー別対象認知検査などがある。VPTAは，視知覚の基本的な機能に加えて，物体・画像，相貌，色彩，文字・記号，視空間，地誌などの諸側面を総合的に評価することができる検査法である。

(6) 注意

注意はさまざまな方法で定義されてきた広範囲な概念である。注意のもつ機能としては，覚醒水準，持続的注意，選択的注意，転換的注意，配分的注意によって構成されるとしている。

注意の検査方法として，標準注意検査法（CAT），標準意欲評価法（CAS），Posner's Attention Taskなどがある。CATはSpan課題，末梢・検出課題，SDMT（Symbol Digit Modalities Test），記憶更新検査，Paced Auditory Serial Addition Test（PASAT），上中下検査，Continuous Performance Test（CPT）の7つのサブテストを用いて注意を包括的に測定する検査法である。

(7) 遂行機能の評価

遂行機能とは，新しい行動パターンや考え方，およびそれらの内省の確立を可能にする能力であり，自らの目標達成に向けて，現在の行動を観察し，実行方略を計画し，状況に応じて柔軟に方略を転換し効果的に行動する能力の総称である。遂行

機能は日常生活の中で気づかれることが多く，生活の中で不便が出やすい疾患である。しかし，遂行機能はさまざまな神経心理学的機能・認知機能から構成される「様式横断的機能」であるため，特定の検査法で定量検査することが難しく，要素的な神経心理学的検査では障害を的確にとらえることが困難である。

　生活における遂行機能を包括的に測定する課題として，遂行機能障害症候群の行動評価（BADS）がある。この検査は，6種類の検査と1つの質問紙からなる包括的検査バッテリーで，日常における行為の柔軟性を評価することを目的に行われる。たとえば，動物園地図検査では，被検者はあらかじめ定められた2つのルールに従いながら，動物園の中の入り口からゴールまでのルートを見つけることが求められる。行為計画課題では，細い筒の底にあるコルクを提示された道具を用いて取り出すことが求められる。こういった課題を行いながら，実行方略を計画したり，目標達成のために方略を柔軟に転換する能力などが評価される。遂行機能検査には，他にもウィスコンシンカード分類検査，ハノイの塔検査，ストループテストなどがある。

(8) 意思決定と行動制御の評価

　主に眼窩前頭皮質の機能障害を評価するために作成された評価法である。眼窩前頭皮質には外界の刺激と体性感覚を結びつけ，重みづけをし，行動選択の幅を制限することで，最終的に長期的な利益を得させるシステムがあるとされている。こういった学習に基づいた行動制御や意思決定の機能障害をもつことがある。こうした機能の評価には，Iowaギャンブル課題や神経経済学的課題などが用いられる。

　Iowaギャンブル課題は，あらかじめ被検者に渡された2,000ドルの疑似金銭を用いたギャンブル課題が行われる。ギャンブルの要素として，ハイリスク・ハイリターン，ローリスク・ローリターンの山があり，どの山を選んだかによって評価される。

5. 心理評定尺度

　心理評定尺度は個人の心理的特徴を把握する目的で使用される。たとえば，「朝から気分が落ち込んでいる」といった質問項目に「あてはまらない」から「あてはまる」など何段階かの尺度で回答することで，回答者の思考や行動，症状などがどの程度項目内容に当てはまるのかを確認することができる。心理評定尺度は基本的には観察可能な症候や現象学的な症候の記述をもとに評価が行われている。これは，心理評定尺度が記述精神病理学に基づいたアプローチである操作的診断基準との相性がよいことを示している。そのため，精神科診断におけるスクリーニングや症状経過時の状態確認などによく用いられる。

心理評定尺度は，個人でも集団でも実施可能である。そのため，客観的データを短時間で得ることができる。その一方で，多くの場合質問が明確なことから検査意図が読まれやすいことや，回答者の主観的な判断に依存するため，虚偽や社会的望ましさなどの影響を考慮する必要がある。そういった欠点を補うために逆転項目やキャッチ項目を用いることなどもあるが，対策として十分とはいえない。また，症状尺度などはあくまで自己報告であることを忘れてはならない。尺度のみでなく，他の検査や行動観察などのデータと組み合わせてクライエントの全体を把握することが大切である。

　心理評定尺度は診断の補助にはなるものの，心理評定尺度の得点をもって診断を行うことはできない。身体的な問題によって起こる抑うつ症状でも，抑うつ尺度の得点は高くなるし，つらい出来事の後などといったライフイベントによっても尺度得点が高くなることは珍しくない。あくまでスクリーニングや症状評価の道具として利用するということを意識しておく必要がある。

　心理評定尺度はほとんどの場合，標準化と呼ばれる妥当性と信頼性を確認する作業が行われている。尺度を使う者は自身の用いる尺度が測定する概念や，妥当性・信頼性が満たされているかどうかについて，確認することを推奨する。

6. 臨床現場で使用される尺度
(1) 抑うつ
　自記式尺度としては，Beckうつ病尺度（BDI），Zungうつ性自己評価尺度（SDS），うつ病（抑うつ状態）自己評価尺度（CES-D），簡易うつ病評価尺度（QIDS）などがよく使用される。特にBDIは21項目4件法で作成された尺度で，気分と認知に焦点を当てて作成されており，さまざまなうつの臨床研究における標準的な尺度となっている。他にも，PHS-9やK6，K10など，いずれも標準化作業が行われた抑うつ評価尺度が存在する。

　構造化面接法としてHamiltonうつ病評価尺度やStructured Interview Guide for MADRS（SIGMA）がある。これらの尺度は，うつ病を診断することが目的ではなく，すでにうつ病と診断された患者に対して，その重症度の推移を観察するために開発されたものである。

(2) 不安尺度
　全般的な不安を測定する尺度として，自記式質問紙の顕在性不安検査（MAS），状態―特性不安検査（STAI）と，半構造化面接のハミルトン不安評価尺度（HARS）がある。

MASはMMPIから顕在性不安に関する項目を抜き出したものである。状態一特性不安検査は，特性不安すなわち不安を感じやすい性格傾向と，状態不安すなわち現在不安状態であるかどうか，の各20項目で構成されている。

不安に関する障害の症状尺度も複数存在する。パニック障害の重症度評価としてパニック障害重症度評価尺度（PDSS）がある。PDSSはパニック障害症状の重症度を①パニック発作の頻度，②パニック発作による苦痛，③予期不安，④広場恐怖と回避，⑤パニックに関連した感覚への恐怖と回避，⑥パニック障害による職業上の機能障害，⑦パニック障害による社会機能の障害の項目で評価する。Liebowitz社交不安尺度日本語版（LSAS-J）は社交不安に特徴的にみられる行為や回避行動を把握するもので，各項目を「恐怖感／不安感」と「回避」に分けて評価するようになっている。対人不安については，他にも社交場面への不安感を測定することができるSocial Phobia Scale（SPS）や対人交流への不安・恐怖を測定できるSocial Interaction Anxiety Scale（SIAS）などがある。

(3) 強迫症（OCD）

強迫症の重症度評価としては，Yale-Brown Obsessive Compulsive Scale（Y-BOCS）が最もよく使用される。成人板のY-BOCSは性や薬物に関する質問項目があることから，子ども用にはそれらを省いたChildren's Yale-Brown Obsessive Compulsive Scaleが用いられる。

Y-BOCSは，まず症状リストの中から，上位3つまでの当てはまる症状を特定する。そして，強迫観念と強迫行為について，それぞれかかる時間や機能障害，苦痛，抵抗，制御の程度を問う質問に回答し，アンカーポイントをもとに5段階で評価される。

他には，Maudsley強迫尺度（MOCI）や，Padua Inventoryなどの自記式質問紙がある。

(4) 心的外傷後ストレス障害（PTSD）

PTSD臨床診断面接尺度（CAPS）は構造化面接である。CAPSは心的外傷出来事のチェックリストを渡し，被検者がこれまで体験したことのある出来事をチェックしてもらう。そのうちの3つについて20の中核症状とその持続期間の評価を行う。トレーニングを受けた専門家が行うようになっている。出来事インパクト尺度改訂版（IES-R）はPTSDに関連する症状を測定する22項目で構成された質問紙である。

(5) 自閉症スペクトラム障害

親面接式自閉スペクトラム症評価尺度（PARS-TR）は広汎性発達障害の評定尺度の改訂版である。PARS-TRは57項目の質問があり，幼児期尺度，児童期尺度，思春期・成人期尺度の3年齢帯の下位尺度によって構成されている。各項目は広汎性発達障害によくみられる行動特徴で日常生活の適応困難につながるものが広範囲にわたってカバーされている。

自閉症スペクトラム指数（AQ）は「社会的スキル」「注意の切り替え」「細部への注目」「コミュニケーション」「想像力」の5領域について10問ずつの項目で回答する形の自記式質問紙である。AQの特徴は先に挙げた5つの領域が評価できることと，成人の自閉症傾向の個人差を測定できることである。

7. パーソナリティ検査
(1) 質問紙法

パーソナリティの評価法は質問紙法と投影法という2つの方法に大別することができる。質問紙法は，先に挙げた症状評価尺度と同様の方法で作成されたパーソナリティ検査で，その特徴も同様である。ただし，症状尺度が特定の症状や心理的特徴に焦点が当てられているのに対して，パーソナリティ検査は包括的にパーソナリティの特徴をつかもうとすることから，質問項目が多くなる傾向がある。後述するミネソタ多面人格目録（MMPI）は550項目の質問から構成されるし，NEO-PI-R人格検査や矢田部－ギルフォード性格検査なども100以上の質問項目から構成されている。

NEO-PI-Rは性格の5因子論（神経症傾向，外向性，開放性，調和性，誠実性）に基づき作成されたパーソナリティ検査である。質問は240項目あり，2件法で回答する。結果の解釈は，基本尺度のうち，突出して高い（60点以上）か低い（40点以下）かを示す尺度得点を参照しながら行う。60点以上か40点以下の尺度が2つ以上ある場合，最も点数の絶対値が離れており目立っている2つの尺度を取り上げて2ポイントコードによる解釈を行う。

MMPIは世界で広く用いられているパーソナリティ検査で，パーソナリティ構造や病理水準の査定，予後の見通し，治療法への示唆など，臨床で現実的に有用な情報を提供してくれるパーソナリティ検査である。10の臨床尺度と4つの妥当性尺度をもち，さまざまなパーソナリティ傾向と臨床的な問題についての情報を明らかにすることができ有用な検査であると評価されているものの，550という項目数もあり，被検者の負担が大きいという問題ももっている。

パーソナリティ査定の尺度については，他にもコーネル・メディカル・インデッ

クス（CMI）や東大式エゴグラム（TEG），Y-G性格検査，精研式パーソナリティ・インベントリーなどが使われている。

(2) 投影法

投影法は①与えられた刺激の非構造性またはあいまい性，②求められる反応の自由度が高いこと，③人の内部状態を表すパーソナリティ要因を推測する手続きであること（皆藤，2004）という特徴をもった心理査定法である。投影法では，被検者はあいまいな刺激によって誘発されたイメージを言語化したり，視覚化して表現することを求められ，表現されたものを検査者が解釈することになる。それは，現実の束縛を最小限にしてイメージを活性化し，葛藤や無意識に関するものを最大限に引き出すことを目的としている。手続きはある程度定まっているものの，自由度も高く，臨床家の経験などによって結果が変わることがあり得る検査法である。

1) ロールシャッハテスト

スイスの精神科医であるRorschach, H.によって考案された心理検査で，10枚の図版（インクブロット＝インクのしみ）を提示して，何に見えるかを問うことによってパーソナリティや病態水準のアセスメントを行う検査法である。

実施方法は，定められた10枚の図版を決められた順番に1枚ずつ提示し，それが何に見えるかを尋ねる。被検者の反応，初発反応時間，反応終了時間，検査者の介入などをすべて記録用紙に記入していく（自由反応段階）。その後の段階では，再び最初の図版から，すべての反応についてどこに，どのように見えたかを確認していく（質問段階）。検査者は，得られた反応をスコア化し整理することでパーソナリティの特徴や病態水準の査定，行動化の予測などができるとされている。

ロールシャッハテストには，インクのしみからなる刺激が非常にあいまい・多義的であることから，被検者は評価規準が見いだせず，自分の反応を望ましい方向に意図的に行うことが困難であることに利点がある。一方で，この検査を実施するのには，最低でも1時間程度のまとまった時間が必要である。また，結果を解釈するためにかなりの習熟度が必要になる。

2) 絵画統覚検査（TAT）

Murray, H. A.によって，1930年代に考案された投影法である。31枚の図版に描かれた人物についての物語をつくり，自由に語ってもらうことでパーソナリティのアセスメントを行う。被検者の願望や抑圧，欲求不満などが明らかにできるとされている。

TATについては，明確な実施法・解釈法が定まっておらず，検査者に委ねられている。結果の整理，解釈の仕方があいまいで主観的な要素が入り込みやすい検査

である。

3）文章完成法テスト

文頭の単語,もしくは,未完成文章を刺激語として提示し,そこから自由に連想したことを記述して作文を完成させる方法である。日本では精研式文章完成法テストと構成的文章完成法テストが最も入手しやすい。小学生版,中学生版,高校・成人版があり,高校・成人版は60項目の文章を完成させることが求められる。

4）臨床描画法

投影法では,描画によってアセスメントを行う方法が数種類存在する。中でも代表的なものとしてバウムテストと風景構成法がある。

バウムテストは,A4の画用紙,4Bの鉛筆,消しゴムを用意し,「実のなる木を1本書いてください」と教示する。評価・解釈については,絵の巧拙は問わず,直感的に解釈を行うこととされている。風景構成法は,中井久夫が考案した描画法で,検査者の誘導のもと,A4画用紙に,「川」から始まる11のアイテム(「山」や「家」など)を書き加えていってもらう。11のアイテムを画面の中に構成することを求めるため,見通しを立てながら配置する知的能力を査定することが可能であるといわれている。

投影法全般にいえることであるが,客観性,再現性が低く,検査者の力量に大きく影響する査定法である。特に解釈を巡る妥当性については,検証の問題が常に残されることとなる。

8. 行動観察

心理査定を行う上で行動観察は最も重要である。行動観察とは,広義には行動指標によるアセスメントを意味し,精神病理,発達特性,コミュニケーション,対人関係,身体発達の側面などの評価を意味する。

(1) 心理検査と行動観察

心理検査を行う上で,質的な行動観察から得られる情報は検査結果を正しく解釈するために重要である。検査を受ける態度,離席の数,集中力の持続時間,教示の理解,コミュニケーションの取り方など,検査中にクライエントが見せるさまざまな様子は,クライエントの行動問題を明らかにしたり,検査では確認できない情報を補完することにつながる。

しかし,心理検査を行う上での行動観察は,そのような検査中の態度を観察することだけではない。岩佐(2014)は,心理査定を行う上で検査行動そのものの観察の重要さについて述べている。岩佐(2014)の例を一部改変して示すので,ぜひ考

えていただきたい。

　　WAISの符合課題について2つの模擬事例をもとに考えてみよう。WAISの符合課題は精神運動速度の課題とされている。1例目は40代の男性であり強迫性障害の診断を受けている。検査者が合図をすると，何度も符合と数字を確認しながら丁寧に符合を記入していく。途中で前に記入した符合に戻っては，再び作業に戻ることを繰り返している。一方は，50代女性であり，うつ病の診断を受けている。身体を怠そうに動かし，「はじめ」と合図をしたもののなかなかに動きが乏しい。この2事例はどちらも年齢平均よりもずいぶんと成績が悪く，標準的な解釈を行おうとすると，どちらも「精神運動性の問題がある」と解釈されることになる。しかし，何がそうした機能低下をもたらしているかについては，行動観察を行うことによって，異なったプロセスを示していることが予想されるし，診断や治療の選択肢が変わってくることになるだろう。

　この例においては，1例目は強迫症状による確認行為から符合の記入が遅くなっている。2例目は，大うつ病性障害にともなう思考制止と精神運動性の焦燥が符合の書き写しを阻害していたかもしれない。だとすると，その評価点の低さは，知的能力の問題ではなく，能力を発揮させるプロセスに障害があることを示唆することになる。検査実施時に観察された行動所見から，何らかの課題を設定したり，検査方法を工夫することで，より妥当性の高い査定が可能となる。検査方法の工夫を行うことについては，認知心理学における心理実験の手続きに関する知識や，心理的機能のモデルに関する知識が有用となる。

(2) 行動と環境の相互作用に着目する

　アセスメントにおいて行動観察という言葉が示すもう1つの側面は，行動分析学に基づく行動分析・機能分析である。行動分析学では，三項随伴性（先行刺激－行動－結果）に基づいた行動の機能について分析を行う。行動分析学では，行動とは環境への働きかけだと考える。たとえば，お腹をすかした赤ちゃんが泣くことは，母親がやってきてミルクをもらえるという結果を引き出す。このとき，泣くという行動は母親の出現という環境変化を引き起こしている。このように行動とその前後関係を観察することから，行動の機能を明らかにしていくことも重要なアセスメントの視点である。

　行動によって起こる環境の変化には「獲得」「逃避」「注目」「感覚」という4つの代表的な結果があるといわれている。(A) お菓子売り場で (B) 泣くことによっ

て（C）お菓子を買ってもらえる子どものケースで考えると，泣くことはお菓子を獲得するという機能をもっている。（A）仕事中に（B）タバコを吸うことで（C）すっきりした感覚を得ている人にとって，タバコは感覚を出現させる機能を有している。このように，行動は環境に変化をもたらし，行動によって起こった環境の変化は，その行動を維持させることにつながっているということがわかる。

　行動観察を行うことは，このような行動と環境の関係を明らかにする上でも役に立つ。ある行動が問題となるとき，その前の先行条件と直後の結果を観察し，分析することでその行動がもつ機能を明らかにし，問題となっている行動を変容させたり，代替となるよりよい行動を増加させるための具体的な対策案を提案できることにつながるのである。

9. 心理検査における他職種との連携

　医療機関において心理検査は主治医を中心とした他職種からの依頼によって行われることも多い。その際，特定の心理検査が指定されて依頼されることもあれば，実施の目的のみ伝えられ依頼される場合もある。後者はもちろんのこと，どちらの場合でも依頼者が何を知りたいと考えているかを把握しておくことが重要となる。たとえば重度の抑うつ状態を呈している患者に対して知能検査の実施が依頼されたとする。依頼者が知的能力や社会適応能力を知ることを目的としているならば，思考制止などの症状がある状態でWAISなどの知能検査を実施したとしても正確な評価を行うことは困難である。一方で，治療として電気けいれん療法を行うことが決まっており，その前後の認知機能の比較をするという目的であれば，知能検査の実施は十分な意味をもつであろう。心理検査を実施する者には，依頼者が心理検査に求めていることは何か，心理検査が何を検出することができるのかを理解した上で，それを根拠とした検査選択を行うことが求められる。もちろん，検査結果のフィードバックにしても同様である。ただ得られた検査結果を所見にして提出するだけでは，伝わる心理検査を行えたとは言い難い。検査の所見については，依頼者のニーズを正しく把握し，それに対する情報提供が行われるものでなければならないのと同時に，心理の専門用語をやみくもに並べ立てるのではなく依頼者が理解できる共通言語を用いて作成する必要がある。検査所見に対する姿勢は当事者に情報提供する場合も同様である。心理検査の結果をフィードバックする際には，当事者のニーズに沿って，検査結果が理解できるように行われることが重要である。主治医のニーズと，患者のニーズが異なることは少なくない。その場合は検査所見とは別に当事者に手渡すための資料を準備することが求められることもあるだろう。また，心理検査の結果はあくまでも仮説であることを忘れてはいけない。もちろんバッテリー

を組むことで得られる情報の精度を高めていくのだが、所見の中に書かれたものはあくまで得られたデータをもとに生成された仮説である。心理検査を実施する際には、依頼者や当事者へのフィードバック作業の中で仮説検証を行っていくことを意識していくことが重要である。

以上のように、心理査定には他職種とのコンサルテーションとしての機能も存在する。心理検査の実施は、他職種に心理師の専門性について理解してもらうよい機会となるし、その機会を提供していく必要がある。よって、自己満足的な作業に終始するのではなく、他者を意識し、自身の行った検査が共通のプラットフォームとなるように取り組んでいくことが求められる。

3節　ケースの見立てと介入計画の立案

クライエントは悩み、苦しみ、不安の中でセラピストと出会うことになる。セラピストはクライエントの話を聞きながらアセスメントした上で介入計画を立て支援を行っていく。

インテーク面接を含めたアセスメントセッションを終えた頃には、セラピストのもとには少なくないデータが集まってきていることだろう。この次の段階では、得られた情報をもとにケースを見立てて介入計画を立案することになる。具体的にはクライエントの症状や問題を同定し、その維持要因をクライエントと共有し、現時点で行える介入プランを提案するということになるだろう。このプロセスはケースフォーミュレーション（Case Formulation: CF）と呼ばれる。CFはあらゆる臨床家が習得する最も重要な機能である（Ledley et al., 2005）。

ここで、1、2節で述べた内容を含め、ケースの見立てと介入計画の立案を具体的に示すために1つの事例を紹介する。

> ◆◆事例：Cさん 30歳男性◆◆
> 会社員で30歳の独身男性であるCさんは、2か月ほど前、通勤途中の電車の中で突然強い動悸と息苦しさ、吐き気を感じることとなった。彼はその場で「死んでしまうかもしれない」と思って強い恐怖を感じ、次の駅で電車を飛び降りることとなった。その日は仕事を休む連絡を入れ、そのまま病院を受診した。病院での診察やその場で行える医学的検査の結果からは特に身体的な異常は認められず、後日の精密検査を予約して帰宅することとなった。

> Cさんはその日以降，通勤電車に乗るたびに，発作のように動悸や息苦しさを感じ，不安になって途中下車を繰り返すようになった。電車に乗るたびに起こる不快な症状に苦慮したCさんは結果的に電車を避け自家用車を使って通勤をすることになった。発作が起こるかもしれないという不安から，Cさんは通勤の不便はもちろん，遠方への出張ができなくなり仕事上で重大な支障を来すようになった。また，同様の理由から休日の外出や友人との交友も避けるようになり，日常生活に大きな不便を感じるようになった。
> その後の精密検査の結果からも，Cさんには呼吸器や循環器などの器質的な問題は認められなかった。Cさんは紹介された精神科を受診し，医師の診察を受けた結果，パニック症と診断され治療を受けることとなった。

1. 操作的診断基準の活用法

現在広く用いられている精神科診断はICD-10やDSM-5といった操作的分類によってまとめられた「操作的診断基準」に従って行われている。操作的分類とは，疾患の成因や原因を前提とせず，観察された症状のまとまりに基づいて障害を定義し分類することであり，操作的分類によってつくられた精神医学の診断基準が操作的診断基準である。操作的診断基準が定められた背景についての詳述は他の文献に譲るが，特定の原因や病態生理といった明確な生物学的要因が不明であり，観察可能な病理所見や，確たる検査法をもたない精神疾患に対して，信頼性の高い診断を行うために定められたのが操作的診断基準である。

ここで，Cさんの診断がどのように確定していったかについて確認してみよう。Cさんは精神科の診察において医師からさまざまな情報を確認されることとなった。医師が確認したところ，Cさんには今回の問題が起こるまで，特段の精神医学的問題は認められなかった。また，問題の発生後に内科医によって行われた診察でも身体的な問題の可能性は否定されていた。Cさんが症状として訴えたのは，以下のようなものであった。

①明らかなきっかけなく，繰り返し，突然生じる，息苦しさ，動悸，吐き気などの不快な身体症状（パニック発作）。
②「死んでしまうかもしれない」という恐怖感。
③発作が起こることへの恐怖から電車や外出などを避けるようになっているという生活の不便さ。
④①〜③のような状態が1か月以上続いている。

気分の落ち込みや意欲低下は認められたものの，一日中持続しているものではなく，安全な自宅では落ち着いて過ごすことができていたり，頭が回らないと感じたり集中力が落ちているなどの自覚もなかった。パニック発作が起こる状況以外では他人の視線が気になることもなく，強迫的に確認をしたり安全を確保しようとすることもなかった。また，初回の発作は本人にとっては衝撃的であったものの，命に別状のあるような事態でもなかった。

医師は上記のような情報をＣさんから丁寧に聞き出し，診断基準を支持する所見をまとめ，支持しない所見について検討しながら診断を定めていった。Ｃさんの場合には，繰り返し生じるパニック発作と，それに対する恐怖感，回避行動などの項目に該当することがわかる。一方で，抑うつ気分は期間的に十分ではなかったり，意欲低下が認められなかったり，対人不安や強迫的な症状が認められないなど鑑別診断が進み，結果的に「パニック症」という診断名が確定することとなった。医師はこの診断に基づいてＣさんの治療方法を選択していくことになる。

精神医学的診断とCFは異なる作業である。診断がクライエントの個別情報から疾患を発見していく作業であるのに対して，臨床心理学的アセスメントはクライエントの問題や状態を，主訴や病歴，発達期の問題，本人の能力，治療の要望，周囲の環境やリソースなどの情報を収集し支援についての作業仮説を立てていく作業である。同じ疾患と診断された者であっても，症状の出現の仕方や本人の訴える生活上の問題には違いがあることは珍しくない。Ｃさんが診断されたパニック症でも，予期不安が強い者や，動悸などの身体感覚への恐怖感が強い者など，クライエントによって多様な訴えが聞かれることであろう。操作的診断基準ではそのような症状の多様さはあまり考慮されない。しかし，多彩な訴えの中から共通性を見いだすことにより，治療指針を立てることができるようになるのである。公認心理師はその役割として医療との連携が求められる。医学における共通言語である操作的診断基準を理解し，適切に使えるようになることはクライエントを支援していく上で欠かせない能力である。

忘れてはならないのは，ガイドラインなどの治療指針を立てる上で重要な情報源となる臨床研究のほとんどが操作的診断基準に基づいた分類によって行われたものであるということである。これは薬物療法だけでなく，多くの心理療法についても同様である。エビデンスに基づいた実践を行おうとすれば，操作的診断分類とそれに基づいた介入研究について理解することは必須である。しかし，言い換えれば診断基準は，われわれに治療を効果的に行うための重要な情報を提供してくれることになる。気分障害や不安障害を中心に多くの診断基準において，心理的支援の効果に対するエビデンスと，効果が確認された介入パッケージが存在する。診断が定ま

2. 機能的アセスメント

　CF は，介入の対象となる問題の成り立ちと維持要因を説明する仮説であると定義することができる。具体的には問題がどのように発生し，発展し，維持されているのかをアセスメント情報をもとに整理し，仮説として形成する作業のことを指す。CF は学習の原理に基づいてクライエント個別の問題を検証する作業として提唱されている。よって，CF を行う上で学習の原理に基づいたアセスメント方法を身につけることが必要となる。その視点が機能的アセスメントである。機能的アセスメントとはクライエントに生じている行動問題を標的として，それを引き起こす要因となっている事項（すなわち環境）を特定するとともにその問題行動が維持されている環境との相互作用のメカニズムを把握する技術（林，2016）である。機能的アセスメント的アセスメントでは観察された現象に対して，三項随伴性の枠組みを適用し，問題となっている行動がもつ機能（環境に及ぼす影響）を明らかにしようとする。

　機能的アセスメントを行うためにはいくつかの前提条件がある。1 つ目の条件は，行動問題は個人に内在するものではなく環境との相互作用の中で維持されているという考えである。つまり，機能的アセスメントは特定の個人を問題の原因とはしない。特定の行動が問題となるときは，その行動を行う者がいるのと同時に，その行動に影響を与える周囲の働きかけがあると考える。2 つ目は行動の問題は学習（経験）によってその頻度が増減するという原則である。これは 3 つ目の前提条件とも関連をしてくるが，行動問題は経験によって変容が可能であることを宣言しているといえる。3 つ目は問題行動が維持されているのはその行動の結果に何らかの強化子が随伴しているという考えである。これは，行動分析学が明らかにした行動の維持メカニズムの最も基本的な原理である「強化」の法則のことである。

　学習理論や行動分析学についての詳細は他項に譲ることにして，本節では実際の機能的アセスメント的アセスメントがどのように進んでいくかについて解説する。

> C さんは，自身の問題について心理師によるセラピーを受けることになった。セラピストは C さんに，生活上での問題を具体的，かつ時系列で話してもらうように促した。
> C さんは電車に乗ると，以前体験した発作の記憶が蘇り「また同じようなこ

とが起こるのではないか」と強い恐怖を感じるようになっていた。さらにCさんの感じた恐怖は，動悸や過呼吸などの不快な身体症状を誘発させていた。電車の中で恐怖や不快な身体感覚を感じたCさんは，耐えきれずに次の駅で電車を飛び降りることになった。電車を降りたことによって電車の中で感じていた恐怖は少し和らぐこととなる。つまり電車を降りるという行動はCさんがそれまで感じていた恐怖を緩和させることができたのである。これは，Cさんにとって身体症状に対する数少ない対処法としての機能を有していたが，同時に仕事に遅刻してしまったり，電車に乗ることを避けることにつながるような生活上の不便を引き起こす要因でもあった。このような不快な発作とそれに対する回避行動が繰り返されていたことから，Cさんは電車に乗っているときに身体感覚が生じるとすぐに電車を降りてしまうようになり，発作を避けるために電車に乗ることそのものを避けるようになっていたのであった。

前節でも触れたが，行動の機能についてはさまざまなものがあることが明らかになっている。中でも代表的なものとして①モノや活動の要求，②周囲からの注目，③逃避・回避，④感覚刺激の機能がある。Cさんの例では，電車を降りるという行動は不快な身体感覚からの逃避・回避としての機能をもっていると考えられた。

機能的アセスメントを実際に行う際にはその手続きは3つの段階に整理することができる。1つ目は標的行動の決定である。先にも挙げたように機能的アセスメントとは人間の行動をミクロな視点で分析する作業である。クライエントが抱える問題は複数あることは一般的であろう。機能的アセスメントではそれらの中の1つ1つを独立して取り上げる。標的行動を取り上げる際に指標となるのは，以下のようなものである。

①行動が操作的に定義可能で具体的でクライエントにもわかりやすいか。
②理論的に考えてそれらの行動が独立しているかそれとも関連しているか。
③それらの問題行動の生起に順序性がありそうか。
④その行動を標的とすることでクライエントや周囲の人間からの協力が得られそうか。

これらの点を考慮しながら機能的アセスメントの対象となる行動問題を整理しクライエントのニーズに沿った上で対応する標的行動を定める。

次に標的行動と環境の関係について情報を収集しその関係性をアセスメントするという段階である。分析の際にはまず標的行動が生起する場面や状況についての情報を確認する。また標的行動の結果クライエントがどのような環境変化を体験したかについても確認をする。この際に行動問題が引き起こす場面だけでなく，行動問題の生起を阻害するような要因についても検証を行うことがよいであろう。Cさんの例では，同じ乗り物でもどのようなものであれば不安を感じなくていられるのであろうか，回避行動をとらなかった場合にどのような結果が生じているのであろうかなどを確認していくことがそれにあたる。その際は面接法による聞き取りだけでなく，行動観察や実験的な手続きを行うこともある。

最後に標的行動が維持されているメカニズムを検討するという段階である。三項随伴性の分析の結果，特定の先行刺激や特定の後続事象がある際に標的行動の頻度が増加または減少することが明らかにできればその行動のもつ機能について仮説を立てることができる。その仮説の妥当性は，①可能であれば先行刺激や後続事象を実際にコントロールしその結果の違いをモニタリングする，②影響の有無が想定される先行刺激や後続事象についてのさらなる情報を収集しクライエントのこれまでの反応の差異を確認するなどをして評価することができる。

3．心理検査の活用の仕方

介入計画を立てていく上で，行ったアセスメントの結果を解析し，クライエントや同僚と共有することができると，チームでクライエントの心理状態や心理的特性を理解し，統一した対応ができるようになる。先にも挙げたように，心理アセスメントとは心理検査のことだけではなく，むしろ心理検査を実施する一連の流れの中で行われる面接や観察も含まれる。ただ数値で得られたデータだけでなく，検査時の態度や言動なども含めて総合的にまとめ，活用されるものである。心理査定で明らかになるのは問題や弱みだけではない。むしろ面接などの中では語られない本人の強みや社会資源などに注目し利用していくことも重要である。現実生活でクライエントの支援となるような要因は多ければ多いほどよい。また，気づいていなかった問題がアセスメントによって明らかになることもある。たとえば，本人は自身の気分の落ち込みを主訴として来談したのだが，アセスメントの結果落ち込みに影響を与えている要因として，重大な家族間の葛藤の存在が明らかになるようなことがある。

アセスメントの中でも心理検査で得られたデータの扱いには注意をする必要がある。それらのデータはあくまでもそのときのクライエントの状態を反映しているだけであることに注意が必要だし，検査時の様子や言動などの行動観察を行うことに

より，数値データを支持するような所見があるかどうか，矛盾するような所見があるかどうかについて検証していくことが求められる。たとえば知的能力の測定方法である知能検査は抑うつ症状によっても低下することが明らかになっている。心理検査実施時に「頭が働かない」「なぜか集中できない」などという訴えをクライエントがしていた場合には，単純に知能検査の成績から知的能力の障害を判定するのではなく，行動観察や抑うつ尺度の点数なども考慮に入れて解釈をする必要がある。

心理検査の結果を含め心理アセスメントを行った場合には，情報をまとめた報告書の作成を求められることが多い。報告書の作成は，先に示したようにクライエントの心理状態だけでなく，家族問題や社会・経済的問題，個人内要因や環境的要因などにも配慮しつつ，行った心理検査のデータと行動観察を総合して作成する。施設によっては，あらかじめ報告書のテンプレートなどがあるところもあるので確認をしておく。心理検査は主治医や同僚だけでなく，本人や家族などが確認する可能性を想定して書いておいたほうがよい。また，臨床心理学の専門家以外が読むことも多い。可能であるならば本人にフィードバックを行う際に用いる所見と，主治医や同僚に見せるための所見の2種類を作成しておいたほうがよいだろう。所見を書くときには，できるだけ専門用語を使いすぎないように注意し，できるだけ客観的な用語に置き換えられるようにする。特にクライエントや関係者に見せるフィードバック資料に関しては，本人たちが希望するからといって，スタッフ用のものをそのままお渡しせずに，できるだけ平易な言葉にした所見を別途制作することを推奨する。

心理検査の結果は，その時点でのベースラインという意味も有している。症状尺度のようなものであれば，定期的に測定し続けることで変化を観察することができる。パーソナリティのような特性を測定する方法についても，介入前後で比較することによって，その特徴がクライエントの本来もっていたパーソナリティ特性なのか，疾患によってそのようになっていたのかについて明らかにすることができる。いずれにしても，アセスメントは繰り返して行われることが大切である。

4. 介入ターゲットの同定と介入プランの立案

診断名が明らかになり個別の問題についても分析が進んでいくと，いよいよ介入に向けての計画が立てられることとなる。この段階において，初心の臨床家はよく次のような疑問を抱く。

①もしクライエントが複数の問題を抱えているなら，どの問題から取り上げればよいのだろうか。

②介入プランをどのように立てればよいのだろうか。

　クライエントが複数の問題を抱えているとき，どの問題から取り扱うかについて考えるときの1つの答えは，クライエントにどの問題から取り扱いたいかについて単刀直入に聞いてみるということである。特に複雑な症例においてより一層重要だと考えられるのは，クライエントとさまざまな障害の間の機能的な関係をしっかりと検討することである。たとえば，うつ病と強迫性障害をもつクライエントにおいて，1日の大半を強迫行為で費やすことに疲れて絶望的になっていることが明らかになったとしたら，強迫の治療が進むことは抑うつ症状を改善することにつながるかもしれない。また，ある障害に対する介入を進めていくために，別の障害を治療をすることが必要不可欠であることもある。たとえばうつ病とパニック症をもつクライエントに介入をする際に，うつがひどくて外に出ることはおろか，食事をとることや身だしなみを整えることもできない状態であるならば，パニックに対する認知行動療法（CBT）を行う前にまずうつ病に対する治療を行い，クライエントにやる気や活力が回復してきてから，改めてパニック症の介入を行うのが最善であるだろう。

　ただし，最重要問題に関する認識がクライエントとセラピストの間でずれることがある。そのような場合には率直にそのずれについて話し合うことがよいであろう。たとえば，うつ病により休職してしまったクライエントとの面接を想像してもらいたい。クライエントは一刻も早く職場に復帰することを望んでいる。しかし彼の状態は十分に安定しているとはいえず彼はまだ希死念慮に苦しめられている。こういった場合には，セラピストは説得を試みるというよりも，自身が重要だと思うことと，クライエントの考える重要な問題の間のずれについて驚きを表明するのがよいだろう。

セラピスト：それではあなたは，今すぐにでも職場に戻る必要があると考えておられるのですね。
クライエント：ええ，そうです。
セラピスト：驚きました，心理検査の結果からもまだ抑うつ症状は十分落ち着いているわけではなくあなた自身も毎日生きているのがしんどいと話されていましたよね。
クライエント：はい，そうです。しかし私は一刻も早く仕事に戻る必要があるんです。

> セラピスト：あなたにとって仕事ができる状態であるということがとても大切なんですね。さて，あなたが思う復職とは，たとえば1週間や2週間職場に復帰できるということでしょうか，それとも継続して仕事を続けられる状態になったということでしょうか。今もし職場に戻ったとしてあなたは十分に仕事ができる状態になったといえるでしょうか。
> クライエント：いいえ，今職場に戻ったとしても，やっぱりまだ求められていることはできずにどんどん苦しくなっていくと思います。しかし，仕事もしていない自分というのに耐えられそうにないんです。
> セラピスト：あなたは「仕事を休職している」状態にいることでとてもつらい感情が湧いてきていますね。あなたにとって「仕事に行っていない人」というのは価値がない，無能な人間ということなのでしょうか。そのように感じてしまっていてはとてもつらいですよね。
> クライエント：そうなんです。

　セラピストの判断とクライエントの判断が一致していなければ，お互いがどう考えているか検証してみることは協働的な作業であり十分な価値がある。クライエントは，介入が一番困難だと感じる問題や，セラピーで取り上げることに迷いがある問題に関して回避してしまうことがある。反対にセラピストが自身の思い込みによってクライエントの最も重要な問題を軽く見積もってしまうこともある。いずれにしても，意思決定の共有を徹底することがこのような問題の解決に役に立つ。セラピストが自身の考える介入ターゲットとその根拠を明らかにした上で，クライエントから率直なフィードバックを得て協働作業でターゲットを定めていくことができれば，複雑な事例であっても介入ターゲットは定まっていくであろう。

　介入ターゲットが定まれば，介入プランについては自然に定まっていくことになるだろう。その際に，次の疑問は治療構造をどのように構築していくかということになる。この際に（特に経験の浅いセラピストにとって）1つの有効な回答はその問題や疾患についてエビデンスが確認されている治療マニュアルを使うということである。治療マニュアルは特定の問題（抑うつ気分や不安感情，回避行動など）への対処について明確な指針をセラピストとクライエントに与えてくれる。またマニュアルは問題を克服していく具体的な手順と構造を提供してくれる。特に経験の乏しい初心の臨床家にとっては，マニュアルはセッションの中でセラピストが何を言い，何を行えばいいかを明確に示してくれる。一般的なマニュアルは，治療の焦点になる問題の性質に関する情報とそれに基づいた毎回のアジェンダ，明確な介入

指針と時には役に立つツールや非協力的なクライエントへの対応の仕方などのヒントも与えてくれるだろう。しかしマニュアルはあくまで標準的な介入計画を示すものである。各クライエントとの治療はそれぞれの問題にカスタマイズされて行われる。そのため，クライエントに対して介入がどう展開していきそうなのかを考えるためにも，セラピストは機能的アセスメントをはじめとしたCFを行うことが大切になる。初心のセラピストにとっては正確なCFを行えるようになることは重要なトレーニングの課題である。自身の見立てと介入計画について，クライエントからフィードバックをもらうだけでなく，スーパービジョンを積極的に受けることや事例検討を行うことなどを通して，その精度を上げていくことは実践家として成長するためにも積極的に取り組んでもらいたい。

5. 心理教育とセラピーへの動機づけ

心理教育とは，「精神障害やエイズなど受容しにくい問題をもつ人たちに，正しい知識や情報を心理面への十分な配慮をしながら伝え，病気や障害の結果もたらされる諸問題・諸困難に対する対処法を習得してもらう事によって，主体的に療養生活を営めるように援助する方法（蒲田，2004）」と定義されている。

さまざまな標準的治療マニュアルが，クライエントに対して教材や資料を配布したり，セラピストによる説明を行うことから始まっている。クライエントや時にはそれを行うセラピストでさえも，心理教育を「時間の無駄」とみなす者がいる。しかし，心理教育には重要な機能があり，おろそかにはできないものである。第1に心理教育はクライエントとセラピストがこれから自分たちが行う作業の共有をする作業であるとみなすことができる。セラピストがクライエントの経験している問題の性質と，これから行う介入がいかに最善かについて説明を行う際に，クライエントは自身の問題を振り返り，セラピストがこれから行おうとしている作業に対して質問することができる。セラピストは一方的な講義をするのではなく，アセスメントの際にクライエントから得た情報をふんだんに利用して，ある概念がクライエントにどのように当てはまるのかを理解してもらい，フィードバックを求めるべきである。こうすることで，セラピストはクライエントの問題の最新事情を得ることができ，CFにそれを反映することができる。さらに，クライエント自身が治療チームの一員としての役割を担っていることを理解し，積極的なセラピーへの参加を促すことができる。

第2に心理教育はクライエントの問題について無意味な原因探しを止めることができる。心理的問題をもつクライエントは，生（成）育歴をはじめとした「変えようがない事実」を問題の原因としてとらえてしまいがちである。変えようがない事実

を受け入れ，変えられるこれからに焦点があたるのならばよいが，多くの場合は，自罰的，他罰的になったり，個人攻撃の罠にはまってしまいがちである。心理教育の中で，現時点で明らかになっている問題の原因や，維持要因などについて知識を得ることは，状態の改善に寄与しない原因探しを止めることにつながり，セラピーへの動機づけを高める作用がある。

第3に心理教育はクライエントが抱える問題の予後について知らせることができる。たとえば，同様の疾患がどれくらいの有病率で，どういった治療を行うことで改善していくかについて知らせることができるし，セラピストの経験についても伝えることができる。特にセラピストが同様の問題に対して専門性をもっており，多くの経験を有していて，自信があるように感じてもらうことができれば，信頼関係は強まるであろう。

最後に，心理教育はセラピーに対する不安を和らげることにつながる。クライエントは，その日いきなり何をするかを説明され実施を求められるわけではなく，あらかじめ心理教育を通じて自身がセラピーの中で何を行っていくかについて説明を受けている。そのようにして準備を行うことができるのである。もちろん，不安が強い場合には介入方法に対する拒否を表明したり，疑問を呈してきたりすることもあるだろう。しかし，その場合には改めて介入ターゲットと介入法について検討することができる。このようにして，クライエント自身がこれから何を行っていくかを知識的にも，イメージの中でも準備する機会が与えられる。

こういった心理教育のもつ機能が果たされるためには，心理教育が協働作業で行われるように構成されている必要がある。心理教育セッションの具体的な内容は，クライエントが求めている問題次第でさまざまなものとなる。たとえば，Cさんの事例において，Cさんがパニック発作による死の恐怖を訴えた場合には，過呼吸や動悸などの身体反応そのものが致死性のものとなることはほぼないことを，Cさん自身の実体験から理解してもらうことになる。一方で，Cさんが社会機能の障害に焦点を当てた場合には，回避行動が日常生活に及ぼす悪影響について，Cさん自身の体験から理解してもらうことができるであろう。いずれも，クライエント自身の体験にセラピストのもつ情報が合わさることでより深い理解を促すことにつながっている。

クライエントとセラピストが心理教育を通してクライエントの疾患や問題に理解を深めていくことは，クライエントの発言機会を増加させる機能も有している。クライエントは多くの場合，さまざまな問題を抱えて不安に思っている。たとえば，「自分の他にどれくらいの人がこの疾患にかかっているのか」や「予後はどうなのか」といった自身に関連した疑問もあれば，「海外の有病率」や「男女比」などが気に

なるという場合もある。そういった疑問を積極的にセラピストに伝え検証する作業を行うことは，クライエントのセラピーへの参加を促すという意味で重要である。セラピーはクライエントによる正確な言語報告なくしては成り立たない。心理教育を通して対話が深まっていくことは，クライエントがセラピストに対する信頼を強め，セラピーへの関与を高めるためにも非常に重要である。

> Cさんは医師からパニック症に対する治療として，「脅威となるような場面にどんどん出ていくことになる」という説明を受けていた。彼にとってこの説明は脅威的でセラピーに対する不安を高めることにしかならなかった。セラピストはインテーク面接にてCさんが話した情報をふんだんに取り入れ，パニック発作が引き起こる仕組みや，電車をはじめとしてCさんがさまざまな場所を避けるようになっていった要因について行動の原理についてなどの情報提供を行いつつ，メカニズムを検討していった。セラピストはCさんに問題を維持している行動の原理を利用して，逆に問題を解決しようとすれば何ができるかについて考えてもらった。Cさんは不安を語りながらも，「パニック発作が起こったことがないけれど避けている場所に近づくことからならできるかもしれません」と話し，具体的な治療プランとして親しい友人と食事に行くことを提案された。

6. おわりに

　本節では，面接や心理アセスメントを通してケースを見立て，介入計画を立案する具体的な作業について解説を行った。仮説に基づいて介入を行うことにより，結果を受けて仮説を再検討することができる。たとえ介入によって予想していた効果が得られなかったとしても，その結果そのものがアセスメントのための新しい情報を提供してくれることとなり，仮説を洗練させてくれることにつながる。心理師が支援を行っていく際には，何が問題となっているのか，どこに働きかければよいと考えられるのか，効果があったら何が変化するのか，の3点を意識して，常に自分の行っている支援をチェックしていくことが求められる。

第6章
臨床的介入の各種アプローチ

1節　心理療法（個人療法と集団療法）

　医療機関において公認心理師が担う業務として，主要なものは，心理療法と心理アセスメントだろう。2015年に行われた臨床心理士の動向調査によると，おおよそ1万人の回答者の42％程度が医療・保健領域に従事し，調査回答者全体で業務として臨床心理面接（心理療法・心理相談・心理カウンセリング・心理指導・心理訓練など）を行っているとした者は86.2％に上り，大半の臨床心理士が心理療法に従事していることが改めて確認された（日本臨床心理士会，2016）。

1．心理療法とは

　心理師の行う面接は，その目的によってアセスメントを主としたものと，抱える課題や困難の解決・改善のための心理療法を主としたものに大別できる。心理療法は適切な心理アセスメントに基づいて行われる。心理アセスメントについては，他章で詳しく扱っているためここでは詳細に述べないが，心理アセスメントと心理療法は明確に区別できるものではなく，心理療法の間もアセスメントは継続され，必要に応じて心理療法に反映され，常に連動する。

　「心理療法」は，特定の理論や人間観を学問的背景に基づいて行われる心理的援助の実践活動を指す（藤永，2015）。心理療法として用いられている技法は，来談者中心療法，行動療法，精神分析，夢分析，箱庭療法，遊技療法，芸術療法，家族療法，臨床動作法など非常に多様である（日本臨床心理士会，2016）。これらの多様な心理療法の共通点は，心理的苦悩の改善やパーソナリティの変容を目的として，セラピストとクライエントの関係を重視するということにある（藤永，2015）。心理師としての実践にあたって，各々が拠って立つ理論と技能を十分に深め，磨きつづけることは当然だが，同時にそれぞれの特性と限界を知り，目の前のクライエントにより適切な形に柔軟に用いることができるようになることも必要である。

心理療法・心理的介入はその対象や目的によって，情報提供や対処法の習得を促進して問題を未然に防ぐことを目的とする予防的関わり，多くの人が経験するライフイベントを乗り越えることを支援する発達的関わり，問題が起こった後にそれを改善するための支援を提供する修復・治療的関わりといった軸でも大別することができる（岩壁，2013）。心理療法を行う上ではその介入がどのような対象にどのような目的をもって，どのような構造で行われるかを心理師が明確に認識していることは重要である。

　心理療法には，1人の患者を対象とした個人療法，患者を含む近しい人を対象とした家族療法やカップルセラピー，複数の患者や家族を対象とした集団療法などさまざまな形態がある。この項では医療機関で行われる個人心理療法と集団療法について概説する。

2．医療における心理療法の位置づけ

　医療領域においては，患者（クライエント）は何らかの疾患に罹患して（あるいは罹患を疑って）医療機関を受診して医療を受けるという構造の中で心理療法を提供する。疾患に対する「主治医」が存在し，心理師も医療チームの一員として参画することになる。そのため，治療を行っている主治医や医療チームとの連携は不可欠である。

　精神疾患の場合，薬物療法を行いながら心理療法を併用する場合もあるが，薬物療法を行わずに心理療法を主とする場合もある。身体疾患の場合，その罹患や治療に際して，疾患にまつわる苦悩や経過に悪影響を与える心理的・行動的問題に対する心理療法を導入する場合などがある。また，患者の罹患している疾患名だけでなく，疾患経過のどのような時期にあるのかも重要である。たとえば精神疾患でも，うつ病が重篤で入院治療を要する時期なのか，回復期で疾患によって中断した職場への復帰を目指すのかによっても心理療法に求められる機能は異なる。身体疾患においても，疾患が重篤あるいは進行して痛みや呼吸困難などの身体的な苦痛をともなって不安が高じている状況か，身体疾患の治療は安定期に入り，今後の悪化を予防するために治療へのアドヒアランス（食事管理や禁煙，服薬，運動習慣等）を維持することが必要とされている状況かによっても，心理療法でできること，必要とされることは異なる。また，自分の所属する医療機関の機能も重要な意味をもつ。急性期を扱う病院なのか，リハビリテーションを主とするのか，慢性期・長期療養を担うのかによっても，できることや使える時間は異なってくる。

　これらを踏まえて，心理師－患者関係とその面接の構造だけでなく，そこで行われる医療サービスにおける心理療法の位置づけを理解しておくことが必要となる。

1節　心理療法（個人療法と集団療法）

3．個人を対象として行うアプローチの実際
(1) 再発うつ病への薬物療法と並行した心理療法を行った例

　20代で過労をきっかけにうつ病を発症し，精神科初診。抗うつ薬を開始して3か月の休職したのち，症状は軽快して職場復帰。間もなく通院治療終結となった。30代後半，責任ある立場で多忙が続くうちに不調を訴え再受診となった。睡眠障害・集中困難・自責感などが強く，疲弊した状態にあったが仕事を休む決断ができず，家族と主治医に説得されるようにして休職した。数か月後，薬物療法主体で病状は安定したが，「再び調子が悪くなるかもしれないと思うと，職場に行くのが怖い」と訴え，復職は繰り返し先延ばしになった。うつ病の再発予防と復職支援を目的として心理療法導入となった。心理療法の初期はアセスメントを中心に面接が進められ，復職や病状再燃の不安とともに，「抗うつ薬をやめないと，社会には本当に回復したと認められない」「自分は抗うつ薬をやめるとすぐに再発してしまう」といった相反する考えが明らかとなった。

　この例のような再発うつ病では，次の再発を予防するために長期的に抗うつ薬が適量処方されることが標準的であるが，本人の薬物療法に対する認識とは食い違いがあった。心理師はこうした本人の懸念を主治医と共有し，主治医からうつ病治療の方針や，薬を飲みながらでも復職は可能であることなど，今後の見通しについて本人に改めて説明してもらうこととした。その後の心理療法の中では，責任を抱え込みやすい傾向など，うつ病の発症や維持に関わる特性を取り上げて対処を話し合った。また，2度のうつ病の経緯を振り返り，再発の徴候の見つけ方や徴候が生じたときの対策を話し合い，段階的な職場復帰を経て本人の自信がついたところで終結とした。心理療法はおおむね2週間間隔で1回40分程度，計16回行われた。その後は精神科主治医の外来で，最低限の薬物療法を継続しながら，元気に仕事を続けることができている。

　このようなケースは，精神科外来ではしばしば遭遇する例である。心理療法として定期的に決まった時間を設けて，精神科医の診察とは独立した面接を必要期間継続することができる。

　心理療法ではうつ病という精神疾患の治療と再発予防に，主治医である精神科医と協働して取り組む。この例では本人の懸念を心理師と主治医が共有した上で，薬物療法を中心とした治療方針と回復の見通しについて主治医から本人に改めて説明するという役割分担を行った。その後，心理師は服薬下での復職と再発予防という本人の希望にむけて，本人が自分の考え方や対人関係のとり方などの特性を認識し，今後の生活の中でよりよく対処していける方法を話し合い，復職を段階的に進めることで自己効力感を回復させていくことを心理療法の中心課題とした。このように

主治医と協働し，情報共有しながら心理療法を進めることをはじめに患者にもきちんと説明しておくことは患者の安心にもつながる。

(2) がん治療の苦痛から治療継続の不安を訴えた入院患者に介入した例

　婦人科系のがんの手術後，抗がん剤治療を継続している。抗がん剤の投与前日に入院して数日間で退院して職場復帰し，数週間後に再び数日入院する治療を6回ほど継続の予定である。3度目の入院日，主治医に「もうこれ以上治療に耐えられそうにない」と泣いて訴え，心理師への紹介となった。主治医も看護師もそれまでこの患者が泣いたり，落ち込んでいる様子を見たことがなく，前向きに治療に取り組めていると考えていたため，この出来事に戸惑っていた。

　初回面接では，抗がん剤を投与した後数日間は吐き気や倦怠感が強く，気持ちが落ち込みがちになること，また抗がん剤治療の入院とその後の副作用の期間は「自分はがんである事実」から逃れられないように感じて非常につらいこと，これまでは周りに心配をかけないようにしていたが，繰り返し仕事を休まなくてはならないことの申し訳なさも重なり，主治医の前で弱音が出てしまった，ということが話された。

　心理師は本人のこれまでの努力をねぎらった上で，抗がん剤治療前後の数日間，どのように気分転換をしながら過ごせそうかを話し合った。また，副作用の辛さを感じるのは特別ではないことを伝え，この治療を受ける患者さんを数多く担当している病棟看護師に，副作用の対処法などを相談してみるよう勧めた。

　本人との面談後，病棟の看護師には本人は話をしたり相談に乗ってもらえることが安心につながること，主治医には本人が主治医への信頼感をもてているからこその感情吐露であったことを伝え，本人を見守るだけでなく積極的に関わってもらえるとよいことを説明した。その後心理師は数日間の入院中に折に触れて本人のベッドサイドに訪問し，対処ができているかを確認し，できていることを称賛し，退院とともに介入を終了した。

　このように，身体疾患の治療中，特にその入院中の心理療法は，身体疾患の治療が安全に効果的に続けられることを支える意味をもつ。急性期を扱う身体疾患の病棟では，平均入院期間は10日程度ということも少なくない。心理療法としての関わりは多くて数回，病状や状況によっては話をする時間もごく限られ，大部屋のベッドサイドで面接を行うこともある。こうした構造の中で，今ここで何を支援するべきか，支援できるかの見極めは非常に重要となる。このような場面では患者の発達的な課題や精神病理の治療は面接の中心課題にはなりにくく，アセスメントに含めて当面できることを考えていくことになる。

この例では，数日の入院期間に予定されていた治療を少しでも苦痛を少なく受けられることを目的として，当面できる対処法を話し合った。また，今後もこの病棟での治療継続が予定されているため，病棟看護師や主治医と本人との関係が強化されることの有効性を考え，患者だけでなく看護師と主治医にもコミュニケーションが促進されることを意図してフィードバックを行った。このように，心理面接だけがその他の医療の流れから分断せず，医療チーム全体として円滑に患者を支援できるように，生じている事象を俯瞰して働きかけることも，心理師の重要な役割となる。

4. 集団療法を通して行うアプローチ
(1) 集団精神療法・集団心理療法とは
　複数の患者に対して，個々の患者の治療や回復，心理的支援等を目的として行われる心理学的介入を集団心理療法という。医療機関で行われる集団心理療法には，さまざまなものがある。目的や毎回の進行が明確で，グループの回数や扱われるテーマが定められ，初回から最終回まで同じメンバーが参加するような，構造化されたグループもあれば，実施される時間や場所のみが規定されていて，その回ごとに参加するメンバーが変わるような，構造の緩やかなグループもある。
　集団の大きさも，集団で用いられる心理学的な技法も多様になり得るが，「どのような目的で行われるのか」を踏まえてその目的に沿った構成（参加メンバーの特性，人数，取り上げる内容，セッション内の構成，頻度や回数）とする必要がある。構造化された集団療法の例としては，SST（Social Skills Training）や集団心理教育プログラム（詳しくは本章3節）がある。また，精神疾患に限らず，慢性身体疾患の生活習慣改善を目的としたグループアプローチ，がん患者のミーティングなどさまざまな活動が行われている。

(2) 集団療法における心理師の役割
　集団精神療法（入院・通院）は「集団内の対人関係の相互作用を用いて，自己洞察の深化，社会適応技術の習得，対人関係の学習等をもたらすことにより病状の改善を図る治療法」とされ，2016年度の時点では精神科を標榜している保険医療機関において，精神科を担当する医師および1人以上の精神保健福祉士または臨床心理技術者等により構成される2人以上の者が行った場合に，診療報酬として算定できる。つまり，集団療法には，心理師以外の複数のスタッフが参加する可能性があり，これらのスタッフの協働のもとに行われる。心理師としてのアセスメントの力を働かせながら，グループスタッフとして協働することが大切である。

集団療法に参加する患者や家族は，何らかの困難や不適応を呈しており，その回復を目的としてグループを活用する。そのため，グループに否定されたり，拒否されることなく受け入れられ，受け止められることの意義は大きい。参加者それぞれの様子に注意を払い，参加者同士の関係性にも目を向けながら，グループが参加者にとって安全で，「自分はここにいてよいのだ」と感じられるような雰囲気づくりは心理師の重要な役割となる。

さらに，グループは個別療法の場と異なり，集団における患者の様子に触れ，社会におけるその人の在りようを垣間見られる機会ともなる。他者との関わりの中での患者の振る舞いや反応をアセスメントし，個別療法での課題につなげることも可能である。また，アセスメントしたことを多職種と共有し，どのように関わることが有効かを提案していくことも，心理師の専門性を活かした働きになり得るだろう。

2節　家族への支援

医療者は，患者（クライエント）の家族が患者を励ますサポーターとなり，治療に対する理解のある協力者となることを無自覚のうちに期待している。実際，医療者から家族への適切な支援を行うことで，患者の病気の経過にも良好な影響を得ることできる。次の節で紹介する家族を対象とした心理教育的アプローチは好例である。ただし，家族は多くの場合ははじめからは病気に関する専門知識はもっておらず，家族自身も疾患についての適切な知識や対処法の獲得を必要とする。さらに大前提として，家族員が病気を抱えることでその家族もまた大きな影響を受け，心身ともに負荷を抱えた状況にあることを踏まえた支援が必要になる。

1．患者の家族への心理的支援の必要性

家族の誰かが何らかの病気になると，体調の悪い家族の身の回りの介助をしたり，その家族が担っていた役割の肩代わりをする（例：主婦であった母親が病気になり，他の家族が家事を担う）などの身体的・時間的な負荷が生じる。また，家族を病気によって失うかもしれないという不安や，医療費の支払いや病気によって働けないことでの収入の減少といった経済的な負担なども生じることになり，さまざまな心理的・身体的・社会的な影響が家族にかかることになる。また，家族が健康であればこのように過ごしていくであろうと想像していた将来像も失うことになる。しかし，そうしたさまざまな負荷や不安を，家族が相談したり吐露できる場は少ない。

たとえば，がん領域においては「家族は第2の患者」とも表現され，家族の抱え

る苦悩と支援の必要性に目を向けることが促進されてきた。実際，進行期や終末期のがん患者の家族を対象とした調査では，うつ病をはじめとする精神疾患が少なからずみられるという（大西，2009）。大西（2009）は，家族が身体，精神，社会面でさまざまなストレスを受けること，そのため医学および心理社会的なさまざまなアプローチが求められることを指摘している。

家族の抱える困難と家族への支援の必要性は，がんを代表とする身体疾患にとどまらず，精神疾患を含めて，医療を必要とする患者の家族全般に共通するものでもある。

2. 家族への支援と家族の包括的なアセスメント

心理師は患者の治療にかかる医療チームの中にいて直接的な身体的処置に関わることができない分，患者を取り巻く家族に目を向けやすい立場にもある。たとえば交通事故にあって救急救命センターに運ばれてきた患者が救命のための処置を受けている間，家族に付き添いながら家族状況の情報収集を行うといった役割を担うこともある。入院病棟でも，医師や看護師が患者の治療やケアをしている間に家族と話す機会が得られることもある。こうしたときに，家族への労いやいたわりの言葉をかけ，家族が不安や苦悩を話せる場を提供することは，家族の孤立を防ぎ，家族と医療者をつなぐ上でも重要である。

家族の心情に耳を傾けるだけでなく，家族自身に明らかに治療が必要な不眠症状や抑うつ症状，身体的な不調がないかをアセスメントすることも重要である。これは，必要に応じて家族への医学的支援につなげるためでもある。また，患者の病気と治療によってその家族全体の生活がどのような影響を受けているのかにも目を向ける。病院には来ない家族も含めてどのような家族構成であるのか，家族内で心理的にも行動的にも支え合い，役割を補い合うことができるのか，介護にかかる人手や経済面に困難はないかといったことに目を向けることは家族を支援する上で非常に役立つ。つまり，家族に接するときにも，心理・身体・社会的な側面の包括的なアセスメントをする姿勢が求められる。

家族と接する中で得られた情報に基づき，たとえば適切な医療費等の助成制度の情報を得ているか，退院してくる患者を迎え入れる準備が環境的にも整っているかなどをアセスメントし，医療ソーシャルワーカーなどと連携して必要な社会資源が活用できるように支援することは，家族の生活基盤を支える上でも有効である。

3. さまざまな場面での家族支援
(1) 疾患の診断や病状の悪化の知らせを受ける家族への支援

がんの告知の際に患者の心理に十分な配慮が求められることは，今や共通認識であろう。同様に，自分の家族が重篤な病気に罹っていること，進行期や治癒が困難な状況であると知らされることは家族にとっても衝撃となる。あるいは，出生時に重い障害をもって生まれた子どもの親がその事実を告知される衝撃も計り知れない。精神疾患では，様子がいつもと違うと感じるようになってから医療につながるまでの困難が大きく，診断によって治療可能な疾患とわかってほっとしたという人もいる。しかし，精神疾患に対するスティグマはいまだ大きく，病気のことを親族や知人に話せないと感じたり，家族の病気に対する自責を強く感じることもある。

事実を知ることは家族の権利だが，伝えられる事実への感情的な動揺の中で，耳慣れない医学用語を用いた説明を聞き，時にはさまざまな判断を求められることの負担は大きい。その事実をどのような配慮のもとで伝えられたかは，その後の家族の受け入れや医療者に対する信頼感，ひいては協力関係を促進する上でも重要である。これは最初の病名の告知のときだけでなく，病状の悪化時，再発時，治療困難な状況になったとき，終末期など疾患の経過中のさまざまな場面に共通する。家族が情報を受け入れるレディネスをアセスメントして医療チームと共有すること，家族が伝えられた事実をどのように受け止めたか，その感情面にも注意を払い，医療者の説明が不十分な場合や家族の理解があいまいな場合には，必要な対応を検討することも心理師の関与し得る部分であろう。

(2) 疾患への理解や対処を促進する支援

医療者からの説明が家族や患者の理解を促進するほど十分ではない，説明の時間をまとめてとることが難しいという実際的な問題もあり，医療者が思うほどには家族は疾患について理解していないことが多い。そのことを医療者が自覚しないまま，家族の理解や対応が悪いと批判することはできない。家族への適切な情報提供や患者への接し方を含む対処方法の獲得の促進は，家族の負担感を減らすだけでなく，患者の疾患の予後へも好影響を与えるという報告は少なくない。

たとえばうつ病は一般には性格や努力の問題とも考えられがちで，家族内でも厳しいやりとりが増えることがある。たとえばうつ病の症状によって朝起きられないことを批判したり，家族が患者の病気は自分の育て方や接し方のせいだと思って心配して過干渉になりすぎたり，患者と適切な距離をもって接することの難しくなった状態を EE（Expressed Emotion）が高いという（下寺ら，2010）。EE の高さはうつ病でも統合失調症でも患者の再発リスクに関与する。その家族の EE を低下さ

るのに有用な支援が心理教育的アプローチ（情報提供と対処法の獲得支援）である。統合失調症の家族を対象とした心理教育では，患者の再発率を減らし，次の再発までの期間が長くなることが報告されている（Dixon et al., 2001）。また，うつ病でも家族心理教育は，再発の減少や寛解の維持に有効であった（Shimazu et al., 2011）。心理教育の中で行われる対処法の獲得支援では，患者に対する EE が高まるような場面での対処についての問題解決技法（Shimazu et al., 2011）などが用いられる。心理教育以外にも，統合失調症の再発予防効果が示された行動療法的家族支援では，やはり家族内のコミュニケーションスキルと問題解決技能に焦点を当てる（Falloon et al., 1985）。

一方，身体疾患でも家族内のコンフリクトが，血圧や血糖値のコントロールに影響を及ぼすことが知られている。そして，家族を含めた介入によって慢性身体疾患患者の身体的・心理的健康は通常の治療のみに比べて短期的にも長期的にも良好な結果となり，家族の健康においても良好な結果が得られることが報告されている（Hartmann et al., 2010）。ここでの介入も，先述の精神疾患の家族支援と同様に，心理教育的アプローチと家族の関係性などを含む実践的な対処が扱われており，家族を対象とした実際的で生活上に役立つ支援の必要性と有効性が示唆される。

(3) 子どもをもつ患者や家族への支援

患者が幼い子どもの親である場合，あるいは，幼い子どもを抱える家族の中に重篤な疾患をもつ者がいる場合にも留意が必要である。子どもは，病院にはあまり登場しないため，医療者の意識からも抜け落ちやすい。

たとえば，若い母親ががんに罹患し，入院して手術を受けた後，副作用と折り合いをつけながら化学療法をしていく場合を考えてみる。子どもは，入院にともなう母親の不在，副作用に悩まされる母親の姿，苦悩するその他の家族たちに触れながら生活する。病者のケアに人手がとられる分，子どものケアに思うように時間や手間をかけられない現実もある。もちろん精神疾患でも同様である。子どもの生活や成長を患者やその他の家族とともにどう支援するか，そして子どもに親や家族の病気をどう伝えるかは大きな課題であり，発達段階の理解を踏まえたさまざまな取り組みが行われている。病状によって思うように子どもの面倒を見ることができないときには，どのような対応が行い得るかを，患者とも家族とも考えておく必要がある。

院内では主治医やソーシャルワーカーはもちろん，子どもの年齢に応じて保育士や医療において子どもやその家族への支援を行うことを専門とするチャイルドライフスペシャリスト，小児を専門領域とする看護師などの協力や助言も大きな力とな

る。また，子どもの生活する地域（幼稚園や小学校など）とどのように連携するかも大切な課題である。

(4) 遺伝性疾患をもつ患者への支援

　家族性，つまり血縁者の中に高率で発生する疾患がある。血縁にある者すべてが発症するわけではなく，もし発症してもしばらくの間は自覚症状がなく経過し，ある程度進行してしまってから発見に至る者もいる。早期に医療機関を受診して，適切な治療や生活指導を受ければ，進行をある程度抑制することが可能な疾患もあるが，自分が疾患をもっていることを知らずに過ごす時間が長いほうがいい，という選択もある。

　将来，病気になり得る人は医療者の前には登場しない。すでに発症して医療機関につながった患者を通して，その家族に働きかけるかどうか，働きかけるとしたらいつどのようにするかをともに考える必要がある。患者の意思決定支援でもあり，患者を通した家族支援でもある。ときには遺伝カウンセラーなどと連携した支援も有用になる。

4. さまざまな場面での家族支援の可能性

　これまでに触れた以外にも，医療における家族支援が求められる場面は数えきれない。緩和医療・緩和ケアはがん領域において先進的に取り組まれてきた。その中で，大切な人を失う家族へのケア，大切な人を亡くした後の遺族ケアなども実践が積まれてきた。緩和ケアは今後，非がん領域，たとえば心不全などの循環器疾患や，透析医療を含む末期腎不全などの領域でも発展が期待されている。こうした領域での家族ケアの実践も同時に求められる。また，臓器移植医療における心臓死下・脳死下での臓器提供も今後広がっていくだろう。ここでは大切な家族を亡くすことと，その家族の意思を推定して臓器提供をするかどうか判断することが家族に同時に課される。臓器提供後の遺族となった家族への支援を含めて臓器移植コーディネーターらとの連携のもと家族への支援が模索されている。

　さらに，高齢化にともない，認知症や運動機能が低下して介護が必要となる高齢者が増加している。病院，かかりつけ医，地域などが連携して，地域で支える仕組みづくりが進んでいる。さらに，在宅医療が推進されることによって重篤な患者を自宅で家族が支える生活をどのように支援していくのかなど，家族支援にはさまざまな課題がある。

　医療においては家族は主役にはなりにくい。しかし，家族を支えることが患者を支えることになり，医学的な予後という側面でも家族支援の意義は大きい。家族に

関わる機会を積極的にもち，それを大切にすること，家族支援のために他職種や地域との連携を模索すること，病院に現れない家族や家族たちの生活を踏まえた支援を提供することなど，多くの家族支援の可能性がある。

3節　心理教育的アプローチ

1. はじめに

近年では心理教育は，たとえば認知行動療法の導入初期に，不安が維持されているメカニズムを患者の経験している症状と関連させながら整理し，その後の認知行動療法の中で行うエクスポージャーがなぜ有効なのかについて理解を促進し，動機づけを高めるために行われる介入技法を指して使われることも多い。この場合には，認知行動療法という一連の心理療法の一部分として心理教育が位置づけられている。

一方，本来の心理教育（psycho-education：サイコエデュケーション）は，それ自体が一定の構造をもって行われるプログラムとしての支援方法である。本節では特に，この1つの支援方法としての心理教育プログラムについて概説し，上記のような一連の心理療法の中で行われる心理教育でも共通して留意すべき事項について後半でまとめる。

2. 心理教育とは

心理教育は，慢性疾患の患者やその家族を生物-心理-社会（bio-psycho-social）な観点から支援するアプローチの1つで，「精神障害やエイズなど受容しにくい問題をもつ人たちに，正しい知識や情報を心理面への十分な配慮をしながら伝え，病気や障害の結果もたらされる諸問題・諸困難に対する対処法を習得してもらう事によって，主体的に療養生活を営めるように援助する方法」と定義される（心理社会的介入共同研究班，2004）。精神疾患患者の家族を対象として発展し，その後幅広い慢性疾患へと適応されるようになり，統合失調症，うつ病などをはじめとしたさまざまな疾患の治療ガイドラインで重視され（佐藤ら，2008；日本うつ病学会，2016），現在では精神疾患に限らず，がんや慢性身体疾患など受容しにくい問題をもつ人自身やその家族まで対象を広げて行われている。

心理教育の具体的な支援方法は，心理的な配慮のもとに療養生活に必要な知識や情報を提供することと，現実の問題を解決していくために知識や情報の活用の仕方を身につけていけるように，専門家と対象者がともに考えていくことである（伊藤，2009）。患者教育や疾病教育と呼ばれてきた医療者からの一方向性の指導や知識の

表6-3-1　心理教育の目指すもの（伊藤，2009より作成）

・専門職のもつ知識や情報を，十分な配慮のもとで提供すること
・自らの困難を受けとめ，乗り越える技術を身につけること
・困難に対処できるという自己効力感や解決に向けた動機づけを高めること
・自己決定・自己選択する力を身につけること
・セルフケア・セルフヘルプの力をつけ，援助資源を主体的に利用できるようになること
・家族が協力して問題解決に向かうことができるようにすること
↓
総体として「エンパワメント」を実現すること

伝授ではなく，医療者と患者の双方が参加して相互理解を深め，医療者の共感・支持的対応によって関係性を構築することが前提であり（日本うつ病学会，2016），障害を抱えながらもよりよく主体的に生きることを目指して行われる。心理教育の目指すものを表6-3-1にまとめた。

3. 心理教育プログラムの効果

心理教育は，短期の心理社会的介入としてさまざまなエビデンスが示されている。

たとえば，統合失調症などの重篤な精神疾患患者を対象とした心理教育プログラム（実施期間の中央値12週）では，再発，再入院の減少，薬物療法に対するアドヒアランスの促進などが示されている（Xia et al., 2011）。近年では，さらに短期の心理教育プログラム（10セッション以下）でも，中期の再発の減少，短期の服薬アドヒアランスの促進が示唆されている（Zhao et al., 2015）。また，うつ病においては，単回のものを含む簡便な心理教育プログラムによってうつ症状や心理的苦痛の軽減効果が示されており（Donker, 2009），治療導入時から重症度によらず，十分な心理教育的アプローチを治療の基盤とすることが推奨されている（日本うつ病学会，2016）。

家族を対象とした心理教育プログラムでも，統合失調症患者の再発率を減らし，次の再発までの期間が長くなることが報告され（Dixon et al, 2001），家族の負担感の軽減と患者の再発率の低下などの効果が示された科学的根拠に基づく心理社会的援助プログラム（Evidence-Based Practice: EBP）とされている（Lehman et al., 2004; Lehman & Steinwachs, 1998）。

4. 心理教育プログラムの実践例

筆者がかつて在籍した東京女子医科大学病院は精神科病床をもつ総合病院であり，精神科では急性期や重症の精神疾患の入院治療，外来診療が行われている。心理師は精神科に所属して精神疾患のチーム医療に参画する立場にあり，精神科医，看護

師，薬剤師，精神保健福祉士，作業療法士らとともに統合失調症の患者と家族に対する心理教育プログラムを立ち上げ，運営していた。

その詳細は稲田ら（2013）に示されているが，ここではその概要を紹介する。

(1)「統合失調症患者を対象とした病棟で行う心理教育プログラム」

総合病院精神科の急性期病棟入院中の統合失調症患者を主な対象とし，病気や治療，回復のイメージについて共有し，医療者とともに療養に取り組む動機づけを高めることを目的とする。

週1回病棟内のデイルームで，1回40分全4回を1クールとして実施する。毎回のテーマは，「病気の特徴と経過」「薬物療法と飲み続ける工夫」「ストレスと上手に付き合う方法」となっており，患者は何回でも繰り返して参加することができる。病棟担当医，看護師，薬剤師などがその回のテーマに合わせて情報提供役を担い，心理師は司会進行役を担う。

統合失調症の急性期からの回復期は疲れやすく，長い時間集中していることが難しくなる。また，刺激に弱く緊張や不安が強まりやすい時期でもある。そうした対象者の特徴を踏まえて，病棟内のデイルームという身近で守られた場所で，椅子の配置などを工夫して注意が散りにくいようにし，安心できる雰囲気づくりに配慮する。理解を促進するため，テキストやホワイトボードを用いて「耳で聞いて目で見てわかる」ようにし，1回に伝える内容はなるべく少なくシンプルにしている。また，その時々の患者さんの状況に応じて，まずは集団の場に座っている，単語や短い文章を読む，「はい」「いいえ」で答えられるような"閉じた質問"に応える，経験を自由に語ってもらうといったように関わりも調整しながら進める。

プログラム中には，参加者同士が薬を飲み忘れない工夫や，ストレスになりやすい日常の出来事にどう対処しているかを出し合い，経験を互いに役立てる時間もある。緊張などから発言しにくい場合や他者の発言を一度には理解しづらい場合もあるため，プログラム外の時間に病棟スタッフが患者とともに内容の復習をし，その人自身のことについてともに考え，個々にとって理解しやすく役立つプログラムとなるように留意している。

(2)「統合失調症患者の家族を対象とした心理教育プログラム（家族の会）」

病気の知識や，病気を抱える患者と生活する上での工夫を知ることで，家族も少し楽に構えられるようになること，同じ困難を抱える家族同士が自分の気持ちを語れる場を提供することを目的とする。

2週に1回全6回，1回90分程度のプログラムで，心理師の他，精神科医，精神

保健福祉士，薬剤師，作業療法士などがスタッフとして参加する。話しやすい場が維持できるように参加家族は最大10人までとし，参加希望者には事前面接を行って，抱えている困りやプログラムに期待することを整理し，プログラムへとつなげる。プログラムでは疾患の経過，治療，本人とのコミュニケーション，リハビリテーションと社会資源などをテーマとして取り上げ，医療者からの情報提供だけでなく，参加者の経験や現在抱えている困りごとについて，対処や工夫を出し合う時間をもつ。

　参加した家族にとっては，自分の気持ちや経験を話せる場となり，他の参加者の発言を聞いて，「自分だけではなかった」と感じられる場にもなる。参加している家族の様子は，プログラムには参加していない主治医，担当看護師にもフィードバックすることで，プログラムと病棟や外来をつなぎ，連続的なフォローを心がけている。

5. 心理教育のバリエーション

　心理教育には個人で行われるもの，1つの家族を対象として行われるもの（単家族），複数の家族を集めて行われるもの（複合家族グループ）などさまざまな形態があり，また，患者と家族をそれぞれ分けて行うものや，同席して行うものなどさまざまな構成があり得る。

　実臨床では通常の診療の間に定期的に機会を設けて，その中で心理教育的アプローチが行われることも多い。たとえば急性期の精神疾患の家族を対象として，①家族の知りたい情報についてわかりやすい言葉で説明すること，②「今何をすることが大切か」にめどをつけられること，③すでに家族のできていることをきちんと抑えることを通して，家族が病気の本人との生活に希望をもてるようになることを目的とした心理教育的アプローチも行われている。（伊藤，2009）。

6. 心理教育を実践する上での留意点

　心理教育では，その対象となる人（患者や家族）にとって「必要な情報をわかりやすく伝える」ことが重要である。伝えようとしている内容が，専門用語を多用せずにわかりやすいものになっているかを検討し，実際に対象者にきちんと伝わっているかを確認しながら進める必要がある。同じ疾患を対象にしても，病状が急性期にあるのか回復期にあるのか，その人のライフステージがどこにあるのか，といったことでも，必要とされる情報は異なってくる。疾患や治療に関する研究は年々進んでいくため，必要に応じて心理教育で扱う情報を更新していくことが必要になる。心理師自身が常に新しい知見に触れ，自分自身のもっている情報をアップデートし

ていく意識が求められる。

　また，情報提供に偏らず，「ではどうしたらいいのか」を考える場を提供することも，心理教育の重要な一部である。「生活リズムを整えましょう」と伝えるだけではなく，「生活リズムが乱れないためにどうしたらいいかアイデアを出してみましょう」と提案し，「22時以降はテレビを消す」「お風呂は夕食前に済ませる」など，具体的な策をともに考え，何を実行するかを選択するところまで含めて心理教育になる。現在，患者や家族のしている経験や工夫を引出して大切に扱う。集団で行う心理教育プログラムであれば，参加者同士の経験をすり合わせたり，ある人の経験に他の参加者の工夫を役立てられるように働きかけることも重要である。また，集団を扱う上で，参加者が傷ついたり孤立したりしないように配慮し，安全な空間としてその場を運営する技能も必要となる。こうした働きかけを通じて，自分自身の経験が他の人にも役立つことが感じられてエンパワメントされるとともに，自分自身で抱えている困難に対処でき，その人なりの生活を主体的に営めるようになるという，心理教育の目的が達成される。

　組織としての運営では，複数のスタッフが交代制で情報提供を担当することもある。スタッフに対しても「なぜその情報を伝えるのか」「この情報の根拠はどこにあるのか」「なぜこういうふうに説明するのか」などの理解が促進されるように働きかけ，プログラムの質を維持するとともに，スタッフをサポートすることも重要な心理師の役割となり得る。

4節　コンサルテーションを通したスタッフ支援

1．はじめに

　医療機関では医師，看護師，薬剤師，作業療法士，臨床検査技師，医療事務職など多種多様な職種が働いており，それぞれが患者と接する機会をもつ。診察にあたる医師，24時間体制で看護を行う病棟看護師，薬剤指導を行う薬剤師，栄養指導を行う栄養士などそれぞれが専門性をもって患者の診断，治療，療養，回復，安寧の確保のための関わりをもつ。心理師もその中の一員として，臨床心理学を基盤とした実践を行っている。

　時に，患者に心理師が直接関わっていない場合でも，他の職種から患者について相談を受けることがある。関わりが難しいと感じる患者や，厳しい状況にある患者について，彼らの心情をどのように理解したらいいのか，どのように関わったらいいのか，といった相談である。このような，ある領域の専門家の専門領域に関する

問題について相談をし，助言や提案を受ける構造をコンサルテーションという。その構造において助言，提案を行う専門家をコンサルタント，助言を受ける者をコンサルティと呼ぶ。この節では，病院臨床において心理師がコンサルテーションを通してスタッフを支援することについて概説する。

2. コンサルテーションの構造

まず，コンサルテーションの構造を整理する（図 6-4-1）。たとえば，基本的な心理面接においては，心理師は患者との 1 対 1 の面接を通して直接的な支援を提供する。医療においては心理師と患者の 2 者関係のみで完結することはほとんどなく，外来診療でも少なくとも主治医の関与があり，心理師と主治医はそれぞれに患者への直接支援を行いながら，情報共有や相談・協働を行っている。さらに，病棟やデイケアなどでは，複数の職種が継続的に患者に関わっている。こうした中で，他職種のスタッフから患者についての相談がなされて始まるのがコンサルテーションである。コンサルテーションでは，以下のようないくつかの流れがある。

①心理師もすでにその患者に関わっている。
②心理師はその患者にかかわらず，スタッフから得た情報や医療記録，さりげない観察などを通して患者の見立てを行う。
③患者の見立てのために心理師が直接関与する機会を新たにもつ。

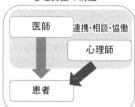
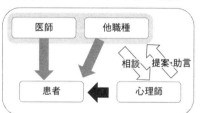

図 6-4-1　コンサルテーションの構造

3. コンサルテーションを行う上で大切なこと

　心理師として，目の前に何らかの問題を抱えている患者に出会うと，その人に対して自分は何ができるか，という直接支援に意識が向きやすい。しかし，コンサルテーションでは，相談をもちかけてきたコンサルティが主体であり，「コンサルティが何に困っているか」を適切に把握し，心理の専門性に基づいた見立てを行い，その見立てに基づいたコンサルティへの支援（助言・提案）を行うことがコンサルタントの役割である（小林，2016）。心理師が一般医療で働く上では，①医学や医療に関する知識が不十分で，医療現場での共通言語を有していない，②心理師の専門性や独自性が言語化しにくい，③旧来型の面接構造に馴染んでいるとチームでの協働に不慣れである，といったことが指摘されている（冨岡ら，2013）。しかし，コンサルテーションでは，コンサルティの専門性（どのような視点で考え，動いているのか）を理解し，コンサルティと共有できる言葉で見立てや提案を伝え，心理師個人ではなく，コンサルティとともにチームとして問題を改善し，患者にとってよりよい方向に進めるようになることが目的である。コンサルテーションを行う上での流れ（図 6-4-2）と留意点をまとめる。

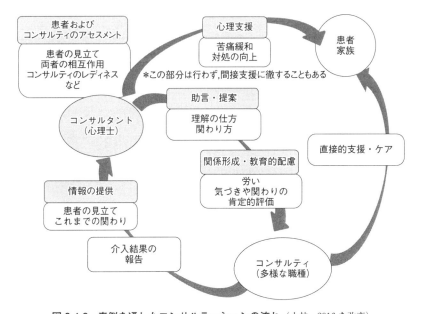

図 6-4-2　事例を通したコンサルテーションの流れ（小林，2016 を改変）

(1) コンサルティとの関係づくり

コンサルティは，心理師へのコンサルテーションに至るまで患者に日々関わり，それぞれの立場で考え，工夫をしている。その上で何らかの困りが生じている状態であることを受け止め，コンサルティを労うことから関係づくりは始まる（小林，2016）。

コンサルティから心理師にもたらされる情報の中から，「誰が何に困っていて，その困りはなぜ続いているのか」を明確にし，①コンサルティは問題をどのように見立てているのか，②コンサルティはこれまで問題にどのように関わり，影響を与えてきたか，③現在コンサルティ（本人に関わる医療者）と本人はどのように影響し合っているか，といった点を明らかにしていく（小林，2014）。どのような場面で，どのように困っているのかをしっかりと聞くことで，コンサルタントの抱える問いを，ある程度明確に切り出すことが可能になる。

(2) コンサルティのいる状況や役割もアセスメントする

コンサルティが抱えている困難を理解する上では，コンサルティの病院内で置かれている役割や状況にも目を向ける必要がある。たとえば，急性期疾患を受け入れる病棟で人手が少なく，1人の患者さんに多くの時間をとることが難しい，といった場合には，その病棟に合わせた提案や助言が必要で，「患者さんは不安なので，時間をかけて話を聞くように」といった提案はまったく機能しない。また，その人がまだ経験の少ない新人なのか，組織をまとめるリーダー的な役割にある者かといったことも，提案の受け入れや実行可能性に影響することが大きく，配慮が必要である。

(3) 見立てと対応をわかりやすく伝える

他職種とのコミュニケーションでは，心理師にしか伝わらない用語や抽象的な表現を避け，日常的で具体的な言葉で表現する。また，見立てに基づいて，コンサルティはどうしたらいいかも具体的に行動レベルで伝えることが有用である。Lichtenbergerら（2004）は，心理アセスメントの報告において相談内容（主訴）にできるだけ明確に答える（Ownby, 1997）ことの重要性を指摘している。コンサルテーションでも同様に，「相手（他職種のコンサルティ）が特に何を知りたくて，相談に至ったか」を理解して，その疑問に応えることが必要である。提案する対応の中には，患者さんや家族をどう理解するか，なぜ問題が生じているかについて情報提供を含む教育的な助言や，実際の関わり方について提案，助言を求めるに至ったコンサルティの困難感への情緒的なサポートも含まれる（小林，2016）。

(4) コンサルテーションの結果を評価する

　自分の行った提案がコンサルティにとって遂行可能であったかどうか，遂行された結果として問題が改善されているかをモニタリングすることもコンサルテーションの一連の流れの重要な部分である。モニタリングによって問題の解決が不十分である場合には，必要に応じて見立てや提案を修正しながら，コンサルティが患者に関わることの後方支援を続けていく。

4．コンサルテーションを通してスタッフの患者への関わり方に助言した例

　糖尿病内科の病棟で，病気のコントロールが悪いために教育入院になった患者がいた。おしゃべり好きで，病気に関しても医療者にさまざまな質問をしてくるので，医療者も本人のペースに乗って会話しながら病気や治療に関してのさまざまな情報提供をしてきた。しかし，数日経つと患者は同じような質問を繰り返し，何も理解されていないことが判明し，「何度説明しても伝わらないので困っている。性格のせいか？　どのように関わったらいいのか教えてほしい」と病棟から心理師にコンサルテーションがあった。

　心理師は，一度患者と話す機会をとり，コミュニケーションスタイルや認知機能について中心的にアセスメントを行った。その結果，聴覚的な注意や記憶力の弱さが上記の問題の背景にあるという見立てに至った。コンサルティへは，「自分から話すことは得意だけれど，聞くことはあまり得意ではないようです。得意不得意の問題で，ご本人の悪気はないので，大事なことは1回に1つだけ伝えるとか，伝えたことをご本人にも口に出していってもらうとか，少し丁寧にしてみるとよさそうです。ご本人にとっておしゃべりは人と接する楽しみの場なので，"お話を聞くこと"と"大切なことを伝えること"を分けて考えるといいかもしれません。実際にやってみて，また様子を教えてください」と伝えた。

　このようにして，日常的な言葉で患者について説明し，またその職種が患者と接する中でどのように対処すればいいかを具体的に伝え，その結果をともに振り返ることが，コンサルテーションの一連の流れである。

5．おわりに

　コンサルテーションを通した他職種への支援は，公認心理師の重要な役割の1つである。

　正式な依頼状を介したコンサルテーションだけではなく，多職種によるケースカンファレンスの場面や，廊下でのちょっとした立ち話の中で，患者の心情や性格の理解の仕方，関わり方の難しさ，などさまざまな相談が持ち込まれる。どのような

5節　ケースマネジメントと他機関との連携

1. はじめに

　第7次医療計画（厚生労働省，2017a）では，疾病構造の変化や地域医療の確保といった課題に対応するため，医療機関および関係機関が機能を分担および連携することの必要性が記されている。また，医療領域の心理職の多くが従事する精神医療領域においても同様に，医療と福祉等のさまざまな関係者が情報共有や連携を行う体制を構築する必要性が指摘されている（厚生労働省，2017b）。こうした連携の必要性は精神障害者の就労支援や（障害者職業総合センター，2016），や発達障害者のケアについても同様の指摘がなされており（近藤，2011），積極的なケースマネジメントと他機関連携が求められている。しかしながら，医療保健領域で働く心理師に関する調査では（村瀬，2015），医療現場の心理師が主に働く精神医療機関の業務として"他機関との連携"はみられない。こうした状況を踏まえ，本節では，まず心理師として他機関と連携する意義や有効性について述べた上で，求められるスキルや知識，態度について整理したい。

2. ケースマネジメントと公認心理師
(1) ケースマネジメントとは

　ケースマネジメントとは主に福祉領域で用いられる用語であり，医療機関では医療ソーシャルワーカーや精神保健福祉士が行うというのが共通した認識であろう。最近では，自殺再企図の防止に対するケースマネジメントの有効性をRCT（Randomized Control Trail）で示したわが国の研究が，国際的にも高く評価されている（Kawanishi et al., 2014）。こうしたケースマネジメントは，情報収集から専門機関へのコーディネート，受診勧奨など「つなぐ」役割が中心ではあるが，個人に対する心理的支援も含まれるとされ（Hromco et al., 1997），患者の適応的な生活を支援する心理師にとっても親和性の高い技術といえる。

(2) 連携の実際

　筆者は認知行動療法（Cognitive Behavioral Therapy: CBT）を専門とする心理職であり，精神科外来において就労支援を行ってきた（谷口ら，2010）。本事例は筆

者が勤務する精神医療機関で心理的介入から連携まで行ったケースである。なお，本事例の詳細は内容に影響を及ぼさない範囲で修正している。

> ◆◆ 事例：Dさんへの社会適応支援 ◆◆
>
> 20代後半の男性。不潔恐怖および社交不安症状を主訴に当科を受診し，まもなくしてCBTに基づいた心理面接が開始された。介入当初より，治療の目標や症状軽減後の生活について話し合い，就職を目指すことが共有された。そして，まずは家族を巻き込むなど生活障害が強かった不潔恐怖と洗浄強迫に対して，曝露反応妨害法による介入を開始した。次第に強迫症状は軽減していきDさん自身も社会参加を現実的に考え出したことから，筆者より就労支援に関する情報提供として，地域の障害者職業センターの紹介や就労移行支援に関する制度，そして精神障害者福祉手帳を用いての障害者雇用等について説明した。Dさんからは手帳の取得や支援の利用には抵抗があるとのことから，自分で頑張りたいとのことであった。筆者はそれを尊重すると同時に，就職には年齢が関係することも伝え，今後こうした福祉制度を利用した就労を提案する可能性もあることを説明し，同意を得た。その後，強迫症状は軽減したものの，社交不安症状等の対人関係の難しさからアルバイトが決まっても続かなかった。そのため，筆者より地域の障害者職業センターにて職業評価を受けることを提案したところ，本人も同意するに至った。そこで筆者より連携先機関に問い合わせ，医療機関にて支援担当者とDさんとの顔合わせを設定し，これまでの経緯と現状の共有を行った。その後，Dさんは精神障害者福祉手帳を取得し，障害者雇用で就労に至った。その間，筆者との心理面接も継続して行い，職場で生じる不安への対処や介入を継続して行った。

(3) 心理師が連携を行う有効性

医療機関における就労支援として①面接および心理検査による評価，②評価に基づく相談，③他機関との連絡・調整の3点が示されている（千田，2015）。本事例では筆者が症状に対して介入を行っている点で異なるが，介入から他機関との連絡調整まで行っており，医療機関における就労支援として標準的なものといえよう。

これら心理師によるケースマネジメントと他機関連携の有効性とは何であろうか。やはり，伝わりにくい心理的アセスメントや具体的な関わり方などを他機関と効果的に共有でき，一貫した支援が可能になる点といえる。就労支援における医療の役

割は"基本的な方向性の整理"であり，いかに精神医学および心理のアセスメントを当事者・関係者にわかりやすく伝えられるかが重要になるといった指摘からも（千田，2015），心理師が連携まで行うことは整合性のある役割であろう。また，心理師が患者の受療行動を支援するケースマネジメントを担った実践も認められる。五十嵐ら（2014）は，精神医療機関と地域のプライマリケア医が連携してうつ病診療を行う協働的ケア（collaborative care）において，プライマリケア医によるうつ病診療をサポートすると同時に，患者への状況の確認や受診勧奨を行った。そしてこうした調整において，心理師の固有のスキルである行動に関するアセスメントと，行動の変容および促進に向けた介入技法が有効であることを述べている。これらは限られた一部の実践かもしれないが，心理師のもつスキルがケースマネジメントや連携を担うことで，より発揮される可能性を示唆するものといえる。

3. ケースマネジメントにおいて求められる能力と役割

これらケースマネジメントと他機関連携において求められる能力は，概ね病院内でのコンサルテーションで必要な能力と同じと考えても差し支えないであろう。ここでは，ケースマネジメントや他機関との連携を考えた上で必要な能力を知識・技能・態度の観点から考える。

(1) 知識
1) 地域のリソースや制度に関する知識

公的機関や民間の相談機関を含めて，地域にはあらゆる相談機関や支援制度が存在している可能性がある。筆者も精神障害者の就労支援等で地域支援に携わるようになってから，医療現場では聞いたことがなかった相談窓口や支援制度が相当数あることを知って驚いた経験がある。こうした地域のリソースについては，地域の機関に直接問い合わせ，具体的な相談員の専門性や制度の利用方法について知っておくことをお勧めする。

(2) 技能（スキル）
1)"相手の求める情報"を"わかりやすく"伝える説明力

医療以外の支援者との連携が多くなる地域連携では専門性をわかりやすく伝えるプレゼンテーション能力がより重要になる。特に医療従事者以外が参加するカンファレンスなどでは，自分の言葉に伝わりにくい専門用語はないか，また，相手が聞きたい内容に適切に答えられているかを常に確認しながら進めていく必要がある。

2) 長期的な"患者の生活"を想像する視点

ケースマネジメントでは、心理的アセスメントにより明らかにされた個人の行動傾向や情報処理能力に加え、周囲の環境との相互作用を含め、実際の地域での生活を想像することが必要となる。そして長期的な"患者の人生"を想像しながら、支援者間で患者の目指す生活を共有しつつ、適切な支援につなげられることが理想であろう。

(3) 態度
1) 地域連携におけるリーダーシップ

医療機関の立場で連携をとる場合、地域ではリーダーシップが求められることが多い（近藤, 2011）。また、患者の問題行動の解決に向けた支援者間のカンファレンス等では、医療側にその解決への期待が向く場面がある。しかし医療側の介入や調整で解決が難しいことも多く、医療にも限界があることを伝えることが必要な状況もある。解決が難しい問題でも、大枠での見立てを示した上で全体の役割を確認し、協力して取り組むよう合意を得るといった調整役としてのリーダーシップが求められる。

2) 症状軽減や適応に影響する要因を幅広く考えられる視点

われわれが医療現場で扱う問題行動や改善には、基本的には患者の自己報告に基づきアセスメントがなされる。しかし、患者の生活は地域にある。医療現場で取り扱う問題行動やその変化に対して、その背景には多くの要因がある（多変量）という謙虚な態度が、地域の他機関との生産的な連携を構築する上で重要である。

4. 地域連携における公認心理師の役割と今後の展望

本節で述べた実践のように、医療現場の公認心理師が、患者を取り巻く日常生活上の問題点やサポートを把握し、医療の外での生活にうまく適応できるよう「個人」と「環境」に働きかけることは、合理的であるといえる。さらに、医療現場の心理師は、比較的長い時間（概ね50分）を相談に充てることが可能である。こうした連携などの支援を「心理的支援」とするかは議論があると思われるが、患者やその家族の意思決定のサポートや他機関との連絡調整等にも十分な時間を確保することができる。一般病院で勤務する心理師の23.1％が「地域支援活動（アウトリーチ・訪問を含む）」に従事していた（中嶋, 2015）。まだわずかな実践であるが、これまで述べたように、心理師のスキルと連携は親和性が高いと考えられ、今後さらなる広がりを期待したい。

最後に、本節で述べた他機関との連携はまだまだ少ない実践であり、上述の意義

やスキルについては筆者の主観的な臨床経験による考察が多く異論もあることは承知している。しかしながら，実践してきた立場としてその意義は強く感じている。本節の内容を契機に心理師による他機関と連携した支援が少しでも進み，新たな実践報告や調査研究によって本節の内容が加筆修正されることを願いたい。

6節　スタッフのメンタルヘルス支援

　厚生労働省によって2015年12月に施行されたストレスチェック制度は，保健・医療機関において努力目標レベルであった「スタッフのメンタルヘルス支援」を義務化レベルにまで引き上げた。これにより，各々の組織において福利厚生の一環や施設自体が危機感をもったことで設置したメンタルヘルス支援対策に，一律の指標ができた。同様に，施設内の医師・リエゾン看護師・心理師等がそれぞれの工夫や融通で行ってきた活動に対しても「ストレスレベルの基準」と「年間スケジュール」がもたらされた。そこで本節では，保健・医療機関に着任した心理師が従事する「スタッフのメンタルヘルス支援」における，その主要な業務と必要な専門性・連携について解説する。

1. スタッフに対するメンタルヘルス支援の主要な業務

　保健・医療で働くスタッフへのメンタルヘルス支援は，個別対応はもとより施設あるいは施設を運営する法人組織全体を対象にするものまで，非常に広い領域をカバーするものであると考えられる。その活動を社会福祉領域の分類になぞらえれば，ミクロ（小領域）・メゾ（中領域）・マクロ（大領域）の視点から考えることができる。

（1）ミクロ：個別対応――カウンセリング等

　心理師にとって最も活動機会が多く，個々の職責として随時・日常的に行われる活動となることが想定される。多くの場合，個人的に連絡をとってきたスタッフや，所属長や産業保健スタッフからの紹介で訪れるスタッフがその対象となる。心理師がもつ一次予防から三次予防まですべての心身の状態への理解と対応策は，非常にストレスフルであり感情労働となるスタッフへのカウンセリング業務に最適であると考えられる。したがって，機関内での所属先を問わず心理師が求められる第一かつ必須の業務となろう。

(2) メゾ：集団対応——研修講師・集団心理療法等

　常時行うわけではなく，各部署の年間計画や機関内のトラブルなど，先方の求めに応じて行うため，機会に応じた活動になることが想定される。部署・病棟・チーム・職位など，特定の集団を対象とした心理教育的な院内研修や各種教育でのコメンテーター，勉強会・研究会の講師，事故の当事者・関係者などを集めたピアカウンセリングなどの集団心理療法がその対象となる。機関内において心理師の立場を明確にし，専門性を明示する重要な機会であるため，率先して実施していくべき業務となろう。

(3) マクロ：機関対応——講演等

　年度始めのオリエンテーションや年間計画内での講演など，それぞれ年1～2回程度の活動となることが想定される。法人・施設全体を対象とした教育講演や，心理的テーマを扱った講義などが挙げられる。依頼されたテーマに応じた講演をすることが基本となるが，それ以上に，心理師の存在を周知することや，心理学的視点の提供・心理的支援の受容を促すための啓蒙が可能となる絶好の機会となる。また，心理師を必要としない部署や職員に対しても会うことができる貴重な機会となる。多くの職員は「自分が利用することはないだろう」と思う反面，日頃身近にはいない「心理師」の用いる手法や知見への興味関心が強いことが多く，前述の2領域につながる重要な業務となろう。

　以上が，心理師が従事するメンタルヘルス支援の領域となる。非常に広範囲ではあるが，今日まで広い領域の臨床をカバーしてきた心理師だからこそ，対応できると考えている。各自の専門性を活かし，ぜひ，旺盛に従事していただきたい。
　なお，保健・医療で働く人々・施設においては自立・自律を旨とする気風が強く，他者からの心理的支援を受容する風土が醸成されていないことも少なくない。これは，心理師に触れる機会が少ないという理由があるが，それ以上に「弱いと思われること，疲弊していること」を同僚に知られたくない，自認したくない，という心理が働いていることも多い。そこから，心理的問題・症状が軽度なうちに訪れず，我慢に我慢を重ねた末に訪れることや，実情を必死に隠した末に疲弊が露呈し欠勤をともなうような重症化を経た後に紹介されて訪れることも少なくない。そのため，多くの場合は3次予防に近い活動（この場合，診断書が出た上で休職し，職場復帰を目指すところがスタート地点という意味）から対応することが多い。また，守秘義務の扱いも非常に困難である。多くの場合，保健・医療系施設での守秘義務は「施設内」であり，「室内」ではないととらえがちである。そこから，守秘義務を固持

することを誤解され，施設内で疎遠な立ち位置にもなり易い。したがって，メゾ・マクロの活動を旺盛に行い，心理師につながること・つなげることの敷居を低くすることと，活動の趣旨が正しく理解されることが，保健・医療機関において活動を充実させる要因となる。

2. 必要となる専門性

　保健・医療機関におけるメンタルヘルスでは，ストレスが関わる案件が最多となる。その一方で，原因に精神疾患・パーソナリティ障害・発達障害・生（成）育歴が関わることが少なくない。したがって，それらを正しく把握するアセスメント技術が重要となる。

(1) ストレスとその影響に関する知識——ストレスに対する正しい理解

　支援対象となるスタッフは，多くの場合，何らかのストレスにより心身に影響が出ている。そのストレッサーは，非常に特殊な職業性ストレッサー，就労に関わるごく一般的なストレッサー，成人であれば誰でも感じるストレッサー，マイノリティな要因が関わるストレッサー，などが挙げられる。来談中には，多種多様で千差万別なストレスの話題が提示されるため，支援者としては「ストレス」に対する正しい知見をもっておく必要がある。また，上記の影響から身体症状や精神疾患が呈されることがしばしばであるため，スタッフが使用する「うつ，適応障害，心身症，自律神経失調症」というような一般的に使われているキーワードを中心に，ストレス性障害の機序や改善法・治療法について正しい理解を深めておくことが望まれる。

(2) 医療機関におけるストレッサーに関する知識——特性・風土・人材の理解

　現場で最多数となる看護師に発生するストレッサーを例にみると，特殊な職業性ストレスと一般的な勤務ストレスとが混在することがわかる。山岸（2001）の分類では「職場環境（施設，勤務病棟，労働条件，教育環境，職場の文化・風土）」「職場での人間関係（医師との関わり，看護師間の関わり）」「患者への直接ケア（患者との関わり，患者の死の体験）」が挙げられているが，これらは他の尺度とも共通しており（中村，2007; 中村・黒岩，2011），その一部は一般的な職業生活で挙げられるストレッサーとも共通している。したがって，前述のような独特なストレッサーを理解するとともに，一般的な職業生活のストレッサーも念頭に入れておく必要がある。その上で，当事者が感じているストレスを，保健・医療従事者だからなのか，働くことで誰でも感じ得るものなのか，正しくフィードバックすることが望まれる。

　また，正しくアセスメントするために，事前に環境について検討をしておく必要

がある。同一の運営母体であっても立地によりストレッサーは大きく異なる。そこで、日頃から多くのスタッフと会話し、施設の特徴や各職種の背景などを包括的に把握しておく必要があろう。地理（都道府県・市区町村の特徴）・地域性（同種施設との距離・患者および利用者の生活背景）・職場風土、さらに「多職種」への理解として意思疎通を遅滞・阻害する要因となる資格・職域・職種・職位などの差異を認識することが重要となる。

(3) 労働安全衛生に関する知識——安全衛生の理解

スタッフへのメンタルヘルスは、大枠として事業者の労働災害防止活動の一環として安全衛生委員会に所属して行われる場合がある。そこで、安全衛生の知識や情報のアップデートに努める必要がある。例としては、産業衛生系学会への参加や、中央労働防止協会の情報に触れておくなどの方法がある。

(4) 従業員支援プログラムに関する知識——就労者を支援することに対する一般的理解

従業員支援プログラム（Employee Assistance Program: EAP）は「スタッフ本人・上司・産業保健スタッフ・職場外での専門的支援」の4領域についてシステマチックな支援を行う包括されたシステムであり、保健・医療の現場に先んじて多くの企業で業績を上げている。機関内でメンタルヘルス支援を行う際には、先例・典型例として大いに参考にすべきである。専門的サービスを提供する会社も多数存在しており、職場内でメンタルヘルス活動を行うことができない場合は包括的パッケージを外注することも可能となる。したがって、プログラム自体の理解とともに、外部支援の選択肢として理解をしておくべきである。

(5) 相談室運営に関する知識——相談室運営の理解

安定した枠組みの中で安全な相談活動をするためには、個室を設置する必要がある。新設する場合、施設側は相談室の設置について未知であることも多く、心理師自らが相談室の設置場所・使用機材・活動方法などを選定・維持する必要がある。その場合、業務形態の好例として、教育機関におけるスクールカウンセリング事業が挙げられる。各々のオリエンテーションに合わせた相談室運営の知識をもっておくべきであろう。

3. 施設内での連携

連携先の第一は、まず人事・労務担当者であろう。メンタルヘルス活動の前後に

は，休職・復職を挟むこともしばしばであるため，人事課または各部署の人事担当者などの事務系スタッフとの連携が必須となる。以下に，代表的な連携の例を挙げるが，他にも，精神科・心療内科等に籍を置き，リエゾン・コンサルテーション活動を通じてメンタルヘルスを行う例もある。

(1) 安全衛生管理委員会での関わり

積極的な活動の一例に，人事・労務管理の活動として安全衛生委員会に所属し，院内に相談室を置く方法がある。このような活動は，公益社団法人日本医療機能評価機構が行う病院機能評価事業においても人事・労務管理の項目として評価対象となっており，施設・法人において重要な役割として考えられている。この場合，産業医・保健師などの臨床系産業保健スタッフと連携をとる。

(2) ストレスチェックに関わる

ストレスチェック実施においても心理師は重要な役割を担っている。連携対象としては，第一に実施者となるが，事前に実施体制等の整備を行う事務スタッフ，事後の指導を行う産業保健スタッフとも，密に連携をとっておく必要がある。

(3) 医療安全部門との関わり

良質な医療サービスを提供すべく，患者・職員双方の信頼感の醸成や，療養・就労両環境の安心感・安全を整える努力をしていても，さまざまな要因からそれらが薄れる瞬間があり，結果として院内暴力や院内自殺が生じてしまうことがある。その際，被害者・目撃者となった職員へのケアが心理師の役目となるが，内容・心身の情況によっては個人情報保護（守秘義務）よりも安全配慮義務を優先する必要が生じる点に細心の注意を払う必要がある。

また，関係各所への通告・連携が必要となることが多いが，第一には上記への対応・対策に長じている医療安全部門と連携することが問題を悪化させないために必要であろう。その後，各施設のフローに従い，必要に応じて院内外の複数部門と関わりつつ問題を収束化させていくこととなる。

なお，各機関・各職能団体・各協会において対策マニュアルが公表されている。折に触れて確認し，自分が勤務する環境に応じた対策を理解しておくことが望ましい。

第7章
主要な介入技法

1節　介入技法としての動機づけ面接

1. セレンディピティから生まれたカウンセリング

　動機づけ面接（Motivational Interviewing: MI）の研究は，クライエントの行動変容がセラピスト側の共感力によって左右されることを明らかにしたことから始まった（Miller et al., 1980）。もともと，その研究は行動療法の技法の優位性をみるためにマニュアルをつくって計画されたはずであったが，読書療法との有意差が出なかった。セラピストのビデオとともにデータを見直したところ，技法ではなく共感力が，セラピストごとの治療成績の差と関連していることがわかった。セレンディピティ（serendipity）とは，素敵な偶然に出会ったり，予想外のものを発見したりすることで，失敗してもそこから見落としせずに理論や予想に反することを学び取るという意味である。その後も Miller らは，たくさんの仮説検証を行いながら MI の有効性と可能性を示していった。

　「愛飲家健康診断」（Drinker's Check Up: DCU）を用いた研究もその1つである。当初の狙いは健診によって問題飲酒を自覚してもらうことで，受診につなげられるのではという仮説であった。広告で募集した飲酒者らは，MI を用いた初回面接を受け，2回目の面接時にも MI を用いた DCU のフィードバックを受けた。その結果，6週間以内に医療機関を受診した割合は，14%と予想外に少なかった。しかし，参加者のほとんどが，すぐに飲酒量が減少し，18か月後の追跡調査でも維持されていた（Miller et al., 1988）。DCU が受診のきっかけになるまでもなく，MI を用いた会話によって継続的な節酒の動機を与えられることが考えられた。研究でウェイティングリストに回され，6週間変化がなかった参加者ものちに他のグループと同じように DCU とフィードバックを受けると顕著に飲酒量が減り，長期の追跡調査でもそれは維持されていた（Miller et al., 1992）。MI が介入技法としての潜在力を有しているということがうかがえる結果である。本論では MI の一側面である介入

技法としての機能がどこにあるのかについて考察する。その論考のために，筆者が仲間とともに開発した，動機づけ面接をベースにした依存症者の家族のためのコミュニケーショントレーニング・プログラムである Motivational Interviewing for Family Training: MIFT（岡嶋・高橋，2017）についての解説を加えた。これは MI の介入のエッセンスを抽出したプログラムである。

2. MI スピリットの意義

　頭文字を並べて PACE（または，CAPE）とした MI スピリットは，協働作業的に（Partnership），受容（Acceptance）と慈愛（Compassion）をもってクライエントから動機を喚起する（Evoke）というセラピストとしてあるべき態度を示している。協働と受容と慈愛とを並べると利他的行動を目指すようにと掲げられている感じがする。クライエントの前に立つときのセラピストの理想の姿とは，私利私欲を捨て，セラピスト側の主張は放棄し，クライエントの福利厚生のため行うことをよしとする。と書くと，善人にならなければ MI は使えないと思われるかもしれないが，実際は使っていくうちに MI スピリットが宿ってくるという感覚を多くの MI 習熟者たちが実感している。

　MI には研究で示されるように人の行動変容を動機づけるノウハウがある。とすれば，欲しくもないものを購入させる技として使われてもおかしくない。商業行為や勧誘行為に使うものと MI とは一線を隔すように，スピリットは重要な位置づけとして明記されている。

　一方，対人援助職を志したり，すでに支援者として活動している方々には釈迦に説法のごとく，スピリットをあえて強調する必要はない。逆に対人援助の職種では，おせっかいなほど人のためになろうと口を出したがる人や自分の経験を教えたがる人がおり，このような態度を「間違い指摘反射」と呼び，セラピスト側は抑制するように訓練される。訓練を怠ると協働作業的でなくなり関係性の構築が損なわれ，クライエントの動機づけや行動変容に悪影響を与えるからである。

3. 共感の技

　依存症治療における最初の来談者は家族で，面接は家族相談の形式になることが多い。さまざまな依存症の当事者をかかえる家族が，筆者のもとに訪れたとき，個別に行ってきた MI に準じた心理教育の内容を整理し，必要最小限の技術を伝える集団プログラムへとまとめ上げたのが MIFT である。このトレーニングは 90 分×8 回の内容になっており，通院させようとか，依存物質をやめさせようと画策するのではなく，少なくとも当事者の治療意欲を妨害するような諍いは極力減らすコ

ミュニケーションがとれるように家族を導くのである。家族は当然，心理学や精神医学の教育を受けていない素人である。

この MIFT で最初に教えるのが，「間違い指摘反射の抑制」である。家族は当事者に対して，よかれと思ってあれこれ指図をし，自分自身の心配を止められずに不安や不満を述べて当事者の気分を害していることが多い。本プログラムでは相手の間違った行いや考えを正そうとする衝動を抑える訓練を重視した。そして，間違い指摘をする代わりに，当事者の考えや感情や状況を想像して「あなたは○○と感じているのですね」などと言葉で伝える練習を行う。これが共感の伝え方で，関わりを増やしていく上での課題となる。

依存症者の家族のためのコミュニケーション訓練では Community Reinforcement Approach for Family Training: CRAFT が有名である。吉田・ASK（2014）は CRAFT を日本版として広める中でIメッセージ（「私は○○と感じる／考えている」など）を取り入れ，家族がポジティブなコミュニケーションを学ぶよう教えている。元祖 CRAFT は当事者への動機づけアプローチとして，「支持的，あるいは共感的で，理解を示すような言葉がけによって，口論を避け，いかなる防衛も緩和する」と述べられている（Smith & Meyers, 2004）。対立関係を避け関係性の重視をする MI と自己主張訓練に基づく I メッセージとでは真逆である。家族が当事者に対して自己主張するのは，共感がうまく表現でき，関係性が確立してからでも遅くない。MIFT は CRAFT を用いることができないような家族と当事者間でも使える技法といえる。会話の中に関係を悪化させる言葉をまず出させない工夫をすることは当事者の治療意欲の妨害を減らすことにつながる。

このように話し手と聴き手の間に良好な関係性が保たれるという状況は，有能なガイドとともに旅をするようなものである。導かれる側であり旅の主役でもある話し手は，ガイド役の聴き手が自分の好みをわかろうと努め，またよく理解してくれることがわかると，聴き手の提案に従う確率が高まる。関係性の構築という何の変哲もない，さらりと聞き流してしまいそうな概念を MI ではとても重要視している。クライエントと口論していては，変化を援助する提案もできないからである。それは MI を行う上でのプロセスという考え方の中に描かれている。相手に関わろうとし続ける態度を忘れては介入できないということである。

4. 是認の技

共感とともに MIFT で強調するのが是認で，セラピスト側の使う言葉を OARS (Open question：開かれた質問, Affirmation：是認, Refection：聞き返し, Summarize：サマライズ）の頭文字で表した中の A である。上から目線で評価する

ような"褒める"ではなく，これまでの努力や本来もっている強みを肯定的に認めるような言葉として「是認」が定訳になっている。質問と聞き返しとサマライズは何となくわかっても，是認がうまくできずに面接が固くなる初心者をよく目にする。一方で，他のことが多少下手でも是認ができるとクライエントは流暢に快活に話し続けることがある。是認というのは話し手をどんどん気持ちよくさせていく言葉である。

しかし，是認すると涙を流す人たちもいる。これまで自分が一生懸命に頑張ってきても結果が出せなかったり，誤解を受けたり，理解されずにつらかった思いをもっている人たちである。その人たちに「本当は結果を出せなくて悔しいですよね」などと共感を伝えるだけでなく，「結果がなかなか出ないにもかかわらず，仲間を気遣いながらよく頑張ってきたこと」など，その人の「努力」に言及して振る舞いを認めるのである。表面的に"褒める"とは少しニュアンスが異なる。

是認によってクライエントは癒され理解されたことに安堵し，セラピストとの関係性はよくなるだろう。このような是認のポイントを常に探りながら話を聞くよう心がける。そして，怒りの涙ではなく，喜びの涙のような感情的な揺さぶりを与えることは介入のメスを入れやすくなるポイントだろう。

5. チェンジトークと維持トークというキーワード

チェンジトークとはクライエントが行動変容に向かうときに発せられる言葉の種類をまとめてそう言ったもので，Millerらの造語である。現状から行動変容までをひと山越えて向こう側にある新天地を目指すトレッキングにたとえるなら，山の登り口に存在するチェンジトークはDARN (Desire：願望, Ability：能力, Reason：理由, Need：必要性) の頭文字で表され，新天地へ向かう自信や重要性に気づいてそれを高めていけるようなDARNを意図的に引き出し強めると前に進みやすい。

DARNは準備チェンジトークと呼ばれる。一方で，登頂を極めた後の下り坂に位置するのが，実行チェンジトークと呼ばれ，コミットメント言語や具体的な行動目標の課題などを述べる言葉CATs (Commitment：コミットメント, Activation：行動活性化, Taking steps：段階を踏む) である。準備チェンジトークだけでなく，実行チェンジトークが増えることが行動変容に結びつくという研究がある (Amrhein et al., 2003)。セラピストはクライエントの実行チェンジトークをより多く引き出すよう応答することが求められる。

MIでは葛藤を整理して，クライエントの価値観に沿った人生を歩くための援助ができるカウンセリングを目指すわけであるが，実際の会話の中ではチェンジトークが簡単に現れるわけではないし，現状維持をせざるを得ないという説明や現状を

変えたくない言い訳などの維持トークが混在して現れる。そこで，出てきた維持トークに反応せず，チェンジトークを選択的に多く拾うことは，介入に直結する。

6. チェンジトークを引き出す質問

　ここに簡易的に MI を行う質問の流れを示してみる。たとえば，「これから 3 か月以内に自分が変わりたい，自分の行動を変えたいと思うところは何でしょう？」という質問を相手に投げかけてみる。片づけや運動の習慣や食生活など，ちょっとした行動の中に人は変えたいと気にしているけれど，実行していない課題が潜んでいるものである。そんなことを考えてみよう。具体的な目標がよい。たとえば，「職場の机の上を片づけたい」という課題とする。

質問1　そんなふうに変わりたいのはなぜでしょう？
　「いつも積み上がった本と書類の山の中で仕事をしていて，パソコンを置くスペースに困ることがあるからです」
質問2　それが成功するためのアイデアとしてはどんなものがありますか？どんなふうに進めたらよいでしょうか？
　「片づける時間を決めるとか。掃除の時間を確保することかな。仕事の終わりとか……」
質問3　それをやりたい理由を3つ挙げてみてください
　「職場の他の人のデスクと比べてもみっともないですし，仕事ができる人の机って片付いてないこともあるけど，自分はそれほどできるわけでもないのに片付いてないのはおかしい気がするし，片づけも仕事の先送りだと思うと，先延ばしの癖を変えたいということ，そして何より机の上が窮屈だからです」
質問4　この変化はあなたにとってどれくらい重要ですか？　そして，それはなぜ？
　「10点満点でいえば，6くらいですかね。仕事は何とかできているからそれほど緊急性はないけど，自分で決めたことを実行できるようになるという意味で重要だと思います」
質問5　では，これから自分が何をするだろうと考えますか？
　「片づける時間を決めればいいのかしらと，ぼんやりと考えたときに，終業間際は早く帰りたいという気持ちが強くて明日片づければいいやと思いそうだから，始業時に10分だけと決めて片づけるというのを明日から

> やってみようと思います。そのためには 10 分だけ早めに職場に着くことから意識してみます」

　変わりたいという気持ちがあるから，たったこれだけの質問でコミットメントが出ると思われるかもしれない。しかし，実際の臨床でも，人が変わりたい動機を内包していることを信じて，そこに気づかせてあげられるようにし，変化に向かう発言を強化していくと，カウンセリング前とは別人のような発言をするクライエントに出会うことがある。クライエントの価値に沿った生き方という指向性を保ちながら，行動課題についてより詳細に語ってもらうことによって変化の動機は高まる。これが介入技法としての動機づけ面接である。

7. おわりに

　MIFT ではセラピストでもない人たちが 8 週間に及ぶ訓練を通じて当事者と向き合い，まず間違い指摘反射を抑制することを覚え，アドバイスの与え方を学び，共感と是認を多用する言葉がけを増やして，当事者に対する介入（節酒や運動や通院など当事者の行動変容）に成功している。MI は習得するのが大変だと思われているかもしれないが，身近な人に対する自分自身の行動を変えるところからチャレンジしたり，そのような行動目標を達成するための行動分析ができるようになったりすると，行動変容の基礎がわかり MI を介入技法として使えるようになるかもしれない。ただし，MI の基盤となるスピリットが欠けていれば，MI は人を操作し，その人がやりたくないことをさせる方法にでもなり得る。MI とは似て非なる"自分の思い通りに人の行動を変える"ということに特化した本（Pantalon, 2011）が出版されていて，創始者らは MI の初版で技法だけに焦点を当てすぎたことを後悔している。

2 節　認知行動療法

1. 認知行動療法とは何か

　認知行動療法（Cognitive Behavioral Therapy: CBT）は，行動療法と認知療法が統合された総称であるため，本来はどちらかを指すものではないが，その歴史を考えると行動療法，ひいてはレスポンデント条件づけやオペラント条件づけ，社会的学習理論といった行動理論がその源流と考えられる（Clark & Fairburn, 1997）。

CBTの最大の特徴は，学習理論や情報処理理論に基づいた基礎理論と，個別の疾患を対象とした認知行動モデルによって，治療的関わりの理論的根拠が明確にされている点である（坂野，2012）。学習理論や情報処理理論にはさまざまなものがあるのでCBTを定義するのは難しいが，一般的には，環境（人間関係や生活環境）の中での患者の問題を，行動（振る舞いや態度），認知（その時々の考え方や考え方のスタイル），身体（身体症状），感情（落ち込みや不安など），動機づけ（生活活力や興味，関心）といった観点から構造化して理解し（坂野，2011），そのような患者（クライエント）の問題について①ケースフォーミュレーション（問題の定式化）を行い，それに基づいた治療計画を立てること，②治療セッションの中でホームワークを設定し，日常生活での実践を促すこと，③これらによる自己理解の促進とセルフ・コントロール力の獲得，を目的とした心理療法であるといえるだろう。

CBTを実施する上での大前提は，協働的な患者―治療者関係を構築することである。これはCBTに限らず精神療法を提供する上で当然のことであるため，本節ではCBTの主な治療技法を中心に解説する。

2. CBTの主な治療技法

第5章3節「ケースの見立てと介入計画の立案」でも取り上げたように，最も重要なことはケースフォーミュレーションである。このケースフォーミュレーションに基づいて，CBTでは適切な治療技法を提供していく。図7-2-1はCBTによる問題理解と治療技法について示した概念図である（伊藤・堀越，2012）。ここに示し

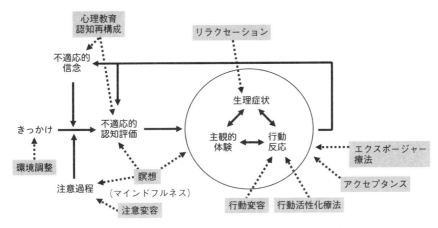

図7-2-1　**CBTによる問題理解と治療技法**（Hoffman, 2011を改変）
■で囲われたものは，介入技法を示している。

た以外にもCBTには非常に多くの治療技法が存在する。ここでは，CBTの中核要素であるセルフモニタリング，エクスポージャー療法，認知再構成法について解説する（O'Donohue & Fisher, 2012）。

(1) セルフモニタリング

習慣的な行動や考え方はまさに「自動的」であるため，患者自身が気づいていないことが多い。これは，新しく身につけようとする習慣についても同様で，試した行動や思考がどのような変化をもたらしたかに気づかないことが多い。セルフモニタリングとは，自分の行動，態度，感情，思考過程などに対する具体的で客観的な気づきをもたらし，評価可能なものとする手続きである（坂野，1995）。要するに，図7-2-1の流れを常に観察し続けることと言ってもよい。セルフモニタリングは，セルフ・コントロールの中心的な概念であり（坂野，1995），CBTでは，常にセルフモニタリングを行うことが求められる。

(2) エクスポージャー療法

エクスポージャー療法（exposure therapy）とは，学習理論に基づく治療技法であり，患者が抱く恐怖に曝し続けることによって，恐怖（情動・感情）と恐怖対象との関係を再学習することを目的としている。エクスポージャー療法は1950年代にWolpe, J.が提唱した系統的脱感作法に端を発する（坂野・岡島，2014）。不安階層表に基づいて恐怖度が中程度の恐怖対象から徐々に強い恐怖対象へ曝露していく方法（gradual exposure：段階的曝露）がよく用いられ（O'Donohue & Fisher, 2012），特に，不安症に対する効果が実証されている。

不安階層表とは，恐怖対象を恐怖度（不安度）の順に並べた表である。電車に乗るのが怖いという広場恐怖症をともなうパニック症患者を例に挙げると，「次回までに電車に乗る場面を怖い順に書いてきてください」と言ってホームワークにすれば，図7-2-2（D）のような不安階層表ができ上がるわけではない。作成方法の一例を紹介しよう。

①名刺カード大の白紙を十数枚用意し，不安を感じる電車場面について，1枚につき1場面を記入させる（図7-2-2(A)）。
②別の白紙に，まったく不安を感じない場面を記入させ，「0」と記入する。
③次に，不安カードの中で不安が一番強くなる場面を1つ選ばせ，「100」と記入する。
④0と100のカードを机の両端に起き，不安が「50」となる場面を1つ選ばせ（「50」

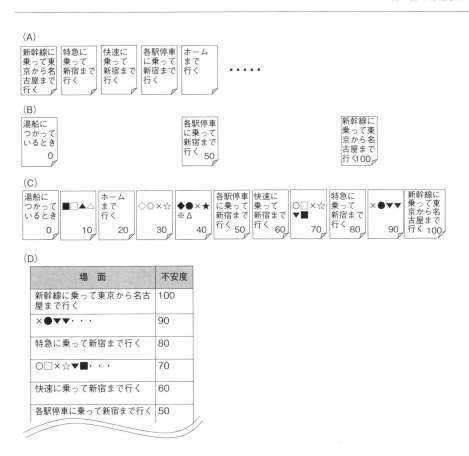

図 7-2-2 不安階層表の作成手順
(A)は，本文作成方法の①，(B)は②〜④，(C)は⑤・⑥，(D)は⑦に対応する。

と記入），真ん中に並べる（図 7-2-2(B)）。
⑤残りのカードを，0〜50 もしくは，50〜100 のどちらに入るか分類し，それぞれのカードに不安度を書き込む（図 7-2-2(C)）。
⑥すべてのカードを不安度順に並べ，患者と確認する。
⑦確定した順序で，不安階層表に転記していく（図 7-2-2(D)）。

このように，不安階層表の作成は丁寧に行う必要がある。また，不安階層表は，1つの恐怖対象につき1枚作成することも大切である。
実際のエクスポージャー中は，イメージしていたよりも不安や恐怖が強くなるた

め，患者はどうしても不安を下げるための行動（回避行動）をしてしまう場合がある。この回避行動には，大回避と小回避があり，大回避はその場から離れるような行動，小回避はその場にいながら少しでも不安や恐怖度を下げようとする行動（言い換えると，安全確保行動：safety behavior）である。これらの回避行動は，恐怖（情動・感情）と恐怖対象との関係の再学習を妨害してしまう。特に安全確保行動は見逃されやすいため，十分なアセスメントが必要である。たとえば，強迫症患者は，安全確保行動（たとえば，洗浄強迫患者の手洗い）が症状維持に大きく寄与しているため，曝露反応妨害法（Exposure and Response Prevention: ERP）によって，エクスポージャー中の安全確保行動も阻害する手法が有効である。

その他にも，不安階層表の中でも一番強い恐怖対象に曝すことで，一気に再学習効果を狙ったフラッディング（flooding）もある。また，曝露方法として，現実場面への曝露（in vivo exposure）とイメージを用いた曝露（imagery exposure）がある。いずれにしてもエクスポージャーは，恐怖対象に対する不安が十分に軽減するまで実施することが大切である。

(3) 認知再構成法

認知再構成法（cognitive restructure）は，1960年代にBeck, A. T. が提唱したうつ病の認知療法に含まれる技法の1つである（Beck, 1964）。CBTには，自己教示訓練や再帰属法など，認知変容を目的としたさまざまな技法が提唱されているが，中でも頻繁に利用されているのがこの認知再構成法である。

次のような手順で実施される（坂野, 1995）。

①「認知」の存在に気づかせる。
②認知が感情，行動に影響を及ぼしていることに気づかせる。
③患者の最近の経験の中から，認知と行動に何らかの関係があったと思われるエピソードを取り上げ，認知と行動が関係していることに気づかせる。
④患者の中に自動的な思考パターンが存在していることに気づかせる。
⑤否定的で自動化された思考をモニターする。
⑥それらの思考にあてはまる，あるいは反する証拠を調べることによって，自動的な思考パターンの現実性，妥当性を吟味する。
⑦それらの思考をより現実的な説明に置き換えることによって，新しい解決法，いつもとは異なった妥当な解決法を探索する。

つまり，(A) これまでの習慣的な考え方と解決すべき問題との関連性について

のセルフモニタリング，(B) 新たな考え方の立案および問題解決との関連性についてのセルフモニタリングである。これらを達成する際に用いるツールがいわゆる「自動思考記録表（コラム表）」であって，「認知再構成法＝自動思考記録表」ではないことに注意すべきである。自動思考記録表は，さまざまな書籍に掲載されているので，ここでは，実施上のポイントを紹介しよう。

1) 感情を区分する

人は，言い慣れた感情で表現する。たとえば，「ショック」とか「つらい」とかである。しかし，詳しく確認していくと，落ち込み，不安，イライラといった複数の感情表現が「ショック」という言葉に集約されていることがある。複数の感情が含まれていると，認知が変容したことによって「落ち込み」が90点（100点満点）から30点に減少したとしても，不安（40点→60点），イライラ（20点→75点）であれば，合計得点（150点 vs. 165点）では悪化したことになってしまう。これでは，認知変容の効果を適切に評価することができないので，患者が表現する感情については丁寧に聴取する必要がある。気分一覧表などを作成して，患者と検討していくのもよいだろう。

2) ブレイン・ストーミング

前記の手順⑦で，新しい解決法を捻出することは，実はとても難しい。また，多くの患者や治療者は，「ネガティブ思考をポジティブ思考に変えよう」と考えていることが多いため，そもそも思い浮かばないか，思い浮かんだとしてもその思考が腑に落ちない。問題は，柔軟性のない思考スタイルにある。ブレイン・ストーミングとは，その発想や解決法が実現可能かどうか，現実味があるかどうかはいったん置いておき，どんなとらえ方ができるかを徹底的に考え出すことである。これによって思考が柔軟になり，さまざまな思考の中から，より現実的な思考を選択できる。

3) 何度も練習し，その効果を確認する

認知再構成法によって新しい考え方が見つかり，自動思考記録表に記載された出来事に対する憂うつ気分が実施前90点（100点満点）から実施後40点まで軽減したとしよう。これで問題は解決したといえるであろうか。思い出してほしいのは，CBTの目標はセルフ・コントロールである。紙面上だけでなく，日常生活の中で新しい思考を捻出し，それによって問題が解決したかどうかを確認していくことが必要である。それがうまくいけば，新しい思考の捻出を「自動化」できるように練習し続ける必要があるし，反対にうまくいかなければ新たな思考を検討しなければならない。

4) 認知的介入だけで終わらない

また，認知変容だけでは問題を回避するものとして機能しまうことがある。たと

えば,「人とのコミュニケーションをうまくとれるようになって, 趣味の合う友だちをつくりたい」と願う社交不安症患者に認知再構成法を実施したとしよう。そして,「無理に人とコミュニケーションをとらなくてもいいや」という新しい思考を立案し, それによって不安や憂うつ気分がかなり軽減したとしよう。一見すると認知再構成法は成功したように思われるが, 日常生活では, コミュニケーションをとる機会は減ってしまい,「趣味の合う友だちとつくる」という目標は遠のいてしまうだろう。つまり, 目標を達成するために苦痛をともなう場合, その苦痛に耐えきれずに認知的に回避をしてしまうことがある。これは, 上述した安全確保行動の一種である。そのため, 認知再構成法を実施する場合は, 新しい考え方の捻出だけでなく, それによって患者の日常生活における問題解決につながっているか, 目標達成に向けた行動が増加しているかどうかも確認しなければならない。

本節で紹介した以外にも CBT の治療技法は数多く存在し, それらの治療技法を提供するために数多くの治療ツール（たとえば, コラム表）が開発されている。治療提供者が理解しておくべきことは, ツールを提供することが CBT ではないということである。治療技法が開発された目的と意図を理解し, 目の前のクライエントの問題改善のために工夫することがセラピストには求められる。

3節　問題解決療法

1．問題解決療法とは何か

問題解決療法（problem-solving therapy）は, 社会的問題解決（社会的文脈, 対人的文脈を含む）の不具合が苦痛を生み出したり, 社会適応を阻害するという前提に立つ（Nezu & Nezu, 2012）。その観点から, ①問題の性質を変えてみる, ②問題を経験したときに生じている苦痛を感じる反応を変えてみる, そして, ③そのためのさまざまなスキルを教えることで人が効果的に対処していくことができるように援助する認知行動的アプローチである（Freeman et al., 2005）。

問題解決療法の開発には, D'Zurilla, T. J. と Nezu, A. M. による貢献が高いが, その開発には 1960 年代後半から 1970 年代前半の臨床心理学と精神医学に起きた 2 つの流れが影響している。それは, ①セルフ・コントロールを促進する認知プロセスに焦点を当てた行動療法家の研究, および②問題解決を含む社会的コンピテンス向上のためのスキルと能力の開発に関する手法の影響である（Nezu & Nezu, 2012）。日常生活でのストレスフルな問題への対処に関する社会的問題解決モデルを基礎におく問題解決療法は, うつ病などの精神病理へと応用され, 現在では精神的な問題

から身体的な問題まで，あらゆる問題に対して実践されその有効性が示されている。O'Donohue & Fisher（2012）は，認知行動療法の中核的な原理の1つとして，問題解決療法を取り上げていることからもその重要性がうかがえる。

本節では，社会的問題解決のプロセスと問題解決療法の手法および実践方法を中心に解説する。

2. 社会的問題解決

人は日々の生活の中で，ストレスを感じるさまざまな問題に，短期的もしくは長期的にさらされている。その中で，それらの問題に対処する適切な手段を明らかにしたり，発見したりする。これらのプロセスが社会的問題解決（Social Problem-Solving: SPS）である。特定の行動や活動というよりは，効果的な対処方法の特定と選択を行うためのメタ・プロセスである（Nezu & Nezu, 2012）。

このSPS理論では，日常生活での問題解決の結果は，「問題のとらえ方（problem orientation）」と「問題解決のスタイル（problem-solving style）」という，部分的に独立した2つの次元で決定される（D'zurilla et al., 2004）。図7-3-1は，社会的問題

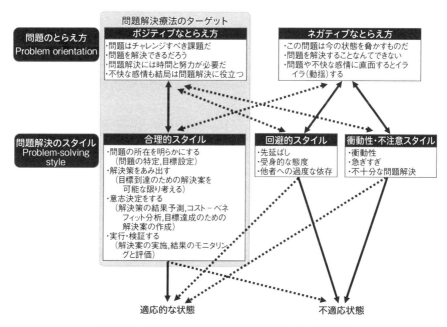

図7-3-1　社会的問題解決による社会適応へのプロセス
実線は社会適応への流れを示している。点線は適応・不適応への流れとしての可能性が低いことを示している。

解決による社会適応へのプロセスを図示したものである。「問題のとらえ方」とは，比較的安定した認知―感情スキーマであり，個人の一般化された信念や態度，日常生活での問題に対する情緒的反応，そのような問題に対してうまく対処する個人の能力のことである（Freeman et al., 2005, 2010）。ポジティブなものとネガティブなものがあり，たとえば，問題に直面したときに，「この問題はチャレンジすべき課題だ」とか「不快な感情も結局は問題解決に役立つ」といったものがポジティブなとらえ方といえる。一方で，「この問題は，現状を脅かすものだ」とか「問題や不快な感情に直面するとイライラする」といった場合は，ネガティブなとらえ方といえる。

もう1つの「問題解決のスタイル」とは，実際にストレスフルな問題を解決しようとしているときに行っている認知行動的な取り組みのことであり，①合理的スタイル，②回避的スタイル，③衝動性・不注意スタイルの3つのスタイルが明らかにされている。

①合理的スタイル：建設的な問題解決スタイルである。問題に直面したときに，まず情報収集を行い，問題は何かを特定したり解決するための目標設定を行う。そして，目標に到達するためのあらゆる解決案を考え，その解決案による結果を予測・選択し（意志決定），実行した後の結果検証を行っていく。
②回避的スタイル：問題に直面するのを避けようとするスタイルであり，問題に対して消極的で受身的な態度で，問題解決を先延ばしたり，判断や責任を他人に委ねようとするのがこれにあたる。
③衝動性・不注意スタイル：問題に直面した際に，熟考せずに不十分なまま問題解決の意思決定をしたり，衝動的に問題解決策を実行したりするスタイルである。

合理的スタイルは，ストレスや不安・抑うつ症状の軽減，攻撃行動の減少や自殺リスクの減少など，社会適応につながることが明らかにされている。一方で，回避的スタイルや衝動性・不注意スタイルは，社会適応がうまくいかないことが指摘されている。

3. 問題解決療法の取り組み

問題解決療法は，社会適応につながる「問題のとらえ方」と「問題解決のスタイル」を高めることを目的としている。すなわち，図7-3-1の「ポジティブなとらえ方」と「合理的スタイル」を強化し，反対に「ネガティブなとらえ方」と「回避的スタ

イル」「衝動性・不注意スタイル」を弱めていくのである。これによって、苦痛や心理学的問題を減少させるだけでなく、再発予防や治療アドヒアランスの向上、ストレスに対するレジリエンスの向上を図る。

　ここで注意したいのは、問題のとらえ方と問題解決のスタイルは相互に影響を与えるという点である。言い換えると、①考え方が変わると行動が変わることもあるし、②行動が変わることで考え方が変わることもある、ということである。取り組みやすいところから始めるのが鉄則であるため、合理的スタイルのスキル獲得から取り組むことが多い。

(1) 合理的な問題解決スタイルをスキルアップする
1) 第1ステップ「問題の所在を明らかにする」

　まずは、何が問題なのかを把握するために、悩んでいる問題を具体化し小分けにする。たとえば、「やる気が出ない」と訴える場合は、①やる気を出せない要因(情報)を集めていく。すると、起床時に「朝食を準備しなければならない」「子育てや所得に対する妻の小言を聞く」といったように、いくつかの具体的な要因によってやる気が出ない状態になっていることがわかる。

　問題を小分けにしたら、次はそれぞれの目標を設定する。上記の例で言うと、「朝食が用意されているようにする」「朝は妻の小言を聞かないようにする」といったものになるだろう。

2) 第2ステップ「解決策をあみ出す」

　目標が決まったら、それを達成するための具体的な解決策をあみ出していく。ここで重要なのがブレイン・ストーミングである(7章2節を参照)。いいか悪いか、できるか否かに関係なく、さまざまな可能性を上げていく。新しい解決策は簡単に出るものではないので、最初は身近にあるものの(たとえば、ボールペン)を使って、使用用途(たとえば、書くだけでなく、爪の中のゴミをかき出せるなど)を考え出す練習をしてもよいかもしれない。

3) 第3ステップ「意思決定をする」

　ブレイン・ストーミングによって、さまざまな問題解決策をあみ出したら、それぞれの解決策について、①目標にどれだけ合致しているか、②どのくらい実施することができると思うか、③個人と他者(社会)に与えるメリットとデメリットは何か、④短期的、長期的なメリットとデメリットは何か、という観点から評価する。これをコスト-ベネフィット分析と呼ぶが、この分析に基づいて、どの解決策を試みるか決定する。

4）第4ステップ「実行・検証する」

選択した解決策を実際に試してみて，その効果（結果）をモニタリングし評価する段階である。この結果が第3ステップで行った評価予測と比較的一致していれば，その解決策は継続していくだろう。具体的な成功報酬として，自分で自分を褒めてあげたり，我慢していた好きな食べ物を食べるなどを行うことも重要である。結果が評価予測に反したもので満足のいくものではなかった場合はその要因を検証し，意志決定を行う。

(2) 問題のポジティブなとらえ方に取り組む

上述したように，問題に直面したときに，問題解決に向かうような前向きな思考スタイルの獲得を狙いとする。認知再構成法（第7章2節参照）といった技法も思考スタイルの修正に役立つ可能性がある。また，合理的な問題解決スタイルの第4ステップを行う中で成功体験が積み重なれば，前向きな思考が芽生えてきたり，解決策が有効に働くか否かの予測や，出来事が問題であるか否かの判断が正確になるだろう。

(3) 事例からみる問題解決療法の実際

> ◆◆事例：Eさん50代男性◆◆
> Eさん（50代，男性，会社員）は，長年，寝つきの悪さに苦しんでおり，医師によって，不眠障害，うつ病，アルコール依存症と診断された。処方薬だけでは眠れず，毎晩の飲酒と処方薬を組み合わせることでなんとか眠れているとのことであった。これまで断酒や服薬中止を何度となく試したもののうまくいかず，カウンセリングでは，「私は，何をやってもうまくいかない，ダメなやつなんです」と述べていた。

セラピーでは，最初にケースの見立てと問題整理を行い，飲酒量の増加や日中の気分の低下は，睡眠の問題に起因することを共有した。そこで，睡眠の問題に取り組むことに同意されたものの，「やる前からこんなこと言うのもなんですが，結局このセラピーもうまくいかないんじゃないかと心配です」といい，「ネガティブな問題のとらえ方」が回避的な問題解決のスタイルにつながっていることが推察できた。また，問題が「眠れない」という漠然とした内容であることが，合理的スタイ

ルを生じにくくさせている可能性が考えられた。

　そこで，次のセッションでは，合理的スタイルから取り組んだ。まず，人が眠るメカニズムを説明し，そのメカニズムを整えるための実践として，「朝日を浴びる」「日中の活動量を上げる」「臥床時間を短縮する」「夕方以降の光の制限」について紹介した。そして，「この中で，取り組めそうなものはありますか」と尋ねると「朝日を浴びる」「臥床時間を短縮する」の2つを選んだ（第1ステップ）。そこで，それぞれの目標に対して具体的な解決策を挙げていった。たとえば，「朝日を浴びる」目標に関しては，「朝起きたら部屋の窓際で朝食を食べる」「近くの土手を往復30分散歩する」「お猪口を使って花壇の水やりをする」などを挙げた。同様の方法で，「臥床時間を短縮する」に関しても解決策を検討した（第2ステップ）。

　その中から，現実的にやれそうな解決策を選んでもらうと，それぞれの目標に対して，「近くの土手を往復30分散歩する」と「朝7時にアラームがなったら起きて冷水で顔を洗う」が選ばれたため，そのメリット，デメリットについて話し合った（第3ステップ）。

　このようなやりとりを行うことで，「この2つだけなら，なんとかやってみようと思う」という発言（ポジティブなとらえ方）があったが，同時に「でも，いつものように三日坊主で終わってしまうかもしれません」という発言（ネガティブなとらえ方）も聞かれた。そこで，以下のやりとりをした。

セラピスト：「三日坊主にならない方法って知っていますか？」

Eさん：「(少し考えた後) わかりません。そんな方法あるんですか？」

セラピスト：「あるんです。画期的な方法を見つけたんですよ。知りたいですか？」

Eさん：「ぜひ知りたいです」

セラピスト：「でも，やるからには相当な覚悟が必要ですよ？　それでも聞きたいですか？」

Eさん：「そうですか（すこし沈黙）。でも，自分の悪癖が治るなら知りたいです。そのためにセラピーに来たんですから！」

セラピスト：「わかりました。（三本指を立てながら）三日坊主にならない方法……それは……（小指を立てて）4日やることです」

Eさん：「ぶははは！　確かに！　4日やればいいんですね！　あははは！　いやー，そっかー，そう考えたら急に気が楽になりました。とりあえず三日坊主から抜け出すために，4日やってみます！」

2週間後のセッションでは，2つの解決策をほぼ毎日試すことができたことが報告された（第4ステップ）。そして，それによって寝つきが少し早くなったこと，夜に眠くなる日が出てきたことが報告され，この解決策を継続して実践していくこととなった。また，以前なら1日でも実践できなかったら諦めていたが，諦めずにやれたことが自信につながった（ポジティブなとらえ方）と報告された。

多くのクライエントは，漠然と悩んでいることが多いので，その問題を具体化していく作業を行うだけで問題のとらえ方が変わることもしばしばある。しかし，最終目標はあくまで問題解決であるので，有効な問題解決策の効果検証を行うこと，そして，新たな問題に直面した際も，クライエント自身が問題解決療法によって取り組んでいけるようになることが重要である。

4節　行動活性化療法

1. はじめに

抑うつ症状に陥ると人の行動パターンは変化する。たとえば，「今日は気分が悪いから，何もしたくない」と感じることは誰にでもあるだろう。しかし，このような行動パターンをとることが，自分の抑うつ症状を悪化させてしまうことがあることに気がつかないことが多い。行動活性化療法では，クライエント自身がさまざまな状況で自分の行動の結果をモニタリングし，少しずつ自分の行動を機能に基づいてセルフ・コントロールできるようになることが目標となる。そこで，本節では行動活性化療法の歴史から実施方法までを紹介する。

2. 行動活性化療法の歴史

行動活性化療法は，その歴史は意外にも古くFersterのうつ病の機能分析が基礎となっている（Ferster, 1973）。Ferster（1973）が提唱した理論の一部に注目し，正の強化子を受ける機会を増やすことが重要であると考えたのがLewinsohn, P. M. である。Lewinsohnらは，自身の活動と気分をモニタリングし，正の強化を受けることができるようにより適応的な行動へと変化させ，抑うつ症状の改善を目指した行動活性化を確立し，その効果を示した（Lewinsohn et al., 1978; Lewinsohn et al., 1980）。そして，1960年から1970年代には認知理論が台頭し，Rehmは行動理論に認知的要素を加えたセルフ・コントロール療法を提唱している（Rehm, 1977）。その後，行動活性化はうつ病に対する認知行動療法が広まるにつれ，認知行動療法の複合的なパッケージの中の技法の1つとして扱われるようになった（Beck et al.,

1979)。その後，うつ病に対する認知行動療法のメカニズムを検討する中で，①行動活性化，②行動活性化＋認知再構成，③行動活性化＋認知再構成＋中核信念の変容の3群で抑うつ症状の改善に違いがあるかどうかが検討された（Jacobson et al., 1996）。その結果，3群間の効果は，治療前後，フォローアップで効果に有意な差が認められなかった。この結果は予想外であったが，行動活性化のみで効果が示されたことから，2000年代以降に行動活性化を中心とした新たな治療パッケージの開発が行われることになった（Lejuez et al., 2001; Martell et al., 2001）。Martellらの行動活性化療法は，Ferster（1973）のうつ病の行動分析理論に基づいており，回避行動を治療ターゲットとしたことが特徴となっている。そして，機能的文脈主義（Hayes et al., 1999）の観点が加えられたマニュアル（Martell et al., 2001; Martell et al., 2010; Kanter et al., 2009）が作成され，その効果も示されている（Dimidjian et al., 2006）。またMartellの行動活性化療法のみに注目したメタ分析でもその効果量は大きいことが明らかになっている（岡島ら，2011）。

3. 行動活性化療法の実際

本項では，Martellらの行動活性化療法について述べ，個人の目標に合わせて行動を活性化させるアプローチと，回避行動や反すうを変容させるアプローチについて説明する（Martell et al., 2001; Martell et al., 2010; Addis & Martel, 2004; Kanter et al., 2009）。

(1) 行動活性化療法の実施方法
1) 価値と目標の特定

行動活性化療法では，価値と目標を特定することが役に立つと考えられている。まずは価値を特定し，クライエントが望む生活を理解することが大切である。価値が明確になれば，クライエントが進みたい方向が明確になり，それに応じた短期目標や長期目標を特定しやすくなる。このように，価値と目標が明らかになれば，クライエントが生活の中で報酬を感じやすい活動を特定するのに役に立つ。

2) 活動を特定する

クライエントが生活の中で自然に正の強化を受けるような活動を特定する方法の1つとして活動記録表がある。活動記録表では，1週間の活動を1時間ごとにどのような活動をし，そのときにどのような気分であったかを記録する。また活動記録表だけで活動を特定できない場合には，一般的に楽しみや達成感を感じることができる活動のリストをあらかじめ用意し，その中からクライエントの価値や目標に合わせて活動を選択する方法もある（Lewinsohn et al., 1978; Lewinsohn et al., 1980;

Takagaki et al., 2016)。以上のように，活動を特定し，その活動を行う上での難易度を明らかにする。難易度に基づいてランクづけして整理することで，クライエントにとって取り組みやすい活動が明確になる。

3) 活動を試す

次に，活動スケジュールとして実際に取り組む必要がある。実際に活動する際には，普段の生活で簡単に試せる活動から実施するほうがよい。難しい活動やかなりの時間を要する活動を特定してしまうと，クライエントが失敗する原因になってしまう。われわれは，活動を行いやすくするための工夫として「いつ」「どこで」「誰が」「何を」という詳細を明確にしておく活性化シート使用している（図7-4-1）。このシートでは，具体的に課題を特定し，その課題を行うと達成感や喜びと楽しみがどれだけあるかを予想し，活動と気分の関係を評価する。そして，実際に活動した後の結果として，気づいたこと，発見したことを整理する。

行動活性化療法では，「今は何もする気になれない」「元気になったらやります」というように元気があれば何でもできるではなく，あえて活動をすることがきっかけで，気分が変化することをクライエントに理解してもらうことを重要なポイントとしている（Martell et al., 2001）。ここでは，活動をしなさいといったように行動の押し売りにならないように気をつける必要がある。セラピストは，クライエントが感じている気分をしっかりと理解し，クライエントを受容し，共感しながら活動

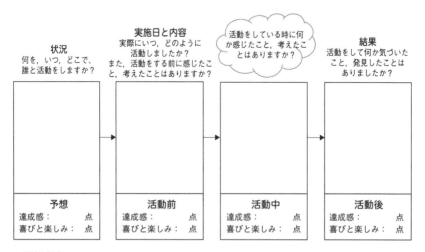

図 7-4-1　活性化シート

スケジュールの計画を立てることが必要である（高垣ら，2014）。活動スケジュールの確認では，活動した後にどのような結果になったか，活動することでどのように気分が変化したかを評価することが重要となる。もしうまく活動できない場合には，予定していた活動がなぜうまくできなかったのか，何が障壁となっていたかを検討し，障壁に対する対抗策を一緒に考え，クライエントが取り組めるように工夫することが必要である。

4) 回避パターンを明らかにするための TRAP

回避行動を理解し変容させるために，行動活性化療法では Trigger Response Avoidance-Pattern（TRAP）と Trigger Response Alternative-Coping（TRAC）という方法で機能分析を行う（図 7-4-2）。TRAP は，Trigger（きっかけ），Response（反応），Avoidance-Pattern（回避パターン）の頭文字をとったものである。まずどのような状況で回避行動を行っているかの「きっかけ」を特定し，そのきっかけに対して生じる「反応」に注目する。多くの場合，この「反応」は不快な反応であることが多く，この不快感情を取り除こうと回避行動をとるようになる。そして，回避行動による短期的な結果と長期的な結果を確認する必要がある。回避行動である場合には，不快感情を避けることができたことで短期的には楽になる。その一方で，長期的には状況が改善しない，抑うつ症状が維持するというようにクライエントにとってよい結果にはならないことをクライエントに理解してもらうことが必要となる。

5) 回避パターンから抜け出すための TRAC と ACTION

TRAP の対となるものとして TRAC があり，TRAC ではクライエントが望んでいる生活目標（価値）に向かっていくことができるように代わりとなる対処を選択する必要がある。TRAC によって代わりとなる対処の計画ができたら，次は実践していく。そこで，行動活性化療法では，ACTION ツールがある。ACTION ツールはクライエントが変化するために行うプロセスを以下のようにステップ化したものである。最初に，行動している文脈や気分を考慮して，行動の機能を検討する（Assess）。その行動が回避行動として機能していないかどうか，長期的な目標と一貫しているかどうかに注目する。そして，行動を選択する（Choose）。次に，選ん

図 7-4-2　**TRAP と TRAC**（Martell et al., 2010 を改変）

だ行動はとりあえず試す（Try out）。また，新しい行動は日課に取り入れ，気分の改善に役立ちそうな行動は何度も行って，習慣化させる（Integrate）。行動の結果を観察し，どのような結果がもたらされたのか，行動する前と変化があったか，目標に近づいたかなどを検討する（Observe）。最後に，諦めず気分の改善に有効な行動を行えるように何度も上記のステップを繰り返す（Never give up）。ACTIONツールによって，回避行動の機能的意義を見定め，代わりとなる対処を選択・実行してみて，その代替行動の機能を評価することができる。

6) 反すうへの対処

行動活性化療法では，反すうの内容に焦点を当てるのではなく，反すうの機能に注目する。そのために，まず反すうをすることでどのような結果になったかを強調し，クライエントに反すうと気分が関連していることを説明することが重要となる。行動活性化療法では，反すうを判断する2分間ルールが提案されている。ここでのポイントは，反すうをすることで①問題解決の方向に進んだか？ ②以前は理解できなかった問題が理解できるようになったか？ ③自分を責める気持ちや抑うつ気分が減少したか？ の3つである。このうち1つでも当てはまらなければ反すうと判断する。反すうの機能を理解し，反すうであるかどうかのラベルづけができるようになった後は，反すうではなく目標に合わせた行動に変化させるために反すうを合図として行動するようにする（Rumination Cues Action: RCA）。つまり，反すうをしていると気づいたら「これは反すうだ」とラベルづけを行い，別の行動を始めて対処する必要がある。

4. おわりに

うつ病に対する治療法として始まった行動活性化療法は，がん（たとえば，Ryba et al., 2014），依存症（たとえば，MacPherson et al., 2010）などにともなう抑うつ症状の改善にも有効性が示され，不安障害（たとえば，Chen et al., 2013）にもその適応は広がってきている。まだその治療効果のエビデンスは不足しているが，今後もさらに研究が進み，行動活性化療法がさまざまな疾患に応用され，広く普及していくことが予想される。

5節　応用行動分析

1. はじめに

応用行動分析とは，実験的手法を用いて明らかにされた行動の法則を，現実のさ

まざまな問題の解決のために適用する研究と実践である。保健・医療分野では，生活習慣の改善，服薬やセルフケア行動の習慣化，自傷他害や精神疾患，障害に関連する行動的問題の低減など，行動変容を支援する文脈で広く活用されている。行動療法や認知行動療法の行動変容技法としても用いられている。本節では，特に実践に焦点を当て，心理的な支援においてどのように"行動分析学による実践"（Cooper et al., 2007 中野訳 2013）が行われるか解説する。

2. 応用行動分析の考え方
(1) 介入の基本的な考え方

応用行動分析では，心理行動面の問題のうち，特にオペラント行動を対象として，"個人と環境の相互作用"という観点から問題を分析し，介入が行われる。その際，対象となる行動（behavior）を中心に，時間的に前に起こる刺激変化としての先行事象（antecedent）と，後に起こる刺激変化としての結果（consequence）という，三項随伴性の枠組みが利用される（詳細は第3章2節を参照）。そして，介入においては，実際に操作が可能な先行事象と結果に着目し，環境調整（随伴性操作）を行うことが基本となる。

図7-5-1は，応用行動分析による介入の基本的な考え方を示したものである。心理行動面の問題は，不適応的な行動（図7-5-1の中段）の"過剰"と適応的な行動（図7-5-1の上段または下段）の"不足"と理解することができる（Törneke, 2009 武藤・熊野監訳 2013）。そのため介入は，過剰になっている不適応的な行動を減らし，不足している適応的な行動を増やすことが目的となる。不適応的な行動を減らす場合は，対象となる行動に影響を与えている先行事象と結果を機能分析により推定し，それに応じた介入を実施していくことになる。ただし，不適応的な行動が減少したとしても，同じ状況で適応的な行動やより適切な行動が生起，維持しなければ，他の問題が生じる可能性がある。そのため，応用行動分析による介入では，不適応

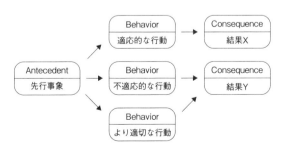

図7-5-1　応用行動分析による介入の基本的な考え方

な行動をより適切な行動に置き換える，不適応的な行動が生起しやすい環境を最小限にする，適応的な行動が生起しやすい環境を最大限にするといった観点が必要となる（山本，2015）。また，より適切な行動や適応的な行動が対象者のレパートリーにない場合は，それを事前に十分に習得させておくことが大切である（山本，2015）。また，適応的な行動が増加すれば，相対的に不適応的な行動は減少する可能性もある。そのため，適応的な行動を増やし，対象者のQOLの向上を目指すpositive behavior supportという視点が重要とされる（武藤，2015）。

（2）介入の基本的な方略

応用行動分析では，支援の文脈によって環境調整（随伴性操作）の方略は大きく2つに分類可能である（図7-5-2）。1つ目は，問題が生じている場面（現場）の環境を調整する，随伴性マネジメントという方略である（図7-5-2の上側）。この方略では，支援者が直接環境を操作する場合（直接的随伴性マネジメント）と，支援者が対象者やその周囲の人に要請して環境を操作してもらう場合（間接的随伴性マネジメント）がある。前者の場合は，支援者が現場で直接心理的な支援ができる文脈に限られる。一方，後者の場合は，支援者が現場にいない文脈（たとえば，面接による支援，コンサルテーションによる支援など）でも実施可能である。

2つ目は，問題が生じている場面（現場）とは異なる支援場面（たとえば，面接場面，訓練場面など）で，対象者に新たな行動（スキル）を身につけてもらい，それを現場で活用するよう促す，スキル形成マネジメントという方略である（図7-5-2の下側）。現場の環境調整が困難であり，そのスキルが対象者のQOLの向上に有効であると想定される場合になされる。この場合も，支援場面でなされるのは先行事象と結果の操作ではあるが，獲得されたスキルが現場に般化するかどうかが

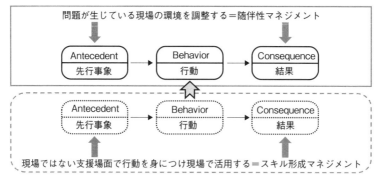

図7-5-2　応用行動分析による介入の基本的な方略

重要なポイントとなる。なお，支援の文脈によっては，2つの方略を組み合わせて柔軟に実施することが大切となる。

3. 不適応的な行動を減らす介入
(1) 先行事象に焦点を当てた介入
　不適応的な行動を喚起する先行事象がある場合，それらを介入によって除去することが可能であれば，そのときの行動を減らすことができる。たとえば，確立操作が生じないようにする，あるいは，生じてもそれを無効化する，行動を引き起こす先行刺激（弁別刺激（S^D）を含む）を撤去するなどである。ただし，この効果は一時的であり，行動の恒久的な改善にはつながらないので，他の介入と組み合わせて実施する必要がある。

(2) 結果事象に焦点を当てた介入
　どのような不適応的な行動であっても，それが維持している場合は強化の随伴性がある。そのため，強化の随伴性を止める消去ができれば，その不適応的な行動の将来の頻度を減少させることができる。消去のうち，不適応的な行動を維持している社会的強化子を除去することは，計画的無視とも呼ばれる。ただし消去は，注目のように強化が誰かによってなされている付加的強化随伴性では有用であるものの，行動することで自然と強化がなされる行動内在的強化随伴性では難しい場合もある。
　強化を用いて不適応的な行動を減らす介入も存在する。一定期間，不適応的な行動が出現しなかったら強化子が与えられる，他行動分化強化（Differential Reinforcement of Other Behavior: DRO）と呼ばれる手続きである。また，頻度が多すぎて不適応的となるような行動に対しては，一定間隔あけた行動にのみ強化を随伴させる，低反応率分化強化（Differential Reinforcement of Low Rates: DRL）という手続きもある。
　また，弱化を用いた介入も存在する。不適応的な行動が生起した場合，適切な行動を反復（練習）させる，あるいは，不適応的な行動によって起きた損害を修復させる，過剰修正と呼ばれる手続きである。これは，正の弱化を利用した介入である。一方，負の弱化を利用した介入として，不適応的な行動の生起に対して対象者が所有する強化子を奪うレスポンスコスト，強化子に接する機会を奪うタイムアウトなどがある。ただし，これらの弱化を用いた介入は，効果が限定的であることに加えて，倫理的な問題を含む可能性があるため，使用においては十分な検討と配慮が必要となる。

(3) 行動の置き換えに焦点を当てた介入

　不適応的な行動をよりよい行動に置き換え，結果的に不適応的な行動を減らしていくという発想は，応用行動分析において重要である。不適応的な行動と同時には行うことができない適応的な行動には強化を随伴させ，不適応的な行動には強化を随伴させない（消去する）手続きを，非両立行動分化強化（Differential Reinforcement of Incompatible Behavior: DRI）という（図7-5-1の上段および下段）。そのうち，不適応的な行動によって得ていた強化を容認可能なより適切な行動で得られるようする場合，代替行動分化強化（Differential Reinforcement of Alternative Behavior: DRA）と呼ばれる（図7-5-1の下段）。DRIやDRAは，前述した消去の手続きと後述する適応的な行動を増やす手続きを同時に実施する介入といえる。

4．適応的な行動を増やす介入

　適応的な行動が不足していて，それを増やす介入を行う際は，標的となる行動が対象者のレパートリーに含まれているか，含まれていないかによって方法は異なってくる。

(1) 先行事象に焦点を当てた介入

　適応的な行動がレパートリーに含まれているものの，それが生起していない状態は，まず刺激性制御が十分でない可能性が考えられる。対象者の問題が生じる場面（現場）内の弁別刺激（S^D）では，行動の喚起が十分ではないため，プロンプトと呼ばれる補足的な先行刺激を追加する手続きが用いられる。プロンプトには，言語教示やモデリング，身体的ガイダンスという3つの形態があり，対象者の状態や支援の文脈に適したものが使用される。最終的には現場に存在する弁別刺激（S^D）で，適応的な行動が刺激性制御される状態が望ましいため，追加されたプロンプトは徐々に減らしていく（フェイディング）ことになる。また，確立操作に焦点を当て，目標を設定するなどの手続きや，ルール支配行動の原理を応用した行動契約など，言語を用いた手続きも存在する。

(2) 結果事象に焦点を当てた介入

　適応的な行動がレパートリーにはあるが生起していない状態として，次に考えられるのは，結果（強化）が十分に随伴していない可能性である。行動の維持には毎回の強化（連続強化）の必要はなく，一部に強化が随伴（部分強化）すればよいものの，その頻度や強度が不足している場合は，消去されてしまう。この場合，現場内の結果では十分ではないため，付加的な強化の随伴を操作する必要がある。トー

クンエコノミーは，付加的な強化の随伴を操作する代表的な手続きである。トークンとは，貯めると価値ある強化子（バックアップ強化子）と交換できるポイントやシールのような刺激で，行動の直後に随伴させることが可能である。また，プレマックの原理を利用して，自発頻度の低い適応的な行動が生起した場合に，自発頻度の高い行動に従事する機会を与える手続きもある。どちらも現場では自然に随伴しない付加的な強化を行う手続きとなる。

(3) スキル形成に焦点を当てた介入

適応的な行動が対象者のレパートリーにない場合は，新たにスキルを形成する必要がある。その際，課題分析から行われることになる。この課題分析とは，複雑なスキルを一連の構成要素に分解する作業であり，スモールステップでのスキル形成を可能にするものである。スキル形成では，行動形成（シェイピング）や連鎖化（チェイニング）と呼ばれる手続きがある。行動形成は，目標行動に似ている行動だけを次々に分化強化していき，新しいスキルを形成する方法である。一方，連鎖化では，刺激と反応を特定の順序で結びつける手続きが使用される。連鎖化には，課題分析によって特定された最初の構成要素から教える順向連鎖化，最後の構成要素から教える逆向連鎖化などの手続きが存在する。また，連鎖化の際には，プロンプトの提示や強化の手続きもあわせて行われるため，前述の先行事象と結果のそれぞれに焦点を当てた介入がなされる。

6節　マインドフルネス

1. マインドフルネスとは

マインドフルネスとは，「今の瞬間の「現実」に常に気づきを向け，その現実をあるがままに知覚し，それに対する思考や感情には囚われないでいる心のもち方，存在の有様」である（熊野，2016）。これは，2,600年前にブッダが推奨した自らの体験と関わる際の意識のもち方であり，パーリ語のサティという言葉の英語訳である。漢語では念，日本語では気づきと訳され，アジア諸国では古くから実践されてきたが，日本文化にも禅を始め，武道や芸道の中に広く取り込まれ，普段は気づかなくても生活のさまざまな場面の中に息づいている。このマインドフルネスが，過去30年位の間に，欧米を中心とした心身医学，行動医学，精神医学，臨床心理学などの分野で注目されるようになり，現在は日本やアジア諸国を含む世界中で臨床適用されている。

われわれは，いつも常に何かを考えながら過ごしているが，時々ハッと我に返ることがある。実はその瞬間に実現している意識のもちようがマインドフルネスと呼ばれる。我に返るとは，われわれの思考がつくり出すヴァーチャルな世界から，「今，ここ」の現実と接触する地点に戻ってくることを意味しているが，しかし，ほとんどの場合は，すぐにまた色々な考えが浮かんできて，まだ来ない未来や，過ぎてしまった過去の世界に呑み込まれ，「心ここにあらずの状態」になってしまう。これでは目の前の現実が見えておらず，むしろ夢を見ながら寝ている状態に近いのだが，われわれは通常そのこと自体にも気づいていない。それに対して，マインドフルネスとは「目覚めの状態」であり，目の前の現実に対して，注意や気づきという認知機能を十分に働かせながら，心配や反すうなどの反復的思考が生じていない状態を意味している。

　マインドフルネスの実践を重ねることで，「心ここにあらずの状態」にすぐに気づくようになり，「今，ここ」の現実と接触する「目覚めの状態」が維持されやすくなっていく。そして，この隅々にまで気づきが行きわたった状態が続くこと自体もマインドフルネスと呼ぶ。つまり，マインドフルネスという言葉は，気づいた瞬間の心の状態と，気づく練習を重ねていったときに現れてくる心の特性の両方を表している。ここで，心配や反すうを止められないことが，近年，不安症やうつ病などの主要な維持要因として注目されていることを考えれば，マインドフルネスの臨床的な意義の一端が理解できるだろう。

2．マインドフルネスと臨床心理学

　瞑想法に含まれる方法論は，心身医学，精神医学，臨床心理学などの領域では，1960年代頃から，リラクセーション反応（Benson & Klipper, 2000），禅，ヨガなどを通して活用されてきた。しかし，そこで注目された瞑想法は，以下に説明する通り，リラクセーションと関連の深い1点に集中するタイプの瞑想であり，マインドフルネスと関連の深い，現実を偏りなく観察するタイプの瞑想が注目されるようになったのは，もう少し後になってからである。

　瞑想法には，1つの対象だけに注意を集中することで，五感に基いて働いている通常の心の働きを止め，その背後にあるさらに微妙な心のエネルギーを解放しようとするサマタ瞑想と，意識野に入ってくるすべての体験を，評価せずに，とらわれのない状態で観察し，現実そのものを等身大に理解しようとするヴィパッサナー瞑想の2つがある。そして，反復的思考はこのどちらによっても抑えることができるが，その方法はまったく異なっている。サマタ瞑想では，今この瞬間の1つの事物という時間的にも空間的にも大きさのない対象に注意を集中して，思考の題材をな

くすことで思考を抑えるが，ヴィパッサナー瞑想では，無数の対象に注意を分割して，注意資源を消費することでそもそも思考が生まれないようにする（考えるためには注意資源が必要）。ここで，マインドフルネスでは今この瞬間の現実との接触が前提になっていることを考えると，サマタ瞑想でつくり出される意識の状態では，現実のごく一部としか接触できないため不十分であり，体験のすべてに区別なく気づくヴィパッサナー瞑想のほうが合致していることが理解できるだろう。しかし，実際の瞑想実践を通してマインドフルネス特性を高めていくマインドフルネス瞑想では，ヴィパッサナー瞑想を十分に実践できるようになる前提として，注意の集中・持続力を高めるサマタ瞑想の訓練も行うのが通例である。

マインドフルネスは，1970年代に，アメリカのKabat-Zinn, J. が，慢性疼痛患者を対象にした8週間のグループ療法であるマインドフルネスストレス低減法（Mindfulness-Based Stress Reduction: MBSR）の有効性を示して以来，心身医学や行動医学の分野で活用されるようになった。その後，認知行動療法の発展と合流して，1990年代半ばに，境界性パーソナリティ障害に対する弁証法的行動療法（Dealectical Behavior Therapy: DBT）の効果がランダム化比較試験で実証され，さらに，2000年前後に，MBSRを再発性うつ病に適用したマインドフルネス認知療法（Mindfulness-Based Cognitive Therapy: MBCT）や，言語行動の行動分析理論に基盤を置くアクセプタンス＆コミットメント・セラピー（Acceptance and Commitment Therapy: ACT）でも活用されるようになり，精神医学や臨床心理学の分野でも広く注目を集めるようになった（熊野，2012）。

心理師として保健・医療分野での実習・実践に取り組む上では，マインドフルネスそのものよりも，これらのプログラムの中でのマインドフルネスの活用法を学ぶことが重要になるだろう。上記のDBT，MBCT，ACTなどは，新世代（第三世代）の認知行動療法と呼ばれてきたが，マインドフルネスやアクセプタンスを重視し，認知の内容（考え方）よりも機能（考えの影響力）に注目するという共通の特徴に基づけば，これまで実践されてきた行動療法系の認知行動療法，認知療法系の認知行動療法と対比させて，マインドフルネス系の認知行動療法と呼ぶほうがわかりやすい。

3. マインドフルネス系認知行動療法の方法論

Hayes（2004）は，マインドフルネス系の認知行動療法に共通する特徴を，以下のように述べている。

①第一水準（主訴そのまま）の変化だけではなく，第二水準（文脈込み）の変化

を目標とする。
②より文脈的な前提を採用する。
③従来の直接的な変容方略に加え，より体験的で間接的な方略を採用する。
④変化の焦点を広くとる。

　つまり，限定的にとらえられた行動や認知の問題を除去するだけではなく，人生の幅広い領域に適用できる柔軟で効果的なレパートリーを構築することを目指しており，そのために文脈に働きかけたり，体験的で間接的な変容方略を用いるということになる。マインドフルネス系の認知行動療法には，マインドフルネス自体の系統的な実践を行っていくものと，介入の中でマインドフルネスの原理を活用していくものがあるが，以下ではそれぞれの代表例として MBSR・MBCT と ACT について概説する。

(1) MBSR・MBCT

　MBSR や認知療法の系譜にある MBCT では，8 週間のグループ療法の中で，ボディスキャン（体の各部位に順番に注意を向けていく），ヨガ，静座瞑想の練習を順次行い，マインドフルネスそのものの実践を重ねていく。各セッションでは，少しずつ新しい実践法を実習してもらい，そこで体験したことをグループメンバー間で話し合うことでシェアリングする。そして，さまざまなホームワークによって，各技法そのものの練習であるフォーマルな実践と，それを生活の各場面に活かしていくインフォーマルな実践を進めていくが，そこでの体験も次のセッションの中でシェアリングを進める。この方法では，個々のケースの症状や問題に踏み込んで介入することは難しいため，ある程度改善したケースが対象になることが多いが（MBCT は元々うつ病の寛解状態にある患者を対象にしたプログラム），グループの中でお互いの体験を共有することが，頭の中のヴァーチャルな世界から外に出て，現実と触れ合うための大きな力になる。
　MBSR と MBCT の本質的理解と関わる「すること」モードと「あること」モードという言葉は，これらの方法における文脈への働きかけを示している。前者は，目的達成のために問題解決的に考え，それに基づいて行動している状態を指しているが，通常の生活では，ほとんどの場合このモードで過ごしている。それに対して，後者は，マインドフルネス瞑想をしているときの体験について述べたものであるが，自分の中に浮かんでくる思考や感情に気づきながらも反応せず，ただそこにいるという状態を意味している。この 2 つのモードを区別して体験できるようにすることで，心配や反すうに巻き込まれているときでも，モードを変えて目の前の現実の世

界に戻ることができるようになる。そして，この体験全体を通して，いつも「すること」モードで駆り立てられ続けるのではなく，時には「あること」モードに切り替えられるようにするといった「人生の文脈」を自分で選択していくことの重要性に気づいていくことが可能になる。

(2) ACT

行動療法の系譜にある ACT は，個人療法として，不安症，強迫症，うつ病，慢性疼痛などさまざまな精神疾患や心身症にも効果を上げている。ACT では病理的な行動パターンとして，体験の回避（ネガティブな体験を避けようとする），認知的フュージョン（思考と現実の混同），過去と未来の優位（反すうや心配），概念化された自己（自己イメージの固定化），価値の不明確さ（人生の方向性の無自覚），行動抑制や衝動性の6つが挙げられ，それぞれに対応する健康な行動パターンとして，アクセプタンス（心を閉じない），脱フュージョン（呑み込まれない），プロセスとしての自己（今ここを感じる），観察者としての自己（偏りなく現実をとらえる），価値の言語化，価値にコミットした行為の6つが挙げられており，前者を減らして後者を増やすことが介入全体の目的になっている。そして，体験の回避，認知的フュージョン，過去と未来の優位，概念化された自己が優位な状態をマインドレスな（心ここにあらずの）状態，アクセプタンス，脱フュージョン，プロセスとしての自己，観察者としての自己が優位な状態をマインドフルな状態と機能的に定義することで，マインドフルネスの原理を活用するためのアセスメントと介入を進めやすくしている。

行動療法では行動の形態（内容や頻度）ではなく機能（効果や影響力）を変えることが重視されるが，ACT でも行動の機能とそれを理解する前提になる文脈を重視している。ここでの機能とは行動をとらえる際の基本的な三項関係である「弁別刺激−行動−結果」の連鎖の中で，お互いがもつ効果や影響力を指す。その際，「行動」に注目をすると，弁別刺激や結果が最も基本的な文脈を構成するが，三項をひとまとまりにとらえると，確立操作（空腹や疲労など結果の強化価を変化させる操作），自己ルール（ある状況で，特定の行動をすれば，相応の結果が得られるという言語的理解），クライエント自身が選択する人生の方向性を意味する「価値」なども文脈に含まれてくる。マインドフルネスとの関わりでは，思考の機能が問題になるが，通常われわれは「考えていることを自動的に事実と思う」（認知的フュージョンが起きる）文脈の中で生きているのだが，そこで「考えていることと事実は違う」ことを意識するという文脈に切り替える（脱フュージョンする）ことができれば，それだけで考えている内容が変わらなくてもその機能は変わることになる。また，

もう1つの問題である体験の回避に関しては、"ネガティブな体験がなくなれば自分の問題は解決する"とする自己ルールである「変容のアジェンダ」の放棄を目指すことが、介入初期の大きな目標の1つになる。

4. まとめ

本節では、マインドフルネスとは何なのか、そしてそれが臨床心理学的支援とどう関わってきたのかを概説し、MBSR・MBCTとACTを例にすることで、支援におけるマインドフルネスそのものの活用とマインドフルネスの原理の活用という2つの方法について説明した。実際に実習や実践を行う際には、以上に述べてきたことを頭に置きながら、個々の現場で実践されている方法を、本節の引用文献や他の成書で具体的に理解した上で臨む必要がある。

7節　リラクセーション

リラクセーションとは、身体的な緊張を緩和し、リラックスした状態に導く自己コントロール法である。リラックス状態の獲得には、自律神経系における副交感神経系と交感神経系のバランスが重要であり、リラックス状態は副交感神経系が亢進している状態のことである。リラクセーションを行うことにより、身体的な緊張が緩和されるだけでなく、自律神経系のバランスが調整され、さらには、不安や緊張などのネガティブな感情も緩和され得る（富岡, 2017）。

国内の研究においては、リラクセーション状態の獲得により、疼痛、倦怠感、不眠症状の改善や自尊感情の向上が認められている（近藤・小板橋, 2006）。また、月経前症候群（Rapkin, 2003）、過敏性腸症候群（Zijdenbos et al., 2009）、軽度のうつ（Jorm et al., 2008）にも有効である可能性が示されている。本節では、リラクセーションの作用機序と、主要なリラクセーション法である呼吸法、漸進的筋弛緩法、自律訓練法を紹介する。

1. リラクセーションの作用機序

人が不安や緊張を感じるとき、自分の意志で調整が難しい不随意神経系の一部である交感神経系が活発になる。ストレス負荷のある状態が続くと、緊張や不安が慢性化し、交感神経系の過剰亢進とともにアドレナリンなどのストレスホルモンの分泌が促される。また、関連ホルモンであるエピネフリンが、血圧、心拍数、代謝を増加させる。さらにその状態が慢性化すると、自律神経系の不調をきたし、高血圧、

頭痛などの身体症状として表れる。つまり，人の不安な感情や緊張状態や慢性化による心身の不調には，交感神経系の過活動が関連している。その活動を抑えるのにリラクセーションが有効である（Benson & Klipper, 2000）。慢性化した状態を緩和するためには，リラクセーションを継続的に練習し，リラックス状態を維持できるようにする必要がある。

2．呼吸法
(1) 呼吸法とは
　呼吸法は，呼気と吸気の方法の工夫によりリラックス状態の獲得を狙いとする比較的簡便な方法である。呼吸法の種類はさまざまであるが，大きく3つに分けられる。1つ目は腹式呼吸である。腹式呼吸の特徴は，呼吸を横隔膜で行う点にある。息を吸うときは，腹部を膨らますように行う。このときの横隔膜の上下運動が，腹部の臓器の血液循環を良好にする（富岡，2017）。2つ目は，呼気を比較的長めに意識する方法である。リラクセーションは，息を吐き出している間や吐き出しきった状態に深まる傾向があるため，呼気の長さに重点を置き，カウントを行う。実際には，腹式呼吸とカウントしながらの呼吸を織り交ぜて行うことが多いだろう。3つ目はイメージやキュー・ワードを取り入れた呼吸法である（五十嵐，2015）。クライエントにとってリラックスしやすいイメージや言葉を頭に浮かべながら呼吸を行う方法である。

　慢性化した状態から脱却するためには，継続的な練習が必要であり，クライエントにその重要性を伝える必要がある。クライエントが日々の変化に気づけるように，練習記録の継続が有用である。練習は1日3回程度を提案する。

(2) 呼吸法の指導方法
　①呼吸法の効用と実践方法について説明を行う。クライエントの既往歴を確認し，実践方法を調整する。
　②身体を締めつけるもの（腕時計，ベルト，眼鏡等）を緩めるように伝える。
　③クライエントにとって呼吸がしやすい楽な姿勢を確保する。目は半開眼または閉じたほうがリラックス状態を獲得しやすいことを助言する。
　④クライエントの呼吸のリズムを確認し，リズムに合わせてカウントする。このとき，吸気と呼気の長さはおおよそ2対4とし，その間にポーズを1の割合で入れることが望ましい（佐藤，2009）。カウントは呼気の間隔を徐々に広げていくようにする。これを10回程度行う。
　⑤終了後は，1〜2分ほどクライエント自身で呼吸を行い，ゆっくり目を開ける

ように伝える。
⑥呼吸法を行った感想を話し合い，継続的に練習する必要性を伝えた後，練習記録のつけ方について話し合う。

(3) 呼吸法を実践する際の注意点
　呼吸法は心身の状態を調節するための簡易的な方法の1つであるが，実施前には既往歴の確認とクライエントの状態に応じた配慮が必要である。呼吸器系疾患の既往歴をもつ場合や風邪等の症状をもつ場合には鼻呼吸が苦手であったり難しかったりする。その際は，口から吸気をするように伝える等配慮する。

3．漸進的筋弛緩法
(1) 漸進的筋弛緩法とは
　漸進的筋弛緩法は，最初に筋肉を緊張させた後，弛緩させることにより，全身の筋肉を弛緩させる方法である。Jacobson, E. により開発され，その後簡易法が開発された。Jacobsonの方法では，1つ1つの筋肉について緊張と弛緩を繰り返すため，習得が難しいといわれている。一方，簡易法では複数の筋肉を同時に緊張させるため，比較的習得しやすくポピュラーな技法である。
　簡易法にも複数存在するが（五十嵐，2015），ここでは筋肉を4グループ（両手・腕，頭頸部・肩，胸部・腹部・背部，下肢）に分けて緊張状態をつくり出す方法を紹介する。両手・腕の筋弛緩では，握りこぶしをつくり，腕を曲げて上腕にこぶしを近づける。頭頸部・肩の筋弛緩では，両目をかたく閉じ，鼻に皺をよせ，口はひょっとこ口，舌は内側に丸めて，肩を上げて力を入れる。胸部・腹部・背部の筋弛緩では，息を吸うことで胸腹部の緊張を感じる方法，背中を曲げて前かがみになって緊張を感じる方法，胸を張り，左右の肩甲骨をくっつけるように力を入れることで緊張を感じる方法の中から1つ選び行う。下肢の筋弛緩では，つま先だけを床につけた状態，または，かかとだけを床につけて爪先を伸ばした状態で下肢全体を緊張させる。各筋肉グループについて，5～7秒間の緊張状態と，15～30秒の弛緩状態を繰り返す。なお，力を入れる際には，100%ではなく，60～70%くらいの力を意識して行う。

(2) 漸進的筋弛緩法の指導方法
①漸進的筋弛緩法の効用と実践方法について説明する。クライエントの既往歴を確認し，実践方法を調整する。
②身体を締めつけるものを緩めるように伝える。

③クライエントにとって楽な姿勢を確保する。呼吸法とは異なり，座位の場合は椅子の背もたれに身を委ねたほうが実施しやすい。
④筋肉グループごとに緊張と弛緩の状態を繰り返す。上記で紹介した4つの筋肉グループの簡易法では約20分で終了する。
⑤漸進的筋弛緩法を行った感想を話し合い，継続的に練習する必要性を伝えた後，練習記録のつけ方について話し合う。

(3) 漸進的筋弛緩法を実践する際の注意点

漸進的筋弛緩法を実施する際にも，既往歴を確認し，力を加える部位や程度を調整し実施する必要がある。過去に怪我をしていたり，何か身体的障害や問題がある場合には，筋肉を過度に緊張させることにより痛みや不快感の増悪を引き起こす可能性がある。重度の肩こりや腰痛の場合も同様である。

4. 自律訓練法
(1) 自律訓練法とは

自律訓練法は，ドイツの精神科医であったSchultz J. H. によって開発された，身体と心のバランスを整えるための自己催眠法の1つである。通常は，標準練習という背景公式とそれに続く6公式を用いる。それぞれに言語公式という決まった語句があり，それらを反復暗誦する（富岡，2017）。自律訓練法で用いる言語公式は以下の通りである。

背景公式（安静練習）	「気持ちが落ち着いている」
第1公式（重感練習）	「両手が重い」
第2公式（温感練習）	「両手が温かい」
第3公式（心臓調整）	「心臓が規則正しく打っている」
第4公式（呼吸調整）	「楽に息をしている」
第5公式（内臓調整）	「みぞおちやお腹のまわりが温かい」
第6公式（前額部調整）	「額が涼しい」

自律訓練法では特に受動的集中が重要といわれている。身体感覚への受動的注意集中を通して，心身の変化や外界に対する受動的態度（あるがままの態度）を形成することにより，情動が解放されやすくなり，休息と機能回復が可能になる（松岡，

2006)。

(2) 自律訓練法の指導方法
①静かで外部刺激が少ない環境を整える。暗めの環境のほうが実施しやすい。
②自律訓練法の効用と実践方法を説明する。クライエントの既往歴を確認し，実践方法を調整する。
③身体を締めつけるものをはずし，クライエントにとって楽な姿勢を確保する。このとき，身体全体が十分にサポートされる状態になれることが好ましい。
④背景公式から始め，言語公式を心の中で繰り返すように伝える。たとえば，重感練習では「両手がおもーい」というように，フレーズをゆっくり落ち着いた声で伝え，クライエントはそれを心の中で繰り返す。1つのフレーズを連続して練習する時間は60〜180秒までである（松原，2012）。
⑤1分程度経過した後，解除動作（腕の曲げ伸ばしや背伸びなど）を行う。
⑥感想を話し合い，さらに1〜2回程度練習を行う。初心者の場合は，受動的注意集中が維持しやすいよう時間を短くして行うことも有用である。
⑦継続的に練習する必要性を伝えた後，練習記録のつけ方について話し合う。

(3) 自律訓練法を実践する際の注意点
自律訓練法は，呼吸法や漸進的筋弛緩法と異なり，一種の催眠状態に入ることから，その後の活動のために解除動作を導入する必要がある。解除動作には，上記に加えて，指を1本ずつ曲げる，足首を回すなどの方法がある。また，自律訓練法においても既往歴の確認が必須である。自律訓練法を行うことによって副作用的反応や症状の増悪を引き起こす可能性がある疾患（禁忌症）と，適用してもあまり意味がない場合（非適応症）がある（松岡，2012）。禁忌症の例は，①心筋梗塞の患者，②糖尿病患者で長期間の監視が不可能な場合，③低血糖様状態の患者，④迫害妄想や誇大妄想を示す患者である。非適応症の例は，①治療意欲がない患者，②自律訓練法の練習を十分に監視できない場合，③精神疾患の急性期や増悪期，④知的能力に重度の障害がある場合である。これらの適応を考慮した上で，自律訓練法の導入が求められる。

5. まとめ
本節では，リラクセーション技法に関する背景理論と，主要な3つのリラクセーション技法の手順について概説した。これら以外にも多くの技法が開発されており，本節で紹介した技法を活用した実践的な方法として，系統的脱感作法や応用リラ

セーションなどが挙げられる。セラピストは，クライエントのアセスメントに基づき，どの技法を用いるかを検討した上で導入することが望ましい。

8節　支持的精神療法

1. はじめに

　支持的精神療法，あるいは支持療法は，対人援助に関わる臨床家に幅広く活用されている。支持的精神療法からイメージされるセラピストの態度や技法は対人援助を行う上で基礎的なものとして位置づけられているということができる。しかし，実際に臨床場面でクライエントに支持的な言葉がけを用いようとすると，何をどのように支持すればよいのか戸惑うことが少なくない。また，クライエントの考えや気持ちに寄り添い支持しながらも治療や援助に方向づけることが簡単ではないことに気づくはずである。支持的精神療法を臨床実践に取り入れるのであれば，感覚的にクライエントの言動を支持することを漫然と続けるのではなく，専門家として目的をもって意図的に治療的介入を行う必要がある。この節では，支持的精神療法の基本的な考え方と技法を概観していく。

2. 支持的精神療法とは

　支持的精神療法の特徴とはどのようなものだろうか。Sjöqvist（2007）は歴史的経緯を概観することでその概念の明確化を試みている。精神分析が誕生した1900年から1940年代までは支持的精神療法に該当する介入法は助言（suggestion）として扱われていたが，Knight（1949）が精神分析の文脈の中で初めて支持療法というコンセプトを用いた。1950年代には，精神分析の自我心理学派の中で，支持的精神療法は洞察（表現的精神療法）の対の概念として提唱された。さらにはWallerstein & Robbins（1956）によって一端に支持的精神療法，もう一端に精神分析，間に精神分析的精神療法という3部からなる力動的精神療法の線上に位置づけられた。その後1980年代まで支持的精神療法は対象関係論および自己心理学を含めた力動的精神療法の中でその理論的，技法的な検証が進められた。そして1990年代以降は精神分析以外の心理療法との統合およびその独自性の検証がなされている。このように，精神分析の発展の中で生まれた支持的精神療法の概念は，長らく力動的精神療法の文脈の中で発展してきたが，近年になってその枠組みの外側に出て各種の心理療法との統合が試みられている。

　歴史的経緯を踏まえると，支持的精神療法が指すものは大きく2つに分けること

ができる。1つはクライエントとの良好な関係をもとに現実適応を支えるための広義の統合的な面接技法，もう1つは力動的精神療法の中で洞察的技法の対に位置づけられる狭義の面接技法である。

(1) 広義の統合的な面接技法としての支持的療法

片山（1993）によれば，「支持療法は精神医学的治療法の基幹となる精神療法で，患者を温かく受容し，不安や緊張，恐怖などの症状を除去し精神的危機状況を解決することを目的とした精神療法的諸技法を総称したものである。支持療法は支持的精神療法とも呼ばれ，一般的には患者の無意識的葛藤やパーソナリティの問題には深く立ち入らないことを原則とし，患者を情緒的に支持しながら援助し安定した信頼関係に基づき，自我機能を強化するとともに本来の適応能力を回復させ現実状況への再適応を促す治療法である」とされている。精神分析に代表される洞察療法との対比が念頭にあるものの，支持的精神療法そのものは力動的精神療法の枠にとどまらず，精神医学的治療法の基幹となる精神療法として定義づけられている。ここで強調されているのは，クライエントが認識していない課題には積極的には踏み込まないという点である。また，「治療者は患者の苦悩に対する関心と共感（empathy）に基づき，患者の補助的自我あるいは代理的自我の役割を担い，現実検討力をたかめ課題解決を図る」と治療の目標に言及している。上述した無意識的葛藤や，パーソナリティの問題には深く立ち入らないという原則とあわせて考えると，支持的精神療法はクライエントのあり方そのものを変えるのではなく，クライエントに寄り添いながら一緒に目の前の課題に取り組むものだということができる。滝川（1999）は，あえて単純化した説明として「たとえば精神分析とか行動療法とか戦略的精神療法などにおける治療者の介入（働きかけ）は，クライエントのこころや行動のあり方にじかに「変化」を促すことを目的としている。（中略）これと対比した言い方をすれば，支持的心理療法におけるそれはむしろ「変化」を抑えるためになされる」と述べている。病態水準や動機づけ，時間的な問題，経済状況などのいくつかの事情により根本的な変化を促す介入が適用できない場合に，文字通りクライエントを支えながら緩やかで必要最低限の変化の中で現実適応を回復させることが統合的技法としての支持的精神療法のねらいとなる。

(2) 力動的精神療法としての支持的精神療法

支持的精神療法は従来のように狭義の定義をすると，重度の症状のある患者を診察する際の助言，奨励，勇気づけ，という技法の総体であり，臨床において支持的精神療法は常に力動的理解をともなう（Winston et al., 2004）。力動的理解とは精神

分析理論に基づく臨床状況の理解を指し，無意識，防衛機制をはじめとした自我の諸機能，転移といった概念を用いる。精神分析に代表される表出的精神療法が自我の防衛や転移を解釈することで無意識に対する理解を深め，その過程で症状の改善やより本質的な自己洞察の促進を目指すのに対して，支持的精神療法は面接の中で生じる転移を取り扱わず，クライエントに無意識に目を向けることを促さない。その代わりに，意識化されている問題や葛藤に対して，助言や奨励，勇気づけといった直接的な方法で支援するのである。ただし，セラピストは無意識的なテーマを扱わずとも，それを把握し見立てることが必要である。したがって，ここでのセラピストは精神分析理論を理解し，表出的精神療法に関しても一定の訓練を積む必要があるだろう。セラピストは支持的精神療法と表出的精神療法を力動的精神療法のスペクトラムの両端としてとらえ，クライエントに合わせてその間で技法的な調整を行うことが望まれる。技法のスペクトラムに病態水準のスペクトラムを重ね合わせると，大まかには精神病圏の病理をもつクライエントには支持的精神療法寄りの技法が適用であり，神経症水準のクライエントには表出的精神療法寄りの技法が適用される。精神病圏の問題を抱えたクライエントの認知機能，現実検討，思考機能，行動統制，感情統制，他者と関係する能力といった自我機能は低下しており，洞察志向的な介入は効果をもたらさないか，さらなる混乱を生むことが考えられる。そのため，面接では日常的な活動，服薬指導，社会復帰のためのリソースの活用が中心的テーマとなり，そのようなときに支持的精神療法が必要とされる。

　現代の支持的精神療法の広がりを鑑みると，狭義の力動的精神療法の技法として位置づけることは現状にそぐわないと考えられる。だからといって力動的精神療法に関する理解や訓練はもう必要ないのかというと，そうともいえない。支持的精神療法を導入するにあたっては，他の心理療法と同様にアセスメント，ケースフォーミュレーション，目標設定といった専門的な手順を踏む必要がある。特にアセスメントを行う上では病態水準や自我機能といった力動的精神療法の見立てが役立つ。また実践においても，無意識的葛藤やパーソナリティの問題に深く立ち入らないためには，そこに焦点づけられている力動的精神療法の技法について知っておく必要があるだろう。

3. 支持的精神療法の介入技法

　クライエントの状態や機能が現時点より悪くならないように入念にデザインされた介入方法として，賞賛，保証，勇気づけ，合理化とリフレーミング，セラピーで取り上げるべき重要な話題，助言と心理教育，予期的指導，不安の予防と軽減，意識領域を広げるといったものが挙げられる（Winston et al., 2004）。

(1) 賞賛

支持的精神療法では，面接内外でのクライエントの課題への取り組みを積極的に賞賛する。そうすることで，クライエントの治療に対する動機づけを高め，また課題に取り組む行動を強化し，問題解決に役立つスキルの獲得を促進できる。賞賛するにあたっては，セラピストの賞賛が本当にクライエントにとっての賞賛として機能しているか否かを確認することが重要である。また，セラピストにとっても嘘がない言い方でなければならない。

(2) 保証

病気の予後，薬の効果，治療の進展などに関して，クライエントの行動の意味や将来期待される結果をセラピストが伝える。セラピストはエビデンスに基づき専門家として確かなことのみについて保証するべきである。多くの人にあてはまる事柄として伝える一般化も含まれる。クライエントは保証を得ることによって，治療の中でそれまでとは違う行動パターンをとることの不安が減り，自身の行動が将来よい結果をもたらすという期待が高まる。

(3) 勇気づけ

自発的に行動を起こすことが難しくなっている場合に，それを行うことやクライエント自身の肯定的側面に言及し，一歩を踏み出す後押しをする。リハビリテーションにおいてはクライエントが達成可能な目標を設定し，スモールステップで取り組むことを示すことが有効である。

(4) 合理化とリフレーミング

クライエントにとっての事実は主観的な意味づけとともに語られることが多い。意味づけが無自覚なうちにネガティブなものになっているときに，新たな意味づけを提供しそれまでとは違った見方ができるように促す。

(5) セラピーで取り上げるべき重要な話題

特に治療初期はクライエントが話したい話題を話してもらうことが治療関係を構築する上で有効であるが，それが必ずしもクライエントの本来の治療上のニーズに則しているということではない。セラピストは必要に応じてセラピーで取り上げるべき話題を変えたり方向づけたりする。話し合う内容，また話題の決め方を面接の構造に組み込むことは，セラピーで取り上げるべき話題を取り扱いやすくすることに貢献する。

(6) 助言と心理教育

　助言にはセラピストが専門とする分野に関してクライエントの求めに応じて提供するものと，重症のケースで生活機能が低下している場合には日常生活に関する助言をするものがある。いずれも，クライエントに自己解決する力がある場合には安易に助言を与えず，クライエント自身が必要な情報を見つけ判断することができるように援助すべきである。

　心理教育は非常に重要な介入技法であり，特に疾病性がはっきりある場合はセラピストの専門的知識に基づいた疾病教育を行うことがクライエントの自我機能と適応スキルの向上の土台となる。ただし，疾病性に対する受け止めはクライエントごとに個人差が大きく，心理教育の導入のタイミングや内容を調整する必要がある。

(7) 予期的指導

　あることに取り組む際に，あらかじめ手順を確認し，起こり得る障害とその対処法を準備するように働きかける。重症の精神障害を抱えている場合，新規場面の中で臨機応変に対応することは苦手であり，過去の失敗体験から強い予期不安を抱いたり自己効力感の低下により消極的になったりしやすい。これから起こることのイメージをもつことは患者の支えになり，ロールプレイを行い行動面でもリハーサルしておくとより効果的である。また，病状悪化のサインや予兆を確認しておき，どのように対処するかをまとめておくことも再発予防に役立つ。

(8) 不安の予防と軽減

　クライエントが不安になることが必然として治療の構造に含み込まれている精神分析療法とは異なり，支持的精神療法ではできるだけクライエントを不安にさせたり傷つけたりする質問や態度は避けるようにする。しかし，治療の過程で必要なテーマを扱う場合にクライエントが不安を抱くことが想定される場合もある。そのときは，そのことをあらかじめ伝え，なぜそれが必要なのかを説明することで，不安の喚起を最小限に抑えることができる。

(9) 意識領域を広げる

　治療の中断が危惧される局面などで表出的精神療法の技法を限定的に用いることもある。明確化（クライエントの意識から前意識までの思考や感情の言語化），直面化（クライエントが避けている行動パターン，思考，感情へ注意を向ける促し），解釈（転移理解を含めたクライエントの言動に対する理解の伝達）といった技法を使い，クライエントが気づいていない感情や考えを意識化することを促す。

9節　ソーシャルスキルトレーニング

1. ソーシャルスキルトレーニングとは

　ソーシャルスキルトレーニング（Social Skills Training: SST）とは，学習理論に基づき，体系的かつ意図的に対象者の技能形成を図る，構造化された治療または援助技法である。「アセスメント・目標設定」「セッション」「般化促進」の一連のプロセスがSSTであるとされる。対人的状況の中で必要とされる技能（スキル）の獲得，般化，保持を促進することで，生活障害が改善され，さまざまな社会的ストレスへの回避や対処が可能となることを目指している。その結果，対象者の自信が回復し，QOLが高められ，再発予防といったさまざまな二次的障害の防止につながっていくと考えられている。また，SSTの有効的な実施のためには，他のさまざまな治療技法や支援と組み合わせることが必須とされている。

　SSTの起源は，1950年代のSalter, A.の「条件反射療法」とWolpe, J.らによる「自己主張訓練」とされ，これは不安や抑うつをもつ人々が不安を克服して自己表現できるようになるための学習を支援するものであった。1960年代には，Lazarus, A. A.による実技リハーサルやBandura, A.による社会的学習理論により，ロールプレイ技法やモデリングの技法が取り入れられるなどし，さまざまな行動療法の技法をパッケージ化する形で現在のSSTの基本的な枠組みが形作られた。1970年代にはLiberman, R. P.らにより統合失調症の情報処理・認知処理への対応が取り入れられ，SSTの目標が「対人効果」から「社会的生活技能」の獲得に拡張された。

　社会的で自立した生活を送るためには，日常生活技能（living skills），社会生活技能（social skills），疾病自己管理技能（illness management skills）の3つの技能が必要とされているが，SSTでは，この3つのうち社会生活技能と疾病自己管理技能の2つの技能を対象としており，基本的には日常生活技能は対象としない。

　現在，SSTの対象の範囲は広く，統合失調症や不安障害，発達障害等の疾患を対象とした医療領域にとどまらず，児童の不適応行動等を対象とした教育・福祉領域，復職支援等の産業領域，更生保護施設等の司法矯正領域など，多くの領域や分野で行われている。また，患者家族への介入や，職場でのストレスマネジメント，さらには対人援助職の専門家教育を目的として，健常者を対象に実施されることも多い。

2. ソーシャルスキルとは

　SSTにおいてソーシャルスキルとは，「感情や要求を正確に伝え，対人的な目標を達成するのを助けるあらゆる行動」（Liberman et al., 1989），「対人交流の中で肯

定的および否定的な感情を表現でき，行動の結果で社会的強化（周囲から与えられる肯定的な反応）を失わずに済む能力」(Bellack et al., 2004) などと定義されており，学習によって獲得が可能で，改善可能なものとされている。つまり，ソーシャルスキルが身についていないことは，性格などの本人の内的な要因に起因するのではなく，たまたま学ぶ機会がなかったなどの外的な要因によりもたらされたものととらえられており，ソーシャルスキルはいつでも誰でも学びさえすれば身につくものと考えられている。

そのソーシャルスキルを構成する要素として，SSTでは「受信技能」「処理技能」「送信技能」の3側面が提唱されている。それに加えて，やりとりし合うといった「相互作用的な行動」や，社会的慣習の知識などの「状況因子」を諸要素として含むこともある。

「受信技能」とは社会的認知・知覚の技能であり，会話の中で関連する手がかりへ注意を向け，情報を受け取り，相手が伝えたいことをその感情も含めて正確に理解する能力のことである。「処理技能」とは社会的問題解決と意思決定の技能であり，受信技能によって得られた情報や社会的状況を正確に分析し，効果的な行動反応を抽出する能力のことである。相手や自分の状況，社会的な要因や倫理観，常識などを考慮した上で，どう対処するかを自らが判断，決定する側面である。「送信技能」とは，表出スキルのことで，処理技能を経て抽出された行動反応を，否定的な結果にならないよう効果的に実行する能力である。言語やそれに随伴する行動（声量や声の抑揚，会話速度など），および非言語的行動（視線，表情，姿勢，身振り動作など）が含まれる。SSTでは，この3つ側面に従い参加者の技能をアセスメントし，介入の手立ての指針としていく。

3. SSTの実施方法
(1) アセスメント・目標設定

SSTセッションの実施前には，必ず対象者の技能のできている点と，不足な点や過剰な点を評価しておく必要があり，それに基づき短期目標と長期目標が設定される。そのために生活場面ごとに対人状況を聴取し，受信技能－処理技能－送信技能の各側面に基づいて評価される。また，生活や支援状況の全体像（「家庭での日常生活」「教育と職業的な活動」「集団場面」「地域との関わり」「交友関係」「余暇活動」「服薬や再発予防を含めた健康維持」など）や，認知機能障害の特性など，技能実行に影響する背景因子も評価される。本人や周囲の人との面接，日常の行動観察，心理学的検査や尺度を通して行われ，これらの結果を基に対象者と協働し目標を設定する。

またSSTでは，セッション前に行われるアセスメントの他に，セッション中に行われるライブアセスメント，終了時アセスメントも必ず行われ，その都度修正し，その結果はセッション等に反映されていく（舳松，2010）。

(2) セッションの流れ

図7-9-1にSSTの流れとともに，代表的なセッションの一例を示す。セッションの「導入」では必ず「参加の自由の保障」がされ，対象者自らの意志で参加・不参加を決められるルールとなっている。ロールプレイ技法を用いた練習には，必ず「正のフィードバック」「修正のフィードバック」「モデリング」の過程が含まれており，その後「宿題の設定」とその実施が促される。

「正のフィードバック」では，ロールプレイが行われた後に，対象者の技能のよかったところやできていた点が本人に示される。これはすでに獲得されている技能のうち望ましい技能や側面を強化する目的で行われる。その後セッションではより技能をよくするために「修正のフィードバック」が行われ，改善点が対象者とともに検討される。つまりSSTでは「まず問題点を指摘し教える」のではなく，「できているところを褒めて伸ばす」ことに主眼が置かれ，対象者にネガティブなフィードバックは一切行われない。

「モデリング」では，対象者が改善点を取り入れた新たな技能を獲得しやすいよう，社会的場面を模した中で，お手本として実際にその技能を実施する所が示される。対象者はそのお手本を観察学習した後，模倣から試み，実技リハーサルを繰り返す中で新たな技能を獲得してゆく。その後さらに正のフィードバックが行われた後，

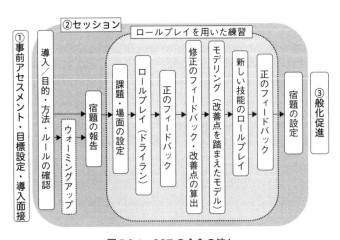

図7-9-1　SSTの介入の流れ

「宿題の設定」となる。

「宿題の設定」では，今回獲得した技能を日常生活の中で実施してくることが求められる。宿題の実行を繰り返すうちに，さまざまな場面で当該の技能を使用，応用するようになり，いずれは般化につながることがそこでは期待されている。

なお，セッションで扱われる技能は，援助者や治療者が望ましいと判断した技能ではなく，対象者に必要なもので，対象者自身が獲得したいと希望した技能のみである。

(3) 般化促進

宿題の実行も含めたセッションによる介入を終えた後，般化促進の介入が行われる。セッションを通して獲得した技能を，自ら日常生活の中で実施，応用していくことができるように促していく段階である。SSTと同時期に行われている他の治療技法や支援の場を活用したり，技能の実行の動機を高めたりするような介入が試みられる。また，技能の実行にともない周囲からきちんと強化される環境になるよう，社会的孤立を防ぐ目的で資源を活用したり，家族や周囲の人と連携したりすることも有効であると思われる。

(4) その他の技法

SSTセッションにおいては，さまざまな技法が駆使されており，主に受信技能の改善を目的として「注意の焦点づけの技法」が行われ，処理技能の練習としては「問題解決技法訓練」が行われる。

またSSTセッションは，集団だけではなく，訪問場面，個人のカウンセリングや相談場面等で，個別に実施されることも多い。個別に行われる場合は，現場に密着していることが多いため，直接的に問題となっている状況に取り組め，短時間で即座に実施でき，対象者の注意集中も得られやすいなどの利点が考えられている。

(5) 自立生活技能プログラム・モジュール

モジュールとは，心理教育と組み合わされた課題領域別学習パッケージであり，服薬自己管理や症状自己管理，地域生活への再参加を目的とした一連のプログラムが開発されている。「会話の始め方」「続け方」「スムーズな終わり方」や「言語／非言語コミュニケーションについて」「会話の相手に合わせた自己開示の程度」などを学び，会話の基本知識と基本的技能を学習するモジュールも開発されている。

これらすべてのモジュールには，柱となる「7つの学習課程」がある。「導入」「教材を使った質疑応答」「ロールプレイ」「社会資源管理」「派生する問題」「実地練習」

「宿題」といったもので，いずれのモジュールもこれらに沿って進むよう構造化されている。この7つの学習課程は，統合失調症を中心とした精神疾患の方々が最も合理的かつ端的に学習を進めるために必要な各段階とされており，これらの課程を必ずすべて順に終えていくことが重要であるとされている。

4. SSTを実施する意味

　SSTは，未来志向・希望志向で行われ，前向きな目標のもとで実施される。対象者のストレングスを信じ，対象者自身がリカバリーできるよう，エンパワメントしていきながら行われる心理社会的な支援の1つとして位置づけられている。SSTが実施されることで，発症や障害に因る社会生活の機会喪失が招いた機能低下を補うだけでなく，技能の獲得や能力の開発を通して自尊心の低下を防ぐこととなる。そしてさらには，SSTを通して「できる自分／できている自分」に気づくことができ，新たな自己発見を，対象者にそして周囲にもたらしてくれるものととらえられている。

第Ⅲ部
展開篇

第8章
保健・医療分野における実践

1節　精神科クリニックでの公認心理師の仕事

1. はじめに

　精神科クリニックには入院するほどではない患者や働きながら通院する患者が中心に来院し，待合室に黙って座っていると病気かどうかわからない。そのほとんどが薬物療法のために通院し，中には心理的アプローチが必要と医師が判断して特定の心理療法のオーダーが出されたり，本人からの求めに応じて心理師の面談の予約がなされたりする。キャンセルポリシーなどの契約の同意に署名してもらうことも必要な手続きである。

　筆者は精神科クリニックに勤務し始めたときから，セラピーを保険外診療として行ってきた。海外へかける公衆電話のごとく1分間で200円のコインが落ちていくと思うと，沈黙は悪のようである。目の前の患者やクライエント（以下，クライエント）の困りごとをアセスメントしようと集中しているときには忘れがちだが，クライエントの経済的な負担や費やす時間への配慮など，費用対効果はクライエント以上に常に意識している。料金に見合う時間を提供したいと，私が1回の面談（50分間）に見る時計の回数は10回以上に及ぶ。

　数百床の病院の勤務と違って，院長，事務員とセラピスト各1名のようなところもあり，セラピストは非常勤・歩合制で雇用されることが多い。セラピー枠や料金の設定から働く時間や曜日まで自由に決められるところもある。一方で，そこまで裁量権をもっていないのが一般的かもしれない。少人数で業務をこなしていく精神科クリニックで，セラピストとして色々と工夫したことや構築していったクリニック勤務での仕事について書いてみよう。

2. 初回と継続の面接枠

　1枠のセラピー時間を50～60分とする施設が多い。筆者が50分を選んでいる

わけは，セラピスト自身の休憩をとる時間を確保するためと，新患など少し時間をかけたい人の場合に前後の時間に食い込むことで少し長い時間を確保できるように融通を利かせるためである。50分の契約で55分に延長してもOKだろうが，60分の契約で55分はクライエントを損した気分にさせる。セラピセウトはクライエントに気分よくなってもらうことを基本的な目標とすべきであるから，時間は短めの設定がよい。また，延長すればいいというものでもなく，時間通りに終われるよう努力すべきである。時間を守ることは来訪するどの人をも尊重することにつながる。

筆者は継続セラピーとして25分枠を設けているが，クライエントの支払いの負担を減らすことによって毎月継続しやすくなり，症状の安定につながる。ただし，セラピストは休憩がとりづらく負担は増えるため，25分でなく20分と表示すべきかもしれない。精神科クリニックの中には短時間の医師の診察とセットでセラピストに20分程度のセラピーを行わせているところもある。

また，たまに生じるダブルブッキングの際には，その10分の空き時間を削って連続して行うことで，昼の休憩までの4時間の4枠に5人のクライエントを昼休憩に10分食い込む時間で収めることもできる。常々，50分を少し超えながら対応しているが，たまの非常事態で「50分ぴったりでお願いします」と言うと，クライエントは快く協力してくれる。

この場合，予約ミスによる変更は，事務員よりもセラピストが待合室に出向いて事情説明を行うほうがよい結果をもたらしている。セラピー時間を削ってでもこれは大事な数十秒である。

3．予約システムの構築

クリニックの受付事務は2～3人で窓口業務と電話対応をするところから，たった1人でそれらをこなしているクリニックもある。また開業心理師のカウンセリングオフィスでは，受付から支払い，次回の予約までを心理師が1人でこなさなければならないところもある。どんなところでも，予約のシステムは間違いなくより簡便に使えるものがよい。コストをかけたくない場合は，自分でつくった予約カレンダーのエクセルシートを受付と共有するパソコンのドライブに置いて，予約を双方向から見えるようにするとよい。

まず1シートに1か月分の日数の行と自分が勤務可能な予約の時間枠を1時間単位でたとえば10時から19時まで用意する。休憩時間や早退の予定があるときは，予約不可枠はセルの色を変えて予約の空きがわかるようにする。また，継続セラピーで25分枠もあるが，その予約が入った場合は文字を赤にするなどして一目瞭然のわかりやすさを工夫する。筆者も稀に知能検査などの依頼を受けるが，時間枠を必

要な分だけ自分で操作（単にセルの色を変更してセラピー不可にするだけ）できるので便利である。電話予約をとる業務は雑務の中にある。少しでも受付業務に協働できるよう，数か月先のシートまでつくって提供する。

　このエクセルシートをクラウドに置いておけばクリニック外で予約状況を確認しようとしたときにも便利である。たとえばGoogle社のスプレッドシートは秒単位で保存されているため，うっかり消してしまうことがあっても数秒前の履歴に戻ることも簡単で，どのアカウントから書き込んだかも記録されているため，ミスも発見しやすい。1人だけのセラピストがいるクリニックならば，これで十分だと考えられる。数名のセラピストを抱えた大規模クリニックの場合，既存の予約システムを利用したほうが間違いなく手間暇が省略できる。登録クライエント数や汎用性の制限のある無料のものから，月額5000円前後〜数万円の有料のものまでさまざま存在している。

4．医師との協働

　精神科医といえども認知行動療法などの心理療法について熟知した医師だけではないし，逆に心理師よりも描画法や精神分析に詳しい医師もいる。心理的アプローチの詳細を知らないがゆえに全面的に任せてもらえるほどの信頼関係ができていれば幸いだが，その関係を構築できるまでは気を配ることも多い。雇用主の医師が，セラピストの行っている心理療法の内容について興味や関心をもってくれるといいが，そうでない場合もある。診察とセラピーをセットで受けたいという場合，診察後にセラピーを行うほうがよい。セラピストの言葉を短い診察時間の中でひっくり返されるのを防ぐためである。一方で心理療法を自らできてしまう医師と同じ治療方針でなかった場合，連携ができずに患者が間に挟まり右往左往することもある。たとえば，医師はトラウマ治療を得意として，トラウマに関する心理療法を最初にすべきだと主張していることを知らずに，セラピストが過去のことを一切扱わないで話を進めようとするような場合，患者の信頼を損なう可能性もある。また，医師は短期的な治療方法でいけると勧めているが，患者は早く治ることなどまったく望んでおらず家族から治療意欲がないと責められているため，じっくり時間をかけて治したいとセラピストに同意を求めているような場合，医師と患者の間にセラピストが挟まるようなことも起こる。患者の治り方のイメージや好みに合わせることはあっても，臨床家側の治療法の好みに合わせる必要はない。患者の選択の決断を促すセラピーが行われなければいけない。

　セラピストは概ね長い時間をかけて患者の話を聞ける。そのため，医師には話せなかった事柄を聞くチャンスがあり，大事な情報は共有する必要がある。特に処方

に関する悩みなどについて、患者はセラピストや調剤薬局で薬剤師に訴えることも多い。勤務するクリニックの医師がよく処方する薬の知識は最低限もっておいたほうがよい。

また、ベンゾジアゼピンの頓服を他院からももらっている話や、オピオイド系の強力な鎮痛剤を内科から処方されている場合などの処方薬依存は詳しく聞かないと問題として話に上らない。そもそも患者はそれが精神科で治療する症状の1つであるという認識が薄い。また、主訴である動悸や不眠や気分低下が、甲状腺や鉄欠乏性貧血やレストレスレッグス症候群からの症状かもしれないなど、精神疾患による症状と間違われやすい内科疾患についても積極的に学んでおく必要がある(Morrison, 2015)。面談中に体調の詳細を聞いたならば、医師に報告し、処方内容の見直しや検査のできる病院の受診を判断してもらう。

心理師は主治医の診断に従うが、精神科診断面接もできたほうがよい。筆者は以前精神科診断面接マニュアルSCID（高橋ら、2010）の著者の1人である北村俊則先生の研修を受講する機会に恵まれた。SCIDはDSM-IV-TRに基づいた診断面接マニュアルで、コホート研究などでコメディカルでも精神科の1軸診断の面接を可能にするものである。この経験はクリニックで働く上でも医師との共通理解に役立っている。

5. 症例検討会の利用

クリニックの中で個人療法は孤独な作業である。自分のセラピー中、善し悪しをチェックするものが誰もおらず、変化を求めて来ているクライエントの希望通りに対応できているのかどうかの評価を受けない。隠蔽することに慣れてしまうとセラピーはただの慣れあいのおしゃべりになっているかもしれない。それを通院精神療法の保険点数の範囲で、会計窓口負担がほとんどない状態で続けている心理師たちがいるが、それは誰のためになっているのかまったくわからない。

クリニックで時間に追われて働いていると、ケースの相談をする相手を見つけることが難しい。院内で主治医も含めて、ケース検討する定期的な時間をつくることは、臨床の知識と技術の向上に必要だが、かなり積極的に時間をつくろうとしないと実現しない。昼食時、仕事帰りを問わず、カジュアルに立ち話でもケースの相談をすることはクライエントの利益擁護にとどまらず、セラピスト自身の精神安定上もよい。ただ、院外で行うときは患者の話として情報漏えいすることがないよう配慮がいる。もし、以上のことが不可能ならば、外部のスーパーバイザーに有料でケース検討を申し出ることも一案である。最近ではメールやSkypeでスーパーバイズが行われている。筆者も1年間に10件も満たないが外部の心理師や医師からのスー

パーバイズを引き受けることがある。また，学会主催の症例検討会や小さな私的な勉強会でも，自身のケースを報告することによって，仕事を振り返るチャンスとなる。データをとる習慣や他人にわかる記録の書き方も身につくだろう。

6. クリニカル・リサーチ・コーディネータ

　精神科クリニックに限った仕事というわけではないが，勤務するクリニックにおいて厚労省が未承認の医薬品の臨床試験（治験）をする場合，クリニカル・リサーチ・コーディネータ（CRC）という職域を心理師が担うことがある。大きな病院ではあり得ないが，小さなクリニックの心理職はさまざまな雑用に駆り出される。その1つがCRCである。

　クリニックが治験参加者を公募しているという広告がWeb上や新聞に掲載されると，参加に興味をもつ人からクリニックに電話がかかってくる。電話の応対も心理師なら上手だろうし，エントリー可能な人かどうかをマニュアルに沿ってスクリーニングすることも似たような仕事で慣れている。また治験に参加しようかどうしようかと悩む人に，中立の立場で決断を促す面接をすることも得意だろう。看護師や薬剤師や臨床検査技師がいれば，その人たちがCRCを兼務することも多いが，心理職でも可能というか，より有能な部分のほうが多いと考えられる。なぜならば，エントリーしてきた人々がCRCから説明を受けるということは，治験に対する不安を述べそれを解消していく過程をたどることでもある。不安を払拭することなど日常茶飯事で行っているのが心理職である。参加を促すことだけを指向する面談には倫理的に問題があるが，ファーストコンタクトをするCRCとして心理職は最適だろう。

7. 心理療法ができること

　筆者はこれまで，うつ病の10分の1も患者がいない強迫症の治療を精力的に行ってきた。また，その症状の詳細な分類にはまったく関心をもたずにただ治療方法（エクスポージャー療法）にだけ興味を示して患者に対応してきた。そうやって強迫症×行動療法という希少×希少の組み合わせで専門性を打ち出していくことができた。クリニックに訪れる人たちに尋ねると，治療法の本を読んだりWeb上で検索したりしてクリニックを見つけたという人が多い。患者が学んだこと以上のものを提供できるように，われわれも日々精進して期待に応えられるように，心理師として研鑽を積む必要は，公認心理師法にも明記されている。

　このように，心理師なのだから何らかの心理療法ができることは当然期待されるであろうが，これも雇用してくれる医師との治療方針上の相性が優先である。中に

は心理検査や統計をきちんとしてくれる心理師を重宝がる場合もあるだろう。また EMDR（Eye Movement Desensitization and Reprocessing）や持続エクスポージャー法（Prolonged Exposure Therapy）など技能の認定が必要な心理療法のできる心理師に来てほしい場合もあるだろう。器用な人ならば，色々な心理療法を修めて臨機応変に使えるようになることも大事だが，認知症や犯罪者更生支援のような特殊な領域に専門性をアピールすることも大切である。少人数の仲間と協働するクリニックであるからこそ，受付事務の担当者にもどんなセラピーが得意なのかをわかりやすく伝えておく配慮は不可欠である。来訪者の満足は心理療法に依存するのではなく，クリニック全体でつくる雰囲気でもある。コミュニケーションの技術は，最初に受付事務担当者に対して教えておく必要があるのかもしれない。

2節　精神科デイケアでの公認心理師の仕事

1. はじめに

　精神科デイケアとは在宅の精神疾患患者に対し，外来治療では十分に提供できない医学的・心理社会的治療を包括的に実施する場である。そこでは，精神疾患患者の能力の回復や向上，病状の再発や再入院の予防を目的とした自立生活や社会参加促進のための援助を行っている。実施機関は病院やクリニック，また診療報酬にはよらないが保健所などでも実施されており，思春期や老年期，各種依存症なども対象となる。精神科デイケアは多職種協働チームであり，医師，看護師，作業療法士，精神保健福祉士などさまざまな職種とともに心理師も活動している。

　デイケアは地域生活と医療とをつなぐものである。特に精神科クリニックのデイケアは生活の場を重視した活動が実践されており，デイケアでの活動を通じて得られた利用者の情報や見立てが他機関との連携に活かされている。

　今回は筆者が勤務している精神科クリニックのデイケアにおける心理師の仕事について述べる。

2. 多機能型精神科診療所の特徴

　筆者が勤務している精神科クリニックは，東京の下町にある。この地域は，入院病床数が少ない。そのため精神疾患患者の再入院を防ぎ，地域で暮らせるよう多様なサービスが求められている。そこで，当院は患者のニーズに合わせた結果，外来診療に加えて精神科デイ・ナイトケア，精神科訪問看護ステーション，訪問診療，障害福祉サービス事業所等を運営しており，現在では多機能型精神科診療所といわ

表 8-2-1 職員のスケジュール

時間	活動	内容
9:00～9:20	朝の職員ミーティング	昨日までの報告とその日の活動についての打ち合わせ
9:20～16:00	デイケア活動	
16:00～17:30頃	夕方の職員ミーティング	その日の活動についてグループ内での振り返りと他グループとの情報の共有
17:30頃～	レビュー	外来など他部門も含めた院内全体の一日の振り返り

れる。この構造によって、われわれは精神疾患患者を多面的に支援しており、心理師の仕事も多岐にわたっている。そして、1日に心理師が十数名と多数勤務していることも、精神科クリニックとしては珍しい。

ほとんどの精神科クリニックでは、心理師は所属を外来やデイケアのみといった1つの部署に定められ、2つ以上の部署を掛け持ちすることは稀である。この配置方法も利点はあるが、多面的に患者を支援するためには、職種や部門を超えた職員同士の連携が非常に重要である。そのために、職員配置も工夫しており、たとえば、外来とデイケアなど曜日ごとに部門が異なり、1週間のうち2部門以上に職員が勤務している。これにより、職員は他部門の様子を知ることができ、自然と他職種、他部門との連携を行っている。また、1日の終わりに全部門合同で振り返りを行うレビューがあり、他部門との情報の共有や連携が可能になっている。デイケア勤務時の職員の1日のスケジュールを表 8-2-1 に示した。

このように院内の他職種や他部門との連携は、日常的に行われている。その内容は利用者の問題についてだけでなく、改善した点や意外な一面を発見したときなどよい点についても情報を共有している。よい面を共有することで、デイケア内だけでなく、外来などでも他の職員に褒められることが利用者の自尊感情を高め、治療的に効果があるからである。

3. デイケア利用者の特徴

筆者が勤務するクリニックでは、患者がニーズに合わせて選択できるよう毎日複数のデイケアを運営している。そのうち、一部のデイケアでは、利用者が気分や症状、ニーズに合わせてその日の参加プログラムを選べるよう、いくつかのプログラムを並行して提供している。つまり、毎日複数のデイケアグループとプログラムが実施されている。それだけ、精神科クリニックのデイケア利用者の特徴は、多岐にわたっていると想像していただきたい。

冒頭で述べた通り、当院のある地域は入院病床数が少ない。そのため、これまで

はオープングループ（利用者の規模を一定にするため，利用者の出入りは自由で，グループ継続期間は無期限）で，デイケアの利用者の主な疾患は統合失調症であった。それゆえ，再入院を防ぎ，引きこもらずに地域で暮らせるように日中活動の場としての機能がデイケアに求められていた。しかし，徐々にそのニーズは多様化していき，デイケアにも就労へとつながる機能が求められるようになった。そこで，パソコンプログラムのようにスキル獲得ができ，クローズドグループ（参加期間が定められ，途中から新しい利用者を入れない）で少人数グループを実施。その結果，これまでのデイケアのように大人数のグループに参加できなかった患者がデイケアに参加できるようになった。最近では休職中の方を対象としたリワークグループ，発達障害の方を対象とした専門グループなど参加者を限定するデイケアも行っている。

それぞれのデイケア利用者が抱える心理社会的問題に応じて，デイケアは日中活動の場でもあり，社会復帰への第一歩でもある。

4. デイケアで求められる心理師の役割

これまでに述べたように，さまざまなデイケアがあり，多職種で運営している。グループによっては心理師がリーダーのグループもあれば，そうでないグループもある。また，各グループによってグループの文化は異なり，関わり方のスタンスが異なるため，グループの力動をアセスメントすることが大切である。このグループの力動とは，利用者同士の力動だけでなく，利用者と他のデイケア職員，デイケア職員同士も含まれる。そして，その力動の中で自分はどのように関わるのかを考え，行動に移していくことが心理師には求められる。

デイケアでは，外来での個別面接では見えにくい利用者の健康的な面が見られることが多々ある。また，利用者の対人様式のあり方がデイケア内で表れることもあり，各利用者の精神症状だけでないアセスメントが大切である。

このように，心理師はデイケアのあらゆる場面でアセスメントしている。それにより，同じ出来事を体験していても他職種とその出来事への感情やスタンスが異なることがある。これはたとえば，利用者のドロップアウト時やグループ内で発生した問題処理に関して表れることがある。時に利用者のドロップアウトは軽く扱われることがあるが，利用者のドロップアウトを分析することは，実に有益な情報をわれわれにもたらしてくれる。そのドロップアウトは利用者内の問題により起こったのか，職員の関わり方の問題なのか，それともグループ運営上の問題なのか，このことを分析するだけでも各利用者を力動的に理解していないとできないことである。この力動的な理解が心理師の強みである。また，何かグループ内でトラブルが起こっ

た際に，そのトラブル処理に時に職員が巻き込まれ，身動きがとれない状況に陥ることがある。そのようなときに，心理師はグループの力動を第三者としてアセスメントすることができ，解決に向けての行動をとることができる。

現在，デイケアの一部プログラムでは心理師が技法を用いて心理教育，認知行動療法，マインドフルネス，リラクセーション，ソーシャルスキルトレーニング等を行っている。けれどもほとんどの時間は，何らかの技法によらない利用者との関わりである。とはいえ，心理師としての基本姿勢は個別面接となんら変わらない。心理師は利用者への関心と受容，そして共感により，デイケア場面を利用者にとって安全で安心できる場にしている。

このような姿勢で心理師はデイケアに関わるため，利用者は自分の気持ちに寄り添ってもらいたいときや人間関係に悩んだときなどに心理師に相談をしやすい。デイケアに多職種で関わる利点はここにあり，利用者がその相談内容や相談のしやすさから相談する職員の職種を使い分けることができる。

5. 他機関との連携

利用者の悩みの中には，日常生活上の困り感といったクリニックのデイケアならではの相談もある。たとえば，電化製品の購入が1人でできずに困っているというようなものである。こういったときに，地域の他機関についての知識が必要になってくる。デイケアで働く心理師は，心理的な技法の獲得だけでなく，利用者が使える制度や地域の福祉サービスの知識も必要である。さらに知識だけではなく，院内の連携同様，他機関との連携も必要である。ともに地域で患者に関わる他機関は多種にわたるが，その一部を図8-2-1にまとめた。

筆者が勤務するクリニックでは精神保健福祉士だけが他機関と連携をとる窓口になるのではなく，職種を問わず，その利用者にとってキーパーソンとなるデイケア職員が連携をとっている。そのため，時には他機関の支援者たちとの会議にも参加をする。心理師はこのような地域の他機関とどのように役割を分担し，どのように関わっていくのかをアセスメントし，連携している。

他機関と連携をすることで，作業所からは職場での様子を，訪問看護からは家の中の様子をなどとさらに多くの情報を得ることができ，より多角的な利用者の理解につながっていく。それだけでなく，心理師が他機関との連携を行うメリットは，利用者と各機関の担当者が一致した目標をもち，今はどの段階にあるのか共通認識をもった際に発揮される。その目標を達成するために，デイケア内での目標や今の状態を心理師と利用者とが話し合う。それによって，利用者にとってデイケアでの活動が能動的で意味のあるものへと変化していく。このように，利用者の気持ちや

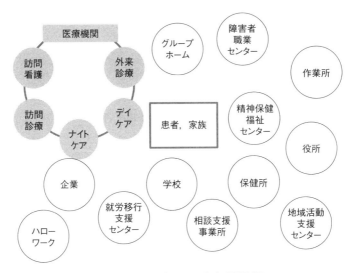

図 8-2-1　利用者を取り巻く地域資源

希望に寄り添いながら地域生活と医療との橋渡しをしていくことも心理師の醍醐味の1つである。

6. おわりに

　精神科クリニックのデイケアは利用者の地域生活を支えるために多様なニーズに基づき，さまざまなデイケアが提供されている。今回紹介したデイケアでの心理師の仕事は，多機能型精神科診療所であるがゆえに特殊な部分もある。けれども，どのような環境であれデイケアで働く心理師は，グループの文化や力動をアセスメントし，関わり方を吟味している。ただ単に，心理的な技法の提供だけがデイケアで働く心理師に求められているわけではなく，デイケア職員という多職種チームの中でもっと多様な役割を期待されていることを理解していただきたい。その際に，集団内の自身のあり方，長所や短所を理解していることで他のデイケア職員との役割分担がスムーズになる。本書を手にした実習前，もしくは，実習中の方は精神科デイケアなどのグループワークでの実習において自分自身に生じる戸惑いや感情を敏感に感じ取り，そのことについて指導員と振り返り，自己理解を深め，現場に出ることを期待している。

3節　精神科病院での公認心理師の仕事

1. 精神科病院とは

　精神科病院とは精神疾患の治療を主とした医療機関（精神科単科）である。かつては統合失調症患者をはじめとした慢性の精神疾患を有する患者の長期療養入院が，その多くを占めていた時代もあったが，平成16年に厚生労働省が「精神保健医療福祉の改革ビジョン」を提示し，「入院医療中心から地域生活へ」との基本方針のもと，長期入院患者の地域への退院促進の取り組みが本格的に進められていった。そして今日，外来患者総数は増加する一方，入院平均日数は短縮を続けてきている。

　他方，一口に精神科病院と言っても，その規模や地域特性，あるいはその機関の特性（例：公立・私立）などによって，担う機能や治療の内容は多少なりとも異なってくるであろう。しかし精神科クリニックや一般（総合）病院の精神科と比べると，やはり重症，あるいは急性の病状を呈している患者の治療を担うことが多いものと思われる。

　現在，多くの精神科病院では病棟が機能別に分かれており，精神科救急病棟・急性期治療病棟から精神療養病棟，そして社会復帰病棟と，治療の流れに即した位置づけがなされている。加えて，その他にもアルコール依存症や認知症疾患などの専門治療病棟を有しているところもある。

　また，精神科病院には外来機能として精神科デイケアが設置されている機関も多いが，本書では前節で精神科デイケアについて取り上げられているため，ここでは省略する（もっとも精神科病院で働く心理職は，何らかの形で精神科デイケアの運営・活動にも関わることが多いものと思われる）。

2. 精神科病院での前提
(1) 精神科病院における治療の特徴

　精神疾患を有する患者は，その病状によっては判断能力に障害が生じることがあり，その結果，患者本人もしくは他者の生命または身体が危険にさらされる可能性が著しく高い状態にあるにもかかわらず，適切な医療または保護を受けられないような場合がある。そのような際には，たとえ患者自身から治療の同意が得られなくとも，一時的には強制的な治療を行う必要も生じてくる。しかし，その場合には患者の尊厳を尊重し人権に最大限配慮した上での治療である必要もある。

　しかし精神障害者に対して，かつては必ずしもそのような配慮の上での治療環境が提供されていたわけではない（紙面の都合上，ここでは精神科医療の歴史や制度

・関連法規についての説明は割愛するが，精神科病院での臨床に携わる際には，ぜひ一度その変遷について学んでほしい）。

　そのため今日の精神科医療においては，医療法や医師法等のみならず，「精神保健及び精神障害者福祉に関する法律」（精神保健福祉法）に基づく治療が行われている。同法によって精神科病院や治療者側の行為には，さまざまな規定や条件が設定さている。つまり患者の権利の制限を定める法律ではなく，あくまで患者の治療や保護に欠くことのできない最低限度での強制治療となるための法律であるともいえよう。

　その精神保健福祉法に規定された入院形態としては，任意入院，応急入院，医療保護入院，緊急措置入院，そして措置入院がある。それぞれの入院形態についての詳細な規定は同法にて確認されたいが，患者の同意のもとに行われる任意入院以外は，患者の意思によらない入院，つまりいわゆる"強制入院"となるわけである。

　この法律のもと，入院後も隔離や身体拘束など，必要に応じては患者の行動制限が行われていく。よって精神科病院で働くスタッフとしては，医療領域全般で必要となる標準予防策や医療安全などの知識に加えて，精神保健福祉法に関する知識を有している必要がある。

　またその他，精神保健福祉法とは別に，「心神喪失等の状態で重大な他害行為を行った者の医療および観察等に関する法律」（医療観察法）に基づく入院治療を担っている精神科病院もある。

(2) 精神科病院における患者の特徴

　精神科病院では，統合失調症をはじめ，躁うつ病を含む気分障害圏，アルツハイマー型認知症をはじめとした認知症疾患，そして発達障害や神経症性障害など，ありとあらゆる精神疾患が治療の対象となる。そのため子どもから高齢者まで，幅広い年代の患者を診ることともなる。

　そして重症ケースが多いこと，また必ずしも治療同意が得られないようなケースもあることはすでに述べたが，これらの事由により，患者が抱える問題はより複雑に，あるいは多層になっていることが少なくない。

　加えて，昨今の高齢化とそこから波及するさまざまな問題は，精神科病院においても当然，同様に生じてきている。患者は精神疾患に加えて，さまざまな身体疾患を併発したり，身体機能の低下にともなってさらに生活が困難となるような状況も増えてきている。

　よって精神科病院での治療実践においては，患者がもつさまざまな症状や問題に対して，生物－心理－社会（Bio-Psycho-Social）モデルに基づく理解，つまり全人

的なチーム医療アプローチが欠かせないと考えられる。

3. 精神科病院で提供される心理的アプローチの概要
(1) 精神科病院におけるチーム医療

　精神科病院では医師や看護師はもちろんのこと，精神保健福祉士，作業療法士，理学療法士，言語聴覚士，薬剤師，臨床検査技師，管理栄養士など，さまざまな職種で治療チームが構成されている。

　また，それらのいわゆる"専門職"といわれる職種以外にも事務職や看護助手，清掃スタッフなどの多様な職員がともに働き，患者の治療やそれを支える環境づくりに取り組んでいる。

　そして一般病院との違いとしては，単科である，つまりどの職種も精神科治療の枠組みの中で各自の役割を果たしていることである。言い換えれば共通の治療目標のもと，各職種がその専門性を発揮していくこととなる。

　そのような精神科医療において公認心理師が多職種連携を行っていく上では，繰り返しになるが，やはりまずは前述の生物－心理－社会モデルの「心理」の視点をしっかりともてていることが求められる。それと同時に，他の2つの要因やその影響についても考慮できる視点を失わないバランスも重要となってくる。

　また「生物」「社会」の部分を主に担う他職種との相互理解も欠かせない。加えて，他のどの職種もこの3つの視点のもとに支援を行っているということ，つまり心理職だけが「心理」の支援を担っているのだとせずに，連携・協働していく姿勢が大切である。

　さらにケースカンファレンスやスタッフミーティングの場では，それぞれの職種がもつ情報や意見を交わしながら，生物－心理－社会モデルに即して，患者や治療場面における課題に対する理解を進めていく。そして各職種および全体の治療・支援プランを多職種で共有していく。さらに最終的には患者も含めて，共通のゴールを目指していくことが望まれる。

　しかしそのような過程において，時にはどうしてもスタッフ間での意見の対立が起きたり，あるいは治療場面が緊張や葛藤をはらむ事態も生じる。それには往々にして話題となっている患者の，もしくはそれを巡って治療チームが抱える課題と関連していることも多い。

　そのようなグループダイナミクスについて，公認心理師は，そこに参加するメンバーの一員として関与しながらも，一方で俯瞰した視点での理解ができること，そしてそれを再びスタッフ全体で抱え得るように伝え戻していく役割も，あわせて果たしていくことができると，より一層チーム医療の充実に役立てるであろう。

(2) 公認心理師が主に携わるアプローチ（各種心理検査・心理療法）

　精神科病院で働く公認心理師が行う心理的アプローチとして求められるのは，やはり第一には心理検査（知能検査・性格検査・認知機能検査）や心理面接を通じてのアセスメント，そして心理療法（個人・集団を含む）の実施である。医師をはじめとした他職種からのこれらの依頼をいかに受け，取り組み，そしてそこで得られたアセスメント結果や見立てを，再び全体的な治療の流れの中に還元していくことができるか。言い換えれば，先に述べた生物－心理－社会モデルの中での「心理」のアプローチを担う職種として，公認心理師がいかに治療チームの一員として寄与できるかどうかが見極められる役割であると言っても過言ではない。

　各種心理検査および心理療法については他章にて解説されているため，詳しくはそちらをお読みいただきたいが，前述までの通り，症状や障害などが決して軽くはない，そして抱える問題が少なくないケースが多い精神科病院においては，その患者の状態や課題に合わせて，幅広く，必要に応じては柔軟に実施できることが求められる。

　また先に述べた通り，精神科治療における入院期間の短縮や，慢性期医療から急性期医療への転換が図られていく中では，公認心理師が行う心理検査や心理療法もまた，その枠組みや治療のスケジュールに即した形での提供を検討していかなければならない。

(3) 他職種とともに携わるアプローチ（グループワークやミーティングなど）

　精神科病院では，SST（Social Skills Training：生活技能訓練）や患者・家族を対象に行われる各種疾患の心理教育プログラム，病棟のコミュニティミーティングなど，さまざまなグループワークに多職種で携わることも多い。そこではまた，心理検査や心理療法と同じく，ニーズに合わせて多彩なグループワークのアプローチができる必要がある。

　そしてグループやプログラムそのものの企画や運営の役割はもちろんのこと，それと同時にグループの中での参加メンバーの状態についての見立てや，あるいはグループ全体に現れている状況の背景にある意味，そこに関わる集団力動についての理解などについて他職種にコンサルテーションできることも期待されるであろう。

(4) その他，精神科病院において他職種や組織から期待される役割

　精神科病院に限らず医療の現場では，時として患者・家族とのトラブル，そして医療事故に遭遇することがある。加えて精神科医療においては，暴力や自殺企図といったアクシデントも生じ得る。そういった場面に立ち会った際には，ともすると

スタッフ自身のメンタルヘルスにも影響が及びかねない。

また，このような危機支援に限らず，時にはスタッフの心理的支援について，本人あるいは上司や同僚などから相談や対応を要請されることもあるかもしれない。

そのような際に，ともに働くスタッフとしては，どこまで支援や相談に対応していくべきなのかについては，検討の必要があろう。

しかし心理的支援・相談の専門職として，少なくとも病院組織内における相談体制やサポートの仕組みづくりに寄与することは，直接・間接問わず可能であると考えられる。そして外部機関のサービス等を利用するような場合においても，必要に応じては相談に対する初期介入やトリアージの機能を担うとともに，委託機関先の公認心理師との連携が期待されるものと思われる。

4．地域連携の取り組み──今後の展開に向けて

従来，精神科病院における地域連携の取り組みは，精神保健福祉士をはじめとした他職種がその役割を担うことが多く，他方で心理職はどちらかというと"後方支援"に回ることが多かったものと思われる。

しかし今後，国家資格となる職責，あるいは公認心理師のさらなる展開を考えていく上では，たとえばアウトリーチ事業をはじめとした訪問活動への参画や，外部関係機関とのカンファレンスを心理職がケースマネジメントの立場でコーディネートしていく，といった地域連携の役割を果たすケースも増えてくるであろう。

これまでのところで述べた他のアプローチや取り組みと同様に，まずは従来からの心理職としての役割を十分に果たしつつ，しかし患者や治療上の必要性に応じては，いわば"面接室や病院内にとどまらない"あり方も目指されるところである。

4節　認知症疾患医療センターおよび物忘れ外来での公認心理師の仕事

1．認知症疾患医療センターおよび物忘れ外来の特徴

高齢化率が27.3％の世界一の超高齢社会である日本において（内閣府，2017），認知症は今や誰もがかかり得る病気である。認知症医療への社会的要請から，これまで大小さまざまな医療機関で物忘れ外来が開設されてきた。これらの外来は，認知症外来やメモリークリニックなどさまざまに呼称され，脳画像等の検査体制や人員体制（専門医やコメディカルの有無）により，医療水準の差はあるが，認知症疾患の診断を目的としている点では大きな違いはない。主訴，現病歴，既往歴，生活

4節　認知症疾患医療センターおよび物忘れ外来での公認心理師の仕事

歴，家族歴を含めた問診，神経学的所見，脳画像検査，血液検査，神経心理学的検査の結果から，総合的に認知症の有無や病型，重症度の診断や薬物・非薬物療法を提案する役割を果たしている。

　ただし，地域には，上述の医療機関のみでは診断・治療が困難であったり，身体合併症や行動・心理症状（BPSD）の急性期対応ができない，あるいは診断につながらないケースも多く，認知症高齢者と家族が地域で自分らしく暮らし続けるため，認知症専門医療の提供と地域関係機関との連携を担う拠点として，都道府県および指定都市により認知症疾患医療センターが指定された（厚生労働省，2015b）。同センターは，速やかな鑑別診断や，行動・心理症状（BPSD）と身体合併症に対する急性期医療，専門医療相談，関係機関との連携，研修会の開催等を役割とし（厚生労働省，2015b），BPSDと身体合併症対応を単独で担う「基幹型」（総合病院）と急性期入院治療を行う医療機関との連携体制により行う「地域型」（精神科病院等）および「診療所型」の3つに大別される。ただし，拠点機能や連携体制の構築のあり方は，都道府県の状況に応じて異なる。

　東京都の認知症疾患医療センターには，地域拠点型（二次保健医療圏）と地域連携型（区市町村）という独自の類型があり（粟田，2016），筆者の職場は前者に指定されている。地域拠点型は，地域連携型の担う①専門医療相談，②鑑別診断と対応，③身体合併症・BPSD対応，④地域連携の推進，⑤市区町村の認知症施策への協力，に加え，⑥地域医療従事者向け研修会開催，⑦アウトリーチチームの機能を有し，担当の二次保健医療圏在住の高齢者・家族の認知症の気づきから看取りまでの経過で必要時の支援を提供している（図8-4-1）。これらの業務には，心理師を含む多職種チーム（医師，看護師，精神保健福祉士，薬剤師等）が協働して携わっており，本節では，認知症の心理社会的問題の特徴と，本人・家族に提供する心理的アプローチについて，主に心理師が携わるポイントを中心に紹介する。

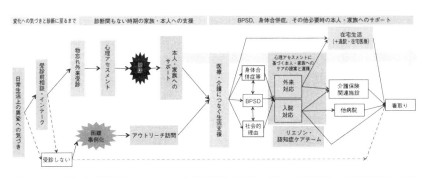

図8-4-1　認知症疾患医療センターにおける認知症の気づきから看取りまでの経過と支援

2. 対象者が抱える主な心理社会的問題の特徴

粟田（2015b）によれば，認知症概念の中核は「認知症疾患－認知機能障害－生活障害」の連結にあり，身体合併症，身体機能障害，BPSDが重畳して臨床像は複雑化する。その結果，社会的困難が生じて，本人と家族の生活の質が急速に悪化するところに，認知症の本質的特徴がある（粟田，2015b）。現在，キーパーソンになり得る家族がいない高齢者も増えているが，未だ本人の暮らしを支える「生活支援」の最も重要な担い手は家族である。したがって認知症の心理社会的問題は，本人と家族の双方を含めて考える必要がある（粟田，2015a）。本人・家族が出会う心理的社会的問題は大きく下記の2つに整理される。

(1) 認知症発症の事実に対する心理的ゆらぎ

認知症を発症した本人・家族は，その事実を受け止めきれず，心理的に大きく揺らぐことがある。認知症の多くは緩徐進行性の経過をたどり，ごく初期の段階では正常と異常の区別は困難である。しかし，日々の生活上の躓きに最初に直面し不安を抱くのは，他でもない本人である。自身に「認知症」の影が忍び寄る恐怖と向き合うのは容易ではない。

一方の家族も，本人の異変に薄々気づきながら知識不足と相まって年相応と解釈し，症状による言動が元の性格や意志に起因すると誤解しがちである。そして「年のせい」と容認できない状態になって初めて受診を決意することも少なくない。本人の健常な頃をよく知り，本人がかけがえのない存在であるほど，家族は身内の認知症を否認することがある。

このような両者の受け入れ難さの背景にあるのは，自律性が損なわれいずれ他者に迷惑をかけるという悲観的な認知症観である。認知症を「長く生きた証」と肯定的にとらえる人は少なく，双方からなぜ発症したのが自分あるいは身内なのかという怒りや葛藤が語られることは少なくない。本人・家族の多くが自分の生活史において，認知症発症の前後の連続性を見いだせない壁にぶつかり，自ずと自身の認知症観に向き合わざるを得なくなる。

このように認知症を発症した本人と家族は，一連の心理的なプロセスを体験する。報告により段階の数や名称はさまざまあるが，診断前後の段階と受容に至る最終段階は共通し，中間が多様であるにすぎない（扇澤，2013b）。その過程は一様ではないが，総じて「戸惑い・衝撃・否認」「混乱・怒り」「あきらめ・居直り」「理解・受容」の4つの段階を体験するとされる（扇澤，2013b; 鈴木，2006; 杉山，1992）。「混乱・怒り」までは苦労の連続で，「あきらめ・居直り」以降に自己成長感が生じる場合もあり，心理プロセスと肯定的・否定的感情が深く関連することは支援の観点

からも重要である（川﨑・髙橋，2006）。時に，ある段階にとどまり続ける本人・家族もいるが，移行を急かさず，その必然性を理解するよう努めている。逆説的だが支持的に関わるうちにいつしか移行していたというのが望ましく，心理プロセスは本人・家族の心理を理解する手段・枠組みとして用いたい（扇澤，2014）。

(2) 認知症本人・家族に対する生活支援と家族の援助機能の再編

　認知症の本人や家族は，生活障害の増加にともなって生活支援の比重が徐々に高まり，介護体制や経済的問題，生活様式など，家族の援助機能の再編を同時並行で迫られる（扇澤，2015）。認知症は，端的に言えば「進行性の生活障害」であり，病型や病期によって形を変えて身に迫るため，対応や工夫も試行錯誤を繰り返し柔軟に変更していく必要がある。本人が感じる日々の生活のしづらさ，不安に耳を傾けながら，ともに生活障害を補う具体的な工夫を模索することは重要である。同時に，本人を支える家族も，自分の人生を生きる人間として支えられなければならない。したがって，早期に医療につながることで，過剰な不安から解放され，適切な介護環境を整えるために，認知症に対する正しい理解と社会資源に対する十分な知識をもつことは重要である（井藤・粟田，2010）。

　一方認知症による社会的困難を抱え，客観的には上記の支援ニーズがあるのに，介入が難しい「困難事例」と呼ばれる人々もいる（井藤，2013）。彼らは，しばしばごみ屋敷や健康状態の悪化等に関する近隣からの通報で気づかれる。この背景には，元の性格，認知症や精神疾患，けがや病気，アルコール，独居，孤立，家族や経済問題，人間不信，医療不信等が重畳し，健康や安全を自ら損なうセルフネグレクトである場合は（杉原，2014），アウトリーチ等の介入の糸口を掴むファーストコンタクトが重要である（扇澤，2017）。

3. 提供される心理的アプローチの概要
(1) 生活支援の礎となる認知症の心理的アセスメント

　受療前相談では，まずはさまざまな不安や苦悩を抱えながら受診にたどり着いた本人・家族を労う気持ちで迎え，彼らの思いと今後の希望をよく聴くことから支援が始まる。その上でインテークや種々の心理検査を通して，認知機能障害，生活障害，BPSDがどのように障害／保持されているのかを見立てる。というのも，BPSDは本人の主観的体験と切り離せないものであり，認知機能障害や生活障害をもって生きることの不安や孤独感と深く関連して現れる場合が少なくないからである（粟田，2015b）。

　心理検査は，時に本人に認知機能の低下を突きつけるため，十分な配慮のもと，

適切な面接法に基づいて行わなくてはならない。そして行動観察にかんがみて，どの認知機能が低下／保持されているのかを評価し，さらに日常どのような不自由を感じ（生活障害），どのようなBPSDにつながるのか，そしてそれを本人の習慣や強み，物理的・人的環境でどう補うのかという生活支援の工夫とあわせて，今後の展望を提供できるものでありたい（松田，2012）。この3つの障害のつながりの理解と工夫の提案に加え，生活史，元々の人格，家族関係等の社会的側面や身体状態等を含めた構造について奥行きのある総合アセスメントは，本人と家族双方の意思が尊重された暮らしへの支援にも資するものである（粟田，2015b）。

筆者の勤務する職場では，このアセスメントは物忘れ外来・精神科外来の他，入院患者のリエゾンや地域高齢者へのアウトリーチ等さまざまな場面で重用されている（扇澤，2016, 2017）。また，やむを得ず，在宅生活が困難になった場合も，上述のアセスメントに基づいて，多職種で本人に即したケア方法を案出し，ケアの引き継ぎ書として家族・支援者に共有・更新される仕組みがあれば，生活拠点が変わっても，可能な限り本人の意思に配慮したケアが切れ目なく提供できると考えられる。

(2) 本人・家族への心理支援プログラム——情報的サポートと情緒的サポート

認知症診断後，本人・家族が発症の事実をどう意味づけるかで，その後の歩みは大きく変わるため，診断は，診断後支援と一体的に提供される必要がある。この支援は情報的サポートと情緒的サポートとの二本立てで行うことが重要で，筆者らは，前者として「認知症はじめて講座」（病気の治療や経過，ケアや社会資源，生活障害を補う工夫）を，後者として，家族交流会，本人交流会，外来回想法等を行ってきた。前者の情報的サポートについては，過去の報告や書籍も多いため，他稿に譲りたい。後者の情緒的サポートのうち本人・家族の交流会は月1回，ほんの数時間の限られた枠組みのことも多いが，ここでのサポートが次回までの自分を支える原動力となる人も少なくない。時にユーモア交じりに語られる苦労に皆で大笑いしてストレスを発散したり，重大事と思い込んでいたことが取るに足らぬことだったというリフレーミングが生ずることもある（扇澤，2013a）。支援者からでは響かぬ言葉も，同じ立場の人から紡ぎ出されると，いずれ生活支援が必要になること，万が一の社会資源は一朝一夕には成り立たず，早めに支援者との関係を築く大切さが胸の内に届くこともある。また本人対象のプログラムでは，同じ話を心置きなく繰り返せる場を提供する点でも意義がある（扇澤ら，2014）。というのも，周囲の「またその話」という辟易した態度で，社会的交流を断つ人は少なくないからである。回想法では，認知症が進んでもなお残るその人をその人たらしめる記憶が語られ，記憶を共有する人との関係をつなぐ（黒川，2013）。このように情報的・情緒的サポー

トを早期に得て，経過全体を見通し，必要時に相談できる支援者がいることは，本人・家族の行く先を照らす灯火になる。

なお，これらの支援形態には，集団的／個別的アプローチがある。前者は同じように悩んでいる人がいるという「経験の共有化」や，自分の状況を客観視できる「経験の相対化」が生じる点で有効であるが（宮上，2004），後者の個々の事情に即した「今，このとき」の不安やニーズに向き合う個別的な支援が有効なケースもある。

当センターでは，多職種が協働して，本人・家族の不自由とそれを補い安心できるケアの方法を退院後の生活支援につなぐよう努めている。医師は診断と薬物療法，看護師は看護を通した支援方法，薬剤師は薬の影響や飲み合わせのリスク等，精神保健福祉士は意思を尊重した生活を実現するための社会資源利用にそれぞれ専門性をもつ。蓄積された経験や知識を互いに補い合って，個別支援を積み重ねながら，相乗的に認知症対応力のスキルが向上することは多職種チームならではの醍醐味である。そのために，他職種の専門性や文化を理解，尊重し，相互のコミュニケーションやともに問題解決を図る姿勢が重要である。

4．おわりに

今後，認知症医療において，身体合併症を有する認知症入院患者に対する認知症ケア加算や，地域住民を対象とした初期集中支援チーム等の充実化にともない，医療保険のみならず介護保険制度においても公認心理師が関わる高齢者支援の場はさまざまに広がるであろう。

認知症支援で本来目指すべき方向性は，抗認知症薬による認知機能の維持・改善を目指す「医学モデル」では十分ではなく，本人・家族が役割や張り合いをもつことのできる日々の暮らしに主眼を置いた「生活モデル」によるべきである（上田，2017）。したがって心理職として，認知機能の「部分」の理解にとどまらず，生活史や家族を含めた生活「全体」を見渡す視座をもちたい（黒川・宮本，2004）。認知症の困難事象は，臨床ステージの進展にともなって徐々に蓄積し複雑化するため，その時点で変化が些細であっても，1年後に支援が必要にならないかという視点をもち，早めに支援をすることが望ましい（井藤，2013）。また，本人・家族が，もし他者に迷惑をかけず自分（たち）だけで頑張ろうとしていたら，本人の意思を尊重し，望む支援や生活史に真摯に耳を傾けた上で，他者の援助を得ながら自分らしく生活する自立観（出口，2014）もあることを伝えたい。このときいかに本人・家族の状態が理解困難であっても，支援者が多様さを許容せず，都合や制度の枠を押しつけた場合，支援は届きづらいことを知っておく必要がある（井藤，2013）。心理職が他職種とともに本人・家族の意思を尊重した支援を行い，彼らが今後の生活

に展望を抱けるようになる事例が1つ1つ蓄積されることで，心理職の活躍の場がさらに広がると期待される。

5節　リワークプログラムでの公認心理師の仕事

1. 労働者のメンタルヘルスの現状

　近年，メンタルヘルス不調を抱えた労働者が増加しており，休職や復職をめぐる問題への対応は，企業にとっても，医療にとっても，大きな課題となってきている。厚生労働省（2017）の平成28年労働安全衛生調査によると，メンタルヘルス対策に取り組んでいる事業所の割合は，56.6％であり，そのうち，職場復帰における支援（職場復帰支援プログラムの策定を含む）は17.9％であった。職場復帰における支援の割合については，事業所規模が大きさと比例しており，1,000人以上の規模の事業所では8割近く実施されているが，100人未満の事業所では2割以下となっている。つまり，大企業では職場復帰支援の体制が比較的整いつつあるが，中小企業ではまだ復職支援の体制が未整備であるところが多い。

　職場のメンタルヘルス対策は，その対象や目的から，1次予防，2次予防，3次予防のレベルに分けられる。1次予防としては，職場の環境改善やセルフケアをはじめとしたメンタルヘルス研修などを実施して，職場のストレスによって精神疾患を発症しないようにする取り組みである。また2次予防は，うつ病をはじめとした精神疾患の高リスク者に対して，早期発見・介入を促す取り組みである。平成28年度より開始されたストレスチェック制度は2次予防の代表的な取り組みの1つである。そして，3次予防では，すでに精神疾患を発症し，治療を受けている人が，職場に復帰したり，復帰後に再発を防ぐための取り組みである。本節で紹介するリワークプログラムは，この3次予防の取り組みに相当する。

2. リワークプログラムとは

　リワークプログラムとは，気分障害を中心とする精神疾患を原因とし「抑うつ状態」のために休職している患者に対し，職場復帰と再休職予防を目的とした医療機関によるリハビリテーションである（林・五十嵐，2012）。外来の精神科クリニックを中心に，ここ数年で実施する医療機関が急速に増加している。このようなリワークプログラムを実施する医療機関が増加している背景としては，前述したような職場のメンタルヘルス不調者の急増と，そのような不調者たちは休養と薬物療法だけでは十分に回復せずに，復職しても再休職するケースが増えている点が挙げられる

（林・五十嵐，2012）。

　リワークプログラムで実施される内容は，施設によってもさまざまである。林・五十嵐（2012）は，リワークを実施している9つの医療機関において実際に行われているプログラムを検討したところ，プログラムの形態は「個人プログラム」「集団プログラム」「教育プログラム」「特定の心理プログラム」「集団プログラム」「その他のプログラム」の5つのカテゴリーに分類することが可能であった。表8-5-1にその特徴をまとめた。

　「個人プログラム」は，デスクワークを想定して，パソコンで作業したり，本や新聞の文章をまとめる作業などである。主には，仕事に必要な作業能力や集中力の回復を目的としている。

　「集団プログラム」は，職場で求められるような，他者との役割分担や協働作業，対人交流スキルの向上が主な目的である。たとえば，新商品の企画などテーマについてグループで話し合ったり，プレゼンテーションなどを行う。

　「教育プログラム」は，疾病理解や症状のセルフ・コントロールを目的とした講義形式で実施するプログラムである。うつ病とはどのような病気なのかを学び，復職後の再発を予防する目的もある。

　「特定の心理プログラム」は，集団形式の認知行動療法やSST（Social Skill Training），対人関係療法，グループカウンセリング，サイコドラマなどの特定の心理療法を実施するプログラム区分とされている。コミュニケーションスキルの向上や，自己洞察を深めることが目的となる。

　「その他のプログラム」として，軽スポーツやリラクセーション，アートセラピー，

表 8-5-1　実施形態別プログラムの目的と内容（林・五十嵐，2012を改変）

実施形態	目的	内容
個人プログラム	作業能力，集中力の回復	読書，資格試験勉強，PC操作・各種作業，休職経験の振り返り，脳トレ，疾患関連の読書や資料作成など
集団プログラム	他者との役割分担や協働作業，コミュニケーションスキルや対人交流スキルの向上	疾患理解・セルフケア・服薬管理をテーマにディスカッション，時事・社会情勢等をテーマにディスカッション，プログラム運営や企画に関するグループミーティング
教育プログラム	疾病理解，症状のコントロール	心理教育，生活習慣や栄養指導，その他健康教育など
特定の心理プログラム	自己理解や自己洞察，コミュニケーションスキルの向上	認知行動療法，ソーシャルスキルトレーニング（SST），アサーショントレーニング，キャリアカウンセリング，対人関係療法，サイコドラマなど
その他のプログラム	余暇の充実，体力をつける，自己理解・自己洞察	軽スポーツ（卓球，エアロビ，ウォーキングなど），ヨガ・ストレッチ，呼吸法・筋弛緩法・自律訓練法，創作，個人面談など

個人面談など，余暇の充実や基礎体力を目的としたものや，自己理解や自己洞察を目的とした面談が含まれた。

リワークプログラムは，診療報酬上は，精神科デイケアや精神科作業療法などと換算されることが多く，集団で実施されることが多い。林・五十嵐（2012）はリワークプログラムを実施している医療機関88施設に調査を行ったところ，集団プログラムや特定の心理プログラムを実施している医療機関の割合は約86％であり，個人プログラムを実施している割合は80％であった。多くの施設では，集団でのプログラムを中心としつつ，個人単位でのプログラムを行ったり，個人面談を定期的に行ったりしながら，復職に求められる能力の向上や症状改善を目指していることがうかがえる。

3. リワークプログラムにおける心理師の役割

リワークプログラムは，診療報酬上は，精神科デイケアやショートケア，精神科作業療法の枠組みで実施されている施設が多い。したがって，リワークプログラムでは，心理師だけでなく，看護師，作業療法士，精神保健福祉士など，さまざまなコメディカルスタッフと一緒に，利用者となる休職者を支援することが多い。心理師は，デイケアの1スタッフとして休職者に関わるほかに，心理療法などの専門知識・技術を活かした休職者への関わりやプログラム運営が求められる。特に休職者の支援にあたっては，なぜ休職に至ったのかという休職までの経緯を休職者自身が分析・理解することが，復職や復職後の適応のカギとなることが多い。心理師には，個人面談や心理プログラムなどを通して，不適応状態を維持している個人要因や環境要因を臨床心理学的にアセスメントするとともに，それらに対する休職者の自己理解が深まるように支援していくことが求められる。また場合によっては，休職者の職場に出向いて，職場復帰支援プログラムの提案など職場の産業保健スタッフ（産業医，保健師，人事労務管理者など）と調整を行うこともある。したがって，臨床心理学の専門知識・技術に加えて，関連する法律（労働衛生法，個人情報保護法など）や各種指針などの知識をもっておくことが望まれる。厚生労働省が公表している「心の健康問題により休業した労働者の職場復帰支援の手引き」（厚生労働省，2010）は職場復帰支援のステップをわかりやすく紹介しており，職場復帰に向けて留意する点などもまとめられており，職場復帰支援の基本的な指針を示すものである。

4. リワークプログラムにおける集団認知行動療法の実践

筆者は，ある精神科外来クリニック内のリワークデイケアにて集団認知行動療法

(以下，集団CBT）を展開している。参加者は，リワークデイケアの中で募集を行い，スタッフからも集団CBTを受けることが適切であると判断された休職者7〜8名が対象である。集団CBTは，週1回，1回90分の頻度を全10回，約3か月間に渡る。集団CBTでは，前半はうつ病や認知行動療法についての心理教育を行った後，生活リズムの改善や肯定的気分の促進を目的とした行動活性化を行っている。また中盤では，休職に至る前の職場場面において気分が落ち込んだ状況を思い出してもらい，気分の落ち込みを大きくさせる否定的思考の特徴を分析したり，それに代わる適応的思考の案出をグループで話し合いながら行っている。後半は，復職後の生活を見据えて，職場場面で困難を感じやすい状況とその解決策を検討したり，再発を予防するために留意することなどを振り返ってもらっている。

参加した休職者からは，落ち込みをエスカレートさせるパターンを理解することができた，復職に向けてどのようなことを意識したらよいかがより明確になった，など肯定的な感想は多い。またスタッフからも，集団CBTを通して自己理解が深まり個人面談でのやりとりがスムーズになった，デイケア内の人間関係が改善されたなど，リワークデイケアの他のプログラムにもよい影響をもたらす可能性が示されている。

田島（2013）は，リワークプログラムで集団CBTを行うメリットについて，抑うつ症状の改善に役立つ認知行動療法のスキルを身につけるだけでなく，休職中の不安感や復職への焦りなどを参加者同士が共有し，他の参加者の考え方や対処方法を学び合うことができることであると述べている。

また，リワークプログラムで集団CBTを行うことは，石川・飯島・福島（2012）が述べているように，すでに関係性のでき上がった参加者同士でプログラムを行うため，表面的でなく本当にためになる意見が出やすく，かつ受け入れやすいというメリットもある。その一方で，関係性のあまりよくない者同士が参加すると，意見が衝突したり，受け入れ難かったりする場合もある。しかしながら，集団CBTはいわば社会の縮図でもあるので，どのように相手の言葉を解釈したのかなどを洞察してもらうことで，職場での人間関係のパターンや自分のコミュニケーションパターンを振り返るきっかけにもなる。したがって，集団CBTは，職場の人間関係やコミュニケーションを振り返ったり，練習する場としても活用できると考える。

5. まとめ

リワークプログラムは，職場でメンタルヘルス不調に陥った休職者に対して，段階的に復職の準備ができるように支援するプログラムであり，個人面談から集団プログラムまでさまざまな支援がなされている。その支援が奏功して復職に至るケー

スも多いが，復職困難ケースも見受けられる。たとえば，双極性障害や発達障害の特徴を示すケースや，回避傾向の強いケースなどはリワークプログラム自体への適応困難も指摘されている（秋山ら，2012）。休職者の問題をアセスメントした上で，リワークプログラムでの支援方針を立てるといった，心理査定やケース・フォーミレーションは心理師の得意とする事柄であり，知識・技術を発揮できる部分である。他職種と，それらの問題理解や支援方針を共有しながら，復職困難なケースにも必要な支援を行っていくことが今後のリワークプログラムでの心理師には求められてくるであろう。

6節　総合病院におけるコンサルテーション・リエゾン

1. はじめに

　総合病院とは，入院病床数が100以上で，内科・外科・産婦人科・眼科・耳鼻咽喉科を含む複数の診療科と検査施設などを備えた医療機関としてかつては定義されていた。筆者が所属する埼玉医科大学総合医療センターも病床数1,000以上，36の診療科をもつ総合病院である。

　この節で紹介するのは，総合病院におけるコンサルテーション・リエゾン活動（Consultation Liaison: CL）である。CLは，他の診療科の求めに応じて，メンタルヘルスの専門家が精神医学的・心理学的専門性に基づいた助言や提案を行うことをいう。医療において，「メンタルヘルス」を専門領域とするのは心理師だけではない。たとえば，精神科医や心療内科医は精神医学や心身医学を基盤とした診療を行う。精神看護専門看護師，認知症ケア認定看護師など，メンタルヘルスとその近接領域の専門知識をもつ看護師や精神保健福祉士などもいる。医療機関によってどの職種が雇用されているかは異なるが，専門性を活かしながら連携・協働し，ある程度重複する役割を果たしていくことになる。現在では，複数の専門職種から構成される「精神科リエゾンチーム」として，CL活動が行われている施設も多い。

2. 医療における位置づけ

　CLは，2012年の診療報酬改定によって「精神科リエゾンチーム加算」の対象となった。精神科リエゾンチームは「一般病棟におけるせん妄や抑うつといった精神科医療のニーズの高まりを踏まえ，一般病棟に入院する患者の精神状態を把握し，精神科専門医療が必要な者を早期に発見し，可能な限り早期に精神科専門医療を提供することにより，症状の緩和や早期退院を推進することを目的」とする（厚生労

働省保険局医療課，2012）。精神科リエゾンチーム加算の施設要件である「精神医療に係る専門的知識を有した多職種からなるチーム」は，精神科医と精神看護の経験をもつ看護師（リエゾン看護師）を必須とし，それに加えて専従の臨床心理技術者，作業療法士，精神保健福祉士，薬剤師いずれかが含まれる。他の職種と並んで常勤臨床心理技術者の専従が記された意義は大きく，この領域に従事する心理職が増加するきっかけとなった。

さらに，2016年の診療報酬改定では，それまでの週1回200点から300点に保険点数が改定され，要件も一部緩和された。さらに「総合的かつ専門的な急性期医療を24時間提供できる体制」等を評価した総合入院体制加算2の施設要件として，精神科リエゾンチーム加算あるいは認知症ケア加算1の届け出がなされていることが必須となった（厚生労働省保険局医療課，2016）。つまり，CLはわが国の医療制度の中で，病院全体の精神医療に対するニーズに適切に対応し，総合的で専門的な医療体制を整えるための重要な役割を担うことが明確に位置づけられている。

3. リエゾンチームの実際の動き

リエゾンチームの介入が必要な事例が発生すると，その診療科（多くの場合は医師）からリエゾンチームへの介入依頼が来る。リエゾンチームメンバーは，依頼内容とカルテから把握できるこれまでの経過や身体状況を確認し，初回診察に出向く。診察の前には病棟スタッフから，患者の様子やスタッフとして困っている事柄等を尋ね，問題点を整理する。CLでは，患者本人の希望ではなく，当該診療科のスタッフが介入の必要性を感じて依頼となることが多いため，「スタッフは何が気になって依頼をしてきたのか」を明確にし，「患者にはどのようなニーズがあるのか」を把握することが非常に重要となる。

その後，患者の診察・面接を行い，アセスメントをした後には，チームとしての介入方針を整理する。問題の性質や患者の状況に応じて，チームメンバーの誰が主として介入を担当するのか，各職種がどのような役割を担うかについても検討される。これらの結果は依頼者にフィードバックする。この際，当該診療科の「気になっていたこと」，つまりCLを必要と感じた理由に対してのリエゾンチームとしての考えや対応を共有することも重要である。

その後も，必要に応じて継続的に介入し，問題が改善されているかをモニタリングし，適宜チーム内でカンファレンスを行って情報共有や方針検討を行うこととなる。

4. 多職種による協働と役割分担

　リエゾンチームの構成メンバーは，精神科医，リエゾン看護師，精神保健福祉士などいずれも精神医学や心理学の知識や経験を有しているので，おのずと役割は重複する。CL の中でも「不穏・興奮」の症状が認められるせん妄を中心とする器質性精神障害では精神科医の介入が多く（國芳ら，2015; 山内ら，2013），「不安・焦燥」が主たる依頼理由の場合は，心理職のみ，あるいはそれを含む CL チームで対応することが多い（國芳ら，2015; 山内ら，2013）。山内ら（2013）は心理師とリエゾン看護師の働きには多くの重複があることを確認した上で，特に心理師に求められる役割はより体系的な心理療法であったことを指摘している。

　心理師が CL において対応することの多いテーマを表 8-6-1 にまとめた。身体疾患への罹患や治療にともなう不安，病者としての役割やさまざまな喪失，そして，現在の断面的な問題だけでなく，これまでの個人の人生が今の問題にどのように影響しているかまで扱うことが求められ得る（小林，2016）。また，CL において心理職に求められる役割も，患者への直接的な介入としてアセスメントやカウンセリングなどを行うほか，患者と医療者との関係の調整や，医療者間に意見の食い違いがある場合などの関係調整，医療者に対する情報提供などを含めた教育的支援，スタッフのケア，そしてリエゾンチーム内の関係の促進など多岐にわたる（小林，2016）。

　総合病院の多くは，入院期間が非常に短く，1 週間から 10 日程度で退院・転院

表 8-6-1　CL において心理職が主として関わり得るテーマ

テーマ	例
疾患への罹患やその症状にともなう問題	・疾病の経過とその受容プロセスにおける心理的反応 　（例：疾患の告知・病状の悪化・終末期） ・症状に対する不安反応・回避行動 　（例：不整脈患者の発作恐怖／糖尿病患者の低血糖恐怖）
疾患の治療にともなう問題	・治療・処置時の苦痛・副作用への反応 　（例：がん化学療法時の嘔吐恐怖／透析の穿刺痛への恐怖） ・治療の結果に対する懸念（例：治療が無効・再発／再燃） ・入院・治療環境への不適応 　（例：病棟での生活リズム・無菌室などの隔離環境）
社会的側面への影響にともなう問題	・学業や就労の中断・逸脱，再参加に伴う課題 　（例：治療と仕事の両立，職場にどう理解を求めるか） ・社会や家庭での役割の喪失 ・経済的損失にまつわる懸念 　（例：医療費の負担・収入の減少）など
身体疾患の治療を妨げる問題	・不十分な服薬アドヒアランス・食事療法・運動療法 ・家族の疾患に対する理解と療養への協力の問題
個人特性に関する問題	・認知機能の低下や能力のアンバランスの存在 ・コミュニケーションスタイルや認知的構えなど
周囲との相互作用に関する問題	・医療者との関係（対立・不信・依存・怒りなど）

となる患者も多い。つまり，通常の心理療法で行うような，継続的で毎回の面接に一定時間を要する構造化された心理療法を行うことは現実的ではない。今，ここで何が求められているのかを見極め，柔軟に対応することが必要になる。また，医療者に対するコンサルテーションであるため，自分が何をするべきかを見極め，依頼をしてきた医療者自身ができることを増やし，育てていく視点も必要になる（筒井ら，2015; 小林，2014，2016）

チームによる CL では，専門性を主張し合うより，重複する役割を補い合いながら，困った場面では他の職種に相談したり，カンファレンスで話し合ったりすることで，自分とは異なる視点，異なる専門性から多面的に問題をとらえ取り組むことが可能になる。

7節　がん患者の緩和ケア・サイコオンコロジー

がん医療で働く心理師は，がん診療連携拠点病院の緩和ケアチームや緩和ケア科病棟・外来，心療内科，精神科（精神腫瘍科），あるいは，がん相談支援センターの相談員として多様な形態で勤務している。本節では，がん診療拠点病院における緩和ケアチーム，がん患者・家族を対象とした精神科コンサルテーション・リエゾン活動に関する筆者経験をもとに，がん領域に従事する心理師の活動を紹介する。

1．がん専門病院における精神科コンサルテーション・リエゾンの特徴

筆者が勤務経験のある病院は，わが国に多いとされる肺がん・胃がん・肝がん・大腸がん・乳がんのほか，頭頸部がん，食道がんを含めた身体治療科，緩和ケア科，精神腫瘍科等がん治療に携わる診療科・部門は 30 以上，病床数は緩和ケア病棟を含め 400 床余りのがん専門病院である。がん治療は，標準的な外科的治療，薬物療法（抗がん剤，ホルモン剤，免疫賦活剤による化学療法），放射線治療に加え，陽子線治療や早期からの緩和ケアの提供など先進的治療にも取り組む。がん治療，特に抗がん剤治療というと，入院して受けることが一般的であったが，近年抗がん剤治療や放射線治療は外来治療へと移行しつつある。緩和ケア病棟は在宅療養を支援する急性期型緩和ケア病棟の機能へと変遷し，平均在院日数は非常に短くなっている。これらの背景から退院支援や地域医療連携が盛んに取り組まれるのも特色の 1 つである。

心理師は，がん患者とその家族のメンタルケアを行う精神腫瘍科に所属し，多職種から構成される緩和ケアチームの一員として主に精神腫瘍医◆1 と協働して精神

科コンサルテーション・リエゾン活動に従事する。精神科病床は有さず，コンサルテーション・リエゾン活動に専念できるため，年間のコンサルテーション件数は1,000件を超える。総件数の3～4％は家族・遺族の相談である。がん治療の外来移行・入院期間の短縮化にともない外来コンサルテーション件数が増加し，高齢患者の増加にともない対象者の平均年齢は70歳前後と高齢化しているのが近年の傾向である。頭頸部がんと肺がん，食道がん患者がコンサルテーションの半分以上の件数を占め，喫煙や飲酒といった生活習慣に関連したがん患者が多いことも特徴である。

2. がん患者とその家族が抱える心理的問題

　がん患者とその家族が抱える心理的問題のポイントは，身体的要因と精神的要因の影響を大きく受けるという点である。「不安」や「恐怖」のように心理的反応に見えたとしても，その背景に痛みやだるさ，息苦しさなどの身体症状が隠れていることがある。たとえば，痛みが十分に緩和されていないために，「痛みがこのまま続いたらどうしようと不安になる」とか「動くと息が苦しいので動くのが怖い」といった訴えである。夕方になると，落ち着かなくなり病棟内を歩き回るために「不安」と見えていた症状がせん妄の改善とともに軽減することもある。また，治療費などの経済的負担，家族の介護負担といった社会的要因も心理的問題に影響を及ぼすことが知られている。

　心理的問題のように見える場合でも，身体・精神・社会的要因が複雑に絡み合った複合的な問題を整理する際に役立つのが図8-7-1に示した包括的アセスメントである（小川，2010, 2016）。

　包括的アセスメントは，①身体的要因，②精神的要因，③社会的要因，④心理的要因，⑤実存的要因（スピリチュアル）の5つの領域に分け問題を整理する。包括的アセスメントでは，問題を区分することが目的ではなく医療者が確実に対応しなければならない問題の見落としがないよう①→②→③→④→⑤の順番にアセスメントすること，現在の問題を列挙するだけでなく，その問題に対して誰がどのような対応を進め今後どのような経過が予測されるかも含めてアセスメントすることが求められる。

◆1　がん患者・家族の診療にあたる精神科医・心療内科医のことを指す。

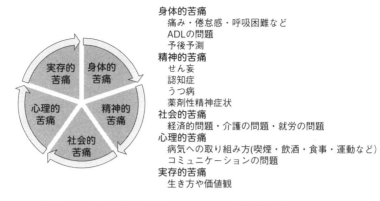

図 8-7-1　がん患者の苦痛のアセスメント手順（包括的アセスメント）

(1) 身体的要因（身体症状評価）

　痛みやだるさ，息苦しさなどの身体症状が日常生活にどの程度の支障を及ぼしているか，現在どのような緩和的対応が行われているかを患者・家族あるいは医療スタッフから確認する。身体症状評価に不慣れな場合には，がん患者が頻繁に経験する身体・精神症状を網羅したアセスメントツールである「日本語版エドモントン症状評価システム改訂版」(Yokomichi et al., 2015) を用いると患者とのコミュニケーションのきっかけをつかみやすくなる。

(2) 精神的要因（精神症状評価）

　不安や抑うつよりも先に評価を求められるのが意識障害（せん妄）の有無である。せん妄は，薬剤を含む身体的要因によって生じる意識障害である。せん妄があると，注意の問題が目立ち，思考がまとまらず，幻覚や妄想などのさまざまな精神症状を呈することになる。せん妄は，入院中の不眠や不安，イライラとして訴えられることも多く，このような訴えがあった場合には注意力障害がないかを簡単な認知機能検査等で評価し早期発見に努める必要があり，多職種協働での対応が求められる（佐々木，2015）。注意力・認知機能の経過について家族や医療者など身近なリソースから情報を得ておくと認知症との鑑別に役立つ。認知症の診断がつかない場合でも，認知機能検査の結果から自宅療養におけるリスクが確認されれば多職種で共有し必要な社会資源導入の準備を進める。

(3) 社会的要因

　治療費をはじめとする経済的状況，家族の介護負担は患者・家族の生活に直結す

る深刻な問題である。経済的負担を軽減するために利用可能な制度（高額医療費制度や介護保険など）や介護負担を減らすための在宅医療資源を導入することで患者を取り巻く環境を整備することができる。

(4) 心理的要因

心理的要因は多岐にわたるが，病気への取り組み方とコミュニケーション（医療者，家族，学校や職場など）は多くの患者に共通するテーマである。病気への取り組み方には，禁煙や禁酒，食生活，運動などの生活習慣の指導が含まれる。コミュニケーションは，性格や相性の問題だけでなく，情報伝達の問題としてとらえることで，介入の糸口を見いだしやすくなる。

(5) 実存的要因（スピリチュアル）

さまざまな手を尽くしても問題が解決されないという場合には実存的苦痛・スピリチュアルとして，その人の価値や生き方としてとらえる。一方，患者の苦痛緩和が難渋している状況に対する医療者側の心理的反応として現れることもあるため注意が必要である。

(6) がん領域における心理的アプローチ

上田・藤澤（2013）は，認知行動療法的アプローチががん患者の不安や抑うつなどの精神症状のみならず，痛み，倦怠感，嘔気，呼吸困難に対しても効果が認められると報告している。なかでも，漸進的筋弛緩法，呼吸法などのリラクセーション技法や症状に対する対処行動を促進するようなコーピングスキル訓練といった比較的容易に習得が可能な行動的技法は汎用性が高く，がん患者の苦痛軽減に有益であり（藤澤ら，2013），医学的介入や社会資源の導入など確実な対応を行ってもなお症状緩和が十分に得られない場合には，次の手立てとして認知行動療法的アプローチの適用が検討される。

がん患者が抱える苦痛には，近い将来，高い確率で起こり得る現実に対する不安や心配が存在するという特徴がある。たとえば，肺がんステージIIIやIVのように実際に肺に病変があり酸素チューブを装着した患者が呼吸困難とともに「このまま息が苦しくなってそのまま死んでしまうのではないか」と恐怖感を訴えるような場面である。このような現実的な不安・心配に対する認知行動療法のアルゴリズムをフローチャート化したものが図8-7-2である（Greer et al., 2010; Greer et al., 2012）。まず，患者が抱える不安の種となる思考（自動思考）を明確にする。現実的な状況や信頼できるリソースからの情報と照らし合わせながら自動思考の中に思考の偏り

7節　がん患者の緩和ケア・サイコオンコロジー

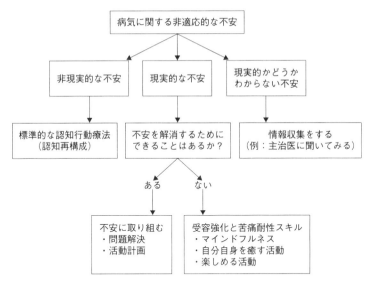

図8-7-2　がん患者の不安に対する認知行動療法の治療アルゴリズム (Greer et al., 2010)

が存在していないかを検討し，患者が抱える不安や心配の特徴を把握する。思考の偏りが強い場合には，認知再構成を試みる。思考の偏りが小さい場合には現実的な不安や心配に対しての対策を講じる（たとえば，症状緩和を積極的に勧める，利用可能な社会的資源を導入する）。あわせて，マインドフルネスや自分自身を癒す活動を推奨し受容を促し，苦痛耐性スキルを醸成する。近年，マインドフルネスに基づく介入技法はがん患者の不安や抑うつに対する高い有効性が報告されており注目されている（Rush & Shama, 2016; Zhang et al., 2015）。

(7) 認知行動療法的アプローチを介した多職種連携・協働

　身体要因だけでは説明がつかない呼吸困難や食欲低下，原因が特定できないコントロール不良の痛みは患者の苦痛増大やQOL低下を招くためプライマリーチームや緩和ケアチームにとっても大きな悩みの種である。医療スタッフは，症状緩和が得られないことへの焦りや重圧，苦痛を訴える患者への罪悪感を抱いている場合もある。このような状況において認知行動療法的アプローチを実践する際には医療スタッフへのケアという視点も忘れてはならない。

1）心理教育は多職種の共通理解・共通認識を高める

　心理教育において，患者の身体と心（思考－気分－行動）に何が起こっているのかを示すメカニズムの図解は多職種間における患者理解についての共通認識を高め

ることができる。介入方略を示すことは，医療スタッフに安心感をもたらすと同時に，各職種が提供できる専門的ケアを見直すことへ動機づけることにもつながる。

2) リラクセーション技法は多職種の専門的ケアを活性化する

呼吸法や漸進的筋弛緩法を患者に指導した場合には，看護師にも同じ教材を用いて指導し，患者が不安に対してリラクセーション技法を用いて対処できるようにサポートを依頼する。これには，患者が効果的に技法を習得できることだけを目的とするのではなく，看護師が患者の症状緩和に貢献できていることを実感してもらうという意図も含まれる。身体的制約のためにリラクセーション技法が指導できない場合には，足浴やマッサージ，温かいタオルで身体の緊張をほぐすなど日常的な看護ケアを実践できないか看護師に相談する。リハビリテーションにおける呼吸訓練や嚥下訓練，歩行練習，体操やストレッチなどの運動も患者が最終的にリラックスできれば有効であるため，すでにリハビリテーションが導入されていた場合にはリラクセーションとして転用することができる。

3) その他の技法

リラクセーションに比べ高度な技術を必要とするエクスポージャーや行動活性化は，他看護師への指導や相談という役割を担う専門看護師（がん看護や精神（リエゾン）看護）・認定看護師（がん性疼痛認定・嚥下認定・がん化学療法認定・緩和ケア認定など）と協働することで多職種連携の余地が生まれる。このような技法を導入する前には，連携・協働する他職種にも原理や手続きを説明し，理解を得ておくことが必要である。

8節 小児科医療における子どもと家族の心理的支援

1. 小児医療の特徴

近年の周産期医療・小児医療の著しい進歩により，以前は生命予後が悪かった疾患の長期生存が可能となり，慢性疾患が増加・多様化している。わが国では，14疾患群704疾病が小児慢性特定疾病として認定されており，その患者数は14.8万人に及ぶと試算されている（福田，2015）。代表的な疾患として，悪性新生物（白血病，脳腫瘍など），腎疾患（ネフローゼ症候群，IgA腎症など），呼吸器疾患（慢性肺疾患，気管支喘息など），心疾患（先天性心疾患，不整脈など），内分泌疾患（成長ホルモン分泌不全性低身長症，バセドウ病など），糖尿病，神経・筋疾患（ウエスト症候群，筋ジストロフィーなど）などがある。

心身ともに発達途上にある子どもが身体疾患を発症し治療することは，その成長

過程に大きな影響を及ぼす。小児医療は、医療技術を基盤として、将来の社会を担う世代が健やかに育つことを支える社会的な営みの1つである。さらに最近では、周産期、小児期、思春期を経て次世代を育成する成人期までを含めたライフサイクルの中で生じる、こころとからだの問題に対応する「成育医療」へと発展しつつある（谷川ら、2009）。そのため、小児医療に携わる支援者は、子どもが罹患する疾患への対応だけでなく、子どもの健全な発育への総合的支援も同時に提供していくことが求められている。

2. 小児医療における心理社会的問題
(1) 治療にともなう身体的・心理的苦痛

血圧測定、採血、点滴、骨髄穿刺や外科的手術など、検査や医療処置には痛みをともなうものが多い。また、貧血、吐き気、口内炎、脱毛など治療の副作用による苦痛も多く経験する。子どもにとって、医療体験は恐怖や不安そのものであり、採血のたびに泣き出す子、処置室に入るのを嫌がったり、服薬を拒んだりする子も少なくない。子どもの痛みに適切に対応しないと、次の検査や治療への嫌悪感が増し、さらなる痛みや苦痛、予期不安の条件づけへとつながる。その結果、治療への不参加、不安、抑うつや PTSD 様症状などさまざまな情緒的問題を引き起こすことになる。

入院による生活環境の変化、家族・友人との別離、遊びや学校生活、社会活動の制限など、これまで当たり前だった生活が奪われることも、子どもにとって大きなストレスとなり得る（Rodriguez et al., 2011）。病気体験は多くの喪失やその予期をともなうために、怒り、不安、抑うつ症状を呈する子どもも少なくない。自分で何かを選択したり、決定することが許されにくい環境になるため、子どものコントロール感が低下したり、無力感が生じることもある。また、病気の子どもをもつ親の中には、子どもの精神面への悪影響を心配したり、親自身の戸惑いや自責の念から、子どもへの病気や治療に関する説明をためらう場合がある。しかし、病気や治療に関する情報を伝えないことで、子どもが感じる不安や恐怖も忘れてはならない。「なぜ血を採るの？ 血を採ったら死んじゃうじゃないか！」「なんで僕だけ家に帰れないの？ お父さんもお母さんも僕のこと嫌いなの？」「ずっと具合が悪いから、このまま死んじゃうのかな」「痛いことをされるのは私が悪い子だからだ」など、子どもなりに想像を膨らませ、不安、怒りや不信感を募らせ、苦しんでいるのである。

(2) アドヒアランス

患者が主体的に治療に参加することをアドヒアランスと呼ぶが、長期にわたる療

養が必要とされる子どもたちにとって,アドヒアランスは大きな課題である。たとえば,1型糖尿病は,1日に複数回の血糖測定やインスリン自己注射,内服や食事管理を行う必要がある。しかし,学校生活の中で補食をしたり,人前で血糖測定やインスリン自己注射を行うことに困難を抱えている患児は少なくない。思春期の1型糖尿病患児の多くが,仲間との関係を維持するために食事や療養行動を遵守しないことも報告されている (Thomas et al., 1997)。腎疾患や心疾患をもつ患児は,日常生活の中で,定期的な服薬,運動制限,食事療法などさまざまな療養行動や生活規制を長期間維持しなければならない。しかし,体育や部活動が思うようにできなかったり,友達と自由に遊ぶことができないことに悔しさや疎外感を感じる子もいるだろう。薬の副作用で外見が変化することを心配し,治療や服薬を拒否する子も少なくない。このように,慢性疾患児に求められる健康管理は実に多様である。入院中は医療者主体で健康管理が行われるが,退院後は患児家族が主体となり管理していく必要がある。しかし,痛み,怖さや煩わしさなどからセルフケアを負担に感じる子ども・家族は多い。セルフケアの目安があいまいであったり,自覚症状に乏しい疾患では,アドヒアランスが低下することが指摘されている (Dunbar, 1983)。熱心に取り組んでも必ずしも健康状態の維持・改善につながったという実感をもてず,セルフケアの継続が難しくなることもある (奈良間,2010)。

(3) 社会適応上の問題

学齢期の子どもにとって,学校は社会関係の主要な要素である。しかし,多くの患児が病気や治療により安定した学校生活を阻害されている。治療の経過の中で学習に空白期間が生じると学力不振に陥りやすく,学習活動への意欲や自尊心の低下,劣等感の高まり,退院後の不登校につながる可能性がある。特に,わが国の院内学級の大半は義務教育である小中学生が対象であり,高校生の学習環境は未だ整備されていない。長期入院により単位が取れず,留年や退学を余儀なくされている高校生も少なくない。また,病棟での生活は,学校場面のような集団での活動が制限されるため,子ども同士が関わることで育まれる社会性や対人関係スキルの獲得が妨げられやすいことも,忘れてはならない問題である。

(4) 社会的自立の問題

近年,医療技術の進歩により,慢性疾患を抱えた子どもが成人に達すること,つまり,キャリーオーバーした患者が増加している。患者が成人を迎えるとともに,成人患者として適切な医療が受けられるよう,小児科から成人科へ移行することが望ましいとされている。しかし,疾患によっては成人科側に患者の受け皿がなかっ

たり，長年育まれた小児科医と患者家族の信頼関係の強さから，スムーズな移行が進まず，成人になっても小児科に通い続ける患者が少なくない。同時に，彼らが社会生活においてさまざまな問題に直面していることも注目されている。身体疾患を抱え成人した患者は，治療経過や再発，合併症のリスクなど，今後の病気の経過に関する不安を抱えている。これらの不安は，進学，就職，結婚や出産など自分の将来に関する不安にもつながり，患者の社会適応に影響を及ぼしている（武井，2015）。たとえば，多くの患者が，病気は就職に不利であり，採用を拒否されるのではないかと思い，雇用者に病名を伝えていないことがある（谷川ら，2009）。体調・体力面や自身の能力に不安を抱え，働くこと自体に抵抗を示す者もいる。恋人や婚約者に自分の病気や今後のリスクを受け入れてもらえるか心配し，いつ，どのように伝えるべきか悩む患者も少なくない。慢性疾患児の社会的自立を促すことは今後の重要な課題であり，学齢期や思春期の頃から将来を見据えた病気との付き合い方を考えていく必要があるだろう。

(5) 家族の抱える心理社会的問題

　子どもが病気になることは，家族全体に影響を及ぼす。付き添いをする親は，わが子の病気に対する不安や心配に加え，慣れない環境で見知らぬスタッフや他患者家族と過ごさなければならない。特に母親は，病気の原因や健康管理の至らなさを自分の責任と感じやすく，「治療で苦しんでいるわが子に何もしてあげられない」「きょうだいの世話をしてあげられない」など母親役割の喪失に苦しむことも多い。さらに，子どもの病気によって，親自身の時間がなくなったり，休職や配置換えなどキャリアプランの変更を余儀なくされることもある。

　病気の子どものきょうだいもさまざまな心理的苦痛を抱えている。親は入院中の子どもに付き添うことが多いため，きょうだいは親と一緒に過ごす時間が少なくなる。家で1人で過ごす時間が増えたり，延長保育や学童保育を経験することがあるかもしれない。祖父母や親戚の家に預けられることもある。いずれの場合も，慣れない環境で慣れない大人との生活を強いられるため，きょうだいにとって大きなストレスになる可能性がある。また，わが国では感染予防の観点から，きょうだいの面会を制限している病院は多い。両親が入院中の子どもの病状や様子をきょうだいに話せていない場合，きょうだいは「僕がいじわるばかりしたから，妹は病気になったんだ」など，自分なりの誤った想像を膨らませてしまうことにもなりかねない。このように，きょうだいは戸惑いや不安，恐怖，罪悪感などさまざまな想いを抱えており，学校不適応や心身症などを呈することも報告されている（Sharpe & Rossiter, 2002; French et al., 2013）。

3. 小児医療で働く公認心理師に求められること

　小児医療では，医師，看護師，心理師，病棟保育士，薬剤師，管理栄養士，リハビリスタッフ，ソーシャルワーカー，院内学級の先生など，多種多様な職種が関わることが多い。多職種間で連携・協働しながら，子どもの病気の経過とライフステージに合わせた統合的な支援を行うことが求められている。以下に代表的な支援についてまとめる。

(1) 治療を支える

　治療にともなう痛みには，医療的・薬理学的介入だけでなく，認知行動的アプローチが有効である。具体的には，モデリング（処置室や医療器具，処置の手順などを示し，パペットを用いてうまく対処できている様子を見せる），リラクセーションや系統的脱感作法，オペラント技法（治療を頑張ったことへの賞賛や報酬を与える）などがある。アドヒアランスの問題に対しては，病気や治療に関する教育的アプローチ，モデリングや行動リハーサルを用いたスキルの学習，セルフモニタリングによる自己管理行動の把握，学習理論に基づいた介入（視覚的手がかりの提示や強化の随伴）が有効である。また，小児の病気の管理には，親が果たす役割も大きい。子どもの成長発達段階に応じて，本人が責任をもつ部分と親が担う部分を検討し，病気の管理について適切な役割分担を行うことが重要である。

　子どもの発達段階に応じて，病気や治療の説明を行うことも重要である。子どもに確かな内容を正確に伝えることは，不要な心配や混乱の軽減，親や医療者への信頼につながり，子ども自身が主体的に治療を受けられるようになる。心理師は，子ども，親，医療者それぞれの想いに寄り添い，何を，どの時期に，どのように伝えるか，伝えた後にどうフォローしていくかなどの相談・調整を行うことが期待される。

(2) 成長・発達を支える

　復学支援では，家庭・病院・学校の連携体制を整え，入院中から退院後まで継続した支援を行うことが重要である。子どもや家族の抱いている不安や要望を共有し，学校生活における配慮，学習の遅れに対する支援，他の児童生徒や保護者への対応などを話し合うとよい。患児に対してストレスマネジメントやソーシャルスキルトレーニングを実施し，セルフマネジメント力を高めたり，友人関係の構築と維持，対人葛藤問題の解決などに必要なスキルの向上を促していくことも大切である。

　また，子どもの成長発達やライフステージの変化にともない，絶望，否認，諦観，前向きな姿勢など病気のとらえ方も変化する。これらはアドヒアランスや心理社

的適応に影響を及ぼすため，患児の病気のとらえ方を把握し，状況に応じた病気との付き合い方を支援することが重要である。

(3) 家族を支える

「辛いのは子どもだから」と気丈に振る舞ったり，自身の辛さを我慢したり，否認する親は多い。親自身もさまざまな苦痛を抱えて過ごしているため，親の精神状態のアセスメントを行うことは重要である。心理師は，親の話し相手となり，何がストレスになっているのか見極め，対処していく必要がある。親が抱えている不安や苦悩を傾聴し，気持ちの整理や具体的な問題解決の手助けを行う。子どもと離れられないことによる閉塞感を感じている親には，休憩する時間や場所を提供するのもよいだろう。病気や治療以外の会話を求めていたり，医療者に対する不満や不信感を抱いている場合もある。親の状態について医療者と情報共有しながら，適切に支援することが重要である。

病気の子どものきょうだいも忘れてはならない支援対象である。しかし，病気の子どもを抱えた親がきょうだいのケアまで行うことは，物理的にも精神的にも大きな負担になりかねない。そのため，きょうだいに精神面や行動面の変化が生じていないかだけを見ておいてほしいこと，気になる変化がみられたときや親がきょうだいのことで悩んだ場合は，病院スタッフも一緒に考える体制にあることを伝えるとよい。また，可能であれば，きょうだいに対しても病気に関する説明や病院見学など行い，不安や疎外感を和らげてあげること，きょうだいが親と過ごすための時間や場所をつくる，ピアサポートの機会を提供するなどの取り組みが望まれる。

9節　地域保健における疾病予防教育

1．地域保健とは

一般的な意味での「保健」とは，健康を保つことをいう。具体的には，労働者の健康管理であれば職域保健，児童・生徒の健康管理であれば学校保健，特定健康診査を意味する医療保険者による保健等がある。なお，公衆衛生とは，地域社会の努力を通して，疾病予防，生命の延長，身体・精神的機能の増進をはかる科学であり技術であるが，保健と類似した概念として定着している。

一方，地域保健とは，対人保健と対物保健を直接的には示し，法律としては，数ある法律の中の地域保健法が核となる。なお，地域保健を行う機関としては，保健所，市町村保健センター，地域衛生研究所，大学内保健管理センター等が該当する。

上記の通り，地域保健に関連する主な法律は地域保健法であるが，地域保健法周辺にはそれ以外の地域保健に関する法律があり，たとえば，対人保健では，健康増進法，感染症法，予防接種法，母児保健法，精神保健福祉法，対物保健では，食品衛生法，興行場法などの業法，薬事法，衛生法などがある。このように地域保健領域にさまざまな法律があることから推察されるように，その施策に関わる職業も多岐にわたる。また，地域保健は，一般的な意味での保健や，医療・福祉領域とも関連があることから，これまでにも多くの心理職が活躍してきた。

現在，わが国では，生活習慣病や非感染性疾患の増加，高齢化等に関連する健康問題を有しており，これらの健康問題の顕在化に呼応して，国民のニーズも高度化・多様化している。厚生労働省（2015a）が示す地域保健対策の推進に関する基本的な指針では，このような健康問題に対応するため，「地域保健対策を推進するための中核としての保健所，市町村保健センター等及び地方衛生研究所を相互に機能させ，地域の特性を考慮しながら，医療，介護，福祉等の関連施策と有機的に連携した上で，科学的な根拠に基づき効果的・効率的に地域保健対策を推進するとともに，地域に根ざした信頼や社会規範，ネットワークといった社会関係資本等を活用した住民との協働により，地域保健基盤を構築し，地域住民の健康の保持及び増進並びに地域住民が安心して暮らせる地域社会の実現を目指した地域保健対策を総合的に推進することが必要である」と記している。日本では，GDPに占める医療支出の割合は，OECD加盟国の中で上位であり決して少なくはないが，地域保健という観点から，今後喫緊に取り組まなくてはならない問題が山積している状態である。

地域保健に関わる心理職にとって，保健という枠組みにおけるメンタルヘルス問題はその取り組みの中心をなすものである。後述する通り，メンタルヘルス問題には，さまざまな要因が関与するが，「地域」に関するさまざまな要因は，メンタルヘルスの増悪を引き起こすことが知られている。これらのメンタルヘルスに影響を与える地域要因に敏感になっておくことが，地域保健に関わる心理職の基本的な姿勢であろう。

2. 地域保健における心理的援助ニーズ

地域保健においてメンタルヘルス問題を考える場合，たとえば，地方と都市部の社会的ストレス（stress event）を比較してみると，地域保健に関するメンタルヘルス業務の内容がイメージしやすいであろう。都市部においては，地方に比べて交通事故や暴力事件が多かったり，それらを目撃したりすることが多い。また，騒音問題等の環境問題，ご近所付き合い等も地方に比べて都市部で頭を悩ませることの多い課題であろう。

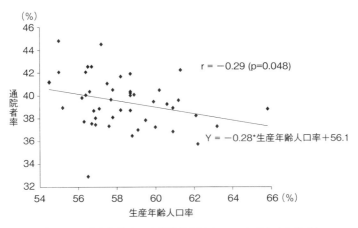

図 8-9-1　生産年齢人口の地域差と医療ニーズ（2016 年時点）

　また，地域保健を考える上で重要な事項の 1 つとして，地域毎の人口構造の差異がある。現在，日本社会においては，少子高齢化社会の到来により生産年齢人口（15 歳から 64 歳）の減少が加速的に生じている。図 8-9-1 に 2016 年時点における 47 都道府県の国民データを参照し，各都道府県の生産年齢人口の割合（その他の年齢群との比較）と通院者の割合の関係をデータプロットした（総務省統計局，2016; 厚生労働省，2016a）。図 8-9-1 からもわかるように，生産年齢人口の割合が低い都道府県においては，通院者の割合が高く，逆に，生産年齢人口の割合が高い都道府県においては，通院者の割合が低い傾向があることがうかがえる（r=−0.29, p=0.048）。生産年齢人口の高低という人口構造自体の問題については，ここでは議論しないが，地域保健において重要なのは，このような人口構造の差異によって，地域毎に支援の対象疾患，年齢等の属性に違いが生じてくることである。このようなことによって，地域保健を担うスタッフの配置，数，職種等が決定されるわけだが，地域という集まりで見たとき，どのような心理的援助ニーズがある地域に支援者である自分が所属していて，顕在的な疾病罹患率や潜在的罹患率がどの程度であるかを理解しておくことで，自分が地域に貢献できているという感触をより強く味わうことができるであろう。

3．地域における生活習慣の差異から生じるメンタルヘルス問題

　先に述べたように，地域保健は地域毎の人口構造を考慮して行われる。また，このような人口構造にも密接に関連するが，支援を受ける側にはそれぞれの抱える疾患や症状等があり，その割合も地域毎に差異がある。そして，現在地域保健でも支

援ニーズの多い各種の生活習慣病は、その名の通り、生活習慣という行動レベルの異常が継続することによって生じる。生活習慣の異常といったとき、その生活習慣の代表格になるのが食と運動である。この食と運動はメンタルヘルス問題と密接に関係することが知られている。

先に食についてであるが、メンタルヘルスと直接関係することが認められているのが魚食である。特に青魚に含まれる EPA，DHA 等の魚油成分についてはメンタルヘルスとの関係が認められる。京都の久美浜地区の商業地域（n=95），農業地域（n=118），漁業地域（n=81）の住民を対象として行った血中の魚油成分（EPA）の比較研究では、農業地域の住民の EPA 濃度が他の 2 地域の EPA 濃度に比べて有意に高いことが示されている（Nakamura et al., 2003）。魚食の頻度とメンタルヘルスの関係についての大規模な国際比較研究では、魚食の摂取頻度が少ない国ではメンタルヘルス不良の者の頻度が高いことが示されている（Hibbeln, 1998; 図 8-9-2）。このように、大規模な疫学研究から、食という生活習慣の差異によってメンタルヘルス問題の発症頻度が異なることが知られている。

次に運動であるが、運動については定期的な運動や歩行頻度や時間がメンタルヘルスと関係することが知られている。国民健康・栄養調査における 34,242 名のデータを用いた大規模な横断研究では、人口が多い都市の住民ほど人口が少ない都市の住民より歩数が多いことが明らかにされている（井原ら，2016）。また、歩数等の運動についても、食と同様にメンタルヘルスと密接な関係があることが知られている。低いセルフ・エフィカシーの 13 名を対象にして行った 1 週間の歩数を増加させる運動介入（歩数を用いた介入）後、介入前と比べて有意な無気力感の低下が認められることが示されている（Tayama et al., 2012; 図 8-9-3）。

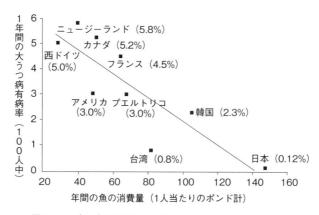

図 8-9-2　魚の摂取量とうつ病――国際比較（Hibbeln, 1998）

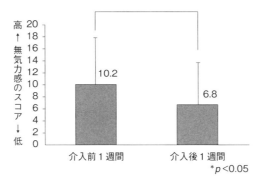

図 8-9-3　運動介入におけるメンタルヘルスの向上

　このように，地域保健の枠組みにおいて，住民らの生活習慣の改善はメンタルヘルスの向上を目的とした有効な方略であり，疾病の予防教育として必要不可欠な要素である。

4．メンタルヘルス問題への心理的援助

　地域保健において対象となるメンタルヘルスの問題といっても，その問題や疾患の種類はさまざまである。たとえば，心疾患，糖尿病，疼痛，肥満等の身体的な疾患を有する場合，メンタルヘルス不良を引き起こす割合が健常者に比べて増加することが知られている（Evans et al., 2005）。このような，病院各科臨床におけるうつ対策も地域保健においての大きな課題になっている。このような身体疾患に合併したメンタルヘルス問題とは別に，うつ病，不安障害，統合失調症等，心理的な援助を必要とする精神疾患への対応およびその予防も重要な地域保健業務の1つである。

　なお，地域保健における疾病予防教育としては，心理教育，認知行動療法の他，先に述べた食事療法や運動療法的な要素が重要である。個人的な援助については，テーラーメードの介入プログラムが必要になる。一方，個人へのアプローチではなく，地域保健においては，ポピュレーション・アプローチという，住民を特有の1集団としてとらえ，その集団全体の特徴を把握し，その集団の中のリスクが高い集団に介入するアプローチが重要である。地域住民の中には，ある疾患やリスクをもった集団がある一定の割合で存在している。あるメンタルヘルス関連の症状を有する者が多く属する集団の特徴を検討した疫学的な先行研究の貴重なエビデンスを概観し，自ら疾病予防教育のプログラムを構築し，実践することが地域保健に関わる心理師にとっては重要なことである。

10節　生活習慣病への行動医学的アプローチ

1. 糖尿病療養におけるアドヒアランス

　本節では糖尿病を中心に生活習慣病（糖尿病,肥満症,脂質異常症,高血圧症,心・脳血管障害など）への心理行動的理解と介入を紹介する。

　糖尿病はインスリン作用不足による慢性の高血糖状態を主徴とする代謝疾患であり,成因により1型／2型に分類される。主に自己免疫性の1型は通常,インスリン絶対的欠乏のため生命維持にはインスリン治療を要し,一方,2型はその発症要因にインスリン分泌低下,インスリン抵抗性の素因に加え,過食,運動不足,肥満など生活習慣の環境要因が関与しており,インスリン治療を必ずしも必要としないが,高血糖是正のため導入される場合もある。いずれの病型も高血糖状態が慢性的に続くことで網膜症,腎症,神経障害,動脈硬化性疾患などの合併症に進展していくリスクが高く,寿命や生活の質を著しく損なう恐れがある。

　したがって,患者は,合併症への進展を防ぎ生活の質や寿命を保つために良好な値での血糖コントロールが求められる。日常生活でのセルフケア行動（食事療法,運動療法,血糖自己測定,内服およびインスリン自己注射など）を継続することで良好な血糖値を保つ。特に食事・運動は治療の基本であり,食事療法では適正なエネルギー摂取量と栄養素バランスを学び,食事時間を規則正しく整え,間食や過食など量・内容の偏りを是正する。運動療法では血糖値やインスリン抵抗性の改善,減量効果のために,週3～5日以上1日1万歩を目安に食後の歩行が推奨される。食事・運動は,睡眠と社会活動の生活リズムや嗜好品（飲酒喫煙）にも関わり,生き方や価値観の変更もともなうこともある。こうした生活習慣を患者自らが主体的に改善するというアドヒアランスが肝要になる。しかし,高血糖を指摘されても自覚症状がないため生活改善の必要が感じられないまま受診せず放置または通院自己中断となり療養に向かい合えないでいる例もあり,また,完治のない慢性疾患ゆえセルフケア行動を絶えず維持することに困難や負担が生じやすい。血糖値や体重の数値を下げれば治癒したことになるとの誤解から,短期間で数値を大幅に改善しようと過度な運動や禁欲的な食事制限をしすぎてしまう例もあり,一見,積極的に取り組んでいるようだが,病を排除して糖尿病のない自分に戻る願望やセルフケア行動と長く付き合っていくことの課題が潜んでいる。また,他疾患治療薬（ステロイド）の影響での高血糖や,膵臓疾患によるインスリン分泌低下など生活習慣に起因しない発症の場合,糖尿病は自分のせいでなく外部からもたらされたものと他責的に体験され受け入れ難いこともある。さらには,学校,職場,家庭など日常の対人

交流の中で病を抱えて生きることは，他の慢性疾患と同じく各ライフステージでの社会適応の課題にもつながる。

2. 糖尿病チーム医療における臨床心理士の役割

　内科一般入院，外来通院ならびに外来看護指導や栄養指導のほか，筆者が勤務する医療機関の糖尿病・代謝センターでは，糖尿病，脂質異常，肥満症，メタボリックシンドローム患者を対象に，教育入院（12 〜 14 人 1 組 10 日間）を行っている。医師，看護師，管理栄養士，薬剤師，臨床検査技師などから成る多職種チームが講義分担し療養指導にあたり，患者が生活習慣病療養の知識や食事療法，運動療法を習得できるようにプログラム提供している（年間平均 440 名〔2008 年〜 2016 年〕の実績）。なお，チームに携わるコメディカルの多くは糖尿病療養指導士をはじめ糖尿病認定看護師などの専門資格を保持しており，疾病や療養の共通知識を有して指導にあたっている。

　臨床心理科は独立部門として院内外からのメンタルヘルスケアのニーズに臨床心理士が応対しており，内科および糖尿病・代謝センターでのリエゾン活動として次の役割を担っている。

　①チーム医療者向け院内勉強会での講義（糖尿病患者の心理行動について）
　②チーム医療者へのコンサルテーション
　③教育入院の退院前に定例の多職種合同症例カンファレンス
　④患者の心理行動面アセスメント
　⑤教育入院中の集団療法
　⑥外来での継続的な個人カウンセリング（有料自費）

　①から⑥にかけて，患者に対し間接〜直接的な関与かつ短期的〜継続的援助の連続体となっている。当初，臨床心理士がチームに参入するにあたり，チーム内多職種への単発的な働きかけを入口として（①，②），医療者・患者にどのような心理的援助のニーズがあるのかを把握し，提供できる援助を画策してきた。現在は「入院－外来」「個人－集団」の多様な形態で，患者および関連職種を対象に多元的に活動している。定例業務としての⑤集団療法および③症例カンファレンスには②コンサルテーションや④アセスメントの働きを内包している。

3. 個人心理療法
(1) 個人介入特長とテーマ類型
　個人対象の介入では，綿密なアセスメントを行いケースフォーミュレーションの過程で患者自身が自分の問題の成り立ちを客観視して理解しやすく，また継続的に関わることで，日常生活で対処を試みて成果を検証するなどホームワークを通じてのスキル学習や日常への汎化を促進しやすい。介入の焦点を3群に大別できる。

①糖尿病罹患にともなう心理的動揺，疾病への適応・受容の課題が主訴の症例
②生活習慣（食行動・運動）の行動変容支援（セルフケア行動の阻害要因として職場・家庭の心理社会的要因が影響している症例）
③糖尿病と精神科的疾患・問題の併存症例（適応障害，発達障害，社交不安などの症状・不適応行動がセルフケア行動の遂行を妨げ，生活習慣および糖尿病を増悪させている症例）

(2) アセスメントの観点
　個人・集団いずれの介入においても，患者の心理行動を把握する際に次のような観点を留意したい。患者と対面する前に，カルテ情報などから患者の抱いている疾病認識の仮説を立て，確かめたい点を絞るとよりよいであろう。

- 病気への態度：糖尿病への予備知識および先入観（楽観や悲観，誤解）
- 家族歴：糖尿病の家族の療養生活を見聞きしてきた経験。遺伝による発症の可能性を懸念していたなど。
- 罹病期間や通院歴：診断された客観的な罹病期間と危機感をもち始めた主観的な病識は異なることもある。通院や内服の自己中断歴の有無。
- 負担感：糖尿病問題領域質問表（Problem Areas In Diabetes Survey: PAID）で高い評定値だった項目をもとに尋ね，負担感を明確化していくこともできる。

　他にも，セルフケア行動の生じる可能性を高めるために，健康信念モデルを参照枠に，下記の①〜③の観点から患者の疾病認識を把握し促進している（巣黒，2016c）。

①疾患への感受性の認識：「現在の高血糖，生活習慣のままでは，糖尿病（合併症）発症する可能性が高い」
②疾患の重大性の認識：「糖尿病（合併症）は自分の心身の生活に深刻な影響を

与える」
③セルフケア行動への認識（利益／損失）：利益「セルフケア行動が発症・進展を防ぐ」，損失「セルフケア行動への誤解，抵抗感や生活習慣の喪失感」

　また，行動変容の準備性を見極めることで，それに応じて動機づけから行動変容の促進，逸脱予防までの個別最適化された援助を提供することができる。Prochaskaら（1994）の多理論統合モデル（Transtheoretical Model: TTM）に準拠し行動変容の準備性を5つの変化ステージ（前熟考期，熟考期，準備期，実行期，維持期）で評価する。たとえば問題に関心のない前熟考期では，問題に気づくための疾病教育（情報提供）を行い，変容をためらう熟考期では即座に行動変容を促すより先に生活習慣を変えるメリット・デメリットの検討（損益分析）が行動変容への準備，動機づけとなる。

　TTMは変化ステージモデル（石井，2011）として糖尿病領域に応用され，すでに多職種間でも共通言語となっているが，ステージを評定するアセスメント的理解でとどまっている面も見受けられる。患者が表立って語らない抵抗感や潜在的な生活改善努力なども見落とさずアセスメントし，変化ステージと変化プロセスの対応関係を熟知して，多様かつ的確なトリートメント提案につなげるのは心理職の専門性の発揮しどころである。

（3）機能分析に基づく行動変容

　問題となる行動が生じる先行刺激，行動に後続する事象およびそれらの随伴性が明らかになるよう丹念に聴取したり自己観察記録を活用する。問題となる食行動が生じるのは「意志が弱いから」と，患者も医療者も患者自身の精神力に原因帰属しがちだが，随伴性分析で行動の機能を確かめることで，本人の意志を活かした環境調整の工夫など，適した変容技法の選択へとつながる。内外部の状況や先行刺激，行動，後続事象など各要素への主な介入技法は以下である。①確立操作：空腹は食べ物の強化力を高める。②刺激統制：行動のきっかけを減らす，増やす。③代替行動の形成：陰性感情や心身の疲労緩和の機能を果たしている飲食（間食，飲酒）に代替するストレス対処行動を習得する（たとえば，早食いを30回咀嚼やマインドフルに食べるようにする）。④強化子の設定など。なお具体的な症例の介入経過は巣黒（巣黒，2016a, 2016b）などを参照にされたい。

4．集団心理療法
(1) プログラム概要とねらい
　筆者が勤務する医療機関では，糖尿病・代謝センター教育入院プログラムの1つとして，単回の心理的介入を2009年末に創設した。毎クール入院5日目に心理グループワーク（以下，GW）を計2グループ（1グループ5〜7名，60分間），臨床心理士（筆者）の司会進行により実施している（年間平均48グループ，297名；2011年〜2016年の実績）。

　プログラムの概要としては，事前アセスメントとして行動変容への準備性（変化ステージ：前熟考期・熟考期・準備期・実行期・維持期）を患者が自己判別する。また，Rollnickら（1999）の健康行動変容のメソッドを参考にし，食事療法・運動療法それぞれについて「重要性の認知および自己効力感」を自己評定（0〜100%）する。それら事前評定をGW冒頭にメンバー全員で発表，共有し，話し合いの手がかりとしている。日常療養での困難場面において患者がとっている対処・工夫を引き出し，同病者にとってコーピングモデルとなるよう，また，患者同志の支持・助言など相互援助力を賦活するようにしている。

(2) 同病患者の対処経験から学び合う
　日常の困難として，他者と場をともにしている中でのセルフケアに難しさを体験することも多い。周囲に病状を理解してもらい協力を得て自分の健康を守ることが課題となり，「断る」「頼む」「相手に○○してもらうようお願いする」といったソーシャルスキルを養う必要もみられる。次のような経験談は，同じ場面で困っている同病者にとっては具体的な対処モデルとなり得る。

・接待や宴会で酒の勧めをかわしながら自身の飲酒ペースを保つ。
・飲食店で少なめに盛ってもらう，あらかじめ残すことを店に伝える。
・贈答品をいただいてもお裾分けする。食べずに包んで持ち帰り処分する。
・「糖尿病だから私の分の茶菓子は要りません」と言う。
・食前にインスリン注射を打つのに離席することを伝えておくと，次から友達は「打ちに行っておいで」と促してくれる。

(3) セルフケアの意義とその先にある人生を明らかにする
　糖尿病は自覚症状がない間は検査値でしか把握できず，実感の薄い「他人事」となる恐れがある。そこで，自分の身に起きていることへと橋渡しするために，その人独自のセルフケアする意義を引き出してセルフケア行動へのコミットメントを高

めることも試みている（たとえば「合併症なく長生きできれば，もう一度学校に通いたい」「孫の成人式を見るまでは生きたい」など）。

　食事運動療法自体が人生の目的でなく，その先の人生をよりよく生きるために食事運動療法という手段があるはずである。数値の改善のために「何をどれくらい」食べるか，運動するかという具体策に医療者・患者ともに焦点づけられやすく，そこに療養の義務感も生じやすいが，「何のために」セルフケアに取り組むのかを問い考えることも有用な糸口である。

5．チーム医療における専門性と互換性

　教育入院の退院前の多職種合同症例カンファレンスにおいて臨床心理士の見解を担当看護師をはじめとした他職種に伝えており，それらを踏まえ，看護師は個別療養指導を行い，退院後の具体的な目標行動設定などが患者と話し合われることになる。こうした職種協働の際，各職種に重複する役割を互換性ととらえ，他職種が療養指導に活かせるよう情報共有していく連携の視点が重要となる。チーム医療では心理職の専門性を強調するだけでなく他職種の専門性を知り尊重し，分担したり，時に他職種が有効に機能するようサポートすることで治療チーム全体として効果的な治療をしていく。その際の各職種間での職務の重複は，各職種が担うこともできる互換性のあるスキル（巣黒，2015）ととらえておくことも有用であろう。

11節　職場のメンタルヘルス

　産業領域では，少子高齢化による労働人口の減少などの社会的背景の中，貴重な人材を確保していくために従業員の心身の健康を守ることや，何らかの病気を抱えながら，または育児や介護等をしながら働いている従業員の働きやすい環境を整えていくことが，重要な意味をもつように変わりつつある。したがって，職場のメンタルヘルス対策として心理的な支援を提供する際には，これらの社会的背景や，従業員の心身を守るための関連法規などの状況を継続的に確認しながら，産業保健活動で求められている心身の健康対策の位置づけを理解していく必要がある。

　職場のメンタルヘルス対策における重要な考え方として，事例性（caseness）という概念がある。これは医療機関において，症状を診断し，治療方針をたてていく疾病性（illness）という考え方とは重視するポイントが異なる。事例性では，何らかのメンタル面の不調が生じた際に，以前の状態からどの程度変化があったのか，また職場平均とどの程度相違があるのかを重視する。つまり職場で生じている事例

表 8-11-1　心理職が直接職場にかかわる際の留意点（廣，2013 を改変）

1. 職務・産業保健職（産業保健スタッフ）との役割分担を明確にする
2. 産業保健職（産業保健スタッフ）との連携方法を確立する
3. 職場環境（人事制度，人間関係などを含む）にも目を向ける
4. 労働安全衛生法規（労働基準法の一部を含む）を理解する
5. 職場の就業規則類を把握する
6. さまざまな機会を利用して，多面的な情報収集に努める

性（遅刻などの勤怠面の変化や，仕事のミスの増加，職場の同僚とのトラブル）への対応においては，必要に応じて主治医のもとで治療を受けるよう受診勧奨をしながら（疾病性への対応），職場で生じている問題の解決策を検討していく（事例性への対応）。心理師が関わる際には，メンタルヘルスに関する疾病性の知見をもって，職場で生じている事例性の理解を深めることの重要性は言うまでもないが，職場という環境の中で生じている事例性への理解と対処が不可欠になる。

このように，職場で働く従業員の心身の健康対策を考えていく際には，メンタルヘルス不調が生じている個人だけでなく，周囲で働く同僚にとっても安全で健康に働くことができる職場環境を考えていく必要がある。また，職場への働きかけを推進していく際には，心身の健康対策に関わる産業保健スタッフ（産業医，保健師，看護師等）や人事労務担当者等と，個人情報に留意しながら，必要に応じて連携や情報共有しながら対応を検討していくことが重要である。廣（2013）は，精神医療の専門家が直接職場に関わる際の 6 つの留意事項を指摘している（表 8-11-1 参照）。これらの内容は，心理師がその専門性を産業保健活動で活かすための重要な視点であり，医療機関で心理師が働く人の心理的な支援をする際の職場環境の理解にも参考になる視点である。

このように，産業領域ではメンタルヘルス不調が生じている従業員本人を対象にする支援だけでなく，周囲の環境である組織の理解と対応のために，職場のメンタルヘルス対策を担う産業保健スタッフとして必要な知識を身につけておくこと，それらの知識をもとに，関係者間の円滑な連携のために主体的に働きかけていくことが求められる。これらの観点から必要な視点について触れていく。

1．職場のメンタルヘルスに関係する法令

職場のメンタルヘルスに関連する重要な法令として，労働安全衛生法がある。労働安全衛生法は，職場における労働者の安全と健康を確保するとともに，快適な職場環境を形成することを目的としてつくられており，たとえば各種健康診断や産業保健体制等の責任体制の明確化，長時間労働者に対する医師面接の義務化（2006 年改正）や，ストレスチェック義務化（2014 年改正）など，事業者である企業の

責務が示されており，優先的に対応していかなければいけない法令である。そして，2008年に労働契約法という法令で明文化された，安全配慮義務についても，事業者の責務として民事訴訟などで争点となるため押さえておく必要がある。また労働基準監督署が保険給付の原因となる負傷，死亡，または疾病にかかったことが業務によって生じたものかを判断することを一般に「労災認定」というが，精神障害に関する認定基準については，2011年に心理的負荷による精神障害の認定基準として明確に示されているので，行政の業務起因の考え方を正しく認識しておく必要がある。

さらに，具体的な活動のあり方については2000年に出された「事業場における労働者の心の健康づくりのための指針」（旧メンタルヘルス指針）の見直しによって2006年に示された「労働者の心の健康の保持増進のための指針」（2015年改訂）や，2004年に出された「心の健康問題により休業した労働者の職場復帰支援の手引き」（2009年改訂）などで，職場のメンタルヘルス対策の基本となる考え方として理解した上で，関わる事業所の事情に合わせた進め方を検討する必要がある。これらの内容は，事業主に課せられた責務として，管理職研修（ラインケア）などで，部下の心身の健康を守る上司の役割の背景となる法令として伝えることで，日常生活の行動変容をうながす情報提供の材料ともされている。

また，職場内のルールとして組織ごとに定められた人事制度や就業規則などを把握しておく必要がある。たとえば休復職の支援などにおいては，企業ごとに，さらには勤続年数によって定められている欠勤や休職が可能な期間が異なり（労務行政研究所，2017），その制度にともなう経済的な補償期間も異なる。休職しながら療養している従業員が急に復職を焦る背景には，これらの要因があることも少なくなく，経済的な基盤の有無は安心して療養期間を治療に当てられるかに大きな影響を与えることから，制度上，療養可能な期間を知り，職場復帰に向けた過ごし方を考えていくことは医療機関で働く人を支援する心理師にとっても重要な視点となる。

2. 職場のメンタルヘルスにおける心理社会的問題の特徴

2012年に実施された労働者健康状況調査（厚生労働省，2013）によると，現在の自分の仕事や職業生活に関して強い不安，悩み，ストレスを感じることがある労働者が約6割であることが指摘されており，その内容は，多い順に職場の人間関係の問題，仕事の質，仕事の量であり，5年ごとの調査でもこれらの3要因が上位を占める傾向が続いている。また同調査の，家庭，個人生活等に関して大きな心配事，悩み事があるかという設問においては，約2割の人が，あると答えている。これらの中には，介護や育児などの家族に対する心配事だけでなく，自分の健康面の心配

なども含まれると考えられる。健診精度や治療技術の向上により，病気を抱えながらも，職場の配慮があれば就業継続できる事例や，定年退職者の継続雇用制度等で，高年齢労働者の増加も指摘されている（厚生労働省，2009）。高年齢化は，加齢による何らかの有所見をもちながら就業する従業員の増加につながるため，何らかの疾患の治療を続けながら働く従業員を，退職ではなく就業継続につなげるための配慮が必要になる。がん対策基本法（2016年改正）でも，事業主の責務として，がん患者の雇用の継続等に配慮するとともに，がん対策に協力するよう努力することという条項が新設され，事業場における治療と職業生活の両立支援のためのガイドライン（厚生労働省，2016b）で具体的な配慮についても明文化されている。これらの対策の中でも，主治医や産業保健スタッフ，職場などをつなぐコーディネーターとしての連携を促進する役割や，両立支援を進めていく際に，両立をしながら就労する従業員への心理面のサポートの必要性についても示されており，心理師の関わりが求められる領域でもあるともいえる。

3. 提供される心理的アプローチの概要

メンタルヘルス対策として職場で行われている活動は，1次予防（メンタルヘルス不調の未然防止），2次予防（メンタルヘルス不調の早期発見と適切な対応），3次予防（メンタルヘルス不調者の職場復帰支援および再発予防）の3段階に分けられる。そしてそれぞれの活動を主体的に担う分類として，労働者の心の健康の保持増進のための指針において，労働者による「セルフケア」，管理監督者による「ラインケア」，産業保健スタッフなどが担う「事業場内産業保健スタッフ等によるケア」，事業場外の機関や専門家による「事業場外資源によるケア」の4分類で実施する活動を整理している。「セルフケア」で行われる教育研修については国内外の無作為比較試験および比較対照試験の原著文献レビューを基に作成されたガイドラインによると認知・行動的アプローチ（問題解決法，ストレス免疫訓練，認知的再体制化，アサーション・トレーニング，タイムマネジメント）を単独で用いるか，リラクセーション技法（漸進的筋弛緩法，自律訓練法，呼吸法）を組み合わせて実施するプログラムの有用性が指摘されている（島津，2012），さらに論文レビューを加えた改定によると，マインドフルネスやACT（Acceptance and Commitment Therapy），加えてヨガ，エクササイズ等の効果が追記されている（島津，2016）。このように従業員が自分自身のメンタルヘルスをよい状態で保つための研修については，認知・行動的アプローチの効果が示されている。一方で，「ラインケア」「事業場内産業保健スタッフ等によるケア」「事業場外資源によるケア」においては，特定の心理的なアプローチというよりも，1次から3次までのそれぞれの予防の段

階において、職場で生じている職業性ストレス要因の理解と職場環境改善や適切な相談対応、そしてこれらを円滑に進めていく体制づくりや医療機関との連携など、事例性が生じない職場づくり、もしくは生じても適切な対応ができる職場づくりに力点が置かれているともいえる。これは、従業員に何らかのメンタル面の不調が生じた際に、産業保健活動で重視されることが、医療機関で行われる症状を診断し、治療方針を立てていく疾病性ではなく、以前の状態からの変化や職場平均との相違から事例性をとらえて対処することを重視するという職場のメンタルヘルスの特徴とも関連すると思われる。一方で何らかの事例性が生じた際に、どのような状況で問題となっている現象が生じているのかを整理し、その対策を検討するための手法として、行動分析学的なアプローチによる見立てや（舞田・杉山，2008）、メンタルヘルス不調による治療を受けている従業員の回復状況を確認していく際に、疾病性の理解やその際に行われる心理的なアプローチの知見をもっておくことは重要である。

4. 職場のメンタルヘルスに関わる専門職との連携

心理師が関わる際に、連携していく事業場内の専門職（産業保健スタッフ）は、産業医、保健師、看護師、衛生管理者等である。ただし、これらの専門職が必ず事業場にいるわけではなく、担当する事業場の規模によって人員の配置が異なり、勤務状況や衛生管理者の選任の有無などによっても、求められる役割の範囲が変わってくる。たとえば、労働安全衛生法での産業医や衛生管理者の選任の義務のない50人未満の小規模事業場においては、産業保健スタッフが誰もいないような場合や、一方で大規模の事業場ではさまざまな職種の専門職がいる場合もある。

また何らかの事例性が生じている場合には、面談対応をしているメンタルヘルス不調が生じている従業員の個別対応だけでなく、上司や人事労務担当者からの相談を受けて対応することや、安全で健康な就労を目的として（個人情報には十分留意しながら）必要な配慮などを検討するために連携をしていくことも、産業保健活動においては、重要な意味をもつ。

さらに事業場外の専門家との連携においては、メンタルヘルス不調の従業員が通院する主治医やコメディカルのスタッフ等との連携が挙げられる。働きながら治療を行う従業員に対して必要な配慮について連携が必要になる事例もあり、これは今後の両立支援などにおいても、重要性が増していくため医療機関などとの連携がさらに求められてくると考えられる。

このように、職場のメンタルヘルス対策においては、前提として必要とされる知識をもちながら、立場の異なるさまざまな役割を担う専門家との連携が必要な領域

であり,携わる事業場の状況によって役割の範囲が変わることもある。したがって心理師は,自分が担う役割とその位置づけなどを確認しながら柔軟に対応していくことが重要になる。保健医療領域で働く人の支援をする心理師にも本節で触れた産業領域の背景理解を支援の一助としてご活用いただきたい。

第9章
保健・医療分野における公認心理師の展望

1節　保健・医療分野で働く公認心理師の成長のプロセス

　本書でこれまで述べてきたように，保健・医療分野といっても，その領域や専門性は幅広く，そこで働く心理師に必要とされる知識や技能も非常に多岐にわたる。したがって，心理師がチーム医療に貢献できる力量を身につけるためには，段階的な成長の過程を想定する必要があるだろう。その第1段階としては，心理師としての一般的な知識と技能，医療現場で働く者としての基本的な態度や心構えの習得が重要である。これらは，学部・大学院での講義や演習，医療機関の見学実習や基礎的な現場実習などを通して身につけていくことになるだろう。

　第2段階は，チーム医療に貢献しうる心理師としてのミニマム・エッセンシャルを習得することである。予診聴取，主要な心理検査の実施・採点・評価およびフィードバック，面接における基本応答，インテーク情報の収集とケースフォーミュレーション，介入計画の立案とインフォームドコンセント，構造的な面接の進め方，介入の効果評価と介入方針の最適化，他職種との情報交換や連携，他機関との連携とリファーなど，心理師の実践を支える基本的なコンピテンスは多岐にわたる。これらは現場実習や入職後の初期実践の中で身につけていくことになるであろう。さらに，この段階においては定期的なスーパービジョンを通して，自分の実践の振り返りと修正を繰り返しながら，安定的な心理実践が行えるように研鑽を積み重ねなければならない。

　第3段階は，自分の所属部門に応じた専門性を高めていくことである。先にも述べたように，心理師の業務と一口にいっても，精神科クリニック，精神科病院，総合病院，がん診療連携拠点病院，高齢者施設，企業内診療所，精神保健福祉センターなど，それぞれの医療関連機関の機能と役割は異なっており，それに応じて心理師に期待される業務の内容は当然異なるのである。したがって，心理師業務を支える基本的なコンピテンスはどの領域でも共通する要素があろうとも，所属する医療機

関やその患者（利用者）の特性に応じて，その運用は現場に応じた専門性が高いものとなる。さらに，その領域に特化した病気の特徴，治療法，薬剤，制度，他職種との連携のあり方などがあり，それらを十分に理解しなければチーム医療の一員として十分な貢献ができないということもしっかり認識しておくべきだろう。

第4段階は，指導的立場への成長の段階である。現場での実践を積み重ねる中で，それぞれの心理師には，安定的な心理実践への自信や，チーム医療に貢献しうる自らの役割へのプライドなどが芽生え，確かな実践家へと成長していくであろう。このような段階に到達したならば，自分の実践で得たものを概観し，後輩に「言葉として伝えていく」ための言語化（構造的な要点の整理）を行ってほしい。学会発表や論文執筆などを通して，自分がこれまでどのような経験から何を学び・気づき，どのような成長を遂げてきたかを論理的にまとめることもよいであろう。保健医療分野での心理師養成を促進し，質の高いトレーニングを安定的に提供するためには，「実習指導者」が必要である。保健医療分野で働く心理師の多くが，有能な実習指導者として後進の指導にあたってくれることを強く期待したい。また，そのような活動の中で，中堅の心理師がさらなる専門性の獲得を志して博士後期課程に進学し，先進的な研究を行うとともに，大学教員となり公認心理師養成の中核的役割を果たしてくれるようになることも期待するところである。

2節　専門性に特化した公認心理師のキャリア・パスと上位資格の必要性

公認心理師は，「保健・医療」，「福祉」，「教育」，「司法・犯罪」「産業・労働」という5分野で働く横断的資格として規定されている。これはすなわち，公認心理師という資格は，領域横断的な「基礎的知識と技能」を担保しているにすぎないということである。しかし，本書をここまで読み進めてきた皆さんは，もうすでに「基礎的知識と技能」だけでは，チーム医療に貢献しうる心理師の役割は十分果たせないということは理解できるであろう。したがって，公認心理師として本質的に研鑽を重ねなければならないのは，むしろ資格を取得し，医療現場に入職してからであるということを忘れてはならない。現段階ではまだあまり議論されていないが，「公認心理師の卒後研修制度」や「専門領域に応じたレジデント制度」の創設が急務である。図9-2-1にあるように，学部・大学院の6年教育においては公認心理師に必要な「基礎的知識と技能」を身につけ，資格取得後，医療現場で1～2年間程度「医療心理師」としての一般的技能を学び，さらにその後「専門医療心理師（た

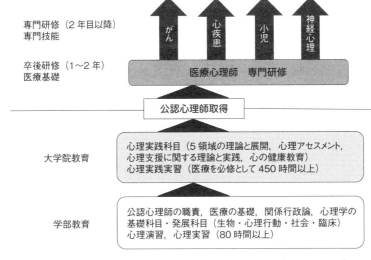

図9-2-1　保健・医療分野の公認心理師のキャリアパスのイメージ

とえば，がん専門心理師，小児専門心理師など）」としてさらに研鑽を重ねるというキャリア・パスが必要であろう。また，可能ならば，それらの段階的成長の励みになるような資格制度（関連諸学会等の認定制度）もあわせて整えていくことが望ましい。さらに言えば，このような制度と並行して，各領域における心理業務の専門性を明確化するとともに，それに応じた診療報酬制度を整えていくことがとても重要である。心理師の資格が国家資格になったとはいえ，保健・医療分野で公認心理師が広く活躍し，かつ待遇（採用条件や給与・福利厚生面の充実）が改善されるためには，医療機関における収入の根拠となる診療報酬が公認心理師業務に適用されなければ実質的な広がりは期待できない。この点を公認心理師の養成を行う大学，関連諸学会，さらには心理師一人ひとりが強く認識して一日も早い環境整備に努めていく必要があるであろう。

3節　おわりに

公認心理師制度は，心理界の長年の悲願として創設された国家資格である。国民や支援サービスを行うさまざまな分野の専門家がこの資格の今後の発展に期待している。しかしそれは，視点を変えれば，「公認心理師に何ができるか？」を厳しい目で見られているということでもあり，公認心理師を目指す一人ひとりがその認識

をもって,日々の学業や実習,さらには入職後の実践に励んでいかなければならない。公認心理師養成に関わるすべての人が一丸となって,この資格を発展させていくことを強く願うばかりである。

文　献

1章

Drucker, P. F.（1974）. *Management: Tasks, responsibilities, practices*. Harper & Row.
　（ドラッカー, P. F.　上田惇生（編訳）（2001）. エッセンシャル版マネジメント―基本と原則―　ダイヤモンド社

Edmondson, A. C.（2012）. *TEAMING—How organizations learn, innovate, and compete in the knowledge economy*. Jon Wiley & Sons, Inc.
　（エドモンドソン, A. C.　野津智子（訳）（2014）. チームが機能するとはどういうことか　英知出版）

後藤基行・赤澤正人・竹島　正・立森久照・野口正行・宇田英典（2015）. 市区町村における精神保健福祉業務の現状と課題　日本公衆衛生雑誌, *62*(6), 300-309.

平林直次（2005）. 心神喪失者等医療観察法における指定入院医療機関の役割―厚生労働省ガイドラインから―　日本精神科病院協会雑誌, *24*(4), 24-28.

一般社団法人日本心理研修センター（2018）. 公認心理師現任者講習会テキスト2018年度版（p.17）金剛出版

板山賢治（1996）. 障害者基本法の成立と精神障害者福祉　公衆衛生, *60*(2), 86-89.

萱間真美・上野桂子・江原良貴・寺田悦子・仲野　栄・三家英明・廣川聖子・原田尚子・渡辺　碧・角田　秋・福島　鏡・中嶋秀明・青木裕見・生田深香・石井　歩・海老原樹恵・大橋明子・瀬戸屋　希（2017）. 訪問看護における多職種アウトリーチに関する研究　厚生労働行政推進調査事業費補助金平成28年度研究報告書

菊池安希子（2010）. 医療観察法　松原達哉（編）　カウンセリング実践ハンドブック（pp. 590-591）丸善株式会社

小石川比良来・見野耕一・大上俊彦・三宅啓子・竹村幸洋・須藤　修・萩原美奈・新田和子・清水洋延・富安哲也・岩蕗かをり・香山明美・田口厚子・渋谷正聡（2013）. 厚生労働省平成24年度障害者総合福祉推進事業指定課題25「精神科リエゾンチーム活動ガイドラインの作成について」成果物　精神科リエゾンチーム活動ガイドライン試案

厚生労働省（2010）. チーム医療の推進について―チーム医療の推進に関する検討会報告書―　Retrieved from http://www.mhlw.go.jp/shingi/2010/03/dl/s0319-9a.pdf

厚生労働省（2013）. 良質かつ適切な精神障害者に対する医療の提供を確保するための指針案　Retrieved from http://www.mhlw.go.jp/stf/shingi/0000032502.html（2017年9月30日）

厚生労働省（2015）. 障害福祉サービスの利用について　平成27年4月版　Retrieved from http://www.mhlw.go.jp/file/06-Seisakujouhou-12200000-Shakaiengokyokushougaihokenfukushibu/0000059663.pdf（2017年10月9日）

厚生労働省（2017a）. 第7次医療計画について　Retrieved from http://www.mhlw.go.jp/file/05-Shingikai-12601000-Seisakutoukatsukan-Sanjikanshitsu_Shakaihoshoutantou/0000162891.pdf（2018年4月17日）

厚生労働省（2017b）. 平成28年（2016）医療施設（動態）調査・病院報告の概況　Retrieved from http://www.mhlw.go.jp/toukei/saikin/hw/iryosd/16/（2017年9月30日）

厚生労働省社会援護局障害保健福祉部精神障害保健課・国立精神神経医療研究センター精神保

健研究所（2009）．精神保健福祉資料―平成21年度6月30日調査の概要―　厚生労働省
厚生労働省社会援護局障害保健福祉部精神障害保健課・国立精神神経医療研究センター精神保健研究所（2014）．精神保健福祉資料―平成26年度6月30日調査の概要―　厚生労働省
厚生労働省社会援護局障害保健福祉部精神障害保健課・国立精神神経医療研究センター精神保健研究所（2017）．精神保健福祉資料―平成27年度6月30日調査の概要―　厚生労働省
三村　將（編）（2017）．精神科レジデントマニュアル　医学書院
文部科学省・厚生労働省（2018）．公認心理師法第42条第2項に係る主治の医師の指示に関する運用基準について　Retrieved from http://www.mhlw.go.jp/file/06-Seisakujouhou-12200000-Shakaiengokyokushougaihokenfukushibu/0000192943.pdf
中村好一（2013）．基礎から学ぶ楽しい疫学　第3版　医学書院
日本臨床心理士会（2016）．医療保険領域に関わる会員を対象としたウェブ調査（2015年度状況）結果報告書　Retrieved from https://www.jsccp.jp/member/news/pdf/iryou_web_kekka20170526.pdf
野口正行・大江　浩・金田一正史・熊谷直樹・松山とも代・柳　尚夫・山本　賢（2017）．自治体による効果的な地域精神保健医療福祉体制構築に関する研究厚生労働行政推進調査事業費補助金平成28年度総括・分担報告書, 7-38.
野中　猛・野中ケアマネジメント研究会（2014）．多職種連携の技術―地域生活支援のための理論と実践―　中央法規
佐藤さやか（2016）．障害者就業・生活支援センター　樋口輝彦・市川宏伸・神庭重信・朝田　隆・中込和幸（編）　今日の精神疾患治療指針（pp. 882-883）　医学書院
精神保健福祉白書編集委員会（編）（2012）．精神保健福祉白書2013年版―障害者総合支援法の施行と障害者施策の行方―　中央法規
精神保健福祉研究会（2016）．四訂精神保健福祉法詳解　中央法規出版
品川眞佐子・吉田光爾・武田牧子（2012）．訪問による生活訓練事業の進め方　特定非営利活動法人地域精神保健福祉機構
社会保険研究所（2016）．医科診療報酬点数表　平成28年4月版　社会保険研究所
鶴見隆彦（2008）．社会復帰調整官の役割とかかわり―心神喪失者等医療観察制度による処遇―　心と社会, 39(4), 33-37.
上野徳美・久田　満（2008）．医療現場のコミュニケーション―医療心理学的アプローチ―　あいり出版
柳　尚夫（2017）．保健所によるアウトリーチ支援　臨床精神医学, 46(2), 161-165.
全国訪問看護事業協会（2017）．平成29年訪問看護ステーション数調査結果（訪問看護ステーション）　Retrieved from https://www.zenhokan.or.jp/pdf/new/h29-research.pdf（2017年9月30日）

2章

Beauchamp, T. L., & Childress, J. F.（2001）. *Principles biomedical ethics*（5th ed.）. Oxford University Press.
　（ビーチャム, T. L.・チルドレス, J. F.　永安幸正・立木教夫（監訳）（2009）．生命倫理第5版　麗澤大学出版会）
鈴木伸一（2008）．医療心理学の新展開―チーム医療に活かす心理学の最前線―　北大路書房

鈴木伸一（編著）（2016）．からだの病気のこころのケア―チーム医療に活かす心理職の専門性― 北大路書房
和田耕治（2016a）．医療の質―医療安全総論― 下山晴彦・中嶋義文（編） 公認心理師必携 精神医療・臨床心理の知識と技法 医学書院
和田耕治（2016b）．医療の質―感染対策― 下山晴彦・中嶋義文（編） 公認心理師必携 精神医療・臨床心理の知識と技法 医学書院

3章

American Psychiatric Association（2000）. *Diagnostic and statistical manual of mental disorders* (4th ed., text rev.). Washington, DC: Author.
　（高橋三郎・染矢俊幸・大野　裕（訳）（2002）．DSM-IV-TR―精神疾患の分類と診断の手引― 医学書院）
American Psychiatric Association（2013）. *DSM-5: Diagnostic and Statistical Manual of Mental Disorders* (5th ed.). Washington, DC: Author.
　（高橋三郎・大野　裕（監訳）（2014）．DSM-5―精神疾患の分類と診断の手引― 医学書院）
安藤清志（1995）．社会心理学の視点　安藤清志・大坊郁夫・池田謙一（編）社会心理学　現代心理学入門4（pp. 2-14）岩波書店
Atkinson, R. C., & Shiffrin, R. M.（1968）. Human memory: A proposed system and its control processes. In Spence, K. W., & Spence, J. T.（Eds.）, *The psychology of learning and motivation* (Vol. 2, pp. 89-195). Academic Press.
Atkinson, R. C., & Shiffrin, R. M.（1971）. The control of short-term memory. *Scientific American, 225*(2), 82-90.
Barrera, M., Jr.（1986）. Distinction between social support concepts, measure, and models. *American Journal of Community Psychology, 14*, 413-445.
Beaumont, J. G.（2008）. *Introduction to Neuropsychology* (2nd ed.). New York: The Guilford Press.
　（ボーモント, J. G.　安田一郎（訳）（2009）．神経心理学入門　青土社）
Bower, G. H.（1981）. Mood and memory. *American Psychologist, 36*(2), 129-148.
Bridges, K. M. B.（1932）. Emotional development in early infancy. *Child Development, 3*, 324-341.
Carroll, J. B.（1993）. *Human cognitive abilities: A survey of factor-analytic studies.* Cambridge: Cambridge University Press.
Cattell, R. B.（1963）. Theory of fluid and crystallized intelligence: A critical experiment. *Journal of Educational Psychology, 54*, 1-22.
Conway, V. J., & Terry, D. J.（1992）. Appraisal controllability as moderator of the effectiveness of different coping strategies: A test of the goodness of fit. *Australian Journal of Psychology, 44*, 1-7.
Cooper, J. O., Heron, T. E., & Heward, W. L.（2007）. *Applied behavior analysis* (2nd ed.). Pearson Education, Inc.
　（クーパー, J. O.・ヘロン, T. E.・ヒューワード, W. L.　中野良顯（訳）（2013）．応用行動分析学　明石書店）
Corbetta, M., Kincade, M. J., Lewis, C., Snyder, A. Z., & Sapir, A.（2005）. Neural basis and recovery of spatial attention deficits in spatial neglect. *Nature Neuroscience, 8*(11), 1603-1610.
Deeken, A.（2011）．死とどう向き合うか　新版　NHK出版

Driver, J., & Vuilleumier, P. (2001). Perceptual awareness and its loss in unilateral neglect and extinction. *Cognition, 79*(1), 39-88.

Egede, L. E. (2007). Major depression in individuals with chronic medical disorders: prevalence, correlates and association with health resource utilization, lost productivity and functional disability. *General Hospital Psychiatry, 29*, 409-416.

Gilovich, T., Medvec, V. H., & Savitsky, K. (2000). The spotlight effect in social judgement: An egocentric bias in estimates of the salience of one's own actions and appearance. *Journal of Personality and Social Psychology, 78*, 211-222.

Gilovich, T., Savitsky, K., & Medvec, V. H. (1998). The illusion of transparency: Biased assessments of others' ability to read one's emotional states. *Journal of Personality and Social Psychology, 75*, 332-346.

Grigsby, A. B., Anderson, R. J., Freedland, K. E., Clouse, R. E., & Lustman, P. J. (2002). Prevalence of anxiety in adults with diabetes: a systematic review. *Journal of Psychosomatic Research, 53*, 1053-1060.

春木繁一 (2004). 慢性疾患患者の心理　精神科治療学, *19*, 105-108.

Hebben, N., & Milberg, W. (2009). *Essentials of Neuropsychological Assessment* (2nd ed.). New York: Wiley.

平井　啓 (2016). 精神・心理的コンサルテーション活動の構造と機能　総合病院精神医学, *28*, 310-317.

Hirschfeld, R. M., Lewis, L., & Vornik, L. A. (2000). Perceptions and impact of bipolar disorder: how far have we really come? Results of the national depressive and manic-depressive association survey of individuals with bipolar disorder. *Journal of Clinical Psychiatry, 64*, 161-174.

Holmes, T. H., & Rahe, R. H. (1967). The social readjustment rating scale. *Journal of Psychosomatic Research, 11*, 213.

Horn, J. L. (1965). *Fluid and crystallized intelligence: A factor analytic and developmental study of structure among primary mental abilities* (Unpublished doctoral dissertation). University of Illinois.

堀川直史 (2011). 重症身体疾患患者（急性期）の心理的ケア　精神科治療学, *26*, 367-369.

堀川直史・島美和子・松原　理・倉持　泉・樋渡豊彦・國保圭介・内田貴光・安田貴昭 (2009). コンサルテーション・リエゾン精神医学における不安障害と身体表現性障害およびその薬物療法　総合病院精神医学, *21*, 334-341.

五十嵐友里 (2014). 身体疾患領域で扱われている"価値"　日本認知・行動療法学会, *39*, 63-64.

五十嵐友里 (2016). 終末期患者のケア　鈴木伸一（編）からだの病気のこころのケア (pp. 142-152)　北大路書房

五十嵐友里・中村菜々子 (2016). 糖尿病や透析患者に対して心理職が行うケア　精神科治療学, *31*, 1177-1180.

今田　寛（監修）中島定彦（編）(2003). 学習心理学における古典的条件づけの理論　パブロフから連合学習研究の最先端まで　培風館

今尾真弓 (2004). 慢性疾患患者におけるモーニング・ワークのプロセス―段階モデル・慢性的悲哀への適合性についての検討―　発達心理学研究, *15*, 150-161.

伊藤絵美 (2007). 臨床心理学からみた臨床社会心理学―認知行動療法の実践から考える―　坂本真士・丹野義彦・安藤清志（編）　臨床社会心理学 (pp. 205-213)　東京大学出版会

伊藤絵美・杉山　崇・坂本真士（編）(2011). 事例でわかる心理学のうまい活かし方　金剛出版

Judd, L. L., Akiskal, H. S., Schettler, P. J., Coryell, W., Endicott, J., Maser, J. D., Solomon, D. A., Leon, A. C., & Keller, M. B. (2003). A prospective investigation of the natural history of the long-term weekly symptomatic status of bipolar II disorder. *Archives of General Psychiatry, 60*, 261-269.

Judd, L. L., Akiskal, H. S., Schettler, P. J., Endicott, J., Maser, J., Solomon, D. A., Leon, A. C., Rice, J. A., & Keller, M. B. (2002). The long-term natural history of the weekly symptomatic status of bipolar I disorder. *Archives of General Psychiatry, 59*, 530-537.

Kandel, E. R., Schwartz, J. H., Jessell, T. M., Siegelbaum, S. A., & Hudspeth, A. J. (2012). *Principles of neural science* (5th ed.). McGraw-Hill Medical.

Kang, H. J., Kim, S. Y., Bae, K. Y., Kim, S. W., Shin, I. S., Yoon, J. S., & Kim, J. M. (2015). Comorbidity of depression with physical disorders: Research and clinical implications. *Chonnam Medical Journal, 51*, 8-18.

河内十郎（2013）. 神経心理学―高次脳機能研究の現状と問題点―　培風館

川上憲人（2010）. 世界のうつ病，日本のうつ病　最新医学のあゆみ―うつ病のすべて―（pp. 42-46）　別冊・医学のあゆみ　医歯薬出版社

小林清香（2016）. コンサルテーション活動における心理職の役割と実際　総合病院精神医学, *28*, 332-339.

Kohlberg, L. (1969). Stage and sequence. The cognitive-developmental approach to socialization. In Goslin, D. A. (Ed.) *Handbook of socialization theory and research*. Rand McNally.

Kopelman, M. D. (2002). Disorders of memory. *Brain, 125*(10), 2152–2190.

Kosnik, W., Winslow, L., Kline, D., Rasinski, K., & Sekuler, R. (1988). Visual changes in daily life throughout adulthood. *Journal of Gerontology, 43*(3), 63-70.

小海宏之（2015）. 神経心理学的アセスメント・ハンドブック　金剛出版

Kowalsky, R. M., & Leary, M. R. (1999). *The social psychology of emotional and behavioral problems: Interfaces of social and clinical psychology*. Washington, D. C.: American Psychological Association.
（安藤清志・丹野義彦（監訳）(2001). 臨床社会心理学の進歩　北大路書房）

厚生労働省（2008）. 高次脳機能障害者支援の手引　改訂第 2 版　厚生労働省社会・援護局障害保健福祉部国立障害者リハビリテーションセンター

厚生労働省（2011）. 知的障害児（者）基礎調査 平成 23 年生活のしづらさなどに関する調査（全国在宅障害児・者等実態調査）　Retrieved from http://www.mhlw.go.jp/toukei/list/101-1.html（2017 年 9 月 3 日）

Langenecker, S. A., Lee, H. J., & Bieliauskas, L. A. (2009). Neuropsychology of Depression and Related Mood Disorders. In I. Grant & K. M. Adams (Eds.), *Neuropsychological assessment of neuropsychiatric and neuromedical disorders* (3rd ed.). Oxford: Oxford University Press.

Lazarus, R. S., & Folkman, S. (1984). *Stress, appraisal, and coping*. New York: Springer Publishing Company.
（本明　寛・春木　豊・織田正美（監訳）(1991). ストレスの心理学―認知的評価と対処の研究―　実務教育出版）

Lewis, M. (1995). *Shame―The exposed self*. Free Press.

（高橋惠子（監修）遠藤利彦・上淵　寿・坂上裕子（訳）（1997）．恥の心理学―傷つく自己―　ミネルヴァ書房）

松岡洋夫（2011）．統合失調症の発症過程と認知機能　精神疾患と認知機能研究会（編）精神疾患と認知機能―最近の進歩―（pp. 3-10）　新興医学出版社

Medalia, A.（2017）. *Cognitive remediation for psychological disorders: Therapist guide.* Oxford: Oxford University Press.

三浦利章（1996）．行動と視覚的注意　風間書房

Morris, R. G., & Worsley, C. L.（2003）. Neuropsychological presentation of Alzheimer's disease and other neurodegenerative disorders. In P. W. Halligan., J. C. Marshall., & U. Kischka（Eds.）, *Handbook of clinical neuropsychology.* Oxford: Oxford University Press.
（ハリガン, P. W.　田川皓一（監訳）（2011）．臨床神経心理学ハンドブック　西村書店）

日本心身医学会教育研修委員（編）（1991）．心身医学の新しい診療指針　心身医学, 31, 537-573.

日本うつ病学会ガイドラインⅡ　大うつ病性障害 2013 Ver1.1 Retrieved from http://www.secretariat.ne.jp/jsmd/mood_disorder/img/130924.pdf

野添新一（1997）．ストレス社会を生きる―心身症の原因と治療―　旺史社

岡田喜篤（1998）．精神薄弱児・者の障害認定の基準と入所判定に関する総合研究　平成10年度厚生科学研究障害保健福祉総合研究事業報告書

小野浩一（2016）．行動の基礎―豊かな人間理解のために―　改訂版　培風館

Padesky, C. A., & Mooney, K. A.（1990）. Presenting the cognitive model to clients. *International Cognitive Therapy Newsletter, 6*, 13-14.

Piaget, J.（1930）. *Le jugement moral chez l'enfant.* Geneve: Institut J. J. Rousseau.

Piaget, J.（1936）. *La naissance de l'intelligence chez l'enfant.* Neuchatel: Delachaux & Niestle.

Piaget, J.（1945）. *La formation du symbole chez l'enfant.* Neuchatel: Delachaux & Niestle.

Piaget, J., & Inhelder, B.（1966）. *La psychologie de l'enfant.* Paris: Presses Universitaire de France.

Roy-Byrne, P. P., Davidson, K. W., Kessler, R. C., Asmundson, G. J., Goodwin, R. D., Kubzansky, L., ... & Stein, M. B.（2008）. Anxiety disorders and comorbid medical illness. *General Hospital Psychiatry, 30*, 208-225.

Saha, S., Chant, D., Welham, J., & McGrath, J.（2005）. A systematic review of the prevalence of schizophrenia. *PLoS MEDICINE, 2*, e141.

坂上裕子・山口智子・林　創・中間玲子（2014）．問いからはじめる発達心理学（p.90）　有斐閣ストゥディア

坂本真士（1997）．自己注目と抑うつの社会心理学　東京大学出版会

Sakamoto, S.（2000）. Self-focusing situations and depression. *Journal of Social Psychology, 140*, 107-118.

坂本真士（2007）．基礎学としての社会心理学　杉山　崇・前田泰宏・坂本真士（編）これからの心理臨床―基礎心理学と統合・折衷的心理療法のコラボレーション―（pp. 40-57）　ナカニシヤ出版

坂本真士（2009）．ネガティブ・マインド　中央公論新社

坂本真士・杉山　崇・伊藤絵美（編）（2010）．臨床に活かす基礎心理学　東京大学出版会

坂本真士・丹野義彦・安藤清志（編）（2007）．臨床社会心理学　東京大学出版会

繁田　進（1995）．社会性の発達を考える　二宮克美・繁田　進（執筆代表）たくましい社会性

を育てる　有斐閣
嶋田洋徳・鈴木伸一・坂野雄二（2004）．学校，医療，地域におけるストレスマネジメント実践マニュアル　北大路書房
Slawinski, E. B., Hartel, D. M., & Kline, D. W. (1993). Self-reported hearing problems in daily life throughout adulthood. *Psychology and Aging, 8*(4), 552-561.
Sohlberg, M. M., & Mateer, C. A. (2001). *Cognitive rehabilitation: An integrative neuropsychological approach.* The Guilford Press.
Spearman, C. (1904). "General intelligence," objectively determined and measured. *American Journal of Psychology, 15,* 201-292.
杉山　崇（2007）．村瀬孝雄の基礎学論再考—心理臨床における「基礎」はいかにあるべきか？— 杉山　崇・前田泰宏・坂本真士（編）これからの心理臨床—基礎心理学と統合・折衷的心理療法のコラボレーション—（pp. 21-39）ナカニシヤ出版
鈴木伸一・藤澤大介・尾形明子・小林清香・五十嵐友里（2014）．身体疾患のメンタルケアに活かす認知行動療法の発想とテクニック　認知療法研究, 7, 124-133.
Swann, W. B., Jr. (1983). Self-verification: Bringing social reality into harmony with the self. In J. Suls & A. G. Greenwald (Eds.), *Psychological Perspectives on the self* (Vol. 2, pp. 33-66). Hillsdale, NJ: Erlbaum.
Swann, W. B. Jr., Wenzlaff, R. M., & Tafarodi, R. W. (1992). Depression and the search for negative evaluations: More evidence of the role of self-verification strivings. *Journal of Abnormal Psychology, 101,* 314-317.
Takahashi, N., & Kawamura, M. (2002). Pure topographical disorientation—the anatomical basis of landmark agnosia. *Cortex, 38*(5), 717-725.
高畑圭輔（2008）．症状精神病・器質性精神病　野村総一郎（監）精神科身体合併症マニュアル—精神疾患と身体疾患を併せ持つ患者の診療と管理—　医学書院
田中共子・上野徳美（編）（2003）．臨床社会心理学—その実践的展開をめぐって—　ナカニシヤ出版
丹野義彦・坂本真士（2001）．自分のこころからよむ臨床心理学入門　東京大学出版会
Teasdale, J. D. (1988). Cognitive vulnerability to persistent depression. *Cognition & Emotion, 2*(3), 247-274.
Teuber, H. L. (1955). Physiological psychology. *Annual Review of Psychology, 6,* 267-296.
Thorndike, L. L. (1927). *The measurement of intelligence.* New York: Bureau of Publications, Teachers College, Columbia University.
Thurston, L. L. (1938). *Primary mental abilities.* Chicago: University of Chicago Press.
利島　保（2006）．神経心理学の潮流　利島　保（編）脳神経心理学（pp. 1-19）朝倉書店
Törneke, N. (2009). *Learning RFT: An introduction to Relational Frame Theory and its clinical application.* Context Press.
　　（山本淳一（監修）武藤　崇・熊野宏昭（監訳）（2013）．関係フレーム理論（RFT）をまなぶ—言語行動理論・ACT入門—　星和書店）
Wegner, D. M. (1994). Ironic processes of mental control. *Psychological Review, 101,* 34-52.
山鳥　重（1985）．神経心理学入門　医学書院
山本和郎（1962）．対人認知の諸問題　片口安史・大山　正（編）医学のための心理学（pp.

243-282）誠信書房
山下　格（2010）．精神医学ハンドブック　日本評論社
谷田貝公昭（編）（2005）．図解　子ども事典　普及版（p.45）　一藝社

4章

花村温子（2015）．心理的支援における連携・協働の心得―チーム医療における連携・協働―　臨床心理学, 15(6), 727-731.
笠原　嘉（2007）．精神科における予診・初診・初期治療　星和書店
加藤志ほ子・吉村　聡（2016）．ロールシャッハテストの所見の書き方　岩崎学術出版社
厚生労働省（2016）．診療報酬の算定方法の一部改正に伴う実施上の留意事項について（通知）Retrieved from http://www.mhlw.go.jp/file.jsp?id=335811&name=file/06-Seisakujouhou-12400000-Hokenkyoku/0000114867.pdf
成田善弘（2004）．心理療法の実践　北樹出版
成田善弘（2005）．治療関係と面接　金剛出版
坂本史衣（2008）．基礎から学ぶ医療関連感染対策　改訂第2版　南江堂
竹内健児（編）（2009）．事例でわかる心理検査の伝え方・活かし方　金剛出版

5章

Bruch, M., & Bond, F. W.（1998）. *Beyond diagnosis: Case formulation approaches in CBT.* New York: John Wiley & Sons.
　（下山晴彦（編）（2006）．認知行動療法ケースフォーミュレーション入門　金剛出版）
岩佐和典（2014）．心理検査のやり方，伝え方　精神科診断学, 7(1), 102-108.
皆藤　章（2004）．投影法論　皆藤　章（編）臨床心理査定技法2　誠信書房
笠原　嘉（2007）．精神科における予診・初診・初期治療　星和書店
北村俊則（2013）．だれでもできる精神科診断用構造化面接―SCID入門―　北村メンタルヘルス研究所
Ledley, D. R., Marx, B. P., & Heimberg, R. G.（2005）. *Making cognitive-behavioral therapy work: Clinical process for new practitioners.* The Guilford Press.
　（井上和臣（監修）（2007）．行動療法を始める人のために　星和書店）
Lezak, M. D.（1995）. *Neuropsychological assessment*（3rd ed.）. Oxford University Press.
　（レザック, M. D.　鹿島晴雄（総監修）三村　將・村松太郎（監訳）（2005）．レザック神経心理学的検査集成　創造出版）
宮岡　等（2014）．こころを診る技術―精神科面接と初診時対応の基本―　医学書院
Morrison, J.（2014）. *The first interview*（4th ed.）. Guilford Publications.
　（モリソン, J.　髙橋祥友（監訳）（2015）．精神科初回面接　医学書院）
Morrison, J.（2015）. *When psychological problems mask medical disorders: A guide for psychotherapists*（2nd ed.）. Guilford Press.
村上宣寛・村上千恵子（2008）．改訂 臨床心理アセスメントハンドブック　北大路書房
下山晴彦・中嶋　義（編）（2016）．公認心理師必携 精神医療・臨床心理の知識と技法　医学書院
髙橋三郎（監修）（2010）．精神科診断面接マニュアル第2版　日本評論社

浦田重治郎（2004）．心理教育を中心とした心理社会的援助プログラムガイドライン（暫定版）　厚生労働省精神・神経疾患研究委託費「統合失調症の治療およびリハビリテーションのガイドライン作成とその実証的研究」　心理社会的介入共同研究班

山内俊雄・鹿島晴雄（編）（2015）．精神・心理機能評価ハンドブック　中山書店

6章

Dixon, L., McFarlane, W. R., Lefley, H., Lucksted, A., Cohen, M., Falloon, I., Mueser, K., Miklowitz, D., Solomon, P., & Sondheimer, D.（2001）. Evidence-based practices for services to families of people with psychiatric disabilities. *Psychiatric Services, 52*(7), 903-910.

Donker, T., Griffiths, K. M., Cuijpers, P., & Christensen, H.（2009）. Psychoeducation for depression, anxiety and psychological distress: a meta-analysis. *BMC Medecine, 7*, 79.

Falloon, I. R. H., Boyd, J. L., McGill, C. W., Williamson, M., Razani, J., Moss, H. B., …Simpson, G. M.（1985）. Family management in the prevention of morbidity of schizophrenia. Clinical outcome of a two-year longitudinal study. *Archives of General Psychiatry, 42*(9), 887-896.

藤永　保（監修）（2015）．最新心理学辞典　平凡社

Hartmann, M., Bäzner, E., Wild, B., Eisler, I., & Herzog, W.（2010）. Effects of interventions involving the family in the treatment of adult patients with chronic physical diseases: a meta-analysis. *Psychotherapy and Psychosomatics, 79*(3), 136-148.

Hromco, J. G., Lyons, J. S., & Nikkel, R. E.（1997）. Styles of case management: The philosophy and practice of case managers. *Community Mental Health Journal, 33*(5), 415-428. doi: https://doi.org/10.1023/A:1025074503061

五十嵐友里・河田真里・長尾文子・安田貴昭・堀川直史（2014）．うつ病診療における協同的ケアの実践報告―臨床心理士による受療行動への介入―　総合病院精神医学, 26(4), 389-396.

稲田　健・小林清香・高橋結花・石郷岡純（編）（2013）．チームで実践！　レジリアンスモデルによる統合失調症のサイコエデュケーション　改訂版　医薬ジャーナル社

伊藤順一郎（監修）（2009）．心理社会的介入プログラム実施・普及ガイドラインに基づく心理教育の立ち上げ方・進め方ツールキットⅡ　研修テキスト編　地域精神保健福祉機構・コンボ

岩壁　茂（2013）．臨床心理学とは何か　岩壁　茂・福島哲夫・伊藤絵美（著）　臨床心理学入門―多様なアプローチを越境する―　有斐閣

Kawanishi, C., Aruga, T., Ishizuka, N., Yonemoto, N., Otsuka, K., Kamijo, Y., … Hirayasu, Y.（2014）. Assertive case management versus enhanced usual care for people with mental health problems who had attempted suicide and were admitted to hospital emergency departments in Japan（ACTION-J）: A multicentre, randomised controlled trial. *The Lancet Psychiatry, 1*(3), 193-201. doi: https://doi.org/10.1016/S2215-0366(14)70259-7

小林清香（2014）．コンサルテーションに活かす認知行動療法　認知療法研究, 7(2), 128-131.

小林清香（2016）．コンサルテーション活動における心理職の役割と実際　総合病院精神医学会, 28(4), 332-339.

近藤直司（2011）．青年期・成人期の発達障害者へのネットワーク支援に関するガイドライン　厚生労働科学研究障害者対策総合研究事業（身体・知的等障害分野）「青年期・成人期の

発達障害に対する支援の現状把握と効果的なネットワーク支援についてのガイドライン作成に関する研究」 Retrieved from http://www.khj-h.com/pdf/http___www.rehab.go.pdf（2018年1月23日）

厚生労働省（2017a）．医療計画について Retrieved from http://www.mhlw.go.jp/file/06-Seisakujouhou-10800000-Iseikyoku/0000159901.pdf（2017年10月21日）

厚生労働省（2017b）．これからの精神医療福祉のあり方に関する検討会 Retrieved from http://www.mhlw.go.jp/file/05-Shingikai-12201000-Shakaiengokyokushougaihokenfukushibu-Kikakuka/0000152026.pdf（2017年10月25日）

Lehman, A. F., Kreyenbuhl, J., Buchanan, R. W., Dickerson, F. B., Dixon, L. B., Goldberg, R., … Steinwachs, D. M.（2004）. The schizophrenia Patient Outcomes Research Team（PORT）: Updated treatment recommendations 2003. *Schizophrenia Bulletin, 30*(2), 193-217.

Lehman, A. F., & Steinwachs, D. M（1998）. Translating research into practice: The schizophrenia Patient Outcomes Research Team（PORT）treatment recommendations. *Schizophrenia Bulletin, 24*(1), 1-10.

Lichtenberger, E. O., Mather, N., Kaufman, N. L., & Kaufman, A. S.（2004）. *Essentials of assessment report writing*. Wiley.
　（リヒテンバーガー, E. O.・マザー, N.・カウフマン, N. L.・カウフマン, A. S.　上野一彦・染木史緒（監訳）（2008）．エッセンシャルズ心理アセスメントレポートの書き方　日本文化科学社）

村瀬嘉代子（2015）．心理職の役割の明確化と育成に関する研究―精神科医療機関における心理職の実態と役割おける心理の実態調査―　厚生労働省科学補助金分担研究報告書

中嶋義文（2015）．心理職の役割の明確化と育成に関する研究―病院・医療・保健施設（精神科病院・精神科診療所を除く）における心理職実態調査―　厚生労働省科学補助金分担研究報告書

中村　有（2007）．病院勤務看護職の職業性ストレス―その様相と要因について―　明星大学大学院神文学研究科年報, *5*, 93-105.

中村　有・黒岩　誠（2011）．NSIマニュアル　実務教育出版

日本臨床心理士会（2016）．第7回「臨床心理士の動向調査」報告書　一般社団法人日本臨床心理士会

日本産業精神保健学会（2013）．リスクマネジメントとしてのメンタルヘルス対策　産業医学振興財団

日本うつ病学会気分障害の治療ガイドライン作成委員会（2016）. II. うつ病（DSM-5）／大うつ病性障害　日本うつ病学会治療ガイドライン　Retrieved from http://www.secretariat.ne.jp/jsmd/mood_disorder/img/160731.pdf 2016

大西秀樹（2009）．がん患者家族へのアプローチ　精神経誌, *111*(1), 79-84.

Ownby, R. L.（1997）. *Psychological Reports: a guide to report writing in professional psychology*（3rd ed.）. New York: Wiley.

佐藤光源・丹羽真一・井上新平（編）（2008）．統合失調症治療ガイドライン　第2版医学書院

沢崎達夫（2000）．面接法　坂野雄二（監修）臨床心理学キーワード　有斐閣

千田若菜（2015）．医療機関からみた発達障害の支援　職業リハビリテーション, *29*(1), 17-22.

Shimazu, K., Shimodera, S., Mino, Y., Nishida, A., Kamimura, N., Sawada, K., Inoue, S.（2011）.

Family psychoeducation for major depression: randomised controlled trial. *The British Journal of Psychiatry, 198*(5), 385-390.

下寺信次・藤田博一・下寺由佳（2010）．うつ病の心理教育　臨床精神医学, *39*(6), 775-778.

障害者職業総合センター（2016）．精神障害者の雇用に係る企業側の課題とその解決方法に関する研究　調査研究報告書, *128*.

谷口敏淳・竹田伸也・田治米佳世（2010）．臨床心理士による就労支援の利点と課題─総合病院精神科外来における実践を通じて─　精神障害とリハビリテーション, *14*(2), 181-186.

冨岡　直・満田　大・中嶋義文（2013）．多職種協働のために精神科リエゾンチームの心理職に求められること─チームの内と外，二側面による検討─　総合病院精神医学, *25*(1), 33-40.

浦田重治郎（2004）．心理教育を中心とした心理社会的援助プログラムガイドライン（暫定版）　厚生労働省精神・神経疾患研究委託費「統合失調症の治療およびリハビリテーションのガイドライン作成とその実証的研究」　心理社会的介入共同研究班

Xia, J., Merinder, L. B., & Belgamwar, M. R. (2011). Psychoeducation for schizophrenia. *Schizophrenia Bulletin, 37*(1), 21-22.

山岸直子（2001）．看護婦のバーンアウトに関する看護研究の現状と今後の課題　慶応義塾看護短期大学紀要, *11*, 1-11.

Zhao, S., Sampson, S., Xia, J., & Jayaram, M. B. (2015). Psychoeducation (brief) for people with serious mental illness. *The Cochrane Database of Systematic Reviews*, (4): CD010823.

7章

Addis, M., & Martell, C. (2004). *Overcoming depression one step at a time: The new behavioral activation approach to getting your life back*. Oakland, CA: New harbinger publications.
　　（アディス, M.・マーテル, C.　大野　裕・岡本泰昌（監訳）（2012）．うつを克服するための行動活性化練習帳─認知行動療法の新しい技法─　創元社）

Amrhein, P. C., Miller, W. R., Yahne, C. E., Palmer, M., & Fulcher, L. (2003). Client commitment language during motivational interviewing predicts drug use outcomes. *Journal of Consulting and Clinical Psychology, 71*, 862-878.

Beck, A. T. (1964). Thinking and depression: II. Theory and therapy. *Archives of General Psychiatry, 10*, 561-571.

Beck, A. T., Rush, A. J., Shaw, B. F., & Emery, G. (1979). *Cognitive therapy of depression*. New York: The Guilford Press.

Bellack, A. S., Mueser, K. T., Gingerich, S., & Agresta, J. (2004). *Social skills training for schizophrenia: a step-by-step guide* (2nd ed.). The Guilford Press.
　　（ベラック, A. S.・ミューザー, K. T.・ギンガリッチ, S.・アグレスタ, J.　熊谷直樹・天笠　崇・岩田和彦（監訳）（2005）．わかりやすいSSTステップガイド─統合失調症を持つ人の援助に生かす─　改訂新版　星和書店）

Benson, H., & Klipper, M. Z. (2000). *The relaxation response*. HarperTorch.
　　（ベンソン, H.・クリッパー, M. Z.　中尾睦宏・熊野宏昭・久保木富房（訳）（2001）．リラクセーション反応　星和書店）

Clark, D. M., & Fairburn, C. G. (1997). *Science and practice of cognitive behaviour therapy*. New York: Oxford University Press.

Chen, J., Liu, X., Rapee, R. M., & Pillay, P. (2013). Behavioural activation: a pilot trial of transdiagnostic treatment for excessive worry. *Behavior Research and Therapy, 51*, 533-539.

Cooper, J. O., Heron, T. E., & Heward, W. L. (2007). *Applied Behavior Analysis* (2nd ed.). Pearson Education, Inc.
（クーパー, J. O.・ヘロン, T. E.・ヒューワード, W. L.　中野良顯（訳）(2013). 応用行動分析学　明石書店）

Dimidjian, S., Hollon, S. D., Dobson, K. S., Schmaling, K. B., Kohlenberg, R. J., Addis, M. E., Jacobson, N. S. (2006). Randomized trial of behavioral activation, cognitive therapy, and antidepressant medication in the acute treatment of adults with major depression. *Journal of Consulting and Clinical Psychology, 74*, 658.

D'Zurilla, T. J., Nezu, A. M., & Maydeu-Olivares, A. (2004). Social problem solving: Theory and assessment. In E. C. Chang, T. J. D'Zurilla & L. J. Sanna (Eds.), *Social problem solving: Theory, research, and training* (pp. 11-27). Washington DC: American Psychological Association.

Ferster, C. B. (1973). A functional analysis of depression. *American Psychologist, 28*, 857-870.

Freeman, A., Felgoise, S., Nezu, A., Nezu, C., & Reinecke, M. (2005). *Encyclopedia of cognitive behavior therapy*. Springer.
（フリーマン, A.・フェルゴワーズ, S・ネズ, A.・ネズ, C.・ライネッケ, M.　内山喜久雄・大野　裕・久保木富房・坂野雄二・沢宮容子・富家直明（訳）(2010). 認知行動療法事典　日本評論社）

Hayes, S. C. (2004). Acceptance and commitment therapy and the new behavior therapies: Mindfulness, acceptance, and relationship. In S. C. Hayes, V. M. Follette, & M. M. Linehan (Eds.), *Mindfulness and acceptance: Expanding the cognitive-behavioral tradition* (pp. 1-29). New York: The Guilford Press.
（ヘイズ, S. C.　武藤　崇（訳）(2005). アクセプタンス・コミットメント・セラピー―マインドフルネス, アクセプタンス, そして関係性―　ブレーン出版）

Hayes, S. C., Strosahl, K. D., & Wilson, K. G. (1999). *Acceptance and commitment therapy: An experiential approach to behavior change*. New York: Guilford Press.

Hofmann, S. G. (2011). *An introduction to modern CBT: Psychological solutions to mental health problems*. Wiley-Blackwell, Oxford, UK.
（ホフマン, S. G.　伊藤正哉・堀越　勝（訳）(2012). 現代の認知行動療法―CBTモデルの臨床実践―　診断と治療社）

舳松克代（監修）小山徹平（編）(2010). SSTテクニカルマスター―リーダーのためのトレーニングブック―　金剛出版

五十嵐透子 (2015). リラクセーション法の理論と実際―ヘルスケア・ワーカーのための行動療法入門―　第2版　医歯薬出版

Jacobson, N. S., Dobson, K. S., Truax, P. A., Addis, M. E., Koerner, K., Gollan, J. K., Gortner, E., & Prince, S. E. (1996). A component analysis of cognitive-behavioral treatment for depression. *Journal of Consulting and Clinical Psychology, 64*, 295-304.

Jorm, A. F., Morgan, A. J., & Hetrick, S. E. (2008). Relaxation for depression. *Cochrane Database of Systematic Reviews, 4*, CD007142.

Kanter, J. W., Busch, A. M., & Rusch, L. C. (2009). *Behavioral activation: Distinctive features*. New

York: Routledge.

　（カンター, J. W.・ブッシュ, A. M.・ラッシュ, L. C.　大野　裕（監修）岡本泰昌（監訳）（2012）．行動活性化―認知療法の新しい潮流―明石書店）

片山義郎（1993）．支持的療法　加藤正明・笠原　嘉・小此木啓吾・保崎秀夫・宮本忠雄（編）新版精神医学事典（pp. 308）　弘文堂

Knight, R. P. (1949). A critique of the present status of the psychotherapies. *Bulletin of the New York Academy of Medicine, 25*, 100-114.

近藤由香・小板橋喜久代（2006）．1997～2004年のリラクセーション研究の文献レビュー―適用分野と主な効果を中心に―　日本看護技術学会誌, 5(1), 69-76.

熊野宏昭（2012）．新世代の認知行動療法　日本評論社

熊野宏昭（2016）．実践！マインドフルネス―今この瞬間に気づき青空を感じるレッスン―　サンガ

Lejuez, C. W., Hopko, D. R., & Hopko, S. D. (2001). A brief behavioral activation treatment for depression. Treatment manual. *Behavior Modification, 25*, 255-286.

Lewinsohn, P. M., Muñoz, R. F., Youngren, M. A., & Zeiss, A. M. (1978). *Control Your Depression*. New York: Prentice Hall Press.

　（レウィンソン, P. M.・ムーニョ, R. F.・ヤングレン, M. A.・ツァイス, A. M.　熊谷久代（訳）（1993）．うつのセルフ・コントロール　創元社）

Lewinsohn, P. M., Sullivan, L. M., & Grosscup, S. (1980). Changing reinforcing events: an approach to the treatment to depression. *Psychology and Psychotherapy: Theory, Research and Practice, 17*, 322-334.

Liberman, R. P., DeRisi, W. J., & Mueser, K. T. (1989). *Social skills training for psychiatric patients*. NY: Pergamon Press.

　（リバーマン, R. P.・デリシ, W. J.・ムシャー, K. T.　池淵恵美（監訳）（1992）．精神障害者の生活技能訓練ガイドブック　医学書院）

MacPherson, L., Tull, M. T., Matusiewicz, A. K., Rodman, S., Strong, D. R., Kahler, C. W., Hopko, D. R., Zvolensky, M. J., Brown, R. A., & Lejuez, C. W. (2010). Randomized controlled trial of behavioral activation smoking cessation treatment for smokers with elevated depressive symptoms. *Journal of Consulting and Clinical Psychology, 78*, 55-61.

Martell, C. R., Addis, M. E., & Jacobson, N. S. (2001). *Depression in context: Strategies for guided action*. New York: W. W. Norton & Company.

　（マーテル, C. R.・アディス, M. E.・ジェイコブソン, N. S.　熊野宏昭・鈴木伸一（訳）（2011）．うつ病の行動活性化療法―新世代の認知行動療法によるブレイクスルー―　日本評論者）

Martell, C. R., Dimidjian, S., & Herman-Dunn, R. (2010). *Behavioral activation for depression―A clinician's guide*. New York: The Guilford Press.

　（マーテル, C. R.・ディミジアン, S.・ハーマン＝ダン, R.　坂井　誠・大野　裕（訳）（2012）．セラピストのための行動活性化ガイドブック―うつ病を治療する10の中核原則―　創元社）

松原秀樹（2012）．自律訓練法の基本的な技法と工夫されてきた技法　心身医学, 52(1), 19-24.

松岡洋一（2006）．リラックス法　臨床と研究, 83, 393-398.

松岡洋一（2012）．心身症における自律訓練法の適用　心身医学, 52(1), 32-37.

Miller, W. R., Leckman, A. L., Delaney, H. D., & Tinkcom, M.（1992）. Longterm followup of behavioral self control training. *Journal of Studies on Alcohol, 53*, 249-261.

Miller, W. R., Sovereign, R. G., & Krege, B.（1988）. Motivational interviewing with problem drinkers: II. The Drinker's Checkup as a preventive intervention. *Behavioural Psychotherapy, 16*, 251-268.

Miller, W. R., Taylor, C. A., & West, J. C.（1980）. Focused versus broad spectrum behavior therapy for problem drinkers. *Journal of Consulting and Clinical Psychology, 48*, 590-601.

Miller, W. R., Yahne, C. E., Moyers, T. B., Martinez, J., & Pirritano, M.（2004）. A randomized trial of methods to help clinicians learn motivational interviewing. *Journal of Consulting and Clinical Psychology, 72*, 1050-1062.

武藤　崇（2015）. 行動分析学による問題解決②―青年・成人における問題解決ストラテジーを整理する―　日本行動分析学会（編）ケースで学ぶ行動分析学による問題解決（pp. 20-28）金剛出版

Nezu, A. M., & D'Zurilla, T. J.（2005）. Problem-solving therapy―general. In A. Freeman（Ed.）, *Encyclopedia of cognitive behavior therapy*（pp. 301-304）. Springer.
（ネズ, A. M.・ズリラ, T. J.　坂野雄二（訳）（2010）. 問題解決療法　内山喜久雄・大野　裕・久保木富房・坂野雄二・沢宮容子・富家直明（訳）認知行動療法事典（pp. 445-452）日本評論社

Nezu, A. M., & Nezu, C. M.（2012）. Problem solving. In W. T. O'Donohue & J. E. Fisher（Eds）. *Cognitive behavior therapy: Core principles for practice*（pp. 159-182）. New Jersey: John Wiley & Sons.

O'Donohue, W. T., & Fisher, J. E.（2012）. *Cognitive Behavior Therapy: Core principles for practice*. New Jersey: John Wiley & Sons

岡島　義・国里愛彦・中島　俊・高垣耕企（2011）. うつ病に対する行動活性化療法―歴史的展望とメタ分析―　心理学評論, 54, 473-488.

岡嶋美代・高橋郁絵（2017）. 動機づけ面接を応用した依存症者をもつ家族のためのコミュニケーションスキルトレーニング―Motivational Interviewing for Family Training: MIFTの開発と実践―　平成29年度アルコール・薬物依存関連学会合同学術総会発表（横浜市）

Pantalon, M. V.（2011）. *Instant influence: How to get anyone to do anything―FAST*. New York: Little, Brown.
（パンタロン, M.　真喜志順子（訳）（2013）. 思い通りに相手を変える6つのステップ　ソフトバンククリエイティブ）

Rapkin, A.（2003）. A review of treatment of premenstrual syndrome & premenstrual dysphoric disorder. *Psychoneuroendocrinology, 28*, SUPPL 3, 39-53.

Rehm, L. P.（1977）. A self-control model of depression. *Behavior Therapy, 8*, 787-804.

Ryba, M. M., Lejuez, C. W., & Hopko, D. R.（2014）. Behavioral activation for depressed breast cancer patients: the impact of therapeutic compliance and quantity of activities completed on symptom. *Journal of Consulting and Clinical Psychology, 82*, 325-335.

坂野雄二（1995）. 認知行動療法　日本評論社

坂野雄二（2011）. 認知行動療法の基礎　金剛出版

坂野雄二（監修）（2012）. 60のケースから学ぶ認知行動療法　日本評論社

坂野雄二・岡島　義（監訳）（2014）．認知行動療法という革命―創始者たちが語る歴史―　日本評論社

佐藤和彦（2009）．リラクセーション手法としての呼吸法　心身健康科学, 5(2), 33-41.

Smith, J. E., & Meyers, R. J. (2004). Motivating substance abusers to enter treatment: Working with family members. Guilford Press.

　　（スミス, J. E.・メイヤーズ, R. J.　境　泉洋・原井宏明・杉山雅彦（監訳）（2012）．CRAFT 依存症患者への治療動機づけ―家族と治療者のためのプログラムとマニュアル―　金剛出版）

Sjöqvist, S. (2007). On the history of supportive therapy. Nordic Psychology, 59(2), 181-188.

髙垣耕企・岡本泰昌・神人　蘭・西山佳子（2014）．行動活性化療法　精神科, 25, 393-397.

Takagaki, K., Okamoto, Y., Jinnin, R., Mori, A., Nishiyama, Y., Yamamura, T., Yokoyama, S., Shiota, S., Okamoto, Y., Miyake, Y., Ogata, A., Kunisato, Y., Shimoda, H., Kawakami, N., Furukawa, T. A., & Yamawaki, S. (2016). Behavioral activation for late adolescents with subthreshold depression: a randomized controlled trial. European Child & Adolescent Psychiatry, 25, 1171-1182.

滝川一廣（1999）．心理療法の基底をなすもの―支持的心理療法のばあい―　こころの科学, 83, 22-27.

富岡光直（2017）．リラクセーション法　心身医学, 57(10), 1025-1031.

Törneke, N. (2009). Learning RFT: An introduction to Relational Frame Theory and its clinical application. Context Press.

　　（トールネケ, N.　山本淳一（監修）武藤　崇・熊野宏昭（監訳）（2013）．関係フレーム理論（RFT）をまなぶ―言語行動理論・ACT 入門―　星和書店）

東大生活技能訓練研究会（編）（1995）．わかりやすい生活技能訓練　金剛出版

Wallerstein, R. S., & Robbins, L. L. (1956). The psychotherapy research project of The Menninger Foundation, Vol. 4. Concepts. Bulletin of the Menninger Clinic, 20, 239-262.

Winston, A., Rosenthal, R. N., & Pinsker, H. (2004). Introduction to supportive psychotherapy. Washington, D.C.: American Psychiatric Publishing.

　　（ウィンストン, A.・ローゼンタール, R. N.・ピンスカー, H.　山藤奈穂子・佐々木千恵（訳）（2009）．支持的精神療法入門　星和書店）

山本淳一（2015）．行動分析学による問題解決①―行動分析学の基礎と幼児・児童への介入方法を整理する―　日本行動分析学会（編）　ケースで学ぶ行動分析による問題解決（pp. 12-19）　金剛出版

吉田精次・ASK（アルコール薬物問題全国市民協会）（2014）．アルコール・薬物・ギャンブルで悩む家族のための 7 つの対処法―CRAFT―　アスクヒューマンケア

Zijdenbos, I. L., De Wit, N. J., Van Der Heijden, G. J., Rubin, G., & Quartero, A. O. (2009). Psychological treatments for the management of irritable bowel syndrome. Cochrane Database of Systematic Reviews, 1, CD006442.

8 章

秋山　剛・松本聡子・長島杏那（2012）．リワーク・復職を困難にする要因　臨床精神医学, 41(11), 1551-1559.

粟田主一（2015a）．認知症の人の暮らしを支える「生活支援」とはなにか　老年精神医学雑誌,

26(5), 487-492.
粟田主一（2015b）．認知症初期集中支援チーム実践テキストブック　中央法規出版
粟田主一（2016）．認知症疾患医療センターベストプラクティス先進事例集　認知症疾患医療センターの実態に関する調査研究事業　平成27年度老人保健事業推進費等補助金（老人保健健康増進等事業分）認知症疾患医療センターの実態に関する調査研究事業報告書
Carlat, D. J. (2011). *The psychiatric interview: Practical guides in psychiatry* (3rd ed.). Philadelphia, PA : Lippincott Williams & Wilkins.
　（カラット, D. J.　張　賢德・池田　健・近藤伸介（訳）（2013）．精神科面接マニュアル　第3版　メディカル・サイエンス・インターナショナル）
出口泰晴（2014）．「自立」ということばについて考える―その2―　地域リハ, 9, 323-324.
Dumbar, J. (1983). Compliance in pediatric populations: A review. In P. J. McGrath & P. Firestone (Eds.), *Pediatric and adolescent behavioral medicine: Issues in treatment* (pp. 210-230). New York: Springer.
Evans, D. L., Charney, D. S., Lewis, L., Golden, R. N., Gorman, J. M., Krishnan, K. R., Valvo, W. J. (2005). Mood disorders in the medically ill: Scientific review and recommendations. *Biological Psychiatry, 58*, 175-189.
藤澤大介・巣黒慎太郎・新明一星・中島恵子・上田（能野）淳子・鈴木伸一（2013）．一般身体医療における認知行動療法とチーム医療（第12回日本認知療法学会シンポジウム）　認知療法研究, 6(2), 123-132.
福田亮介（2015）．新しい小児慢性特定疾病対策について　小児科, 56, 1969-1975.
French, A. E., Tsangaris, E., Barrera, M., Guger, S., Brown, R., Urbach, S., Stephens, D., & Nathan, P. C. (2013). School attendance in childhood cancer survivors and their siblings. *The Journal of Pediatrics, 162*, 160-165.
Greer, J. A., Park, E. R., Prigerson, H. G., & Safren, S. A. (2010). Tailoring cognitive-behavioral therapy to treat anxiety comorbid with advanced cancer. *Journal of Cognitive Psychotherapy, 24*(4), 294-313.
Greer, J. A., Traeger, L., Bemis, H., Solis, J., Hendriksen, E. S., Park, E. R., Pirl, W. F., Temel, J. S., Prigerson, H. G., & Safren, S. A. (2012). A pilot randomized controlled trial of brief cognitive-behavioral therapy for anxiety in patients with terminal cancer. *The Oncologist, 17*, 1337-1345.
林　潤一郎（2016）．機能分析　下山晴彦・中嶋　義（編）公認心理師必携　精神医療・臨床心理の知識と技法　医学書院
林　俊英・五十嵐良雄（2012）．リワークプログラムの標準化　臨床精神医学, 41(11), 1509-1519.
Hibbeln, J. R. (1998). Fish consumption and major depression. *Lancet, 351*, 1213.
廣　尚典（2013）．職場におけるメンタルヘルス対策の手引き　要説 産業精神保健　診断と治療社
井原正裕・高宮朋子・大谷由美子・小田切優子・福島教照・林　俊夫・菊池宏幸・佐藤弘樹・下光輝一・井上　茂（2016）．都市規模による歩数の違い―国民健康・栄養調査2006-2010年のデータを用いた横断研究―　日本公衆衛生雑誌, 63, 549-559.
池淵恵美（2007）．デイケアの概念と精神医療における位置づけ　精神科臨床サービス, 7, 3.
石井　均（2011）．糖尿病医療学入門―こころと行動のガイドブック―　医学書院

石川いずみ・飯島優子・福島　南（2012）．リワークプログラムにおける認知行動療法の利用の実態　臨床精神医学, 41(11), 1543-1550.
井藤佳恵（2013）．地域において困難事例化する認知症高齢者が抱える困難事象の特徴―認知症ステージによる検討―　老年精神医学雑誌, 10(24), 1047-1061.
井藤佳恵・粟田主一（2010）．早期診断へのサポート―早期受診が重要な理由と早期に受診しない理由―　薬局, 13(61), 3628-3633.
川﨑陽子・髙橋道子（2006）．高齢者介護を通しての家族介護者の発達に関する一考察―自己成長感の形成から―　東京学芸大学紀要　総合教育科学系, 57, 15-126.
小林清香（2014）．コンサルテーションに活かす認知行動療法　認知療法研究, 7(2), 128-131.
小林清香（2016）．コンサルテーション活動における心理職の役割と実際　総合病院精神医学会, 28(4), 332-339.
厚生労働省（2009）．平成20年高年齢者雇用実態調査結果の概況　Retrieved from http://www.mhlw.go.jp/toukei/itiran/roudou/koyou/keitai/08/index.html（2018年1月23日）
厚生労働省（2010）．改訂　心の健康問題により休業した労働者の職場復帰支援の手引き　Retrieved from http://www.mhlw.go.jp/new-info/kobetu/roudou/gyousei/anzen/dl/101004-1.pdf（2018年1月23日）
厚生労働省（2013）．平成24年労働安全衛生特別調査（労働者健康状況調査）の概況　Retrieved from http://www.mhlw.go.jp/toukei/list/dl/h24-46-50_05.pdf（2018年1月23日）
厚生労働省（2015a）．地域保健対策の推進に関する基本的な指針　Retrieved from http://www.mhlw.go.jp/file/06-Seisakujouhou-10900000-Kenkoukyoku/0000079549.pdf（2018年1月23日）
厚生労働省（2015b）．認知症施策推進総合戦略（新オレンジプラン）　Retrieved from http://www.mhlw.go.jp/file/06-Seisakujouhou-12300000-Roukenkyoku/nop1-2_3.pdf.（2017年9月30日）
厚生労働省（2016a）．平成28年国民生活基礎調査の概況　Retrieved from http://www.mhlw.go.jp/toukei/saikin/hw/k-tyosa/k-tyosa16/index.html（2018年1月23日）
厚生労働省（2016b）．事業場における治療と職業生活の両立支援のためのガイドライン　Retrieved from http://www.mhlw.go.jp/file/04-Houdouhappyou-11201250-Roudoukijunkyoku-Roudoujoukenseisakuka/0000113625_1.pdf（2018年1月23日）
厚生労働省（2017）．平成28年労働安全衛生調査（実態調査）　Retrieved from http://www.mhlw.go.jp/toukei/list/h28-46-50.html（2018年3月29日）
厚生労働省保険局医療課（2012）．平成24年度診療報酬改定の概要　Retrieved from http://www.mhlw.go.jp/bunya/iryouhoken/iryouhoken15/dl/h24_01-03.pdf（2018年1月23日）
厚生労働省保険局医療課（2016）．平成28年度診療報酬改定の概要　Retrieved from http://www.mhlw.go.jp/file/06-Seisakujouhou-12400000-Hokenkyoku/0000115977.pdf（2018年1月23日）
窪田　彰（2004）．精神科デイケアの始め方・進め方　金剛出版
窪田　彰（2016）．多機能型精神科診療所による地域づくり―チームアプローチによる包括ケアシステム―　金剛出版
國芳浩平・時川ちづる・武井優佳・上野隆登・内村直尚（2015）．精神科医が常勤でない総合病院でのコンサルテーション・リエゾン活動と心理士の重要性　総合病院精神医学, 27(1), 36-43.
黒川由紀子（2013）．高齢者と心理臨床　誠信書房

黒川由紀子・宮本典子（2004）．痴呆性高齢者の心理と心理検査，*Nursing Today, 6*(19), 14-21.
舞田竜宣・杉山尚子（2008）．行動分析学マネジメント―人と組織を変える方法論―　日本経済新聞出版社
松田　修（2012）．認知症の人の日常生活支援とQOL　老年精神医学雑誌, *12*(23), 1423-1430.
宮上多加子（2004）．家族の痴呆介護実践力の構成要素と変化のプロセス―家族介護者16事例のインタビューを通して―　老年社会科学, *26*(3), 330-339.
Morrison, J. (2015). *When psychological problems mask medical disorders: A guide for psychotherapists.* The Guilford Press.
内閣府（2017）．平成29年版高齢社会白書　Retrieved from http://www8.cao.go.jp/kourei/whitepaper/w-2017/zenbun/29pdf_index.html（2018年1月23日）
Nakamura, T., Azuma, A., Kuribayashi, T., Sugihara, H., Okuda, S., & Nakagawa, M. (2003). Serum fatty acid levels, dietary style and coronary heart disease in three neighbouring areas in Japan: the Kumihama study. *British Journal of Nutrition, 89,* 267-272.
奈良間美保（2010）．子どもと家族を主体としたセルフケアの発達支援　小児看護, *33*(9), 1252-1256.
日本糖尿病学会（編著）（2016）．糖尿病治療ガイド2016-2017　文光堂
小川朝生（2010）．心のケアの考え方―精神心理的苦痛のアセスメント―　小川朝生・内富庸介（編）　医療者が知っておきたいがん患者さんの心のケア（pp. 36-52）　ポケット精神腫瘍学　創造出版
小川朝生（2016）．がん患者の「からだ」と「こころ」　鈴木伸一（編）　からだの病気のこころのケア（pp. 18-29）　北大路書房
扇澤史子（2013a）．家族心理教育の視点からの説明　繁田雅弘（編）　認知症の人と家族・介護者を支える説明　実践・認知症診療　第1巻　医薬ジャーナル社
扇澤史子（2013b）．認知症高齢者の家族介護者への心理臨床的支援　博士論文（未公刊）　上智大学大学院文学研究科（心理学）
扇澤史子（2014）．認知症をかかえる家族へのアプローチ　精神療法, *5*(40), 662-667.
扇澤史子（2015）．家族介護者への支援　粟田主一（編著）　認知症初期集中支援チーム実践テキストブック―DASCによる認知症アセスメントと初期支援―　中央法規
扇澤史子（2016）．高齢者支援（認知症疾患医療センター）　野島一彦（編）　公認心理師への期待（こころの科学増刊）（p.120）　日本評論社
扇澤史子（2017）．認知症早期発見・早期診断推進事業におけるアウトリーチ事例―本人・家族の抱える困難に向き合う支援―　北村　伸・野村俊明（編）　認知症　くらしの中の心理臨床5　福村出版
扇澤史子・望月友香・山中　崇・黒川由紀子（2014）．生活をみる認知症診療　生活に活かす回想法―自己効力感や自尊感情の観点から―　老年精神医学雑誌, *8*(29), 1023-1028.
Prochaska, J. O., Norcross, J. C., & DiClemente, C. C. (1994). *Change for good.* Harper Collins Publishers, Inc.
　（プロチャスカ, J. O.・ノークロス, J. C.・ディクレメンテ, C. C.　中村正和（監訳）（2005）．チェンジング・フォー・グッド―ステージ変化理論で上手に行動を変える―　法研）
Rodriguez, E. M., Dunn, M. J., Zuckerman, T., Vannatta, K., Gerhardt, C. A., & Compas, B. E. (2011). Cancer-related sources of stress for children with cancer and their parents. *Journal of*

Pediatric Psychology, 37, 185-197.

Rollnick, S., Mason, P., & Butler, C.（1999）*Health behavior change*. Harcourt Health Sciences.（地域医療振興協会公衆衛生委員会 PMPC 研究グループ（監訳）（2001）．健康のための行動変容―保健医療従事者のためのガイド―　法研）

労働行政研究所（2017）．私傷病欠勤・休職制度の最新実態　労政時報, *3937*, 24-54.

Rush, S. E., & Shama, M.（2016）．Mindfulness-based stress reduction as a stress management intervention for cancer care: A systematic review. *Journal of Evidence-Based Complementary & Alternative Medicine, 22*(2), 347-359.

佐々木千幸（2015）．デルタプログラムの紹介　がん看護, *20*(5), 526-529.

Sharpe, D., & Rossiter, L.（2002）．Siblings of children with a chronic illness: A meta-analysis. *Journal of Pediatric Psychology, 27*, 699-710.

島津明人（2012）．EBM ガイドラインに基づくセルフケアマニュアルの作成　川上憲人（代表研究）労働安全衛生総合研究事業「労働者のメンタルヘルス不調の第一次予防の浸透手法に関する調査研究」平成 23 年度総括・分担研究報告書（pp. 59-210）

島津明人（2016）．教育研修，ストレスマネジメントの工夫の検討　川上憲人（代表研究）労働安全衛生総合研究事業「ストレスチェック制度による労働者のメンタルヘルス不調の予防と職場環境改善効果に関する研究」平成 27 年度総括・分担研究報告書（pp. 86-104）

総務省統計局（2016）．人口推計―都道府県，年齢（3 区分），男女別人口―総人口，日本人人口（平成 28 年 10 月 1 日現在）―　Retrieved from http://www.e-stat.go.jp/SG1/estat/List.do?lid=000001177743（2018 年 1 月 23 日）

杉原陽子（2014）．高齢者がセルフネグレクト状態になる要因と支援策の類型化　老年社会科学, *2*(36), 257.

杉山孝博（1992）．ぼけ―受け止め方・支え方―　家の光協会

巣黒慎太郎（2015）．コンサルテーション・スキル　臨床心理学, *15*(6), 722-726.

巣黒慎太郎（2016a）．働きながら療養する糖尿病患者に対する認知行動療法的アプローチ　糖尿病ケア, *13*(1), 76-80.

巣黒慎太郎（2016b）糖尿病患者へのケア　鈴木伸一（編）「からだの病気」の「こころのケア」（pp. 221-233）北大路書房

巣黒慎太郎（2016c）糖尿病・肥満へのチーム医療における集団および個人心理療法　心身医学, *52*(12), 1204-1209.

鈴木亮子（2006）．認知症患者の介護者の心理状態の移行と関係する要因について　老年社会科学, *4*(27), 391-406.

田島美幸（2013）．気分障害の心理療法とリワーク―認知行動療法の活用―　精神医学, *55*(9), 741-745.

髙橋三郎・北村俊則・岡野禎治（監修）（2010）．SCID 入門―だれでもできる精神科診断用構造化面接―　日本評論社

武井優子（2015）．小児がん患者の心理社会的問題と適応に及ぼす影響　風間書房

谷川弘治・駒松仁子・松浦和代・夏路瑞穂（2009）．病気の子どもの心理社会的支援入門―医療保育・病弱教育・医療ソーシャルワーク・心理臨床を学ぶ人に―　第 2 版　ナカニシヤ出版

Tayama, J., Yamasaki, H., Tamai, M., Hayashida, M., Shirabe, S., Nishiura, K., Hamaguchi, T.,

Tomiie, T., & Nakaya, N. (2012). Effect of baseline self-efficacy on physical activity and psychological stress after a one-week pedometer intervention. *Perceptual and motor skills, 114*, 407-418.

Thomas, A., Peterson, L., & Goldstein, D. (1997). Problem solving and diabetes regimen adherence by children and adolescents with IDDM in social pressure situations: A reflection of normal development. *Journal of Pediatric Psychology, 22*, 541-561.

筒井順子・小林清香・山内典子・鈴木伸一・西村勝治・石郷岡純（2015）．コンサルテーション・リエゾン精神医療における心理的介入―段階的ケア・モデル導入の可能性― 総合病院精神医学, *27*(2), 131-138.

上田（能野）淳子・藤澤大介（2013）．がん領域における認知行動療法 最新精神医学, *18*(2), 147-151.

上田　諭（2017）．認知症はこう診る　医学書院

Yalom, I. D. (1995). *The theory and practice of group psychotherapy*. Basic Books.
(ヤーロム, A. D.　中久喜雅文・川室　優（監修）(2012). グループサイコセラピー―理論と実践―　西村書店)

山内典子・安田妙子・小林清香・異儀田はづき・筒井順子・西村勝治・田中美惠子（2013）．精神科コンサルテーション・リエゾンチームにおける各職種の役割構築に向けたパイロットスタディ―リエゾンナースと臨床心理士に焦点をあてて― 総合病院精神医学, *25*(1), 23-32.

Yokomichi, N., Morita, T., Nitto, A., Takahashi, N., Miyamoto, S., Nishie, H., Matsuoka, J., Sakurai, H., Ishihara, T., Mori, M., Tarumi, Y., & Ogawa, A. (2015). Validation of the Japanese Version of the Edmonton Symptom Assessment System-Revised. *Journal of Pain and Symptom Management, 50*(5), 718-723.

Zhang, M. F., Wen, Y. S., Liu, W. Y., Peng, L. F., Wu, X. D., & Liu, Q. W. (2015). Effectiveness of mindfulness-based therapy for reducing anxiety and depression in patients with cancer: A meta-analysis. *Medicine, 94*(45), 1-9.

索引

●あ
RCT（Randomized Control Trail） 180
ICD-10 150
アウトリーチ 4
アクシデント 25
ACTION 209
アクセプタンス 219
アクセプタンス＆コミットメント・セラピー（Acceptance and Commitment Therapy: ACT） 217
アジェンダ 157
アドヒアランス 60
アルコール依存症 246
アルツハイマー病 85
安全確保行動（safety behavior） 198
安全配慮義務 285

●い
EE（Expressed Emotion） 168
EMDR（Eye Movement Desensitization and Reprocessing） 241
閾値 30
意識障害 68
意思決定支援 170
5つの変化のステージ（前熟考期，熟考期，準備期，実行期，維持期） 281
遺伝カウンセラー 170
意味記憶 35
イメージを用いた曝露（imagery exposure） 198
依頼箋 116
医療安全 101
医療ソーシャルワーカー 167
医療保護入院 11
インシデント 25
陰性症状 70
インテーク面接 105, 123

●う
ヴィパッサナー瞑想 216
うつ病 68
運動療法 89

●え
衛生管理 99
AQ（自閉症スペクトラム指数） 144
ADL 102
エクスポージャー療法 196
エピソード記憶 35
MIFT（Motivational Interviewing for Family Training: MIFT） 190
延髄 81

●お
応急入院 12
応用行動分析 210
オープンクエスチョン 125
オペラント条件づけ 38

●か
介入計画 154
海馬 81
回避 75
回避行動 198
過覚醒症状 75
学習 36
隔離 247
確立操作 39
過食・排出型 76
家族歴 132
課題分析 215
学校保健 273
活動記録表 207
加齢 33
感覚運動期 45
感覚器官 29

313

索　引

環境調整（随伴性操作）　211
関係フレーム　41
観察学習　41
観察法（行動観察）　135
感情が麻痺　75
がん診療拠点病院　263
感染(症)対策　26, 99
がん相談支援センター　263
桿体　30
感度　30
間脳　81
鑑別診断　251
緩和ケア　170

● き
記憶　34
記憶障害　35
危険予知　25
器質因　91
希死念慮　132
基底年齢　137
機能的アセスメント　152
機能分析　147
気分安定薬　71, 78
気分一致効果　55
強化　152
強化子　39
共感　190
強迫観念　74
強迫行為　74
強迫症　74
緊急措置入院　12

● く
空気感染　100
具体的操作期　45
CRAFT（Community Reinforcement Approach for Family Training）　191
グループスーパービジョン　110
クローズドクエスチョン　126

● け
計画的無視　213
形式的操作期　45
ケースカンファレンス　108
ケースフォーミュレーション（Case Formulation: CF）　148
ケースマネジメント　180
ケースレポート　114
結果（consequence）　38
幻覚　70
言語聴覚士　17
検査法　135
現実場面への曝露（in vivo exposure）　198
現病歴　130

● こ
抗うつ薬　74, 77
高次脳機能障害　79, 138
抗精神病薬　70, 77
向精神薬　76
行動（behavior）　38
行動活性化療法　206
行動形成（シェイピング）　215
行動・心理症状（BPSD）　251
行動随伴性　38
行動制限　247
行動分析　147
後頭葉　82
公認心理師法　22
抗不安薬　78
合理化　228
呼吸法　221
国民皆保険　99
個人情報保護法　102
個人スーパービジョン　110
古典的条件づけ　36
コンサルタント　176
コンサルティ　176
コンサルテーション　176
コンサルテーション・リエゾン活動（Consultation Liaison: CL）　260

● さ

再体験症状　75
作業療法士　17
サマタ瞑想　216
サマリー（summary）　120
産業医　287
産業保健スタッフ　284
三項随伴性　38

● し

シェマ（schema：スキーマ）　45
視覚障害　31
刺激閾　30
思考抑制　57
自己概念　57
自己注目　55
自死（自殺）　4, 132
支持的精神療法　225
視床　81
視床下部　81
持続エクスポージャー法（prolonged exposure therapy）　241
疾病自己管理技能（illness management skills）　230
疾病受容　89
疾病性（illness）　283
質問紙法　144
自動思考　54
自動思考記録表（コラム表）　199
自発的回復　40
社会心理学　51
社会生活技能（social skills）　230
社会復帰　10
社交不安症　74
従業員支援プログラム（Employee Assistance Program: EAP）　187
集団心理療法　165
集団精神療法　107, 165
終末期　90
受信技能　231
主訴　128

守秘義務　133
障害者基本法　9
障害者総合支援法　3
消去　40
条件刺激　36
条件反応　36
症候学　68
賞賛　228
状態像　68
小児慢性特定疾病　268
小脳　81
ショートケア　8
職業性ストレス　186
職業倫理　27
食事療法　89
職場復帰支援プログラム　258
触法行為　133
所見　68
処理技能　231
自律訓練法　223
自立支援　5
自律的（協同的）道徳性　48
事例性（caseness）　283
心因性　72
神経心理学　80
神経心理学（的）検査　80, 138
神経発達症群　50
心身症　64
心神喪失者等医療観察制度（医療観察法制度）　12
身体拘束　247
身体症状症　75
心的外傷後ストレス障害（PTSD）　75
心理アセスメント　134
心理教育　158
心理教育的アプローチ　171
心理査定　134
心理評定尺度　141
診療記録（カルテ）　102
診療報酬　7, 165
診療録　27

索引

心理療法　161

● す

錐体　30
随伴性マネジメント　212
睡眠薬　78
スーパーバイザー（supervisor）　110
スーパーバイジー（supervisee）　110
スーパービジョン（supervision）　110
スキル形成マネジメント　212
スタンダードプレコーション　26
ストレス関連疾患　58
ストレスチェック制度　184
ストレス反応　59
ストレスマネジメント　62
ストレッサー　59

● せ

生(成)育歴　131
生活技能訓練（SST）　249
生活習慣病　274
生活年齢　137
精神科デイケア　241
精神科病院　246
精神科リエゾンチーム加算　13
精神刺激薬　78
精神腫瘍科　263
精神障害者保健福祉手帳　4
精神年齢　138
精神分析　225
精神保健指定医　11
精神保健福祉士　17
精神保健福祉センター　3
精神保健福祉法　9
正の強化　39
正の弱化　39
接触感染　100
摂食障害　76
摂食制限型　76
是認　191
セルフケア　42

セルフ・コントロール　65
セルフモニタリング　196
セレンディピティ（serendipity）　189
セロトニン・ノルアドレナリン再取り込み阻害薬（SNRI）　77
先行事象（antecedent）　38
漸進的筋弛緩法　222
前操作期　45
選択的セロトニン再取り込み阻害薬（SSRI）　77
前頭側頭葉変性症　85
前頭葉　81
全般性不安症　74
せん妄　265

● そ

臓器移植　170
臓器移植コーディネーター　170
臓器提供　170
双極性障害　68
操作的診断分類　66
喪失　88
送信技能　231
躁病エピソード　71
ソーシャルスキルトレーニング（Social Skills Training: SST）　165, 230
SOAP　115
措置入院　11

● た

体験の回避　219
帯状回　81
対象関係論　225
対処方略（コーピング）　61
代替行動分化強化（Differential Reinforcement of Alternative Behavior: DRA）　214
大脳基底核　81
大脳皮質　81
大脳辺縁系　81
タイムアウト　213
代理経験　41

他行動分化強化（Sifferential Reinforcement of Other Behavior: DRO） 213
多軸診断システム 67
多職種協働 92
脱フュージョン 219
他律的(拘束的)道徳性 48
多理論統合モデル（Transtheoretical Model: TTM） 281
段階的曝露（gradual exposure） 196

● ち
地域包括ケアシステム 98
地域保健 273
地域保健法 3, 273
チーム医療 14
チェンジトーク 192
知覚 29
知的能力障害 49
知能検査 135
知能指数（Intelligence Quotient: IQ） 45, 138
チャイルドライフスペシャリスト 169
注意 32
調節 45

● て
DSM-5 49, 150
デイケア 5
ディスクレパンシー 136
低反応率分化強化（Differential Reinforcement of Low Rates: DRL） 213
転換性障害 76
電子カルテ 102

● と
同化 45
動機づけ面接（Motivational Interviewing: MI） 189
統合失調症 10
洞察 226
頭頂葉 81

特定健康診査 273
TRAC（Trigger Response Alternative-Pattern） 209
TRAP（Trigger Response Avoidance-Pattern） 209
トランスアクショナルモデル 61

● な
内因性 72
ナイトケア 8

● に
日常生活技能（living skills） 230
任意入院 11
認知機能検査 138
認知行動療法（Cognitive Behavioral Therapy: CBT） 7, 194
認知再構成法 64, 196
認知症 68
認知症外来 250
認知症疾患医療センター 250
認知的評価 61

● の
ノルアドレナリン作動性・特異的セロトニン作動性抗うつ薬（NaSSA） 77

● は
パーソナリティ検査 144
パーソナリティ障害 76
陪席実習 105
曝露反応妨害法（Exposure and Responce Prevention: ERP） 198
バックアップ強化子 215
パニック症 74
バルプロ酸 78
般化 233
反すう 210
半側空間無視 33

317

索 引

●ひ
ピアサポーター　4
ピアサポート　273
POS: Problem Oriented System　115
POS「問題解決型システム」　27
POMR: Problem Oriented Medical Record　115
飛沫感染　100
標的行動　154
病歴　68
非両立行動分化強化（Differential Reinforcement of Incompatible Behavior: DRI）　214

●ふ
不安階層表　196
不安症（障害）　68
フェイディング　214
負の強化　39
負の弱化　39
部分強化　214
フラッシュバック　75
フラッディング（flooding）　198
プロンプト　214

●へ
PACE　190
変化ステージモデル　281
偏差知能指数（Deviation Intelligence Quotient: DIQ）　138
弁証法的行動療法（Dealectical Behavior Therapy: DBT）　217
ベンゾジアゼピン（BZP）　78
扁桃体　81
弁別閾　30
弁別刺激　39

●ほ
包括的アセスメント　92, 264
保証　228
ポピュレーション・アプローチ　277

●ま
マインドフルネス　65, 215
マインドフルネスストレス低減法（Mindfulness-Based Stress Reduction: MBSR）　217
マインドフルネス認知療法（Mindfulness-Based Cognitive Therapy: MBCT）　217

●む
無条件刺激　36
無条件反応　36

●め
瞑想法　216
メチルフェニデート　78
面接法　135

●も
妄想　70
妄想性障害　71
モデリング　232
物忘れ外来　250
モロー反射　46
問診票　126
問題解決療法（problem-solving therapy）　200

●や
薬剤師　18

●ゆ
勇気づけ　228
有効視野　32

●よ
陽性症状　70
予期的指導　229
抑うつエピソード　71
予診　104, 105

● ら
ライフイベント　60

● り
理学療法士　17
力動的精神療法　225
リスペリドン　78
リチウム　78
リファー　134
リフレーミング　228
リラクセーション　64, 220
リラクセーション反応　216
リワークプログラム　256

● れ
レスポンスコスト　213
レスポンデント条件づけ　36
レビー小体病　85
連鎖化（チェイニング）　215
連続強化　214

● ろ
労災認定　285
労働安全衛生　187
労働安全衛生法　284
労働基準監督署　285
ロールプレイ　232

● わ
ワーキングメモリ　34

■ 検査・質問紙等
WISC-IV 知能検査　117, 135
ウィスコンシンカード分類検査　84
WPPSI-III　135
WAIS-III　135
WAIS-III 成人知能検査　117
Wechsler 記憶検査　84
Wechsler 記憶検査改訂版（Wechsler Memory Scale — Revised: WMS-R）　139
Wechsler 式知能検査　45, 135

うつ病（抑うつ状態）自己評価尺度（CES-D）　142
ADAS-cog（Alzheimer's Disease Assessment Scale-cognitive subscale）　139
SIAS（Social Interaction Anxiety Scale）　143
SPS（Social Phobia Scale）　143
MMSE（Mini Mental State Examination）　139
親面接式自閉スペクトラム症評価尺度（PARS-TR）　144
絵画統覚検査（TAT）　145
顔再認・社会的出来事再認検査　140
カテゴリー別対象認知検査　140
簡易うつ病評価尺度（QIDS）　142
K-ABC　45
KABC-II　138
言語流暢性テスト　85
顕在性不安検査（MAS）　142
コーネル・メディカル・インデックス（CMI）　144
SIGMA（Structured Interview Guide for MADRS）　142
状態—特性不安検査（STAI）　142
新版 K 式発達検査　117
鈴木ビネー式知能検査　137
精研式パーソナリティ・インベントリー　145
田中ビネー式知能検査　45, 137
Zung うつ性自己評価尺度　142
出来事インパクト尺度改訂版（IES-R）　143
投影法　144
東大式エゴグラム（TEG）　145
NEO-PI-R 人格検査　144
バウムテスト　146
長谷川式簡易知能評価スケール（HDS-R）　84, 139
Padua Inventory　143
パニック障害重症度評価尺度（PDSS）　143
Hamilton うつ病評価尺度　142
ハミルトン不安評価尺度（HARS）　142
PTSD 臨床診断面接尺度（CAPS）　143

319

BIT 行動性無視検査（Behavioural Inattention Test: BIT） 140
Binet 式知能検査 137
標準意欲評価法（Clinical Assessment for Spontaneity: CAS） 140
標準高次運動検査（SPTA） 140
標準高次視知覚検査（VPTA） 140
標準失語症検査（Standard Language Test of Aphasia: SLAT） 139
標準注意検査法（Clinical Assessment for Attention: CAT） 140
文章完成法テスト 146
Beck うつ病尺度（BDI） 142
ベントン視覚記銘検査（Benton Visual Retention Test: BVRT） 139
Posner's attention task 140
ミネソタ多面人格目録（MMPI） 144
三宅式記銘力検査 139
Maudsley 強迫尺度（MOCI） 143
矢田部―ギルフォード性格検査 144
Liebowitz 社交不安尺度日本語版（LSAS-J） 143
立方体模写検査 140
リバーミード行動記憶検査 84
レイ聴覚言語学習検査（Rey Auditory Verbal Learning Test: RAVLT） 139
ロールシャッハテスト 145
Y-G 性格検査 145
Y-BOCS（Yale-Brown Obsessive Compulsive Scale） 143
WAB 失語症検査（The Western Aphasia Battery: WAB） 139

■ 人名

Bandura, A. 41, 230
Beck, A. T. 54, 142, 198
Binet, A. 137
Bridges, K. M. B. 47
D'Zurilla, T. J. 200
Ferster, C. B. 206
Folkman, S. 60
Hayes, S. C. 217
Holmes, T. H. 60
Jacobson, E. 222
Jacobson, N. S. 207
Kabat-Zinn, J. 217
小林清香 93
Kohlberg, L. 48
Kraepelin, E. 68
Lazarus, R. S. 60
Lazarus, A. A. 230
Lewinsohn, P. M. 206
Lewis, M. 47
Liberman, R. P. 230
Martell, C. R. 207
Miller, W. R. 189
Murray, H. A. 145
Nezu, A. M. 200
Nezu, C. M. 200
Padesky, C. A. 53
Pavlov, I. P. 36
Piaget, J. 45
Prochaska, J. O. 281
Rahe, R. H. 60
Rorschach, H. 145
Salter, A. 230
Schneider, K. 70
Schultz, J. H. 223
Skinner, B. F. 40
Spearman, C. E. 44
鈴木伸一 22
Thorndike, E. L. 44
Thurstone, L. L. 45
Wolpe, J. 196, 230
Zung, W. W. K. 142

執筆者一覧

*代表編者，**編者

佐藤　さやか	国立精神・神経医療研究センター 精神保健研究所地域・司法精神医療研究部		1章1節，2節
富安　哲也	亀田総合病院　臨床心理室		1章3節
鈴木　伸一*	早稲田大学　人間科学学術院		2章，4章5節，9章
上田　一貴	東京大学大学院　工学系研究科		3章1節
大月　友	早稲田大学　人間科学学術院		3章2節，7章5節
小関　俊祐	桜美林大学　心理・教育学系		3章3節
坂本　真士	日本大学　文理学部		3章4節
伊藤　大輔	兵庫教育大学大学院　学校教育研究科		3章5節
野田　隆政	国立精神・神経医療研究センター 脳病態統合イメージングセンター		3章6節
国里　愛彦	専修大学　人間科学部		3章7節
五十嵐　友里	東京家政大学　人文学部		3章8節
花村　温子	埼玉メディカルセンター		4章1節，2節
古井　由美子	愛知医科大学病院　こころのケアセンター		4章3節，4節
田中　恒彦**	新潟大学　教育学部		5章
小林　清香**	埼玉医科大学　総合医療センター		6章1〜4節，8章6節
谷口　敏淳	福山大学　人間文化学部		6章5節
中村　有	東邦大学　医療センター大橋病院		6章6節
岡嶋　美代	BTCセンター東京		7章1節，8章1節
岡島　義	東京家政大学　人文学部		7章2節，3節
髙垣　耕企	広島大学　保健管理センター		7章4節
熊野　宏昭	早稲田大学　人間科学学術院		7章6節
小川　祐子	早稲田大学　人間科学学術院		7章7節
鈴木　敬生	国立精神・神経医療研究センター病院 精神リハビリテーション部		7章8節
小山　徹平	鹿児島大学病院　臨床心理室		7章9節
染谷　かなえ	錦糸町クボタクリニック		8章2節
淵上　奈緒子	平川病院　心理療法科		8章3節
扇澤　史子	東京都健康長寿医療センター　精神科		8章4節
松永　美希	立教大学　現代心理学部		8章5節
上田　淳子	東京大学　医学部附属病院総合研修センター		8章7節
柳井　優子	国立がん研究センター　中央病院		8章8節
田山　淳	長崎大学大学院　教育学研究科		8章9節
巣黒　慎太郎	住友病院　臨床心理科		8章10節
田上　明日香	SOMPOリスケアマネジメント（株）		8章11節

代表編者

鈴木　伸一（すずき・しんいち）

1969 年　東京に生まれる
2000 年　早稲田大学大学院人間科学研究科博士後期課程修了（人間科学博士）
現　在　早稲田大学人間科学学術院　教授

〔主著・論文〕
　学校，職場，地域におけるストレスマネジメント実践マニュアル（共編著）
　　北大路書房　2004 年
　慢性うつ病の精神療法―CBASP の理論と技法―（共監訳）　医学書院
　　2005 年
　実践家のための認知行動療法テクニックガイド（共編著）　北大路書房
　　2005 年
　医療心理学の新展開―チーム医療に活かす心理学の最前線―（編著）　北
　　大路書房　2008 年
　うつ病の行動活性化療法（共監訳）　日本評論社　2011 年
　うつ病の集団認知行動療法実践マニュアル（共著）　日本評論社　2011 年
　エビデンスベイスト心理療法シリーズ　社交不安障害（監訳）　金剛出版
　　2011 年
　レベルアップしたい実践家のための事例で学ぶ認知行動療法テクニック
　　ガイド（共編著）　北大路書房　2013 年
　公認心理師必携　精神医療・臨床心理の知識と技法（共編著）　医学書院
　　2016 年
　がん患者の認知行動療法―メンタルケアと生活支援のための実践ガイド
　　―（監訳）　北大路書房　2016 年
　からだの病気のこころのケア―チーム医療に活かす心理職の専門性―（編
　　著）　北大路書房　2016 年
　対人援助と心のケアに活かす心理学（編著）　有斐閣　2017 年
　臨床心理フロンティアシリーズ認知行動療法入門（共著）　講談社　2017
　　年

編　者

田中　恒彦（たなか・つねひこ）

1978 年　大阪に生まれる
2012 年　徳島大学精神神経科学博士課程修了（医学博士）
現　在　新潟大学人文社会・教育科学系・教育学部　准教授

〔主著・論文〕
　マルトリートメントにより注射恐怖症を呈した事例に対して行った短期間集中暴露療法―タイムリミットは 10 日間―（共著）　行動療法研究, *39*(1), 62-63.　2013 年
　嫌悪とその関連障害―理論・アセスメント・臨床的示唆―（共訳）　北大路書房　2014 年
　行動療法的認知行動療法の一般的な方法　臨床心理学, *16*(4), 420-424. 2016 年
　死産の経験が引き起こすメンタルヘルス問題とその支援―ペリネイタル・ロスケアを中心に―　最新精神医学, *23*(1), 11-19.　2018 年

小林　清香（こばやし・さやか）

2000 年　早稲田大学大学院人間科学研究科修士課程修了
2014 年　東京女子医科大学　医学博士
現　在　臨床心理士，埼玉医科大学総合医療センター　メンタルクリニック　講師（医学博士）

〔主著・論文〕
　コンサルテーション活動における心理職の役割と実際　総合病院精神医学会, *28*(4), 332-339.　2016 年
　からだの病気のこころのケア―チーム医療に活かす心理職の専門性―（共著）　北大路書房　2016 年
　精神科リエゾンチームガイドブック―これでわかるシステムの調整から現場対応まで―（共著）　医歯薬出版株式会社　2017 年

公認心理師養成のための
保健・医療系実習ガイドブック

2018年8月10日　初版第1刷印刷
2018年8月20日　初版第1刷発行

編集代表　　鈴木伸一
発行所　　　㈱北大路書房

〒603-8303　京都市北区紫野十二坊町12-8
　　　　　　電話　（075）431-0361㈹
　　　　　　FAX　（075）431-9393
　　　　　　振替　01050-4-2083

©2018　　　　　　印刷・製本／シナノ印刷㈱
検印省略　落丁・乱丁本はお取り替えいたします。
ISBN 978-4-7628-3036-5　　Printed in Japan

・ JCOPY 〈㈳出版者著作権管理機構 委託出版物〉
本書の無断複写は著作権法上での例外を除き禁じられています。
複写される場合は，そのつど事前に，㈳出版者著作権管理機構
（電話 03-3513-6969,FAX 03-3513-6979,e-mail: info@jcopy.or.jp）
の許諾を得てください。

医療心理学の新展開
チーム医療に活かす心理学の最前線

鈴木伸一　編著

ISBN 978-4-7628-2626-9
A5判　228頁　本体2500円＋税

医療現場における心理学への期待が高まりつつある。が，その現場へ心理学がどう関与していくのかについて実践的・体系的にまとまったものはまだなく，関係者が手探りで進めているのが現状である。本書では心理学が医療の質向上にいかに貢献できるかを，各領域での研究，実践等を多数紹介しながら，医療心理学の新展開として描く。

……………………………………　目次　……………………………………

第1部　現代医療と医療心理学
　第1章　現代医療と医療心理学
　第2章　チーム医療を基盤としたメンタルケアの展開

第2部　医療心理学の実際
　第3章　がん医療
　第4章　心臓疾患
　第5章　糖尿病
　第6章　腎疾患
　第7章　小児医療
　第8章　アレルギー疾患
　第9章　脳外傷・脳血管障害
　第10章　プライマリケア
　第11章　生活習慣病予防と行動変容
　第12章　高齢者医療
　第13章　介護予防──運動器疾患による痛みの自己管理
　第14章　心身医療
　第15章　精神医療
　第16章　患者－医師間のコミュニケーション：SHAREとは
　第17章　心理生理学と脳科学

からだの病気のこころのケア
チーム医療に活かす心理職の専門性

鈴木伸一　編著

ISBN 978-4-7628-2931-4
A5判　336頁　本体 3000 円＋税

――◆――

病への対応は身体的な面の治療だけにとどまらず，心理・社会的側面のケアがたいへん重要である。患者のニーズに応え，全人的医療を実現するには，疾患により生じる様々な心理・社会的問題を正しく理解し，解決に向けチーム医療の一員として活躍できるスペシャリストの養成が急務である。本書ではその要諦について詳説する。

目次

第一部　患者の生活を取り巻く「からだ」と「こころ」の悩みを理解する
- 第1章　「からだの病気」の患者たちへの「こころのケア」が求められている
- 第2章　がん患者の「からだ」と「こころ」
- 第3章　生活習慣病患者の「からだ」と「こころ」
- 第4章　小児疾患の子どもの「からだ」と「こころ」
- 第5章　臓器移植患者の「からだ」と「こころ」―生体臓器ドナーを中心に―

第二部　チーム医療に必要な「こころのケア」の実践スキル
- 第6章　医療スタッフへのコンサルテーション
- 第7章　利用可能な社会的リソースの有効活用
- 第8章　患者を取り巻く「家族」という視点からの支援

第三部　「からだの病気」を抱える患者への「こころのケア」の最前線
- 第9章　外来がん患者のケア
- 第10章　入院がん患者のケア
- 第11章　子育て世代のがん患者への支援
- 第12章　終末期患者のケア―緩和ケアチームの日々の関わりから―
- 第13章　がん患者遺族へのケア
- 第14章　小児がん患者へのケア
- 第15章　入院中の乳幼児への母子サポート
- 第16章　小児疾患の子どもたちへの退院・学校復帰支援
- 第17章　心臓疾患患者のケア
- 第18章　心血管疾患患者の社会復帰と心臓リハビリテーション
- 第19章　糖尿病患者へのケア
- 第20章　重篤な肥満患者へのケア
- 第21章　腎疾患・透析患者へのケア
- 第22章　脳損傷患者（高次脳機能障害者）へのケア
　　　　　―広島県立障害者リハビリテーションセンター―
- 第23章　慢性疼痛患者へのケア
- 第24章　「こころのケア」のこれから